现代法学
试题系列

13

高校法学专业
核心课程配套测试

依国际私法核心课程教材
最新版本体例组编

第十一版

国际私法配套测试

依据最新立法及学术动态修订升级
新增考试习题、2021~2023年考研真题

教学辅导中心 / 组编

中国法制出版社
CHINA LEGAL PUBLISHING HOUSE

第十一版出版说明

《高校法学专业核心课程配套测试丛书》是我社教学辅导中心组织编写的一套教辅丛书。该丛书专为法学院校学生掌握法律专业知识、培养法律思维能力而精心设计，分册设置涵盖法学专业核心课程，因考点全面、题量充足、解答详尽、应试性强等优点，受到广大师生的普遍欢迎，使得该丛书成为法学教辅图书中口碑相传的实力品牌。

《国际私法配套测试》为上述丛书中的一本，自2005年首次出版后，历经多次改版重印，很多读者还来电、来信向我们表达感谢和期待。正是基于这种信赖，为及时体现该领域法学最新研究成果，并与我国立法发展相适应，在承继该书原有优点的基础上，我们对其全面修订。特点如下：

一、配套教材

本书结构上与国际私法学核心课程教材基本相配套，便于随学随练。

二、内容及时更新

1. 根据最新法律、司法解释及文件等进行全面修订。

2. 增加新考试习题、部分高校2021~2023年考研真题等，并对陈旧题目进行替换。

三、加工精细考究

1. 章节前面设置“基础知识图解”，归纳每章的知识体系和基本概念，帮助读者梳理知识点并检验学习成果。

2. 对重点题目的答案以脚注形式提醒注意要点，拓展解题思路。

3. 试题答案讲解细致，重点突出，为培养法律思维和提高应试能力提供有效指导。

4. 本书专门收录两套期末测试题，便于读者进行整体复习和预演自测。

四、附录全面实用

1. 收录全国部分高校历年研究生入学考试真题，为准备考研的读者提供更多帮助。

2. 收录国际私法领域重点法律文件列表，方便读者了解规则体系。

3. 收录参考及推荐书目，为读者顺利完成学习任务、全面掌握国际私法的相关知识、深入研究该学科提供扩展阅读的指引。

4. 随书赠送课程相关法律单行本一册，方便读者随时查阅我国现行法律规定。

教学辅导中心

2023年7月

二、内容及时更新

四、附录全面实用

2023 年 7 月

目　录

第一章 国际私法的概念

基础知识图解

国际私法的概念
- 国际私法的调整对象
  - 国际民商事法律关系的含义
  - 国际民商事法律关系的调整方法：直接调整方法、间接调整方法
- 国际私法的范围
  - 关于国际私法范围的不同主张
  - 国际私法的规范
- 国际私法的性质
- 国际私法的定义
- 国际私法的基本原则
- 国际私法的体系
  - 国际私法的立法体系
  - 国际私法的理论体系

配套测试

一、单项选择题

1. 中国法人甲和美国法人乙之间签订一份国际货物买卖合同，在合同中约定适用美国法律。此时应适用的美国法律是下列选项中的哪一个？（　　）

A. 实体法　　B. 程序法

C. 冲突法　　D. 冲突法与实体法

2. 关于“不动产的所有权适用不动产所在地法律”的性质，下列选项中哪一项是正确的？（　　）

A. 关于外国人的民事法律地位的规范

B. 冲突规范

C. 统一实体规范

D. 国际民事诉讼程序规范

3. 在国际私法范围内的规范中，属于间接调整的规范是（　　）。

A. 外国人、无国籍人、外国企业和组织在人民法院起诉、应诉，同中华人民共和国公民、法人和其他组织有同等的诉讼权利和义务

B. 票据的背书、承兑、付款和保证行为的效力，适用行为地法

C.《联合国国际货物销售合同公约》规定，发价于送达被发价人时生效

D. 一国国内法中专门用于调整涉外民商事法律关系的规范

4. 如果在一国法律中规定限制外国人在内国从事某种民商事活动，不得享有某种民商事权利或者待遇。该规范一般被称为（　　）。

A. 实体规范

B. 程序规范

C. 法律冲突规范

D. 外国人的民商事法律地位规范

5. 下列法律关系中，不属于国际私法调整对象的是：（　　）。

A. 中国公民甲与美国公民乙因离婚而产生的有关法律关系

B. 中国某进出口公司与某国海运公司约定由海运公司在指定港口装货运至指定港口而发生的有关法律关系

C. 某跨国公司在中国设立的分支机构与我国某一大型国有企业就购销合同产生争议的法律关系

D. 我国某大型国有企业为完成股份制的改造，通过政府接受某国际组织的大额贷款而产生的法律关系

6. 对于国际私法的性质问题，在我国占主导地位的观点是认为国际私法（　　）。
   A. 既是国际法，也是国内法
   B. 主要是国内法，也有国际法因素
   C. 是国际法
   D. 是国内法

二、多项选择题

1. 作为国际私法调整对象的涉外民商事法律关系包括（　　）。
   A. 我国 A 公司和美国 B 公司订立半导体元件买卖合同，规定有关合同的权利和义务问题适用《联合国国际货物销售合同公约》的规定
   B. 一个中国人继承其外国籍亲戚死亡后遗留在中国境内的财产
   C. 甲国船舶 C 和乙国船舶 D 在公海上发生碰撞，后停泊于我国上海港，并在上海海事法院进行诉讼
   D. 中国公司 E 和 F 之间订立一项房地产买卖合同，标的位于加拿大境内

2. 下列法律规范中，属于国际私法范畴的规定包括（　　）。
   A. 外国人、无国籍人、外国企业和组织在人民法院起诉、应诉，同中华人民共和国公民、法人和其他组织享有同等的诉讼权利和义务
   B. 票据丧失时，失票人请求保全票据权利的程序，适用付款地法
   C.《联合国国际货物销售合同公约》规定，一方当事人由于违约而须承担的损害赔偿额，应与另一方当事人因其违反合同而遭受的，包括理论上的损失在内的损失额相等
   D. 涉外合同或者涉外财产权益纠纷的当事人，可以用书面协议选择与争议有实际联系的地点的法院管辖

3. 民商事法律冲突产生的原因主要有（　　）。
   A. 各国民商事法律制度不同
   B. 各国人民之间存在正常的民商事交往关系
   C. 各国承认外国人在内国的民商事法律地位
   D. 各国在一定程度上承认外国民商事法律在内国的域外效力

4. 下列关于国际私法的说法正确的有（　　）。
   A.《1994 年关税与贸易总协定》和 1980 年的《联合国国际货物销售合同公约》均属于国际私法的范围
   B. 国际私法的中心内容是统一实体法规范，同时也包括冲突法规范
   C. 国际私法的调整对象是涉外民事法律关系，不包括涉外商事法律关系
   D. 国际私法的范围包括外国人民事法律地位规范及国际民事诉讼仲裁程序规范

三、名词解释

1. 涉外民商事法律关系
2. 间接调整方法
3. 外国人的民事法律地位规范
4. 国际私法
5. 国际私法体系

四、简答题

1. 国际私法的调整对象是什么？其构成有什么特点？
2. 国际私法的规范主要包括哪几类？
3. 说明国际私法国际性的表现。
4. 简述国际私法的调整方法及其相互关系。

五、论述题

1. 依据《最高人民法院关于适用〈中华人民共和国涉外民事关系法律适用法〉若干问题的解释（一）》，如何认定某一民事关系为涉外民事关系？（中国政法大学 2014 年考研真题[①]）
2. 试述国际私法的基本原则。

① 编者注：本书中收录的考研题目为编者收集整理，仅供拓展参考。

参考答案

一、单项选择题

1. **答案**：A。当事人合意选择的是准据法，所以适用的应是实体法。程序法具有属地性，同时合同排除反致制度，所以不包括冲突法。
2. **答案**：B。此题干所述为典型的冲突规范。
3. **答案**：B。A、C、D 是直接调整的规范，是直接规定当事人权利和义务的实体规范，B 只规定某类国际民商事法律关系应受何种法律调整和支配，而不是直接规定如何调整当事人之间的实体权利与义务关系，所以属于间接调整的规范。
4. **答案**：D。外国人的民商事法律地位规范是指确定外国的自然人、法人以及外国国家和国际组织，在内国的民事法律地位的规范，既包括授权性规范也包括禁止或限制性规范。
5. **答案**：D。一般认为，国际私法的调整对象是具有国际因素的民商事法律关系，或称国际民商事法律关系。本题中 A、B、C 三项均属国际民商事法律关系范畴，但 D 项系政府间贷款，不属国际民商事法律关系，故为正确答案。
6. **答案**：B。国际私法的性质主要是国内法，这是由国际私法的渊源的特点决定的。国际私法的渊源主要是国内法。

二、多项选择题

1. **答案**：ABCD。国际私法所指的国际民商事法律关系包括含有涉外因素的物权关系、债权关系、知识产权关系、婚姻关系和继承关系，也包括公司法关系、票据法关系、海商法关系、保险法关系和破产法关系等，“涉外”是指法律关系的主体、客体和内容任何一项或多项含有涉外因素。
2. **答案**：ABCD。A 是有关外国人的民商事法律地位规范；B 是冲突规范；C 是国际统一实体私法规范；D 是国际民事诉讼程序规范和国际商事仲裁规范。
3. **答案**：ABCD。民商事法律冲突产生的原因有：各国民商事法律制度不同；各国人民之间存在正常的民商事交往关系；各国承认外国人在内国的民商事法律地位；各国在一定程度上承认外国民商事法律在内国的域外效力。
4. **答案**：AD。涉外民事法律关系是广泛的民商事法律关系，以冲突规范为最基本的规范，同时包括统一实体规范、外国人民事法律地位规范及国际民事诉讼和仲裁程序规范等在内的独立的法律部门。

三、名词解释

1. **答案**：又称为国际民商事法律关系，或称国际私法关系，是指该法律关系的主体、客体和内容这三要素至少有一个因素与国外有联系的民商事法律关系，是广义上的民事法律关系。
2. **答案**：就是在有关的国内法或国际法中规定某类涉外民商事法律关系受何种法律调整或支配，而不直接规定如何调整涉外民商事法律关系当事人之间的实体权利与义务关系的一种方法。
3. **答案**：是确定外国的自然人、法人甚至外国国家和国际组织在内国民事领域的权利和义务的规范。这种规范既可以规定在国内法中，也可以规定在国际条约中。
4. **答案**：国际私法是以直接规范和间接规范相结合来调整平等主体之间的涉外民商事法律关系并解决涉外民商事法律冲突的法律部门。
5. **答案**：有两层意思，一为国际私法立法体系；二为国际私法理论体系或国际私法学说体系。

   国际私法立法体系：是指制定成文国际私法法典或单行法规所采用的体系。

   国际私法理论体系：是指国际私法学者基于其对国际私法的认识所建立的学说体系。

四、简答题

1. **答案**：（1）国际私法的调整对象是涉外民商事法律关系。（2）其构成特点是法律关系的主体、客体与内容三个要素中至少有一个因素与国外有联系。主体为涉外因素是指主体一方为外国的自然人或法人（有时也可能是外国国家、国际组织或无国籍人），或者是住所、惯常居所或营业所在国外的自然人或法人。客体为涉外因素是指民商事法律关系的标的物位于国外。内容为涉外因素是指产生、变更或消灭民商事权利义务关系的法律事实发生在国外。

2. 答案：国际私法包括以下几类规范：(1) 外国人民事法律地位规范，即规定在内国的外国自然人和法人在什么范围内享有民事权利、承担民事义务的法律规范。这种规范的效力是产生涉外民事法律关系的法律冲突的前提条件。(2) 冲突规范，即在调整涉外民事关系时，指定应该适用哪一国家的法律作为准据法的各种规范的总称。(3) 国际民事诉讼与国际商事仲裁程序规范。国际民事诉讼程序规范即指规范司法机关在审理涉外民事案件时专门适用的程序的规范，国际商事仲裁程序规范即规范国际商事仲裁机构的仲裁程序的规范。

【参考资料】李双元、欧福永主编：《国际私法》，北京大学出版社 2022 年版，第 14 页。

3. 答案：国际私法是调整涉外民事法律关系的法律，具有国际性或者说是涉外性的表现。具体为：

(1) 这种民事关系具有一个或者一个以上的涉外因素，或者称为外国成分。

①主体的一方或者双方为外国的自然人、法人、无国籍人或者国家。

②法律关系的客体具有涉外因素。

③民事关系的产生、变更或者消灭发生在外国。

(2) 这种民事关系是广义上的民事法律关系。国际私法调整的民事关系包括国际民事诉讼和国际商事仲裁关系。

(3) 涉外民事关系具有国际性。因为这种民事关系都是在国际交往中产生的。虽然这种民事关系表现为不同国家当事人之间的关系，但是实质上体现了国家之间的关系。每个涉外民事关系都与两个或者两个以上的国家的利益紧密相连。国家在处理这种民事关系的时候，都要服从国家总的对外政策，都要受到国际关系的制约。

4. 答案：国际私法不同于其他法律部门不仅在于调整的社会关系为涉外民商事法律关系，而且在于它调整这种关系的方法有独特之处。国际私法调整涉外民商事法律关系的方法有两种：一种是间接调整方法；另一种是直接调整方法。

所谓间接调整方法就是在有关的国内法或国际条约中规定某类涉外民商事法律关系受何种法律调整或支配，而不直接规定如何调整涉外民商事法律关系当事人之间的实体权利与义务关系的一种方法。

所谓直接调整方法就是用直接规定当事人的权利与义务的“实体规范”来调整涉外民商事法律关系当事人之间的权利与义务关系的一种方法。

间接调整方法和直接调整方法都是国际私法调整涉外民商事法律关系所必需的手段，两者相辅相成，互为补充。这是因为一方面，由于涉外民商事法律关系含有涉外因素，同两个或更多的国家有联系，而各国法律制度千差万别，实难统一，不可能对一切社会关系都用实体规范直接加以调整，而需要冲突规范来缓和矛盾，调和冲突，从而间接调整涉外民商事法律关系。另一方面，由于冲突规范不直接规定涉外民商事法律关系当事人的权利与义务，同实体规范比较起来缺乏法律应具有的预见性和明确性。随着国际民商事交往的发展，仅用冲突规范间接调整涉外民商事法律关系是难以满足实际需要的，于是，直接调整涉外民商事法律关系的实体规范应运而生。上述可见，国际私法这两种调整涉外民商事法律关系的方法同时并存，是由国际民商事交往的实际情况所决定的，而且，这种并存现象不会是短暂的。

五、论述题

1. 答案：依据《最高人民法院关于适用〈中华人民共和国涉外民事关系法律适用法〉若干问题的解释（一）》，民事关系具有下列情形之一的，人民法院可以认定为涉外民事关系：

(1) 当事人一方或双方是外国公民、外国法人或者其他组织、无国籍人；

（2）当事人一方或双方的经常居所地在中华人民共和国领域外；

（3）标的物在中华人民共和国领域外；

（4）产生、变更或者消灭民事关系的法律事实发生在中华人民共和国领域外；

（5）可以认定为涉外民事关系的其他情形。

2. 答案：国际私法的基本原则主要应是主权原则、平等互利原则、法律协调与合作原则和保护弱方当事人合法权益的原则以及条约信守原则。(1) 主权原则。主权原则要求我们必须承认和尊重每个国家在处理涉外经济、民事关系时的法律适用权利，以及行使国际民事管辖权的独立自主的权利。(2) 平等互利原则。平等互利原则在两个层面上发挥着重要作用：第一，它要求各个国家在处理涉外民事关系时，应从有利于发展平等互利的经济交往关系出发，平等地对待各国民商法，在可以而且需要适用外国法时就应予以适用，同时要求承认外国当事人的平等地位，他们的合法权益应受到同等保护。第二，要求不同国家当事人之间进行民事活动时，亦应建立平等互利的关系。(3) 法律协调与合作原则。根据法律协调与合作原则，在处理涉外民事关系时，各国既要考虑各自的国情和民事基本制度，同时也要顾及国际上的普遍实践或习惯做法。(4) 保护弱方当事人合法权益的原则。如果只满足于形式上的平等互利，而不从国际私法制度上保障实质上的平等互利，仍将不能推进国际民商事关系的发展。(5) 条约信守原则。这一原则要求各国对于其所缔结或参加的国际条约应善意、忠实地履行和遵守，而不得任意背弃或违反。

【参考资料】李双元、欧福永主编：《国际私法》，北京大学出版社2022年版，第31~34页。

第二章　国际私法的渊源

基础知识图解

- 国际私法的渊源
  - 国内法渊源
    - 国内立法
    - 司法判例
    - 司法解释
    - 国内习惯
  - 国际法渊源
    - 国际条约
    - 国际惯例
    - 一般法律原则和法律学说

配套测试

一、单项选择题

1. （　　）是国际私法的主要渊源。

A. 国际条约　　B. 国际惯例

C. 国内立法　　D. 国内判例

2. 国际上最重要的专门从事国际私法统一活动的政府间国际组织是（　　）。

A. 海牙国际私法会议

B. 罗马国际统一私法协会

C. 国际商会

D. 联合国国际贸易法委员会

3. 不属于当代国际私法立法的主要特点的是（　　）。

A. 立法模式的法典化趋势

B. 调整对象范围日趋缩小

C. 弹性连结因素在立法中被广泛采用

D. 结果选择方法在法律选择中受到重视

二、多项选择题

1. 国际私法的渊源包括（　　）。

A. 国内成文法　　B. 国际条约

C. 国内判例　　D. 国际惯例

2. 国际惯例作为国际私法渊源应具备下列哪些条件？（　　）

A. 经长期的实践而形成的通例

B. 必须经当事国或当事人接受为法律

C. 国内立法和国际条约中没有相应的规定

D. 受理案件的法院同意适用

3. 在立法中增加法律选择灵活性的方法有采用（　　）。

A. 双边冲突规范

B. 选择适用的冲突规范

C. 重叠适用的冲突规范

D. 最密切联系原则

三、名词解释

1. 国际私法的渊源

2. 判例

3. 国际条约

4. 国际惯例

5. 海牙国际私法会议（中国人民大学 2011 年考研真题）

四、简答题

1. 简述司法判例是否是我国国际私法的渊源。

2. 学说或法理能否作为国际私法的渊源？

参考答案

一、单项选择题

1. **答案**：C。任何国家都在不同程度上把调整国际民商法律关系的规范规定在国内立法中，国内立法是国际私法的主要渊源。
2. **答案**：A。国际上最重要的专门从事国际私法统一活动的政府间国际组织是海牙国际私法会议。从 1893 年召开第一次会议到 1951 年召开第七次会议，其只是一个临时性的国际会议，直到 1951 年成为常设性的国际组织。
3. **答案**：B。当代国际私法特点之一就是调整对象不断扩大，适用范围更加广泛。故 B 错。其他三项都是国际私法立法的主要特点。

二、多项选择题

1. **答案**：ABCD。国际私法的渊源主要包括：各国的国内国际私法立法；普通法系国家的有关判例；各国缔结或参加的有关国际私法的国际条约；承认或采用的有关国际私法的国际惯例。
2. **答案**：AB。构成国际惯例必须具备两个条件：经长期普遍的实践而形成通例；必须经国家或当事人接受为法律。
3. **答案**：ABD。当代国际私法国内立法的主要特点之一是弹性连结因素在立法中被广泛采用，冲突规范的灵活性得以加强。主要表现在国际私法中大量采用双边冲突规范、选择适用的冲突规范等，最密切联系原则被广泛采用也是增加法律选择灵活性的重要方法之一。

三、名词解释

1. **答案**：是指国际私法规范的存在及其表现形式。相对于其他法律部门而言，国际私法的渊源具有显著的两个特点：一是由于国际私法调整的涉外民商事关系的复杂性与特殊性，决定了国际私法渊源的双重性，即既具有国内法渊源，如国内立法、私法判例等，又具有国际法渊源，如国际条约、国际惯例等。二是由于各国立法者对国际私法的内容和范围认识不同，具体到一国立法中，哪些国际条约是国际私法的渊源，不同国家存在较大差别。
2. **答案**：是指法院的具体案件的判决具有法律拘束力，可以成为以后审理同类案件的依据。
3. **答案**：是由两个或两个以上的国际法主体缔结的调整其相互间权利义务关系的协议。作为国际私法渊源的国际条约，是指那些含有国际私法规范的条约，其中既包括统一冲突法规范，又包括国际民事诉讼程序条约和国际商事仲裁条约。
4. **答案**：是在国际交往中逐渐形成的不成文的法律规范，它只有经过国际认可才有约束力。在国际私法上这种惯例具有两种表现形式：一种是不需要当事人选择而必须遵守的惯例，即强制性惯例；另一种则是只有经过当事人的选择，才对其有约束力的惯例，即任意性惯例。国际私法的国际惯例大多数是这种任意性惯例。
5. **答案**：海牙国际私法会议：海牙国际私法会议（Hague Conference on Private International Law）成立于 1893 年，是研究和制定国际私法条约的专门性政府间国际组织，因会议地址在荷兰海牙而得名。1893 年至 1951 年，海牙国际私法会议仅是临时性的国际会议，1951 年，第七届海牙国际私法会议通过的《海牙国际私法会议章程》，标志着它已演变成以统一国际私法为目的的常设的政府间国际组织，已逐渐成为在统一冲突法和程序法方面，最有成效、最有影响的国际组织。

四、简答题

1. **答案**：中国不是判例法国家，因此司法判例不是中国法律的渊源，当然也不是中国国际私法的渊源。不过，在中国司法实践中，最高人民法院高度重视发挥案例的指导作用，专门建立了案例指导工作机构，不仅通过《中华人民共和国公报》等媒体公开发布典型案例，还集中发布指导性案例，供各级人民法院在审判实践中参考，强化法律适用的统一尺度。所以，最高人民法院发布的指导性国际私法案例对涉外民商事审判实践具有重要的指导作用，研究这些案例是了解中国国际私法实践的一个重要途径。

【参考资料】《国际私法学》编写组编：《国际私法学》，高等教育出版社2023年版，第56页。

2. 答案：（1）学说是学者们基于立法和司法实践对法律的概念、规则和制度所作的阐释或提出的观点、理论或主张等。（2）从理论上讲，它不具有法律规范的作用，一般不应作为法律的渊源，但可以作为确定法律规则的辅助性资料。在部分国家的司法实践中，权威学者的观点、学说或理论经常被法官和律师援引。（3）由于学说或法理具有弥补成文法不足的作用，所以也有国家的立法明确将一般法理或国际私法原理规定为国际私法的渊源，如泰国。

第三章　国际私法的历史和展望

基础知识图解

- 国际私法的历史和展望
  - 国际私法的历史
    - 国际私法的萌芽
    - “学说法”时代
    - 近代国际私法
    - 现当代国际私法
    - 国际私法统一化运动
  - 国际私法的展望
    - 国际私法的人本化
    - 国际私法的法治化
    - 国际私法的法典化
    - 国际私法的趋同化
    - 国际私法的现代化

配套测试

一、单项选择题

1. 对“法律关系重心说”“最密切联系说”产生重大影响的是（　　）。

A. 巴托鲁斯的法则区别说

B. 杜摩兰的“意思自治说”

C. 萨维尼的“法律关系本座说”

D. 库克的“本地法说”

2. 在中国的（　　）代，就有了对涉外案件如何适用法律的冲突规范。

A. 汉　B. 唐　C. 宋　D. 明

3. 意大利法则区别说的代表人物是（　　）。

A. 胡伯　B. 杜摩兰

C. 达让特莱　D. 巴托鲁斯

4. 德国学者萨维尼提出的国际私法学说是（　　）。

A. 既得权说　B. 法律关系本座说

C. 法则区别说　D. 本地法说

5. 我国著名国际私法学家韩德培教授提出了（　　）。

A. 法律关系本座说　B. 本地法论

C. “一体两翼”论　D. 政府利益说

6. 对英国国际私法作出重大贡献，并且其既得权说标志着国际私法新里程碑的英国著名学者为（　　）。

A. 戴西　B. 切希尔

C. 萨维尼　D. 柯里

7. 萨维尼的国际私法理论主要体现在他于1849年出版的（　　）。

A.《论债权》

B.《论冲突法》

C.《现代罗马法体系》第一卷

D.《现代罗马法体系》第八卷

二、多项选择题

国际私法在其发展历史上，曾有以下学说（　　）。

A. 法则区别说　B. 国际礼让说

C. 法律关系本座说　D. 既得权说

三、名词解释

1. 法律关系本座说（中国人民大学2012年考研

真题）
2. 既得权说（中国政法大学2005年考研真题）
3. 优先适用原则
4. 法律选择五点考虑
5. 法院地法说
6. 最密切联系说
7. 法则区别说（中国人民大学2012年考研真题）

四、简答题

1. 简评“国际礼让说”。
2. 简述本地法说的思想基础。
3. 卡佛斯的结果选择说。（中国政法大学2006年考研真题）
4. 萨维尼的法律关系本座说。（中国政法大学2006年考研真题）

五、论述题

1. 比较国际私法传统理论与现代理论的特点。
2. 论述传统国际私法理论的发展。（清华大学2006年考研真题）
3. 请就几种传统国际私法理论作一简要说明与比较。

参考答案

一、单项选择题

1. **答案**：C。“法律关系重心说”和“最密切联系说”均受到了萨维尼的“法律关系本座说”的重大影响，它们都从分析法律关系的性质入手，去寻找适用于该法律关系的准据法。
2. **答案**：B。中国国际私法的立法可以追溯到唐朝，为调整各种具有涉外因素的法律关系，唐朝统治者在《永徽律》的第一章《名例律》中作了这样的规定：“诸化外人同类自相犯者，各依本俗法；异类相犯者，以法律论。”这条规定被认为是我国最早的冲突规范。
3. **答案**：D。巴托鲁斯是意大利法则区别说的重要人物，他提出了人法和物法作为解决法律冲突的方式。
4. **答案**：B。该学说在国际私法学说发展史上具有里程碑意义。
5. **答案**：C。A是萨维尼提出的，B是库克提出的，D是柯里提出的，而C是由我国著名国际私法学家韩德培教授提出的，“一体”指国际冲突规范和国际统一实体规范，“两翼”中一翼是国际民商事争议的解决，即国际民事诉讼法和国际商事仲裁法；另一翼包括法人和自然人的国籍，外国人在内国的法律地位，当事人之住所、居所、营业地等。
6. **答案**：A。戴西的“既得权”学说发展和丰富了国际私法理论，同时，他的理论也受到现代一些理论学说的挑战。
7. **答案**：D。萨维尼创立的“法律关系本座说”是1849年在《现代罗马法体系》一书第八卷提出的。

二、多项选择题

答案：ABCD。以上均是国际私法发展史上的学说。

三、名词解释

1. **答案**：萨维尼创立了法律关系本座说。它从一种普遍主义的观点出发，认为应适用的法律，只应是各该涉外民事关系依其本身性质有“本座”所在地的法律。它不讨论法律的域内域外效力的问题，而主张平等地看待内外国法律，这样就能达到以下目的，即不管该案件在什么地方提起，均能适用同一个法律，得到一致的判决。它认为应承认存在一个“相互交往的国家的国际法律共同体”，并且存在普遍适用的各种冲突规则。他把涉外关系分为“人”“物”“债”“行为”“程序”几大类，并认为住所是人的归属之处，所以人的身份应以住所为本座；而债为无体物，并且不占有空间，因而常常需要借助某种可见的外观来表现其形态，故应借助形态而确定本座。
2. **答案**：对英国国际私法作出巨大贡献，标志着国际私法新里程碑的既得权说是牛津大学的法学教授戴西提出的，它从法律的严格属地性出发，强调指出为了保障法律关系的稳定，对于依外国法有效设定的权利，必须也为其他任何国家承认和保护。他认为，凡是依他国法律有效取得的任何权利，一般都应为英国法院所承认与执行，而非有效取得的权利，英国法院则不应承认和执行（第一原则）；如承认与执行这种依外国法合法取得的权利与英国成文法的规定、英国的公共政策和道德原则，以及国家主权相抵触，则可以作为例外，不予承认和执行（第二原则）；但是，为了判定某种既得权利的性质，他认为应该依据产生此种权利的该外国的法律（第五原则）；最后，他还坚持“意思自治原则”，认为当事人协议选择的法律具有决定他们之间的法律关系的效力（第六原则）。

3. **答案**：卡弗斯于1933年提出，法律适用的结果有两条标准，一是要对当事人公正，二是要符合一定的社会目的。为符合这两条标准，法院在决定是适用本国法还是外国法之前要考虑三个方面：首先是要审查诉讼事件和当事人之间的关系；其次是要仔细比较适用不同法律可能导致的结果；最后是要衡量这种结果对当事人是否公正以及是否符合社会的公共政策。1965年，卡弗斯提出了七项解决法律冲突案件的“优先适用原则”，完善了他倡导的“公正论”，卡弗斯的这一理论首次提出直接对实体法进行选择的大胆假设，为许多人所接受，但也因其抽象模糊遭到批评。

4. **答案**：1966年，莱弗拉尔提出了法律选择的五点考虑：（1）结果的可预见性；（2）洲际和国际秩序的维持；（3）司法任务的简单化；（4）法院地政府利益优先；（5）适用较好的法律规范。这一理论在美国的影响较大。他试图找出一些常出现并实实在在对选择法律起作用的因素，以便为法官在选择过程中提供指导。由于莱弗拉尔的第五点考虑是其理论的关键因素，所以人们常将他的理论概括为“较好法律的方法”（better rules of law）。

5. **答案**：艾伦茨威格通过对冲突法学说史的研究，在分析和考察以往判例的基础上得出结论：国际私法赖以建立和发展的基础是优先适用法院地法，而外国法的适用只是一个例外。他认为，法律冲突的解决是法院地实体法解释的问题，即可根据对法院地法的解释结果决定应该适用什么法律。为了防止挑选法律，他又提出了方便法院和适当法院的理论。这一理论是本位主义的体现，目的在于扩大法院地法的适用，带有一定的不确定性和不完整性。

6. **答案**：里斯出版的《第二次冲突法重述》是对美国各种学说的一种折中，在比较客观的中立法院的基础上，里斯根据“重力中心地”“联系聚集地”等观念，提出了一个“最密切联系”或称“最重要关系”的概念，主张法院适用“最密切联系地”的法律。里斯主张，在解决法律冲突时，法院适用与案件有最密切联系的那个地方的法律，并提出了与案件有联系的众多因素中确定有最密切联系的因素的七项参考原则，即（1）洲际和国际制度的需要；（2）法院地的有关政策；（3）在决定具体问题时，其他有利益州的有关政策和这些州的相应利益；（4）公众期望的保护；（5）特别法律中所体现的政策；（6）结果的确定性、可预见性和统一性；（7）法律易于认定和适用。

7. **答案**：法则区别说是13世纪左右意大利著名注释法学家巴托鲁斯在前人研究的基础上创立的。该学说从法则自身的性质入手将所有法则分为“物的法则”“人的法则”和“混合法则”。“物法”是属地的，其适用范围是制定者管辖领土内的物；“人法”是属人的，它不但应用于制定者管辖领土内的属民，而且在它的属民到了别的主权者管辖领土内时，也一样适用；“混合法则”是涉及行为的法则，适用于法则制定者领土内订立的契约，是既涉及人又涉及物的。在巴托鲁斯的基础上以法国法学家杜摩兰为代表的法国法则区别说，提出在契约关系中应适用当事人自主选择的那一习惯的主张，即“意思自治”原则，其影响绵延至今且适用对象日益拓展。法则区别说是国际私法的第一种形态的学说，通说认为法则区别是国际私法产生的标志。法则区别说后来在欧洲传播，形成了“法则区别说时代”，主要有意大利、法国、新西兰等国不同的法则区别说。

四、简答题

1. **答案**：荷兰法学家胡伯的贡献就在于他把属

地主义“礼让说”和以立法权力的划分为基础的国际普遍主义学说结合起来研究法律冲突问题。按照胡伯的解释，外国私法的性质并没有使得一国承担适用外国法的义务，然而，一主权国家一旦决定在特定的条件下适用外国法，那么习惯国际法就赋予了其承认外国法的义务。从另一角度看，胡伯的思想也含有一种既得权思想。因为按照胡伯的解释，一主权国家在某个特定案件中适用外国法的时候，与其说是实施外国法还不如说是因为彼此交往的需要而对外国法的一种尊重。胡伯的国际礼让说虽然受到一些批评，但是它对国际私法的发展所起的作用是不容抹杀的。

2. **答案：**（1）本地法说是美国学者库克在1942年出版的《冲突法的逻辑与法律基础》一书中提出并且系统论证的。该学说的思想基础是法院在审理涉外民事案件的时候总要适用自己的国内法。如果该案中有根据外国法产生的权利，可以把这种权利转化为国内法产生的权利予以承认，即把该外国法“并入”国内法中。根据这个原则，法院不是使外国法产生的权利具有法律效力，而是使根据本国法产生的权利具有法律效力。

（2）这种理论与“国际礼让说”不同，它主张既不适用外国法，也不承认根据外国法产生的权利，实际上是对外国法采取一种否认的态度。

（3）从理论上看，库克有两个方面的贡献：一是彻底批判了既得权说；二是在研究方法上，主张不要从哲学家或者理论学家的逻辑推理中去获取应当适用的冲突规则，而应当通过考察，总结法院在处理法律冲突的时候是怎样得出应当适用的规则的。某一法律选择之所以正确，并不在于它符合某种“固有”的原则，而是在于它代表了过去的司法态度，因此，也就可以预示将来可以怎么做。

3. **答案：**卡佛斯主张改变“管辖权选择”的传统制度，代之以结果选择说。他揭示了法律冲突实质上存在“虚假冲突”和“真实冲突”两种，又从结果公正这一角度探求法律选择的理论，并为实现这种公正创造性地提出了法律选择和优先性原则，这些都是开创性的。

4. **答案：**法律关系本座说是德国法学家萨维尼1849年在其撰写的《现代罗马法体系》（第八卷）一书中提出的法律适用理论。萨维尼认为，援引国家主权和独立原则来论证法律适用必然导致法官只根据内国法审理案件，而不管与案件有联系的外国法的适用。为了便于国际交往和减少其法律上的障碍，必须承认内外国人法律地位的平等和内外国法律的平等。他还极力反对从自然法的观点出发，从法律规则自身的性质出发来决定法律是否可适用于各种特定的涉外民事关系，而主张从法律关系本身的性质来探讨其应适用的法律。每一种法律关系在逻辑上和性质上必然与某一特定的法律制度相联系，每一法律关系都有一个确定的“本座”，即一个它在性质上必须归属的法域。法院进行法律选择时，应根据法律关系的性质确定法律关系的本座所在地，而该本座所在地的法律就是该法律关系所应适用的法律。

萨维尼的法律关系本座说在国际私法发展史上具有里程碑意义。法律关系本座说创造性地提出了解决法律选择问题的标准，通过分析法律关系的性质，确定法律关系的本座，从而确定准据法，这在方法论上也是一个历史性的突破。法律关系本座说对国际私法的发展有着巨大的影响，现代国际私法理论都是在法律关系本座说的基础上发展起来的。另外，萨维尼在分析与探寻各种法律关系的本座所在时主要是从法律关系的“重心”以及与法律关系的联系程度来确定这种本座的，因而难免陷入唯心主义的泥潭。

五、论述题

1. **答案：**传统国际私法理论主要有法则区别说，国际礼让说、法律关系本座说、既得权说。传统理论中的冲突规范的适用基本上是采用连结点选择方法，它具有两个最显著的特征就是：（1）强调法律适用的一致性和稳定性。（2）主要是一种立法管辖权的选择方法。这两个特点不可避免地带有僵固性和呆板性。

现代国际私法理论主要有本地法说、结果分析说等。这些理论对传统冲突规范采用了“软化处理”，主要特征是：(1) 用灵活的开放型的系属公式代替僵硬的封闭型的系属公式。(2) 增加连结点的数量从而增加可供选择的法律等。这些新的理论主张对传统冲突法加以改进，通过各种途径和手段，把法律适用上的一致性、稳定性和灵活性与合理性结合起来考虑，以实现公正、合理地解决冲突为追求的主要目标，使传统的冲突法能够适应现代科学技术的发展所带来的国际民商事关系日益复杂化的形势。

2. 答案：国际私法最初是以学说和理论的形式出现的，所以国际私法被称为学说法。其经历了以下几个时代：

(1) 罗马帝国时代在罗马法中出现了市民法和万民法之分。

(2) 5 世纪罗马帝国衰亡之后，欧洲出现了适用部族法的时期，具有强烈的属人法色彩，被称为种族法主义。10 世纪左右，属地法主义取代了属人法主义，形成了绝对地适用于领域内所有的人和物的属地法，从根本上否认了其他地域的法律效力。

(3) 14 世纪在巴托鲁斯为代表的后期注释法学派学者提出了法则区别说，试图在理论上解决当时的法律冲突现象，被称为意大利学派。法则区别说依法规的性质将其分为人的法则和物的法则，其产生标志着作为独立的法律体系的国际私法法学的诞生，巴托鲁斯因而被称为国际私法学之始祖。法则区别说第一次试图通过法律适用的方法来解决地域之间的法律冲突问题，摒弃种族法主义和不承认外国法效力的属地法主义，但其将法律分为人法和物法的标准过于形式化，被后人称为语法的学说。

(4) 16 世纪法国学者杜摩兰继承了意大利法则区别说的观点，同时批判法则区别说的形式化，主张以法规的实质来进行划分。他将夫妻财产制视为当事人的默示的契约关系，提出依照当事人的意思决定准据法的主张。他的意思自治原则对后来的国际私法立法起到了积极作用，成为选择契约准据法的普遍原则。同时代的达让特莱主张将领域内的一切人、物、行为都置于当地习惯控制之下，反对当事人的意思自治。他提出除关于人的法则和物的法则以外，还有被称为混合法的第三种法则，也具有属地性。这一“法规三分说”限制了人法的适用范围而扩大了物法的适用范围，实质上是主张法律的属地主义。

(5) 荷兰学派代表人物胡伯明确提出了适用外国法是出于国际的礼让的“国际礼让说”，其实质上是以本国法的适用为前提的，适用外国法只是基于礼让而非义务，其实质上是属地主义的。

(6) 英美学派的斯托里基本承袭了芬兰学者的属地主义的观点，明确把“国际礼让”表达为内国法上的规定。他以编纂和解释判例法的方法并按法律关系的性质对国际私法进行了分析，开创了分析方法之先河。英国学者戴西提出既得权说，认为内国法院虽然不能直接承认和适用外国法或外国法院判决，但对于根据外国法有效取得的权利应当予以承认和保护。

(7) 德国学派代表萨维尼提出法律关系本座说，认为各个法律关系都有其本座，应根据各法律关系的固有性质来探讨法律关系的本座，决定法律关系的准据法。他实现了从法规到法律关系的转变，被称为现代国际私法之父。

进入 20 世纪后，英美法系对传统国际私法理论展开批判，出现了众多新学说体系。主要有：

(1) 卡弗斯提出结果选择原则说，主张法官应从相互抵触的具体的实体法规则中选择能实现公平的一个实体规则。(2) 库克的本地法说，主张法院在处理涉外民事争议时将外国的法律规则合并到本地法之中，所承认和保护的并不是根据外国法创设的权利，而是根据自己国家的法律所创设的权利。(3) 柯里的政府利益分析说，认为解决法律冲突的最佳方法是由对政府利益分析的结论来确定涉外民事关系应当适用的法律。这一学说揭示了法律冲突的本质在于各国利益的冲突，并发明了“虚假的冲突”这一概念。(4) 现代欧洲的国际私法学说也更倾向于政治化、非中立化和实体法化。重要的有德国法学家拉沛尔的“比较法学说”，认为必须通过缔结国际条约把各国的冲突规范统一起来。另外还有德国克格尔的“利益论学说”，希腊学者弗朗西斯卡基斯的“直接适用的法律”，苏联学者隆茨等的“对外政策”学说等。

3. 答案：学说在国际私法中占有重要地位。自十三四世纪国际私法产生至19世纪，国际私法是以学说形式表现的学说法。

意大利的法则区别说。该学说的代表人物是巴托鲁斯，主张从法则本身的性质入手，把所有法则分为物的法则、人的法则和混合法则。其中。物的法则是属地的，其适用只能而且必须及于制定者领域内的物；人的法则是属人的，它不但适用于制定者领域内的属民，当其属民到了其他主权者领域时，也应适用；混合法则是涉及行为的法则，适用于在法则制定者领域内订立的契约，它既涉及人又涉及物。

法国的法则区别说。杜摩兰从理性自然法出发，将法律分为“人法”和“物法”，并主张扩大“人法”的适用范围。杜摩兰对国际私法的卓越贡献主要表现在契约的法律适用方面。在《巴黎习惯法评述》一书中，杜摩兰指出契约关系应该适用当事人自主选择的那一习惯。在他看来，按照契约自由原则，当事人既然可以自由订立契约，当然也有权选择契约适用的法律。后来，这种思想理论转化并称为“意思自治”原则。杜摩兰不但主张契约应适用当事人自己选择的习惯，而且认为，即使当事人契约中未作这种明示的选择，法院也应推定当事人意欲适用什么习惯于契约。

荷兰的国际礼让说。胡伯学说认为，承认不承认外国法的域外效力，适用不适用外国法，完全取决于各国的主权考虑。这就完全推翻了17世纪前的国际私法上的普遍主义观点，是适用外国法理论上的一大进步。胡伯学说强调了一个后来对英美学派发生重大影响的观点，即既得权的观点。胡伯学说中的“国际礼让”思想为19世纪美国法学家斯托雷所承袭。

萨维尼的法律关系本座说。法则区别说在国际私法领域居于统治地位的局面直到19世纪才被打破。19世纪，德国法学家萨维尼提出法律关系本座说，把国际私法推到一个新阶段。1849年萨维尼在他发表的《现代罗马法体系（第八卷）》（又名《法律冲突与法律规则的地域和时间范围》）一书中全面地阐述了他的国际私法理论。萨维尼认为，援引国家主权和独立原则来论证法律适用必然导致法官只根据内国法审理案件，而不管与案件有联系的外国法的适用。为了便于国际交往和减少其法律上的障碍，必须承认内外国人法律地位的平等和内外国法律的平等。萨维尼的法律关系本座说在国际私法发展史上具有里程碑意义。萨维尼一改统治了几百年的通过法律性质选择法律的方法，代之以通过法律关系性质选择法律的方法，这在方法论上是一个历史性的突破。他创造性地提出了解决法律选择中的连结点，为国际私法的规范化和更具可操作性起到了至关重要的作用。萨维尼的理论对国际私法的发展具有极其深远的影响。

英国的既得权说。戴西对国际私法的研究成果主要在于他提出了著名的既得权说。既得权说的核心内容是：英国法院从不执行外国法，如果说有时执行外国法，那么所执行的不是外国法本身，而是依外国法取得的权利。为了保障法律关系的稳定，对于依外国法有效设定的权利，也应该坚决加以维护。他甚至认为，每个文明国家的冲突法，都是建立在这样一个基础上的，即根据一国法律正当取得的权利，必须也为其他任何国家承认和保护。

戴西学说的核心是，法官只负有适用外国法的任务，它既不能直接承认或适用外国法，也不能直接执行外国的判决。

戴西这一学说，显然是为了调和适用外国法和国家主权原则之间的矛盾而设想出来的，但结果是使他自己陷入了更大的矛盾。

许多学者指出，一国政府既然负有通过它的法院承认并执行外国法律既得权的义务，实际上就负有适用外国法的义务，因为保护某一权利，无非就是承认赋予该权利的外国法的域外效力。作为法律上的权利一旦脱离了创设它的法律，权利将不复存在。

戴西的既得权学说尽管存在矛盾，但该学说在国际私法发展史上的作用是不可忽视的。

第四章　国际私法关系的主体

基础知识图解

- 国际私法关系的主体
  - 自然人
    - 自然人的国籍
      - 概念
      - 冲突及解决：积极冲突、消极冲突
    - 自然人的住所
      - 概念
      - 冲突及解决：积极冲突、消极冲突
  - 法人
    - 法人的国籍：成员国籍主义、设立地主义、住所地主义、准据法主义、实际控制主义、复合标准说
    - 法人的住所：管理中心所在地说、营业中心所在地说、法人住所依其章程之规定说
    - 外国法人的认可
      - 概念
      - 方式：国际立法认可、国内立法认可
  - 国家
    - 国家作为国际私法关系主体的特殊性
    - 国家豁免
      - 提出
      - 根据：国家主权原则
      - 含义和内容：司法管辖豁免、执行豁免
      - 理论：绝对豁免论、限制豁免论、废除豁免论、平等豁免论
      - 中国对国家豁免的立场
      - 联合国国家及其财产管辖豁免公约
  - 国际组织
    - 国际组织作为国际私法关系主体的特殊性
    - 政府间国际组织的特权与豁免
    - 国际组织权利能力与行为能力的法律冲突及解决
  - 外国人民事法律地位的几种制度
    - 国民待遇
    - 最惠国待遇
    - 优惠待遇
    - 普遍优惠待遇
    - 不歧视待遇

配套测试

一、单项选择题

1. 当代在外国人民事法律地位方面一种非互惠的待遇制度是指（　　）。

A. 国民待遇　　B. 最惠国待遇

C. 普遍优惠待遇　　D. 不歧视待遇

2. 中国人王某定居美国，但其国籍仍是中国国籍，后来，王某在加拿大开设公司。当王某于 1999 年在法国旅游期间，通过电传与中国某公司订立了钢材买卖合同，后发生争议，中国某公司在国内起诉。而王某抗辩认为：据美国法的规定，他是限制民事行为能力人，合同无效。那么，法院应适用（　　）。

A. 美国法　　B. 法国法
C. 加拿大法　　D. 中国法

3. 一国把不给予本国或其他外国自然人或法人的限制性规定专门适用于特定的国家的自然人和法人，或者把给予本国或其他外国自然人或法人的某些优惠或权利，不给予特定的国家的自然人或法人，这是（　　）。
A. 国民待遇　　B. 最惠国待遇
C. 歧视待遇　　D. 不歧视待遇

4. 下列有关自然人民事行为能力的法律适用，不符合我国立法规定的是（　　）。
A. 中华人民共和国公民定居国外的，其行为是在我国境内所为，适用我国法律
B. 定居国外的中国公民的民事行为能力，适用定居国法律
C. 无国籍人的民事行为能力，一般适用其定居国法律；如未定居的，适用其住所地国法律
D. 外国人的民事行为能力概依其本国法

5. 某国公民杰克逊 18 岁，在上海某商店购买一款手机，价值 4000 元人民币。三天之后，杰克逊在另一商店发现该款手机的价格便宜许多，便到前一商店要求退货，被拒绝。杰克逊遂向上海某法院起诉，理由是根据其本国法，男子满 20 岁为成年人，自己未届成年，购买手机行为应属无效。对此，下列哪一种说法是正确的？（　　）
A. 认定杰克逊的行为无效，手机可以退货
B. 认定杰克逊的行为有效，手机不能退货
C. 认定杰克逊为限制民事行为能力人，但因本案所涉金额不大，判购买行为有效
D. 法院应根据 1980 年《联合国国际货物销售合同公约》处理该案

6. 下列关于国籍的说法中正确的有（　　）。
A. 国籍的主要作用是在个人和特定的国家之间建立一种一般的、临时的、表面的法律关系
B. 国籍实质上是一种公民资格，表明个人对特定国家的隶属关系
C. 一个人取得某一国家的国籍，只有依法纳税，才能受其管辖和保护
D. 凡是具有本国国籍的人就是本国人，否则就是外国人

7. 中国公民陆某 2001 年通过其在甲国的亲戚代为申请甲国国籍，2002 年获甲国批准。2004 年 5 月陆某在中国因违法行为被刑事拘留。此时，陆某提出他是甲国公民，要求我有关部门通知甲国驻华领事。经查，根据甲国法律陆某持有的甲国护照真实有效；陆某本人到案发时从未离开中国，也从未申请退出中国国籍。根据中国国籍法有关规定，下列哪一项判断是正确的？（　　）
A. 陆某仍是中国人
B. 陆某是中国境内的外国人
C. 陆某是中国法律承认的具有双重国籍的人
D. 陆某的国籍状态不确定

8. 根据我国法律规定，在涉外民商事案件中，适用经常居所地法律，自然人经常居所地不明的，适用（　　）法律。
A. 其现在居所地
B. 与其有最密切联系的住所
C. 其原始住所
D. 其国籍国的住所

9. 按照我国法律规定，涉外民商事案件如果涉及了公司法人是案件的当事人，那么该公司法人以（　　）作为其经常居所地。
A. 法人的主要办事机构所在地
B. 法人的管理中心地
C. 法人章程中规定的住所地
D. 法人主营业地

10. 下列关于国际民事诉讼管辖豁免的说法中正确的有（　　）。
A. 所谓诉讼程序豁免，即在任何情况下，任何国家法院不得依其判决对外国国家的财产强制执行，强行划拨银行存款、拍卖财产等
B. 我国目前依然是坚持绝对豁免的国家之一。但是，我国已主动放弃了所有国有企业财产的豁免权，也放弃了涉及某些领域纠纷的国家财产豁免权
C. 所谓管辖豁免，即在任何情况下，任何国家的法律都不得受理以该外国国家作为被告或以该外国国家财产为标的的诉讼

D. 所谓强制执行豁免，即在任何情况下，不得对国家或国家财产采取诉讼程序上的强制措施，如强制提供证言、证据，或对国家财产进行诉讼保全

11. 根据国家及其财产的司法豁免权原则，当一国自动放弃司法管辖豁免时，（　　）。

A. 亦同时丧失了诉讼程序豁免

B. 并不等于该国同时放弃了另两项豁免

C. 等于该国同时放弃了另两项豁免

D. 同时放弃了强制执行豁免

12. 依照《涉外民事关系法律适用法》适用国籍国法律，自然人具有两个以上国籍的，适用（　　）的国籍国法律；在所有国籍国均无经常居所的，适用与其有最密切联系的国籍国法律。自然人无国籍或者国籍不明的，适用其经常居所地法律。

A. 有经常居所　　B. 行为地

C. 出生地　　D. 以上都不正确

13. 国际私法上对外国法人的承认是指（　　）。

A. 认可外国法人为内国法人

B. 认可外国法人在内国从事的民事活动

C. 认可外国法人在内国有财产豁免权

D. 认可外国法人在内国有权从事反对其政府的活动

14. 依照我国有关法律，法人的民事行为能力依（　　）。

A. 主要营业地国的法律

B. 主要管理地国的法律

C. 登记地国的法律

D. 资本控制国的法律

15. 我国对外国法人的认可采取（　　）认可程序。

A. 一般　　B. 特别

C. 相互　　D. 分别

16. 按我国《国籍法》的基本原则，已具有外国国籍的华人（　　）。

A. 允许保留中国国籍

B. 可以放弃外国国籍而保留中国国籍

C. 必须放弃外国国籍

D. 当然保留中国国籍

17. 就最惠国待遇制度而言，目前各国普遍采用的是（　　）。

A. 无条件的最惠国待遇

B. 有条件的最惠国待遇

C. 无条件的最惠国待遇为主，有条件的最惠国待遇为辅

D. 有条件的最惠国待遇为主，无条件的最惠国待遇为辅

18. 某甲与某乙系美国某跨国公司在中国北京所设子公司的业务主管。2011 年 9 月，二人因业务需要一同去加拿大出差，某甲在加拿大驾车不慎冲出公路，撞到一墙上，致使某乙严重受伤。回北京后，二人就伤害赔偿额发生争议，诉至法院。对此，法院应适用的法律是（　　）。

A. 美国法　　B. 加拿大法

C. 中国法　　D. 法院应不予受理

19. 德国甲公司与中国乙公司在中国共同设立了某合资有限责任公司，后甲公司以确认其在合资公司的股东权利为由向中国某法院提起诉讼。关于本案的法律适用，下列哪一选项是正确的？（　　）（司考 2014. 1. 35）①

A. 因合资公司登记地在中国，故应适用中国法

B. 因侵权行为地在中国，故应适用中国法

C. 因争议与中国的联系更密切，故应适用中国法

D. 当事人可协议选择纠纷应适用的法律

20. 沃林公司在甲国登记注册，其主要办事机构也在甲国。后沃林公司被乙国福特公司全资收购，其办事机构亦迁往乙国。后因经营不善，乙国福特公司又被中国启迪公司全资收购，但考虑到业务需要，沃林公司的主要办事机构仍在乙国。关于沃林公司的国籍，下列选项正确的是（　　）。

A. 因沃林公司在甲国登记注册，其国籍为甲国

B. 因沃林公司的主要办事机构在乙国，其国籍为乙国

---

① 编者注：部分题号内标注了司法考试真题序号，以本题为例，表示本题为 2014 年司法考试卷一第 35 题。以下不再特别注明。

C. 因沃林公司被中国启迪公司收购，其国籍为中国

D. 沃林公司的国籍应由收购协议约定

二、多项选择题

1. 在当事人所具有两个或两个以上的国籍均为外国国籍时，各国解决国籍积极冲突的做法有以下哪些？（　　）

A. 以当事人的自愿选择为准

B. 以当事人最后取得的国籍为准

C. 以当事人住所或惯常居所所在国国籍为准

D. 以与当事人有最密切联系的国籍为准

2. 中国人王某定居美国多年，后自愿加入美国国籍，但没有办理退出中国国籍的手续。根据我国相关法律规定，下列哪些选项是正确的？（　　）（司考 2010. 1. 80）

A. 由于王某在中国境外，故须向在国外的中国外交代表机关或领事机关办理退出中国国籍的手续

B. 王某无须办理退出中国国籍的手续

C. 王某具有双重国籍

D. 王某已自动退出了中国国籍

3. 下列各项中，通常可以适用最惠国待遇制度的是（　　）。

A. 版权和工业产权的保护

B. 国家之间交通工具的通过

C. 国家之间商品支付和服务往来

D. 彼此国民在对方国家的营业活动

4. 最惠国待遇的例外包括（　　）。

A. 一国给予邻国的特权与优惠

B. 边境贸易和运输方面的特权与优惠

C. 有特殊的历史、政治、经济关系的国家之间形成的、特定的特权与优惠

D. 经济集团内部各成员国互相给予对方的特权与优惠

5. 国际私法上解决人的权利能力的法律冲突，主要是为了解决（　　）。

A. 死亡宣告的法律冲突

B. 失踪宣告的法律冲突

C. 无民事行为能力或限制民事行为能力宣告的法律冲突

D. 禁治产宣告的法律冲突

6. 某英国石油公司在甲国投资设立了庄承海洋石油有限公司，甲国政府为了缓解国内市场的石油供需矛盾，并把握国家的主要经济命脉，决定对该庄承海洋石油有限公司实行国有化，对于甲国政府的这一举措，是否应该对该英国石油公司给予补偿，从理论上讲，国际私法主要有下列几种处理方法：（　　）。

A. 不予补偿

B. 给予“适当的、合理的”补偿

C. 要求对国有化财产给予“充分、及时、有效”的补偿

D. 部分补偿

7. 目前我国与外国签订的双边投资保护协定，对方投资者的投资采取国有化或征收措施，约定应遵守的条件有（　　）。

A. 只有为了公共利益，且按照法律程序

B. 只有为了公共利益，按照法律程序，且必须征得对方国家政府的同意

C. 给予充分的补偿，从而使投资者处于未被征收或国有化的财政地位，而补偿不得无故迟延，且可以在缔约国领土间自由转移

D. 给予适当的补偿，从而使投资者处于未被征收或国有化的财政地位，而补偿不得无故迟延，且可以在缔约国领土间自由转移

8. 在下列诸法律关系中，指出哪几种法律关系的主体一方是国家？（　　）

A. 我国驻某国的大使受命将国产车 100 辆赠与驻在国某企业

B. 我国某电机厂将 6000000 千瓦发电机卖给某国电站

C. 中国粮油进出口公司受我国政府委托向某国购买小麦 300 万吨

D. 我国驻法国大使星期天在法国某商店为其子购买照相机一部

9. 在国际私法理论中，确定法人的国籍有哪种理论？（　　）

A. 成员国籍主义　　B. 设立地主义

C. 住所地主义　　D. 准据法主义

10. 最惠国待遇经常适用于以下（　　）方面。

A. 国际的商品、服务贸易往来的待遇
B. 外国专利权、商标权、著作权的法律保护
C. 司法协助
D. 自然人与法人的民事行为能力

11. 国际上通行的承认外国法人民事主体地位的方式有（　　）。
A. 分别认可制　　B. 相互认可制
C. 特别认可制　　D. 一般认可制

12. 普遍优惠制是发达国家给予发展中国家制成品和半制成品的何种待遇？（　　）
A. 最惠国待遇　　B. 国民待遇
C. 非互惠待遇　　D. 优惠待遇

13. 我国对外国投资者的投资只有在下列条件下，才可实行征收或者征用（　　）。
A. 为了公共利益
B. 按照法律规定
C. 给予公平、合理的补偿
D. 不应是歧视性的

14. 下列各项中，通常可以适用最惠国待遇制度的是（　　）。
A. 版权和工业产权的保护
B. 国家之间交通工具的通过
C. 彼此商务代表团的特权和豁免
D. 国家之间商品支付和服务往来

15. 甲国某公司与乙国驻甲国使馆因办公设备合同产生纠纷，并诉诸甲国法院。根据相关国际法规则，下列哪些选项是正确的？（　　）（司考 2014.1.75）
A. 如合同中有适用甲国法律的条款，则表明乙国放弃了其管辖的豁免
B. 如乙国派代表出庭主张豁免，不意味着其默示接受了甲国的管辖
C. 如乙国在本案中提起了反诉，则是对管辖豁免的默示放弃
D. 如乙国曾接受过甲国法院的管辖，甲国法院即可管辖本案

16. 约翰同时拥有甲国国籍和乙国国籍，定居在上海。约翰和中国公民王某在上海发生侵权纠纷，后诉至中国某法院。根据我国相关法律，下列选项正确的是（　　）。
A. 因我国不承认双重国籍，故约翰应放弃一个国籍才可以在我国法院起诉
B. 因约翰定居在上海，故我国法院应认定约翰为中国国籍
C. 我国法院应当适用最密切联系原则认定约翰的国籍
D. 如果约翰和王某协议选择甲国法，法院应该适用甲国法处理本案侵权纠纷

三、不定项选择题

西班牙人甲，年满 24 岁，1999 年 6 月来我国旅游时，与当地一服装厂订立合同一份，购买一批价值 7000 元的服装。我方服装厂组织全体职工加班加点赶制该批服装，并按期完成。待提货期限届至，甲觉得市场行情变化，无利可图，便以西班牙法律规定自然人具有完全民事行为能力的年龄须为 25 周岁为由，主张其为限制民事行为能力人而否认该合同的效力，拒绝付款提货。为此，我方服装厂向法院提起诉讼。法院应如何处理本案？（　　）
A. 法院应该适用西班牙的法律来处理甲的民事行为能力问题，认定其为限制民事行为能力人
B. 法院应该适用我国法律的规定来处理甲的民事行为能力问题，认定其为完全民事行为能力人
C. 法院应该适用我国法律的规定来处理甲的民事行为能力问题，认定其为限制民事行为能力人
D. 法院应从保护我国当事人利益的角度出发，选择适用我国法律的规定，认定其为完全民事行为能力人

四、名词解释

1. 国籍冲突（conflict of nationalities）
2. 住所
3. 自然人的民事行为能力
4. 禁治产
5. 特别认可程序
6. 限制豁免论（The Doctrine of Relative or Restrictive Immunity）
7. 外国人民事法律地位
8. 互惠待遇

五、简答题

1. 简述自然人国籍冲突的概念及其解决方法。
2. 简述国际组织权利能力和行为能力产生的法律冲突原因及其法律适用。
3. 简述外国人的待遇原则。
4. 请说明“国民待遇”与“最惠国待遇”的异同。

六、论述题

1. 论国家及其财产豁免原则。
2. 论述“住所”在国际私法上的意义，《涉外民事关系法律适用法》中对此规定有什么特点？（北京大学2011年考研真题）

七、案例分析题

1. 美国人马某和他的朋友斯皮门在其居住地燃放烟花，烟花本来指向空旷地方，但点燃后突然改变方向，朝着站在不远地方观看的马某的弟弟17岁的狄某飞去，击伤了他的右眼。所燃放的烟花是由中国进口的带响的“空中旅行号”。于是狄某的父母即委托律师，在美国得克萨斯州达拉斯地区联邦地方法院提起诉讼，他们将中华人民共和国当作生产烟火的制造商作为第一被告，以中国外交部长为中华人民共和国的代理人，并以进口烟火的美国远东进口公司和烟火经销商为第二、第三被告。原告要求赔偿损害赔偿金100万美元，并判处惩罚赔偿金500万美元，共计600万美元。原告认为，该烟火是中国的产品，由于产品存在缺陷，具有危险性，从而导致燃放者人身受到伤害，根据美国产品责任法，产品的出口者应承担赔偿责任。法院受案后，通过美国大使馆向我国外交部部长送达了传票，为我国外交部所拒绝。根据上述案情，请回答下列问题：

    （1）美国法院能否将中华人民共和国作为被告？为什么？

    （2）作为出口者的国有中国A公司是否享有豁免权？

    （3）本案应根据哪国法来处理，理由是什么？

2. 法国公民A以中国某进出口公司的商品质量故意对他造成损害为由，在法国法院以中国为被告提起诉讼。法院受理后，将传票送达我国外交部。问题：我国政府是否应诉，为什么？我国应如何处理？

参考答案

一、单项选择题

1. **答案**：C。普遍优惠待遇是指一国为了某种目的而给予外国及其自然人和法人以特定的优惠的一种待遇。
2. **答案**：A。依据《涉外民事关系法律适用法》第12条。
3. **答案**：C。歧视待遇是指一国把不给予本国或其他外国自然人或法人的限制性规定专门适用于特定的国家的自然人和法人，或者把给予本国或其他外国自然人或法人的某些优惠或权利，不给予特定的国家的自然人或法人。
4. **答案**：B。依据《涉外民事关系法律适用法》第12条。
5. **答案**：B。依据《涉外民事关系法律适用法》自然人的民事行为能力，适用经常居所地法律。自然人从事民事活动，依照经常居所地法律为无民事行为能力，依照行为地法律为有民事行为能力的，适用行为地法律，但涉及婚姻家庭、继承的除外。杰克逊18岁，我国法律认为其有民事行为能力，故杰克逊的行为有效，手机不能退货，B项正确。
6. **答案**：B。国籍特指个人作为某一特定国家的成员而隶属该国的一种法律资格或身份，其主要作用是在个人和特定的国家之间建立一种特别而稳固的法律联系。只要取得某一国家的国籍，便作为该国成员受其管辖和保护，对一个国家来说，凡具有本国国籍的人就是本国人，否则是外国人或无国籍人。
7. **答案**：A。根据《国籍法》第9条规定：“定居外国的中国公民，自愿加入或取得外国国籍的，即自动丧失中国国籍。”第10条规定：“中国公民具有下列条件之一的，可以经申请批准退出中国国籍：一、外国人的近亲属；二、定居在外国的；三、有其它正当理由。”第11条规定：“申请退出中国国籍获得批准的，即丧失中国国籍。”本案中，陆某从未离开中国，不符合上述条件，所以仍是中国国籍，A项正确。

8. **答案**：A。依据《涉外民事关系法律适用法》第20条。

9. **答案**：D。依据《涉外民事关系法律适用法》第14条。

10. **答案**：B。我国把国家本身的活动和国有公司的活动区别开来，认为国有公司或企业是具有独立法律人格的经济实体，不应享受豁免。诉讼程序豁免是指即使一国放弃管辖豁免，未经其同意，不得对它的财产采取诉讼保全措施，也不得强制其出庭作证或提供证据以及为其他诉讼行为。管辖豁免是指未经一国同意，不得在另一国法院对它提起诉讼或提起以其财产为诉讼标的诉讼。执行豁免是指即使一国同意在他国法院作为被告或主动作为原告参加民事诉讼，即使败诉，未经其同意，也不得对其财产实行强制执行，并非不得采取诉讼程序上的强制措施。

11. **答案**：B。一国放弃司法管辖豁免并不等于放弃国家及财产司法豁免。

12. **答案**：A。依据《涉外民事关系法律适用法》第19条。

13. **答案**：B。外国法人在内国的民事活动权利，须取得内国承认。外国法人只能在内国所承认的范围内从事民事活动。

14. **答案**：C。依据《涉外民事关系法律适用法》第14条。

15. **答案**：B。特别认可是指内国对外国法人要通过特别登记或批准程序加以认可，而根据我国有关法律规定，外国法人到我国从事民商事活动应得到我国主管机关的认可，因此我国对外国法人的认可采取的是特别认可程序。

16. **答案**：B。我国《国籍法》确定了“一个国籍”的原则，明确提出不承认中国公民的双重国籍，据此原则，上述答案中应选择B。

17. **答案**：A。最惠国待遇按受惠的条件分为有条件的和无条件的最惠国待遇。后者是目前各国普遍采用的做法。

18. **答案**：C。题中某甲、某乙两人均为美国人，均在中国有住所，依据《涉外民事关系法律适用法》第44条，应当适用中国法。

19. **答案**：A。根据《涉外民事关系法律适用法》第14条的规定，法人及其分支机构的民事权利能力、民事行为能力、组织机构、股东权利义务等事项，适用登记地法律。法人的主营业地与登记地不一致的，可以适用主营业地法律。法人的经常居所地，为其主营业地。由于合资公司是在中国登记设立的，所以，有关合资公司股东权利事项问题，适用登记地法律，即中国法。所以，A选项正确。B、C、D选项错误。

20. **答案**：A。《公司法》第2条规定，本法所称公司是指依照本法在中国境内设立的有限责任公司和股份有限公司。第191条规定，本法所称外国公司是指依照外国法律在中国境外设立的公司。可见，我国法人国籍以其登记地为标准。沃林公司的登记注册地为甲国，故沃林公司的国籍为甲国，A对，BCD错。另外，《涉外民事关系法律适用法》第14条规定，法人及其分支机构的民事权利能力、民事行为能力、组织机构、股东权利义务等事项，适用登记地法律。法人的主营业地与登记地不一致的，可以适用主营业地法律。法人的经常居所地，为其主营业地。

二、多项选择题

1. **答案**：BCD。当事人所具有两个或两个以上的国籍中有一个是内国国籍时，以内国国籍为准；当事人所具有的两个以上国籍都是外国国籍时，解决的方法有：以取得在先的国籍优先；以取得在后的国籍优先；以当事人住所或经常居所所在国国籍为准；以与当事人有最密切联系的国籍为准。

2. **答案**：BD。《国籍法》第9条规定：定居外国的中国公民，自愿加入或取得外国国籍的，即自动丧失中国国籍。所以A项错误，B、D项正确。第3条规定：中华人民共和国不承认中国公民具有双重国籍。所以C项错误。

3. **答案**：ABCD。最惠国待遇通常适用于经济贸易的某些事项，如关税、航行、旅客、行李和货物的过境，铁路、公路的使用等。

4. **答案**：ABCD。不属于最惠国待遇的适用范围的情形一般包括：一国给予邻国的特权和优惠；边境贸易和运输方面的特权和优惠；有特殊的历史、政治、经济关系的国家之间形成的特定的特权与优惠；经济集团内部各成员国互相给予对方的特权和优惠。

5. **答案**：AB。禁治产是解决民事行为能力的。

6. **答案**：ABC。国有化的财产是否补偿，应如何补偿，国际上一直存在分歧，归纳起来有本题所说三种不同的理论和实践，“部分补偿”不是国际私法上有关国有化财产补偿的主要理论和实践。

7. **答案**：AD。根据我国法律的相关约定，只有根据公共利益的需要，按照法律程序，并且是非歧视性的才可以对外国投资者的财产实行征收和其他相同效果的措施。征收所给予的补偿，其价值与采取措施或其他相同效果措施之时的被征收财产的实际价值相等。对投资的保护和补偿发生争议，可由双方协商解决。

8. **答案**：AC。我国驻某国的大使的职务行为是代表国家，因而A中法律关系中一方是国家，C中因中国粮油进出口公司与我国政府是委托代理关系，它的行为也是代表国家。

9. **答案**：ABCD。成员国籍主义是指以法人的资本为哪个国家的人所控制为标准来确定法人的国籍；设立地主义是指法人的国籍应依其设立地而定；准据法主义是指以设立时所依据的法律为标准来确定法人的国籍；住所地主义是指以法人的住所地为标准来确定法人的国籍。

10. **答案**：ABC。最惠国待遇一般适用于经济交往和贸易方面，不适用于民事行为能力。

11. **答案**：ABCD。分别认可制是指根据外国法人的性质，采取不同的认可办法，对商业性的法人采用一般认可制，对非商业性的法人采取特别认可制；相互认可制是指有关国家通过制定国际条约，相互承认对方的法人；一般认可制是指外国法人根据他国内国法一般规定，办理必要的登记和注册手续，便可以在他国从事活动。

12. **答案**：CD。本题是对普惠制含义的考查。在国际法和国际经济法中亦有介绍。

13. **答案**：ABCD。2019 年 3 月 15 日公布的《外商投资法》第 20 条规定，国家对外国投资者的投资不实行征收。在特殊情况下，国家为了公共利益的需要，可以依照法律规定对外国投资者的投资实行征收或者征用。征收、征用应当依照法定程序进行，并及时给予公平、合理的补偿。

14. **答案**：ABCD。最惠国待遇的一般使用范围为：国家之间的商品、支付和服务往来。国家之间交通工具的通过。彼此的公民和法人在对方定居、法律地位和营业上的活动。彼此的外交代表团、领事代表团、商务代表团的特权和豁免。著作权、专利权和商标权的保护。执行判决和裁决的义务。

15. **答案**：BC。国家主权豁免是指国家的行为及其财产不受或免受他国管辖。实践中，国家主权豁免主要表现在司法豁免方面：（1）一国不对他国的国家行为和财产进行管辖；（2）一国的国内法院非经外国同意，不受理以外国国家作为被告或外国国家行为作为诉由的诉讼；（3）不对外国国家的代表或国家财产采取司法执行措施。因此，在这个意义上，主权豁免又经常被称为国家的司法豁免权。

国家豁免权的放弃，是指国家可以自愿地就其某种特定的行为或不行为接受外国法院的管辖，即对其某个方面或某种行为，放弃在外国法院的管辖豁免。这种放弃是国家的一种主权行为，必须是自愿、特定和明确的。豁免的放弃可以分为明示放弃和默示放弃两种形式：前者是指国家或其授权的代表通过条约、合同、其他正式文件或声明，事先或事后以明白的语言文字表达就某种行为或事项上豁免的放弃。后者是国家通过在外国法院的与特定诉讼直接有关的积极的行为，表示其放弃豁免而接受法院管辖，包括国家作为原告在外国法院提起诉讼、正式出庭应诉、提起反诉，或作为诉讼利害关系人介入特定诉讼等。所以，A 选项错误，C 选项正确。

国家在外国领土范围内从事商业行为本身不意味着豁免的放弃。国家或其授权的代表为主张或重申国家的豁免权，对外国法院的管辖作出反应，出庭阐述立场或作证，或要求法院宣布判决或裁决无效，都不构成豁免的默示放弃。所以，B 选项正确。

一国不能通过本国立法来改变别国的豁免立场，也不能将一国对某一特定事项上的豁免放弃推移到其他事项上，或将一国的豁免放弃推移到另一国家上。国家豁免的放弃必须是特定的、自愿的、明确的。以往接受过管辖，并不代表现在会接受管辖。所以，D 选项错误。

16. **答案**：CD。《涉外民事关系法律适用法》第 19 条规定："依照本法适用国籍国法律，自然人具有两个以上国籍的，适用有经常居所的国籍国法律；在所有国籍国均无经常居所的，适用与其有最密切联系的国籍国法律。自然人无国籍或者国籍不明的，适用其经常居所地法律。"由此得知，A 错，自然人具有两个以上国籍的，其国籍状态并非由当事人选择。虽然约翰定居中国上海，但中国并非其双重国籍之一，B 错。约翰在甲国和乙国均无经常居所，法院应适用最密切联系原则认定其国籍，C 对。涉外侵权纠纷的法律适用中，当事人意思自治优先，D 对。

三、不定项选择题

答案：B。依据《涉外民事关系法律适用法》第 12 条。

四、名词解释

1. **答案**：是指一个人同时拥有两个或两个以上国籍（积极冲突）或者无任何国籍（消极冲突）的情况。国籍的冲突，完全是因为各国对国籍的取得和丧失所采取的制度各异而发生的。
2. **答案**：是指一人以久住的意思而居住的某一处所。一般包含主客观两个构成因素：一是在一定的地方有居住的事实；二是有在一定的地方久住的意思。
3. **答案**：是指通过自己的行为取得民事权利和承担民事义务的能力，或者说是自然人能够独立为有效法律行为的资格。
4. **答案**：是指禁止为财产方面的法律行为，而禁治产者，即指被依法宣告禁止其为财产上的法律行为的人。这种制度，主要是为保护已成年而因精神缺陷、心智不健全的自然人的利益而设立的。
5. **答案**：即内国对外国法人通过特别登记或批准程序加以认可，这种程序有利于控制外国法人在内国的活动，但其不足之处在于逐个认可，程序烦琐，不便于国际经济贸易组织活动的进行。
6. **答案**：又称"职能豁免说"，产生于 19 世纪末，主张把国家的活动分为主权行为和非主权行为，主权行为享有豁免权，而非主权行为不享有豁免权。这种理论实质上是通过对"商业行为"的自由解释为限制外国国家的主权提供了借口，因而与国家主权原则是不相容的，它把国家行为划分为主权行为和非主权行为也是不科学的。
7. **答案**：是指外国自然人或法人在内国享有民事权利和承担民事义务的法律状况。一般是通过国内立法或国际条约直接加以规定的。
8. **答案**：是指一国赋予外国人某种优惠时要求它的公民能在外国人所属的那个国家享受同样的优惠。互惠分形式上的互惠和实质上的互惠两种。通常情况下，国家之间在民商事领域签订互惠条款时，仅满足于形式上的互惠，即并不要求在缔约对方国境内赋予其公民的具体权利范围与这些国家赋予缔约对方国的公民的权利范围相等。但如果在互惠条款中专门规定的权利范围上要求完全相等，那就是实质上的互惠了。

五、简答题

1. **答案**：（1）自然人的国籍冲突分为积极的冲突和消极的冲突两种。国籍的积极冲突是指，一个人同时具有两个或两个以上国家国籍的情况，消极冲突是指一个人没有国籍的情况。（2）关于国籍积极冲突的解决要区分两种情况：第一，当当事人具有的两个以上的国籍中有一个是内国国籍时，国际上通行的做法是内国国籍优先。第二，当事人所具有的两个以上的国籍都是外国国籍时，主要有以下几种解决方法：以取得在先的国籍优先；以取得在后的国籍优先；以当事人惯常居所或住所所在国的国籍优先；以与当事人有最密切关系的国家的法律为其本国法，或者说以他的“实际国籍”决定其属人法。这种做法为许多学者和许多国家的立法与司法实践所采纳。我国也采用此种做法。(3) 关于国籍的消极冲突，一般主张以其住所地国的法律为其本国法，如无住所或住所不能确定的，以其居所地法为本国法，如居所亦不能确定适用法院地法。根据我国司法解释的规定，无国籍人的民事行为能力适用其居住地国法律，如未定居，适用其住所地国法。

2. 答案：(1) 产生法律冲突的原因主要有：第一，国际组织在非成员国活动，因各国对某一国际组织所授予的权利能力和行为能力不同而产生法律冲突；第二，国际组织成员国内部对该国际组织授予的权利能力和行为能力不同因而产生法律冲突。(2) 国际组织的权利能力与行为能力应适用其行为地法，当然一个大前提是国际组织在进行民事交往时必须首先符合自己的章程，否则其行为无效。

3. 答案：外国人的待遇是指一国对本国境内的外国人，特别是长期和永久居留的外国人所设定的权利义务。实践中，各国一般通过国内立法或与其他国家缔结条约来规定外国人的待遇问题，从而形成了以下三项主要原则。

国民待遇原则。又称平等待遇原则，特指一国对本国境内的外国人在一定事项上给予本国国民同等的待遇。这一原则旨在使外国人与所在国国民处于平等的地位，既不享有特权，也不受到歧视。根据这一原则，一国境内的外国人与所在国国民享有大致相同的民事权利，如生命与人身自由权、名誉权、财产权、继承权、亲属权、诉讼权、知识产权、职业权等，同时负担相应的义务。但他们在所在国原则上不享有选举与被选举权和担任公职权等政治权利，也不负担服兵役等效忠义务。此外，各国在实践中常常从维护国家安全、秩序、国民健康和经济利益的角度考虑，对外国人的民事权利作出某些限制。实践中，国民待遇原则也可适用于一国境内的外国法人、商船或产品。

最惠国待遇原则。特指一国（施惠国）给予某外国（受惠国）的国民的待遇不低于它现在或将来给予任何第三国国民的待遇。这一原则旨在使受惠国国民与第三国国民相比永远处于不受歧视的地位。根据这一原则，受惠国国民在条约规定的特定事项上，如贸易、投资、民事权利的享有等方面，享有由施惠国在同样事项上给予任何第三国国民的权利、利益及其他优遇，同时不被要求承受任何第三国国民所受的负担和限制。这一原则一般不适用于施惠国为方便边境贸易而给予邻国国民的优惠，地区性经济组织（如关税同盟、自由贸易区和经济共同体）成员相互给予的优惠，发达国家给予发展中国家的普遍优惠以及有关条约中明确规定不适用最惠国待遇的其他任何优惠。实践中，国家本身及其法人、商船或产品也可依有关条约的规定享受最惠国待遇。

互惠待遇原则。指一国给予外国国民某种权利、利益或优遇须以该外国给予本国国民同等的权利、利益或优遇为前提。这一原则旨在避免外国人在本国片面获得某些权利和利益，同时防止本国人在外国受到歧视。历史上有大国迫使小国单方面给予外国人以优惠待遇的实例。目前各国则一般在互惠基础上给予对方国民以某种权利、利益和优遇，其中包括上述国民待遇和最惠国待遇。片面的优惠待遇，除非经过有关国家的自愿同意（如发达国家给予发展中国家的普遍优惠），原则上为现代国际法所禁止。

除上述关于外国人待遇的三项主要原则之外，实践中还存在对等待遇和差别待遇两种情况。前者指一国在外国限制本国国民的权利和活动的情况下，对该外国的国民采取同样的限制措施；后者指一国对外国人给予不同于（低于或高于）本国人的待遇（即本国人与外国人之间的判别待遇）。根据国家主权原则，一国有权对外国无理或非法限制本国人权利和活动的行为采以相应的对抗措施，当然也有权自愿给予外国人以优于本国人待遇（即优惠待遇），但在采取其他种类的差别待遇时，不能违反有关公认的国际法原则及本国承担的有效的条约义务，特别是不得基于种族、民族、国籍、宗教信仰等原因而在本国人与外国人之间，或在不同国家的国民之间实行歧视性的差别待遇。

4. 答案： 国民待遇是指内国人给予外国人的待遇和给予本国人的待遇相同，即在同样的条件下外国人和内国人享有的权利和义务相同。国民待遇大致有以下两种形式：无条件国民待遇、有条件国民待遇，即互惠国民待遇和特定国民待遇。最惠国待遇是指施惠国给予某个外国的待遇，不低于或不少于施惠国已给予或将给予任何第三国的待遇。最惠国待遇可分为单方的最惠国待遇和互惠的最惠国待遇。

“国民待遇”和“最惠国待遇”的相同点：

国民待遇和最惠国待遇都是规定外国人民事法律地位的制度。当今实施的国民待遇和最惠国待遇都是互惠的。国民待遇和最惠国待遇均有其适用范围。两者都有一定的限制，都有例外条款。

“国民待遇”与“最惠国待遇”的区别：

两者的规定方式不同。最惠国待遇必须以双边或多边条约的规定为基础，而国民待遇既可以在国内立法中加以规定，也可以在国际条约中规定。

两者的待遇标准不同。最惠国待遇以给惠国给予任何第三者的待遇为标准；而国民待遇以本国国民的待遇为标准。

两者的目的不同。最惠国待遇是为了使处于一国境内的不同外国人处于平等地位；而国民待遇则是使外国人在某些领域与本国人的民事法律地位相等。

两者的适用范围不同。国民待遇一般适用于概括性的一般问题；而最惠国待遇常适用于经济贸易的某些事情，如关税、航行、旅客、行李和货物的过境，铁路、公路的使用等。

六、论述题

1. 答案： 国家及其财产享有豁免权是国家主权原则在国际民事诉讼法领域中的具体体现。国家及其财产享有豁免权是国际公法，也是国际民事诉讼法上的一项重要原则，它是指一个国家及其财产未经该国明确同意不得在另一国家的法院被诉，其财产不得被另一国家扣押或用于强制执行。

根据国际社会的立法与司法实践以及各国学者的普遍理解，国家及其财产的豁免权的内容包括以下几个方面：一是司法管辖豁免，即未经一国明确同意，任何其他国家的法院不得受理以该国国家为被告或以该国国家的财产为诉讼标的的案件。但是，一国法院可以受理外国国家作为原告提起的民事诉讼，且该外国法院也可审理该诉讼中被告提起的同该案直接相关的反诉。二是诉讼程序豁免，是指未经一国同意，不得强迫其出庭作证或者提供证据，不得对该外国的国家财产采取诉讼保全等诉讼程序上的强制措施。三是强制执行豁免，即指非经该外国国家明确同意，受诉法院不得依据有关判决对该国国家财产实行强制执行。事实上，国家及其财产的豁免权也及于政府间的国际组织，如《联合国特权和豁免公约》《联合国专门机构特权和豁免公约》中均有规定。

国家及其财产的豁免权均可通过国家自愿放弃而排除。一般认为方式有以下几种：通过条约、契约中的有关条款，明示放弃豁免；争议发生后双方通过协议明示放弃豁免；主动向他国法院起诉、应诉或提出反诉，即默示放弃豁免；已就对它的诉讼的实质问题采取了诉讼步骤或行为，即默示放弃豁免。

对于国家及其财产豁免的理论，主要有两种：一是传统的豁免理论，即绝对豁免理论。该理论认为不论国家从事的是公法上的行为还是私法上的行为（如贸易、商业运输以及投资等），除非该国主动放弃豁免，其他国家都应给予豁免。该理论是为了保证国家能在国际上独立地、不受干扰地行使其权利和从事必要的民事活动。英国和美国早期的学说和实践都采纳绝对豁免理论。二是限制（职能）豁免理论。该理论产生的背景是随着客观情况的发展，经济和商业活动已越来越成为各主权国家的主要活动领域，从而大大改变了国家这类活动的性质。该理论主张，一国的主权行为或统治行为在其他国家享有豁免权，他国有义务尊重这种豁免。可是，如果外国国家从事纯商业活动时，则不得主张国家豁免而不受他国法院的管辖。在此意义，外国国家只是在一定条件下和一定范围内才享有司法豁免。按照限制豁免理论，国家的行为可以依据财产和行为的不同性质而划分为公法性质的行为和私法性质的行为、主权行为和非主权行为等，而只有前者才能享受司法管辖豁免权。

目前，坚持绝对豁免说的国家虽仍占多数，但限制豁免说的主张也在不断增加，尽管如此，限制豁免说还没有形成一项普遍的国际法原则。我国理论界坚持绝对豁免的理论，认为国家及其财产豁免于他国国内法院的管辖权，因为主权者是平等的，平等者之间无管辖权。因此，我国理论界主张应坚持国家及其财产的司法豁免权。但是，这并不意味着国家不能主动表示放弃，比如在具体民事活动中，有关国家之间通过条约、协议或合同自愿放弃国家及其财产的司法管辖权。

2. 答案：国际私法上的住所分自然人住所和法人住所。自然人住所是指一个人以久居的意思而居住的处所。在国际私法上，确定自然人的住所具有非常重要的意义。首先，在1804年《法国民法典》颁布以前，国际私法上的属人法一直只指当事人的住所地法，直至现在，英美法系国家仍以住所地法为当事人的属人法，即使在采用本国法主义的国家，住所地法也得到了一定程度的适用；其次，有些国家甚至还把住所作为确定某些财产关系的准据法的连结因素；最后，住所还是很多国家确定国际民事管辖权的重要标志。在法人国籍的确定问题上，许多国家采用住所地主义作为标准。因此，确定法人的住所，也具有重要意义。关于何谓法人的住所，国际上的主要主张有管理中心说、营业中心说、依法人章程之规定说。

《涉外民事关系法律适用法》广泛使用“经常居所地”作为连结点，而没有使用住所作为连结点。这既进一步贴近了国际上偏好“惯常居住地”的趋势，也避免了我国的住所概念不适宜于调整涉外民商事关系的缺陷。面对经常居所地出现积极冲突或消极冲突的可能性，该法第20条规定：“依照本法适用经常居所地法律，自然人经常居所地不明的，适用其现在居所地法律。”第14条规定：“……法人的经常居所地，为其主营业地。”

七、案例分析题

1. 答案：（1）美国法院不能把中华人民共和国作为被告。根据国际法，各个主权国家是平等的，一国对他国的司法管辖享有豁免权。因此，在本案中，未经中国同意，美国法院不得以中华人民共和国为被告行使司法管辖权。另外，中华人民共和国政府既不是制造厂商，也没有从事经营该烟花的进出口贸易，因此，以中华人民共和国为被告也是不恰当的。

（2）该案中，经营该项烟花出口贸易的是中国A公司，它是独立的法人，可以行使权利和承担义务，包括在国外起诉和应诉。中国A公司虽然是国有的，但不享有豁免权。

（3）本案是一起典型的涉外产品的责任纠纷案。依国际私法的法理、美国的立法以及司法实践，本案应适用侵权行为地法即美国法。因为因烟花燃放而发生致人损害的原因和结果均发生在美国，受害者也是美国公民，美国与此案有最密切的联系。

2. 答案：根据国际法，各个主权国家是平等的，一国对他国的司法管辖享有豁免权。我国作为一个主权国家，享有司法豁免权。我国政府不应应诉，A只能以某进出口公司作为被告提起诉讼。

本案涉及国际私法中的国家豁免问题。国家豁免包括司法管辖豁免、诉讼程序豁免和强制执行豁免。司法管辖豁免，是指未经一国同意，他国不得以该国为被告提起诉讼和不得将位于其境内的该国财产作为诉讼标的。诉讼程序豁免，是指一国即使放弃管辖豁免，未经该国同意，他国也不得对其财产采取诉讼保全措施，不得强制出庭作证或提供证据以及其他诉讼行为。强制执行豁免，是指即使一国同意在他国作为被告应诉或主动作为原告起诉，在未经该国同意时，他国法院也不得根据判决对该国财产实行强制执行。国家及其财产豁免的三个内容有着密切的内在联系，其中司法管辖豁免是主要的，是后两个内容存在的前提条件。但当一国在他国放弃管辖豁免时，并不等于它同时放弃后两种豁免。

第五章　法律冲突

基础知识图解

- 法律冲突
  - 法律冲突的含义和产生
  - 法律冲突的种类
    - 依发生领域：公法冲突和私法冲突
    - 依表现形态：积极的法律冲突和无法律冲突
    - 依冲突的性质：空间上的法律冲突、时际法律冲突和人际法律冲突
    - 依发生阶段：立法冲突、司法冲突和守法冲突
    - 依冲突的效力：平面的法律冲突和垂直的法律冲突
  - 法律冲突的解决办法
  - 国际民事法律冲突
    - 国际民事法律冲突的产生原因
    - 国际民事法律冲突的解决办法：冲突法解决方法、实体法调解方法

配套测试

一、单项选择题

1. 依法律冲突的内容，法律冲突可划分成（　　）。

A. 公法冲突和私法冲突

B. 空间上的法律冲突、时际法律冲突和人际法律冲突

C. 积极的法律冲突和消极的法律冲突

D. 平面的法律冲突和垂直的法律冲突

2. 法律冲突中的公法冲突一般依（　　）。

A. 国内法解决　　B. 内国法解决

C. 国际法解决　　D. 外国法解决

二、多项选择题

1. 属人法一般用来解决下列哪些问题的法律冲突？（　　）

A. 继承关系

B. 身份关系

C. 亲属法

D. 人的民事权利能力和民事行为能力

2. 国际民事法律冲突产生的原因包括（　　）。

A. 各国承认外国人在内国的法律地位

B. 各国之间存在大量的国际民事交往关系

C. 各国民事法律制度互不相同

D. 各国在一定条件下承认外国民事法律在内国的域外效力

3. 解决涉外民事关系法律冲突的主要途径包括（　　）。

A. 制定程序法规范间接调整

B. 制定冲突法规范间接调整

C. 制定实体规范直接调整

D. 制定外国人民事法律地位规范直接调整

4. 以法律冲突的性质为标准，法律冲突可以划分为（　　）。

A. 空间上的法律冲突　　B. 人际法律冲突

C. 时际法律冲突　　D. 公法冲突

5. 在涉外民事关系中，依《涉外民事关系法律适用法》和司法解释，关于当事人意思自治原则，下列表述中正确的是（　　）。（司考2013.1.98）

A. 当事人选择的法律应与所争议的民事关系有实际联系

B. 当事人仅可在具有合同性质的涉外民事

关系中选择法律

C. 在一审法庭辩论终结前，当事人有权协议选择或变更选择适用的法律

D. 各方当事人援引相同国家的法律且未提出法律适用异议的，法院可以认定当事人已经就涉外民事关系适用的法律作出了选择

三、名词解释

1. 法律冲突（conflict of laws）
2. 公法冲突和私法冲突
3. 积极冲突和消极冲突
4. 空间上的法律冲突、时际法律冲突和人际法律冲突（中国人民大学 2002 年、2006 年考研真题）

四、简答题

1. 法律冲突的实质及其产生的原因。
2. 简述法律冲突的种类。
3. 简述公法冲突与私法冲突的解决方法。
4. 国际民事法律冲突的解决方法。

五、论述题

请说明涉外民事关系中的法律冲突及其解决方式。

参考答案

一、单项选择题

1. **答案**：C。A 是按发生领域不同划分的，B 是按性质划分的，D 是按效力划分的。
2. **答案**：B。由于公法涉及国家的公共利益，各国多从属地主义立场出发，原则上不承认外国公法在内国的域外效力，因此答案为 B。

二、多项选择题

1. **答案**：ABCD。属人法主要用于解决人的民事行为能力和权利能力、身份、婚姻家庭和继承等方面的法律冲突。
2. **答案**：ABCD。本题考查的是国际民事法律冲突产生的原因。国际民事法律冲突产生的原因包括：(1) 各国之间存在正常的民事交往；(2) 各国民事法律制度互不相同；(3) 各国承认外国人在内国的民事法律地位；(4) 各国在一定条件下承认外国民事法律在内国的域外效力。
3. **答案**：BC。冲突规范只作立法管辖权选择，而不管具有该管辖权的国家有无调整该国际民商事法律关系的法律及其具体内容如何；制定统一实体法，有助于避免法律冲突并有助于提高法律规则的公示性。
4. **答案**：ABC。本题考查法律冲突的各类划分依据。法律冲突按性质划分为空间上的法律冲突、时际法律冲突和人际法律冲突。按照发生领域不同来划分法律冲突，则分为公法冲突和私法冲突。应注意区分不同的划分标准。
5. **答案**：CD。《涉外民事关系法律适用法》第 3 条规定："当事人依照法律规定可以明示选择涉外民事关系适用的法律。"根据该条规定，当事人可以"依照法律规定"通过"明示"方式选择法律。在《涉外民事关系法律适用法》中有 15 个条文涉及意思自治，可由当事人自由选择的民事关系：委托代理、信托、仲裁协议、动产物权、运输中的动产物权发生变更、合同、侵权责任、不当得利和无因管理、知识产权的转让和许可使用。只能在一定范围内选择的民事关系：(1) 夫妻财产关系：当事人可以协议选择适用一方当事人经常居所地法律、国籍国法律或者主要财产所在地法律。(2) 协议离婚：当事人可以协议选择适用一方当事人经常居所地法律或者国籍国法律。(3) 知识产权的侵权责任：当事人可以在侵权行为发生后协议选择适用法院地法律。只能由一方当事人在一定范围内选择的民事关系：(1) 消费者合同：消费者选择适用商品、服务提供地法律，适用商品、服务提供地法律。(2) 产品责任：被侵权人选择侵权人主营业地法律、损害发生地法律，适用侵权人主营业地法律或者损害发生地法律。所以，B 选项错误。根据《最高人民法院关于适用〈中华人民共和国涉外民事关系法律适用法〉若干问题的解释（一）》（2020 修正）第 5 条规定，一方当事人以双方协议选择的法律与系争的涉外民

事关系没有实际联系为由主张选择无效的，人民法院不予支持。所以，A选项错误。第6条规定，当事人在一审法庭辩论终结前协议选择或者变更选择适用的法律的，人民法院应予准许。各方当事人援引相同国家的法律且未提出法律适用异议的，人民法院可以认定当事人已经就涉外民事关系适用的法律作出了选择。所以，C、D选项正确。

三、名词解释

1. **答案**：从普遍意义上讲，法律冲突是指两个或两个以上的不同法律同时调整一个相同的法律关系时，所涉及各种法律规定产生矛盾的现象。一般来说，只要各法律对同一问题作出了不同的规定，而当某种事实又将这些不同的法律规定联系在一起的时候，法律冲突便会产生。
2. **答案**：以法律冲突发生的领域为标准，它可分为公法冲突和私法冲突。一般在国际上或在一个国家内的各法域之间，主要存在的是私法冲突，但在刑法、行政法、经济法、诉讼法、税法、财政法等公法领域，法律冲突也会产生。
3. **答案**：依法律规范的内容来分，它可分为积极冲突和消极冲突。对于同一社会关系，如果有关法律的规定不同而竞相调整这一社会关系，就是积极的法律冲突。反之，对于同一社会关系，有关法律的规定相同，而竞相调整这一社会关系，或有关法律规定不同，但都不调整这一社会关系，即为消极的法律冲突。
4. **答案**：空间上的法律冲突（interspatial conflict of laws）就是不同地区之间的法律冲突，它包括国际法律冲突和区际法律冲突。所谓国际法律冲突（international conflict of laws），是指不同国家之间的法律冲突；而区际法律冲突（interregional conflict of laws）是一个国家内部不同法域之间的法律冲突。

   时际法律冲突（intertemporal conflict of laws）：是指可能影响同一社会关系的新法与旧法，前法与后法之间的冲突。

   人际法律冲突（interpersonal conflict of laws）：是指适用于不同种族、民族、宗教、部落以及不同阶级的人的法律之间的冲突。

四、简答题

1. **答案**：（1）法律冲突的实质。法律冲突是指两个以上不同国家的民事法律对于同一涉外民事关系规定各不相同，却又竞相要求适用于该民事关系，由此造成该民事关系在法律上的矛盾冲突现象。其实质是相关国家法律在效力上的抵触。

   （2）法律冲突的产生原因。①内、外国的民事法律规定不同，是法律冲突产生的基本原因。②内国在一定条件下承认外国民事法律在内国的域外效力，是发生法律冲突的直接原因。
2. **答案**：法律冲突的表现形式依不同标准，可作几种分类。（1）以法律冲突的发生领域为标准，可分为公法冲突和私法冲突。尽管在国际上，或在一个国家内各法域之间，大量存在的是私法冲突。但在刑法、经济法等公法领域，法律冲突也会产生。（2）依法律冲突的内容，可分为积极冲突和消极冲突。（3）依法律冲突的性质，可分为空间上的法律冲突、时际法律冲突和人际法律冲突。空间上的法律冲突就是不同地区之间的法律冲突，它包括国际法律冲突和区际法律冲突。时际法律冲突是指可能影响同一社会关系的新法与旧法，前法与后法之间的冲突。人际法律冲突是指适用于不同种族、民族、宗教、部落以及不同阶级的人的法律之间的冲突。（4）依法律冲突发生的阶段，可分为立法冲突、司法冲突和守法冲突。立法冲突是指立法者立法权限的相互冲撞和侵越，以及不同的立法文件在解决同一问题时内容上的差异并由此导致效力上的抵触。司法冲突是指不同法院对同一案件行使司法管辖权的冲突和法院在解决具体纠纷时选择应适用的法律的矛盾。守法冲突是指法律关系当事人因立法冲突而导致其法律义务的不一致，不平等甚至相互矛盾，这样，当事人不知道应遵守哪一种法律而产生的冲突。（5）依法律冲突的效力来看，它可分为平面的法律冲突和垂直的法律冲突。前者是指发生冲突的法律处于同一层次，同一水平线上，甚至处于同等地位。后者是指发生冲突的法律处于不同层次，它们之间的关系是上下关系或纵向关系。

3. **答案**：(1) 由于公法主要涉及国家的公共利益，各国从属地主义出发，原则上并不承认外国公法在内国的域外效力。所以，解决公法冲突的法律适用规范一般只是单边的，即它们只限于内国公法的适用范围，而不限定外国公法的适用范围，换言之，公法冲突一般依内国法解决。(2) 在私法领域，各国相互承认外国私法在内国的域外效力，这就使私法冲突成为一种实在的冲突。解决这种冲突，不仅会涉及内国法的适用，还会涉及外国法的适用，因而要借助多种形式的冲突规范予以解决。

4. **答案**：(1) 冲突法解决方法：这种方法就是通过制定国内或国际的冲突规范来确定各种不同性质的涉外民事法律关系应适用何国法律，从而解决民事法律冲突。依立法渊源的不同。可分为：国内冲突法解决方法——各国通过制定自己的冲突法解决与本国有关的民事法律冲突；国际统一冲突法解决方法——有关国家通过双边或多边国际条约的形式制定统一的冲突法来解决国际民事法律冲突。

   (2) 实体法调整方法：是指有关国家间通过双边或多边国际条约的方式，制定统一的实体法，以直接规定涉外民事法律关系当事人的权利义务关系，从而避免或消除法律冲突。由于适用统一实体法规范即避免了在国际民事交往中可能发生的法律冲突，有的学者称其为“避免法律冲突的规范”，而冲突规范则是“解决法律冲突的规范”。

五、论述题

答案：国际民商事法律冲突即同一民商事关系因所涉及各国民商事法律规定不同而发生的法律适用的冲突。国际私法所调整的国际民商事法律关系和纯国内民商事法律关系之所以不同，是因为前者含有国际因素。正由于国际民商事法律关系含有国际因素，它既可能受内国法调整，也可能受外国法调整。在这种情况下，如果内外国法的有关规定是完全一致的，自然也无法律选择必要。但是，由于各国民商事法律千差万别，对同一国际民商事关系适用不同国家的法律，必然会产生不同的结果。在国际私法上，这种现象被称为国际民商事法律冲突。可以说，解决国际民商事法律冲突是国际私法的中心任务。

国际民商事法律冲突的产生。历史上，从国际民商事法律关系的出现到国际民商事法律冲突的产生，经历了一个演变发展的过程。国际民商事法律冲突的产生主要是由以下几个因素相互作用的结果：一是各国民商事法律制度互不相同。正因为各国民商事法律制度互不相同，往往因适用不同国家的法律而必然产生不同的结果，这样便提出应使用何国法来确定当事人的权利和义务的问题。由此可见，各国民商事法律制度的不同是民商事法律冲突产生的前提条件。二是各国人民之间存在正常的民商事交往，并结成国际民商事法律关系。尽管各国民商事法律制度各不相同，但如果各国人民没有民商事交往，民商事法律冲突也无从产生。可以说，各国人民之间正常的民商事交往是民商事法律冲突产生的客观基础。三是各国承认外国人在内国享有平等的民商事法律地位。国际私法的历史表明，它的产生和发展是与外国人在内国民商事法律地位的变迁和提高密切相关的，许多学者认为，赋予外国人平等民商事法律地位，是国际民商事交往得以正常进行的重要条件，因此也是导致国际民商事法律冲突产生的一个重要条件。四是各国在一定条件下承认外国民商事法律在内国的域外效力。一般来说，各国出于公正合理地处理相互间民商事关系的实际需要，都在一定条件下或在一定程度上承认外国民商事法律在内国的效力，正因为此，才会产生法律冲突，即外国法律的域外效力与本国法律的域内效力的冲突，或者本国法律的域外效力与外国法律的域内效力之间的冲突。正因为各国对彼此民商事法律的域外效力的相互承认，才使得民商事法律冲突成为现实。

与其他民商事法律冲突比较起来，国际民商事法律冲突具有以下特点：(1) 国际民商事法律冲突是一种跨国法律冲突。国际民商事法律冲突产生于国际社会，是不同主权国家之间的法律冲突。显然，它与同一个主权国家领土范围内不同区间之间的法律冲突，即区际法律冲突，有着根本的区别。(2) 国际民商事法律冲突是一种法律在空间上的冲突。(3) 国际民商事法律冲突是适用于不同国家领域的法律之间的冲突，是与一定地域相联系的，它与人际法律冲突、时际法律冲突，有着本质的区别。(4) 国际民商事法律冲突是一种私法冲突。国际民商事法律冲突是不同国家的民商事法律之间的冲突，由于传统上一般将民事法律和商事法律视为私法，故国际民商事法律冲突，与属于公法性质的法律冲突在性质上是完全不同的。(5) 国际民商事法律冲突是一种平面冲突。在民商事法律领域，各国为了进行正常的国际民商事交往，往往对属地主义进行了限制，这就使得在一定范围内内外国民商事法律处于平等的地位，对国际民商事法律关系的调整便需要在内外国法律之间进行选择。因此，国际民商事法律冲突是一种私法冲突。

国际民商事法律冲突的解决方式：

(1) 只适用本国法。即当冲突法指出某一种法律关系应适用本国法时，不考虑外国法的适用问题。这种方法的作用是非常有限的，只有那些经济不发达、与外界联系较少的国家才暂时适用。但是，有些特殊的法律关系国际上倾向于只适用本国法，如投资合同一般只适用东道国的法律。

(2) 在一定范围内适用外国法。即当冲突法指出某一法律关系应适用外国法时，法院地国在不损害本国利益，不违反本国法律基本原则及公共利益的条件下，可以考虑适用外国法。根据各国的冲突法的立法及有关国际惯例，相当数量的涉外民事法律关系往往非适用外国法不可。

(3) 适用统一的实体法规范。适用统一的实体法规范是指国际条约和国际惯例中调整涉外民事法律关系的实体规范。采用这种规范可以有效地把有关国家国内立法的歧义统一起来，从而避免和消除有关国家国内法的冲突。然而，由于各国的经济利益不同，很难达成一致的意见并通过国际条约制定各国都适用的统一实体法规范，因此，目前这类规范为数甚少，作用有限。

第六章 冲突规范

基础知识图解

冲突规范
- 冲突规范的概念、结构和类型
  - 概念
  - 结构：范围、系属
  - 类型：单边冲突规范、双边冲突规范、重叠适用的冲突规范、选择适用的冲突规范
- 连结点
  - 连结点的法律意义
  - 连结点的分类：客观连结点和主观连结点、静态连结点和动态连结点、单纯事实连结点和法律概念连结点
  - 连结点的选择
  - 连结点的发展方向：由僵硬向灵活方向发展、由简单向复杂方向发展、连结点含义的多样化趋势
- 系属公式
  - 含义：把一些解决法律冲突的规则固定化，使它成为国际上公认的或为大多数国家所采用的处理原则，以便解决同类性质的法律关系的法律适用问题
  - 几种常见的系属公式：属人法、物之所在地法、行为地法、当事人合意选择的法律、法院地法、国旗国法、最密切联系地法

配套测试

一、单项选择题

1. “遗产的法定继承，动产适用被继承人死亡时住所地法律，不动产适用不动产所在地法律”，这是一条什么类型的规定？（　　）

A. 选择型冲突规范

B. 双边冲突规范

C. 单边冲突规范

D. 重叠型冲突规范

2. “离婚的请求非依夫妻的本国法及法院地法均有理由的，不得提出”，这条冲突规范属于下列选项中的哪一类？（　　）

A. 重叠型法律适用规范

B. 选择型法律适用规范

C. 双边法律适用规范

D. 单边法律适用规范

3. 下列选项中属于动态的连结点的是哪一个？（　　）

A. 不动产所在地　　B. 最密切联系地

C. 侵权行为地　　D. 动产所在地

4. “动产继承适用被继承人住所地法”，这条冲突规范中的“住所地”在国际私法上称作（　　）。

A. 范围　　B. 准据法

C. 指定原因　　D. 连结点

5. 属于主观连结点的是（　　）。

A. 住所　　B. 物之所在地

C. 当事人的合意　　D. 最密切联系

6. 各国在不动产与动产的划分上，一般适用下列哪种系属公式？（　　）

A. 法院地法

B. 当事人属人法

C. 物之所在地法

D. 法院地法或物之所在地法

7. “亲子间的法律关系，依父之本国法；如无父时，依母之本国法”这一冲突规范是（　　）。

A. 单边冲突规范

B. 双边冲突规范

C. 无条件的选择性冲突规范

D. 有条件的选择性冲突规范

8.《联合国国际货物销售合同公约》第 7 条第 2 款规定：凡本公约未明确解决的属于本公约范围的问题，应按照本公约所依据的一般原则来解决，在没有一般原则的情况下，则应按照国际私法规范规定适用的法律来解决。其中的“国际私法规范”是指（　　）。

A. 冲突规范

B. 国际统一实体规范

C. 解决国际民商事争议的程序规范

D. 外国人民商事法律地位的规范

9. “夫妻财产制，在结婚时，夫为德国人，则依德国法。”这一冲突规范属于（　　）冲突规范。

A. 单边　　B. 重叠适用的

C. 选择适用的　　D. 双边

10. 甲乙两国在其订立的解决民商事法律冲突的协定中规定：“离婚适用受理案件的法院所在地法律。”该法律属于（　　）规范。

A. 直接调整法律冲突的方法，是解决法律冲突的实体性规范

B. 间接调整法律冲突的方法，是解决法律冲突的实体性规范

C. 直接调整法律冲突的方法，是解决法律冲突的冲突规范

D. 间接调整法律冲突的方法，是解决法律冲突的冲突规范

11. “婚姻缔结地法”属于（　　）系属公式。

A. 属人法

B. 当事人自主选择的法律

C. 与案件当事人有最密切联系的法律

D. 行为地法

12. 在关于“合同缔结方式依合同缔结地法”这条冲突规范中，判断下列选项中错误的是（　　）。

A. 合同缔结方式是该冲突规范的范围

B. 合同缔结地法是该冲突规范的系属

C. 合同缔结地是该冲突规范的动态连结点

D. 合同缔结地是该冲突规范的静态连结点

13. 用冲突规范调整涉外民事关系，其方法属于（　　）。

A. 直接调整　　B. 间接调整

C. 混合调整　　D. 自然调整

14. 我国“协航”号轮与甲国“瑟皇”号轮在乙国领海发生碰撞。“协航”号轮返回中国后，“瑟皇”号轮的所有人在我国法院对“协航”号轮所属的船公司提起侵权损害赔偿之诉。在庭审过程中，双方协议选择适用乙国法律。根据这一事实，下列哪一选项是正确的？（　　）

A. 因双方协议选择适用乙国法律，故应由当事人负责提供乙国法律

B. 法院应依职权查明乙国法律，双方当事人无须证明

C. 法院可以依照职权查明乙国法律，也可要求当事人证明乙国法律的内容

D. 应由双方当事人负责证明乙国法律，在其无法证明时，才由法院依职权查明

15. 关于冲突规范和准据法，下列哪一判断是错误的？（　　）（司考 2010. 1. 33）

A. 冲突规范与实体规范相似

B. 当事人的属人法包括当事人的本国法和住所地法

C. 当事人的本国法指的是当事人国籍所属国的法律

D. 准据法是经冲突规范指引、能够具体确定国际民事法律关系当事人权利义务的实体法

16.《涉外民事关系法律适用法》规定：结婚条件，适用当事人共同经常居所地法律；没有共同经常居所地的，适用共同国籍国法律；没有共同国籍，在一方当事人经常居所地或者国籍国缔结婚姻的，适用婚姻缔结地法律。该规定属于下列哪一种冲突规范？（　　）（司考 2011. 1. 38）

A. 单边冲突规范

B. 重叠适用的冲突规范

C. 无条件选择适用的冲突规范

D. 有条件选择适用的冲突规范

二、多项选择题

1. 下列选项中属于行为地法的系属公式有哪些？（　　）

A. 合同缔结地法　　B. 合同履行地法

C. 婚姻举行地法　　D. 侵权行为地法

2. 在下列各冲突规范中，属于双边冲突规范的有（　　）。

A. 夫妇非依其本国法及法庭地法允许离婚时，不得为离婚之请求

B. 产品责任的准据法应为损害发生地所在国的内国法，如果该国也是直接受到损害者的惯常居所地

C. 著作权依被请求保护地国家的法律

D. 生前信托的有效性问题适用不动产所在地法

3. 关于连结点，正确的说法有（　　）。

A. 每一条冲突规范必须至少有一个连结点

B. 连结点是将一定的法律关系与一定地域的法律联系起来的纽带或媒介

C. 连结点的选择必须在客观上体现法律关系与一定地域法律之间的内在联系

D. 动态连结点的存在为当事人规避法律提供了可能

4. 下列选项哪些属于冲突规范中静态的连结点？（　　）

A. 不动产所在地　　B. 婚姻举行地

C. 合同缔结地　　D. 动产所在地

三、名词解释

1. 冲突规范（中国人民大学2005年考研真题）

2. 单边冲突规范（中国人民大学2009年考研真题）

3. 连结点（point of contact）

4. 系属公式（formula of attribution）

5. personal law（中国人民大学2013年考研真题）

6. 行为地法（lex loci actus）

7. 当事人合意选择的法律

四、简答题

1. 简述冲突规范的特点。

2. 我国涉外民事关系法律适用中规定：不动产物，适用不动产所在地法律。请问：

①这是一条什么类别的冲突规范？

②这一冲突规范的范围、系属、连结点是什么？

3. 简述单边冲突规范与双边冲突规范的区别与联系。（中国政法大学2006年考研真题）

4. 什么是冲突规范？它有哪些种类？（武汉大学2006年考研真题）

5. 简述直接适用的法律和单边冲突规范的关系。

6. 连结点在国际私法中的地位、作用和发展趋势。

7. 选择适用的冲突规范与重叠适用的冲突规范。

五、论述题

1. 试述间接调整方法即冲突规范在国际私法中的地位和作用。

2. 简述法院地法在国际私法中的应用。（中国政法大学2011年考研真题）

六、案例分析题

中国远东公司（以下简称原告）于2018年1月11日将在美国购买的小麦交由利比里亚美姿公司（被告1）所有，港运公司（被告2）经营的“宏大”轮承运。运输合同约定适用美国法。该轮船是利比里亚籍货轮，同年2月12日，在美国华盛顿州温哥华特区港口装载原告的小麦，14日开往加拿大，17日从加拿大开往中国。2月21日至3月8日，该轮在海上遇到大风浪，11日驶抵中国蛇口港，但是货物已经变质。因此，原告在广东海事法院向被告提起货损赔偿的诉讼。在诉讼过程中原、被告双方均以《1936年美国海上货物运输法》为依据而主张权利。请问：

（1）确定合同准据法的冲突规范的内容是什么？

（2）运输合同的准据法是什么？

参考答案

一、单项选择题

1. **答案**：B。该条是典型的双边冲突规范，它规定了待定的连结点，住所地和不动产所在地在哪国就适用哪国法律。
2. **答案**：A。该规定是当事人的本国法和法院地法的重叠适用，所以是重叠型法律适用规范。
3. **答案**：D。动态的连结点是可变的连结点，主要有国籍、住所、居所、动产所在地等。
4. **答案**：D。连结点是指冲突规范借以确定某一法律关系应适用什么法律的根据。
5. **答案**：C。主观连结点是当事人的意思，这个连结点主要用于确定合同关系的法律适用。
6. **答案**：C。物之所在地是指以民事关系的客体物或标的物所在国作为连结点的系属公式。
7. **答案**：D。有条件的选择性冲突规范是指在两个或两个以上的系属中，其系属指明的几种法律处于不同地位，法院只能首先适用顺序排在首位的法律，只有该法律无法适用时，才能选择其后一顺序的法律，即有条件的选择。
8. **答案**：A。冲突规范是指由国内法或国际条约规定的，指明某种国际民商事法律关系应适用何种法律的规范。
9. **答案**：C。判断冲突规定的类型，应首先确定其系属的数量，如果系属是两个或两个以上，则肯定不是单边冲突规范和双边冲突规范，然后再分析其系属是同时适用还是选择其中之一适用。
10. **答案**：D。两种调整方法，直接调整的是实体性规范，间接调整的是冲突规范。
11. **答案**：D。行为地法系属公式即以当事人的行为地为连结点的系属，所以应选D。
12. **答案**：C。冲突规范是由三部分构成的，一部分称为“范围”或“连接对象”，是指冲突规范所要调整的民商事法律关系或所要解决的法律问题；另一部分称为“系属”或“冲突原则”，它规定冲突规范中“范围”所应适用的法律。还有一部分为“关联词”。在冲突规范的系属中，有一个很重要的组成部分，称为连结点，它是指冲突规范借以确定某一法律关系应适用什么法律的根据，包括动态连结点和静态连结点：静态连结点主要是指不动产所在地以及涉及过去的行为或事件的连结点；动态连结点就是可变的连结点，主要有国籍、住所、居所、动产所在地等。依此，A、B、D项正确，而C项错误。
13. **答案**：B。用冲突法调整涉外民事关系，即在国内立法或国际条约中，制定法律指出某种涉外民事关系应该适用何国法律来调整，而不直接确定涉外民事关系当事人之间的权利和义务，因此属于间接调整。
14. **答案**：A。依据《涉外民事关系法律适用法》第10条。
15. **答案**：A。冲突规范是指明某种国际民商事法律关系应适用何种法律的规范，是一种法律适用规范、间接规范，结构上包括范围、系属等因素。不同于一般的实体规范。所以A项错误。自然人属人法的确定属人法是解决与人的能力和身份有关的问题。大陆法系通常以国籍为属人法的连结点，英美法通常以住所为属人法的连结点。所以B项正确。当事人的本国法就是国籍国法。所以C项正确。准据法是指经冲突规范指定用来具体确定民商事法律关系当事人的权利与义务的特定的实体法律。所以D项正确。
16. **答案**：D。单边冲突规范是指直接规定某些涉外民事关系只适用内国法或只适用外国法的冲突规范。重叠适用的冲突规范，是指其系属有两个或两个以上，并且同时适用于某种民商事法律关系的冲突规范。选择适用的冲突规范是指含有两个或两个以上的系属，规定了两种或两种以上可以适用的法律，但在实际适用时只能选择其中之一为准据法的冲突规范，分为无条件选择适用的冲突规范和有条件选择适用的冲突规范。有条件的选择性冲突规范是指对系属中指出的几种法律进行选择时有主次之分，选择适用后一法律必须以前一法律不能适用为前提的法律适用规范。无条件的选择性冲突规范是指对系属中指出的几种法律进行选择时没有主次之分，法院、仲裁机构或有关当事人可以任选其中一个法律而适用。

二、多项选择题

1. **答案**：ABCD。行为地法是指以法律行为或有法律意义的行为之成立地作为连结点的系属公式。行为地法通常被用于解决法律行为方式、事实行为、侵权行为等方面的法律冲突。
2. **答案**：CD。AB 两项属重叠适用的冲突规范。
3. **答案**：ABCD。本题考查对连结点的理解。
4. **答案**：ABC。本题考查冲突规范中的连结点。静态的连结点是指固定不变的连结点，主要是指不动产所在地以及涉及过去的行为或事件的连结点，如婚姻举行地、合同缔结地、法人登记地、侵权发生地等。

三、名词解释

1. **答案**：冲突规范（conflict rules）又称法律适用规范（rules of application of law），法律选择规范（choice of law rules），是在国内法或国际条约规定的，指明某一涉外民商事法律关系应适用哪一国家或何种法律规范的总称。
2. **答案**：单边冲突规范（unilateral conflict rules）是指它的系属直接规定某些涉外民事关系只适用内国法或只适用外国法的冲突规范。
3. **答案**：又称连结因素，它是冲突规范借以确定涉外民事法律关系应当适用什么法律的根据。
4. **答案**：就是把一些解决法律冲突的规则固定化，使它成为国际上公认的或为大多数国家所采用的处理原则，以便解决同类性质的法律关系的法律适用问题。
5. **答案**：是以法律关系的当事人的国籍、住所或惯常居所地作为连结点的系属公式。属人法一般用来解决人的身份、能力及亲属、继承关系等方面的民事法律冲突。目前国际上对属人法有两种不同的理解，即本国法和住所地法。从而形成了属人法方面的两大派别。此外还有一种法人属人法的概念，它一般是指法人的国籍国法，常用来解决法人的成立、解散及权利能力和民事行为能力等方面的问题。
6. **答案**：是指法律行为发生地所属法域的法律，它起源于场所支配行为这一法律古谚。由于法律行为的多样性，行为地法又派生出下列一些系属公式：(1) 合同缔结地法，一般用来解决合同的成立、合同内容的合法性、合同的方式等方面的法律冲突问题；(2) 合同履行地法，一般用来解决合同内容特别是合同履行方面的法律冲突问题；(3) 婚姻举行地法：一般用来解决涉外婚姻尤其是婚姻方式方面的问题；(4) 侵权行为地法，一般用来解决涉外侵权行为之债的法律冲突问题。在适用上述系属公式时，如当事人为法律行为或侵权行为的实施地和损害结果发生地不一致时，还需要解决何谓行为地的问题。
7. **答案**：是指双方当事人自行选择的那个法域的法律。采用这一系属公式时，表明法律承认当事人有选择法律的自主权，故又叫作“意思自治”原则。它主要用来解决涉外合同的法律适用问题。

四、简答题

1. **答案**：相对于其他法律规范，冲突规范具有鲜明的个性：

第一，冲突规范具有不同于一般的法律规范的结构。一般法律规范通常由假定、处理和制裁三个要素组成，而冲突规范则由范围和系属两个部分构成。

第二，冲突规范不同于一般实体法规范。一般的实体法规范直接规定当事人的权利义务，而冲突规范却是间接规范，只选择某种涉外民事关系应适用何国法律，故必须与被其指定的那一国家的实体法律规范结合起来，才能最终确定当事人的权利义务关系，完成解决涉外民商事争议的任务。

第三，冲突规范不同于一般的程序法规范。冲突规范虽然只指定应该适用哪一国的法律，但如果据此片面地认为，只需单纯依靠冲突规则的指引而可以不考虑任何其他因素，不问选择的后果，显然是不正确的。程序法规范是规定诉讼与仲裁法律关系的，且大部分程序法规范都是直接规范。

【参考资料】李双元、欧福永主编：《国际私法》，北京大学出版社 2022 年版，第 81 页。

2. 答案：①这是一条双边冲突规范。②该冲突规范的范围是“不动产物权”；系属为“不动产所在地法律”；连结点为“不动产所在地”。冲突规范的范围是指冲突规范所要调整的涉外民事关系的类型、种类。系属指冲突规范所调整的某一涉外民事关系具体应适用的某一特定的法律。连结点把冲突规范的范围与调整该范围的某一国家的实体法联系起来。

3. 答案：单边冲突规范是指用来直接规定适用某国法律的规范。它既可以明确指出适用内国法，也可以明确指出适用外国法，还可以明确指出适用某一特定国家的法律。所谓双边冲突规范是指其系属不直接规定适用内国法或外国法，而只规定一个可推定的系属，再根据此系属，结合实际情况去寻找应适用的某一个国家的法律的冲突规范。

单边冲突规范与双边冲突规范的区别。

首先，虽然单边冲突规范与双边冲突规范均只有一个连结点，但其连结点有所不同。单边冲突规范中的连结点是明确的，即它指向适用外国法时就不能适用内国法，或者指向适用内国法时就不能适用外国法。因此，它常常含有附属条件的指定。这种冲突规范适用起来比较直截了当。双边冲突规范中的连结点是抽象的连结点，它往往以一个抽象的地点为标志。由于该连结点是抽象的，所以其所指向的法律存在内国法还是外国法两种可能，适用这类冲突规范，必须结合具体的案情来推定适用外国法还是内国法。

其次，双边冲突规范一般解决一个普遍性问题，因而具有普遍实用性，比较完备。在立法技巧上与单边冲突规范相比更为完善，适用起来也比较灵活。而单边冲突规范一般只规定某一特殊问题应适用什么法律作准据法，因而常常留下立法缺口，需要司法机关补充。所以虽然适用起来比较简单方便，但其缺陷也是明显的。

单边冲突规范与双边冲突规范的联系。从内容上讲，任何一个双边冲突规范都可以分解为两个对立的单边冲突规范，如“合同方式依合同缔结地法”就可以分解为两个单边冲突规范：“在国内缔结的合同，依内国法”和“在外国缔结的合同，依该外国法”。反之，一个单边冲突规范经过有关机关的解释，也可以扩展为双边冲突规范。

4. 答案：冲突规范，是指明某一涉外民事法律关系应适用何国实体法律的法律规范，它又被称为“法律适用规范”或“法律选择规范”。

冲突规范的类型主要有单边冲突规范、双边冲突规范、选择适用的冲突规范、重叠适用的冲突规范。其中选择适用的冲突规范包括有条件的选择性冲突规范和无条件的选择性冲突规范。其中以双边冲突规范为最重要和最常用的冲突规范类型。

5. 答案：随着国家职能的改变及其在经济生活中的作用的增加，国家对经济的干预与日俱增。为了使法律在国际经济和民事交往中更好地维护国家利益和社会经济利益，国家制定了一系列具有强制力的法律规范，用以调整某些特殊的法律关系，这些具有强制力的法规规范在调整涉外民事关系中，可以撇开传统冲突规范的援引，而直接适用于涉外民事法律关系。这种能被直接适用的法律规范，就是“直接适用的法律”。而单边冲突规范，是冲突规范的一种，是直接规定某种涉外民事法律关系只适用国内法或只适用外国法的冲突规范。这类冲突规范的“系属”中只有一个“连结点”，它一般是以一个特定国家的国名作为标志或是直接指明适用国内法或某一具体的外国法。

直接适用的法与单边冲突规范之间既有相同点也有区别。其相同点体现在适用时，不用推定就直截了当地将某一特定实体法律适用。直接适用的法可直接适用于涉外民事法律关系，无须冲突规范的指引。单边冲突规范不能直接适用，其特点是在指明适用内国法时则不能适用外国法，指明适用外国法时则不能适用内国法，无须双边冲突规范所要进行的推定。而不同点在于，其一，直接适用的法直接适用于涉外民事法律关系，无须冲突规范的指引，而单边冲突规范本身就是冲突规范。其二，依据单边冲突规范，可能适用内国法也可能适用外国法，这也不同于直接适用的法。

6. **答案**：连结点是将特定的民事关系或法律问题和某国法律联系起来的纽带或标志，它反映了特定的民事关系与某一地方法律的内在联系。其发展趋势是更具开放性和富于灵活性，发展的需要对传统连结点进行“软化处理”的结果，同时在连结点的运用上反映了国际私法立法技术的进步，多采用复合型连结点，增加法律选择的灵活性及多样性。

7. **答案**：选择适用的冲突规范和重叠适用的冲突规范都是双边冲突规范，并且其系属中都有两个或两个以上的连结点，但是重叠适用的冲突规范其两个或两个以上的连结点同时适用于某一涉外民商事法律关系。选择适用的冲突规范其系属中虽然有两个或两个以上的连结点，但是只选择其中之一来调整有关的涉外民商事法律关系。依据调整的方式其又分为无条件选择适用冲突规范和有条件选择适用冲突规范，前者是人们可以任意或无条件地选择系属的若干连结点中的一个来确定准据法并调整某一涉外民商事法律关系；后者是系属有两个或两个以上的连结点，但只允许按顺序或有条件地选择其中之一来确定准据法并调整某一涉外民商事法律关系。

五、论述题

1. **答案**：冲突规范只指定有关涉外民事法律关系应适用何种法律，而没有明确地直接规定当事人的权利与义务，对涉外民事法律关系只起间接调整的作用。与实体法不同的是，它是对立法管辖权选择，而不问该管辖权国家有无调整该涉外民事法律关系的法律和具体内容如何，所以称为间接调整方法。由于民事法律冲突实质上是民事法律适用上的冲突，而冲突规范恰恰是指定某种涉外民事法律关系应适用何种法律的规范，因而是解决民事法律冲突的有效方法。

虽然实体法从根本上避免或消除了法律冲突，是一种直接的调整方法，但有很大的局限性。首先由于在某些方面各国法律和传统的差异很大，无法达成一致，统一实体法数目有限，因此适用领域受到限制；其次由于条约只对缔约国有约束力，所以即使在已经制定并适用统一实体法规范的那部分涉外民事领域，冲突的间接调整方法也仍将起作用。因此冲突规范在解决涉外民事法律关系领域的作用是不可替代的。

目前，冲突规范也有了新的发展。出现新的类型，尤其是选择性冲突规范在各国国际私法理论中所占的比重明显增加，提高了法律适用的灵活性，有利于保障涉外民事法律关系的稳定性。冲突规范的关键连结点也由僵硬向灵活方向发展，由简单向复杂方向发展，连结点的含义也日趋多样化。所以虽然出现了实体法，但仅仅意味着多了一种解决法律冲突的方法，随着冲突规范的发展更新，这种间接调整方法仍将发挥重要作用。

2. **答案**：法院地法是审理国际民商事案件的法院所在地国家的法律，常用来解决程序方面的法律冲突问题，在特殊场合下也用来解决实体法方面的法律冲突问题。法院地法在国际私法领域的应用主要体现在以下几个方面：

（1）公共秩序保留制度排除外国法的适用，法院将以法院地法即中国法替代外国法的适用。《涉外民事关系法律适用法》第5条规定：外国法律的适用将损害中华人民共和国社会公共利益的，适用中华人民共和国法律。《涉外民事关系法律适用法》第8条规定：涉外民事关系的定性，适用法院地法律。

（2）《涉外民事关系法律适用法》第10条规定：涉外民事关系适用的外国法律，由人民法院、仲裁机构或者行政机关查明。当事人选择适用外国法律的，应当提供该国法律。不能查明外国法律或者该国法律没有规定的，适用中华人民共和国法律。

（3）《涉外民事关系法律适用法》第 27 条规定：诉讼离婚，适用法院地法律。

（4）《涉外民事关系法律适用法》第 50 条规定：知识产权的侵权责任，适用被请求保护地法律，当事人也可以在侵权行为发生后协议选择适用法院地法律。

（5）《海商法》第 272 条规定：船舶优先权，适用受理案件的法院所在地法律。《民用航空法》（2021 修正）第 187 条规定：民用航空器优先权适用受理案件的法院所在地法律。

（6）《海商法》第 273 条第 2 款规定：船舶在公海上发生碰撞的损害赔偿，适用受理案件的法院所在地法律。《海商法》第 275 条规定：海事赔偿责任限制，适用受理案件的法院所在地法律。

（7）《民用航空法》（2021 修正）第 189 条第 2 款规定：民用航空器在公海上空对水面第三人的损害赔偿，适用受理案件的法院所在地法律。

六、案例分析题

答案：（1）依据《涉外民事关系法律适用法》第 41 条规定，当事人可以协议选择合同适用的法律。当事人没有选择的，适用履行义务最能体现该合同特征的一方当事人经常居所地法律或者其他与该合同有最密切联系的法律。

（2）运输合同的准据法为美国法。

第七章　准据法的确定

基础知识图解

- 准据法的确定
  - 准据法的概念
  - 准据法的特点
  - 准据法的确定
    - 区际法律冲突的解决
    - 人际法律冲突的解决
    - 时际法律冲突的解决

配套测试

一、单项选择题

1. “动产继承适用被继承人住所地法”，这条冲突规范中的“住所地”在国际私法上称作（　　）。

A. 范围　　B. 准据法

C. 指定原因　　D. 连结点

2. 涉外民事诉讼法律关系的诉讼时效，依照我国有关规定，依何种方式确定？（　　）

A. 原告住所地法

B. 被告住所地法

C. 法院地法

D. 适用相关涉外民事关系应当适用的法律

3. 基尔伯是纽约人，在纽约有住所。被告东北航空公司是在马萨诸塞州注册的公司，从事纽约至马萨诸塞州之间的空中运输。基尔伯在纽约买了该公司的机票，乘坐飞机前往马萨诸塞州，中途因飞机在马萨诸塞州坠毁而死亡，死者的遗产管理人在纽约州法院提起诉讼，要求被告赔偿。马萨诸塞州法律规定，受害人向从事公共运输者索赔的数额为2000美元以上，15000美元以下，且索赔的具体数额要根据被告人的过错程度来确定。而纽约州宪法则禁止规定索赔的最高限额。依据国际私法理论，法院应该（　　）。

A. 依侵权行为地法即马萨诸塞州的法律，判决被告应向原告赔偿15000美元

B. 法院应依住所地法适用纽约州法关于禁止索赔限额的规定

C. 法院应依法院地法适用纽约州法律关于禁止索赔限额的规定

D. 法院应认定马萨诸塞州的法律与纽约州的根本法相抵触，不予适用马萨诸塞州的法律

4. 土耳其、西班牙国家适用不同的法律主要是指（　　）。

A. 法律的国际冲突　　B. 法律的区际冲突

C. 法律的人际冲突　　D. 法律的时际冲突

5. 中国某法院受理一涉外民事案件后，依案情确定应当适用甲国法。但在查找甲国法时发现甲国不同州实施不同的法律。关于本案，法院应当采取下列哪一做法？（　　）（司考2011.1.39）

A. 根据意思自治原则，由当事人协议决定适用甲国哪个州的法律

B. 直接适用甲国与该涉外民事关系有最密切联系的州法律

C. 首先适用甲国区际冲突法确定准据法，如甲国没有区际冲突法，适用中国法律

D. 首先适用甲国区际冲突法确定准据法，

如甲国没有区际冲突法，适用与案件有最密切联系的州法律

二、多项选择题

1. 在“婚姻方式依婚姻举行地法”这一冲突规范中，若甲乙二人的婚姻举行地为中国，那么，用该条冲突规范的法院即可认定中国法是该婚姻方式的准据法。从中，我们可以看出准据法的特点是（　　）。
   A. 准据法必须是通过冲突规范所指定的法律
   B. 准据法是能够具体确定涉外民商事法律关系中当事人权利与义务的实体法
   C. 准据法是冲突规范的一部分
   D. 准据法可以是内国冲突规范所援用的
2. 当准据法是某个特定国家的法律时，该特定国家的法律在具体适用时，在国际私法上需要解决的问题是（　　）。
   A. 法律的区际冲突　B. 法律的人际冲突
   C. 法律的时际冲突　D. 法律的行为冲突
3. 下列各国中，对涉外继承的准据法选择采用区别制的国家是（　　）。
   A. 德国　B. 美国
   C. 法国　D. 英国
4. 下列各项中，属于属人法的准据法表述公式（亦称系属公式）的有（　　）。
   A. 当事人自主协议选择的法律
   B.（当事人的）国籍国法（或本国法）
   C.（当事人的）住所地法
   D.（当事人的）营业所所在地法

三、名词解释

1. 准据法的选择方法
2. 实质问题与程序问题
3. 推定

四、简答题

1. 简述程序法问题适用法院地法的理由。
2. 在国际私法中区分程序问题与实质问题有什么意义？应采用何种划分标准？
3. 简述准据法的概念和特点。
4. 在出现区际冲突的情况下如何确定准据法。

五、论述题

1. 请论述合同自体法与合同准据法的关系。
2. 论准据法的各种选择方法。
3. Explain the relationship between jurisdiction and Lex causae.

六、案例分析题

中国籍男子A与日本籍女子B在中国结婚，婚后在中国定居，次年生育一男孩名叫C。某年B回日本经商，A、C与祖父母长期在中国某市共同生活，C为某市小学四年级学生。十年后，A与B以夫妻双方长期分居、感情出现裂痕为由达成了离婚协议，双方对财产分配没有分歧。但在C的监护权方面双方发生争议，A和B均要求行使对C的监护权。B诉至C住所地法院。请问：根据现行立法，本案的法律适用为何？

参考答案

一、单项选择题

1. **答案**：D。连结点是指冲突规范借以确定某一法律关系应适用什么法律的根据。
2. **答案**：D。《涉外民事关系法律适用法》第7条规定，诉讼时效，适用相关涉外民事关系应当适用的法律。
3. **答案**：D。（1）从纽约起飞的飞机，在几个小时内可能经过好几个州，飞机亦可能因恶劣的天气或其他不测事件而进入某州，因而何处为损害发生地纯属偶然；（2）纽约州宪法是根本法，应为本州公民提供保护，使他们避免由于其他法院作出的不公正判决而遭损失。马萨诸塞州法律中关于索赔最高限额的规定，与纽约州公共政策相违背，不能适用。
4. **答案**：A。两个不同的国家之间使用不同的法律是法律的国际冲突。
5. **答案**：B。《涉外民事关系法律适用法》第6条规定，涉外民事关系适用外国法律，该国不同区域实施不同法律的，适用与该涉外民事关系有最密切联系区域的法律。所以B项正确。

二、多项选择题

1. **答案**：AB。准据法必须通过冲突规范的指定，准据法必须是现行有效的实体法，准据法不同于系属。
2. **答案**：ABC。在法律适用过程中，某些国家因为不同地区有不同的私法制度，需要解决区际冲突；一国之内由于不同的宗教、种族、阶级等还会造成人际冲突；而一国的法律还会有新旧、前后法律之间的冲突。这些问题都是在冲突规范指定适用某一国法律，即确定了准据法之后需要解决的。
3. **答案**：BCD。准据法是国际私法特有的一个法律概念。它是指按照冲突规范的指定而援用来确定涉外民事关系当事人具体的权利和义务的特定实体法。法定继承的法律适用，大多数国家分别采用区别制和同一制。继承准据法的区别制也称分割制，是指把遗产分为动产与不动产，分别对其规定不同的冲突规则去援引准据法，即动产继承适用被继承人属人法，不动产继承适用不动产所在地法。这一制度来源于中世纪的“法则区别说”。德国采用同一制，是规定适用被继承人本国法的国家。
4. **答案**：BCD。系属公式被称为冲突原则，是国际私法中对某些固定的常见的双边冲突规范之系属的表达公式，属人法是指以当事人的国籍、住所或居所作为连结点的系属公式，本题BCD都是属人法的系属公式。

三、名词解释

1. **答案**：是立法机关在制定冲突规范和司法机关在适用冲突规范时的方法。这些方法因不同的法律适用理论和不同国家的私法实践而不同。常见的法律选择方法有：依法律的性质决定法律的选择；依法律关系的性质决定法律的选择；依最密切联系原则决定法律的选择；依政府利益分析决定法律的选择；依规则选择方法决定法律的选择；依分割方法决定法律的选择；依当事人的因素自治决定法律的选择；依有利于判决在国外的承认和执行决定法律的选择；依比较损害方法决定法律的选择；依肯塔基方法决定法律的选择；依功能分析的方法决定法律的选择。
2. **答案**：各国冲突法在考虑法律适用问题时，都首先将所涉问题分为实质问题（substance）和程序问题（procedure）。如果一个问题被识别为程序问题，就要适用法院地法，如果被识别为实质问题，就有可能适用外国法。在国际法上区分程序问题和实质问题的目的，就是要界定什么问题由法院依本地法判决为正当。一般来说，那些会在实质上影响案件结果问题的所有争议都可归类为实质性的，而关于诉讼的日常例行规则，即案件中对其结果影响甚小的方面，如送达诉讼文件、辩护的充分性、当事人的诉讼能力、诉讼形式等有关的例行问题，显然可以归为程序问题。
3. **答案**：推定分为事实的推定和法律的推定两种。事实的推定是指根据一些已知的事实而进行的推断。事实的推定可以提出反证予以推翻。法律的推定是根据法律的规定而进行的推断，它又可分为可反驳的推定和不可反驳的推定。

四、简答题

1. **答案**：（1）各国冲突法在考虑法律适用时，都首先将所涉问题分为实质问题和程序问题，对程序问题适用法院地法。（2）法院的活动必须按照国家规定的诉讼程序来进行，这是现代法治国家的普遍要求。如果对于有涉外因素的案件和纯粹国内案件适用不同的程序规则，显然是行不通的。（3）程序问题适用法院地法也是实际的需要。当涉外民事诉讼开始时，案件的准据法往往尚未确定，所以在程序问题上只能适用法院地法，不可能适用准据法。等到准据法确定之后，诉讼已进行到相当阶段，只能按照原来的程序进行。（4）程序问题适用法院地法是正义的要求。如果程序问题不适用法院地法，不仅对法院来说是不方便的，对诉讼当事人和其他诉讼参与人采取不平等的对待，也将造成不公正的结果。
2. **答案**：（1）在国际私法中区分程序问题和实质问题的意义在于，如果一个问题被识别为程序问题，就应适用法院地法；如果被识别为实质问题，就可能适用外国法。（2）不同国家，不同学者对程序问题和实质问题的划分标准有不同看法。一些大陆学者提出，当事人之间的关系，特别是他们相互之间的权利义务关系，属于实体法，而法院与当事人和第三人（证人等）的权利义务关系属于程序法。美国学者库克认为，实质问题和程序问题可以因不同目的而作不同的划分，只要不给法院造成不便，就不一定是为了冲突法的目的将这些规则识别为程序规则。(3) 区分程序问题和实质问题的目的，是要界定什么问题由法院依本地法判决方为正当。一般说来，那些会在实质上影响案件结果的所有争议都可归类为实质性的，而关于诉讼的日常例行规则，即案件中对其结果影响甚小的方面，可归类为程序问题。

3. 答案：准据法是国际私法中的一个特有概念，它是指经冲突规范指引用来确定国际民事关系的当事人的权利义务关系的具体实体法规范。

准据法的特点：

①准据法必须是能够确定当事人的权利义务关系的实体法。

②准据法必须是经冲突规范所指定的实体法。

③准据法不是冲突规范逻辑结构的组成部分，它必须结合具体的案情事实才能确定。

④准据法不是笼统的法律制度或法律体系，而是一项具体的“法”，即具体的实体法规范或法律文件。

4. 答案：适用于涉外民事关系的准据法，是通过冲突规范的适用来确定的。但在确定的具体过程中，还有很多问题需要解决。事实上，国际私法的核心问题就是研究和解决与确定准据法有关的各种问题。当出现区际冲突时，即当根据冲突规范的指定应该适用某国法律时，如果该国是多法域国家，就出现了需要确定以该国哪一个法域的法律作为准据法的问题，对此，一般有三种解决办法：①直接以法院地冲突规范中的连结点确定准据法，即直接以冲突规范中的连结点所指向的该国具体地区的法律作为准据法；②按多法域国家的区际私法确定准据法；③法院地冲突规范专门针对多法域国家的法律适用，规定以其哪一个法域的法律作为准据法。采用这种方法的国家，有的是为了在多法域国家不存在统一的区际私法因而无法据以直接援引准据法时能有所补救，而有的则是直接作出这种使用规定。我国对此问题采取的就是前一种做法：“依法应当适用的外国法律，如果该外国不同地区实施不同的法律的，依据该国法律关于调整国内法律冲突的规定确定使用的法律。该国法律未作规定的，直接适用与该民事关系有最密切联系的地区的法律。”

五、论述题

1. 答案：(1) 合同自体法，根据莫里斯的观点，将其分为三个部分：当事人明示选择的法律；当事人没有明示选择的时候，法院根据情况推定其所选择的法律；既无明示选择，又不能推断出当事人选择的法律，由法官确定与合同有最密切联系的法律。而合同准据法是指用来确定涉外民事法律关系当事人权利和义务的特定国家的实体法。合同准据法是指经过冲突规范援引来确定涉外民事法律关系当事人权利义务的特定国家的实体法。

(2) 合同自体法是一种确定合同之债准据法的基本理论。它完成了合同适用法问题上主观论和客观论的协调和结合。同时，还吸收了最密切联系原则。在另一个层次上保证了法律适用方法的灵活性。而合同准据法并不是一种法律适用理论，而专指根据冲突规范指引，某一涉外合同应当适用的特定国家的实体法。

(3) 但是两者之间又有联系。表现在合同自体法是合同准据法的一种确定方法。

2. 答案：法律选择方法是立法机关在制定冲突规范和司法机关在适用冲突规范时的方法。这些方法因不同的法律适用理论而不同，因不同国家的司法实践而不同。常见的法律选择方法有：

(1) 依法律的性质决定法律的选择。这种方法起源于意大利的法则区别说，一直为国际私法的理论与实践所承认，直到现在仍是一个很有价值、很重要的方法。

(2) 依法律关系的性质决定法律的选择。这是萨维尼的法律关系本座说所采用的方法，即从分析法律关系的性质入手，去寻找适用于该法律关系的准据法。这种方法开创了法律选择领域的“哥白尼革命”，对以后的国际私法理论与立法都有很大影响。

(3) 依最密切联系原则决定法律的选择。这种方法就是确定与某涉外民事法律关系有最密切联系的地方的法律作为准据法，它实际上是法律关系本座说的继承和发展。

(4) 依政府利益分析决定法律的选择。这一方法是美国学者柯里最先提出来的，其显著特点是透过法律冲突的表象，去分析其背后的利益冲突，然后根据利益冲突的情况来决定法律的适用。其实质是把传统冲突规范中表示空间场所意义的连结点，改变为用政府利益之有无、大小作为法律选择的标准。

(5) 规则选择方法。直接就有关国家的实体法规则进行比较，选择更适合案件公正解决的实体法作为准据法。

(6) 依分割方法决定法律的选择。对不同的法律问题加以分割，并分别依其特性确定准据法。

(7) 依当事人的意思自治决定法律的选择。这种方法就是允许当事人选择他们之间的法律关系所适用的法律。它产生于合同领域并已成为选择合同准据法的首要原则，现已扩展到侵权、婚姻家庭、继承等众多领域，成为整个国际私法领域内一个很重要的法律选择方法。

(8) 依有利于判决在国外的承认与执行决定法律的选择。这种方法对国际私法所追求的判决结果的一致和维护涉外民事法律关系的稳定性均有帮助。

(9) 依比较损害方法决定法律的选择。在具体案件中比较两个相关州的内部目的，哪一个受到较大的损害即适用它的法律。

(10) 依肯塔基方法决定法律的选择。这种方法是在肯塔基法院的法官努力下由判例形成发展起来的。该方法的最基本特点是采用所谓“足够或充分联系”原则分析案件，只要肯塔基州与某个案件有足够或充分的联系，肯塔基法院就适用肯塔基州法。可见，其实质是追求适用法院地法。

(11) 依功能分析方法决定法律的选择。把特定的规则和法律制度作为一个整体，通过考察其政策和目的的合理适用来解决问题。

以上任何一种方法都不能解决国际私法领域的所有领域的法律适用问题。因此，无论是立法者在制定冲突规范时还是法院在处理涉外民商事法律关系的实践中，都必须考虑多种法律选择方法。

3. 答案：管辖权是指一国法院根据法律或者国际条约对含有涉外因素的民事案件进行审理、判决的权力或资格。而准据法是指经冲突规范援用来具体确定涉外民事法律关系当事人的权利和义务的特定国家的实体法。两者的关系为：

管辖权和准据法的确定，是解决法律冲突中有前后顺序的两个重要环节。只有确定了管辖权，有管辖权的法院才能依据本国的冲突规范，指引出具体的准据法，所以管辖权的确定是适用准据法的前提。而确定管辖权的最终目的是找到应适用的实体法，明确当事人权利义务关系，解决法律冲突，所以找到应适用的准据法是确定管辖权的必然结果。

管辖权是国际民事诉讼中必须首先解决的事项。由哪个国家的法院行使管辖权对准据法的确认有重要意义：法院地国冲突规范的差别可能导致适用内容截然不同的准据法，进而影响当事人的实体权利；对某些涉外民事法律关系，适用的准据法为法院地法，这时候确定了管辖权也就确定了准据法。

六、案例分析题

答案：(1) 依据法院地法律，即我国法律识别出本案的定性，即属于涉外监护权纠纷。理由是主体之一 B 是日本公民，要求行使对 C 的监护权案系监护权纠纷，具有涉外因素，因此本案系涉外监护纠纷。

（2）寻找调整涉外监护的冲突规范。依据《涉外民事关系法律适用法》第30条规定：监护，适用一方当事人经常居所地法律或者国籍国法律中有利于保护被监护人权益的法律。

（3）寻找和列出本案的连结点和系属。先找出本案的连结点：一方当事人经常居所地、国籍国和有利于保护被监护人权益地。A的国籍国为中国、经常居住地为中国某市；B的国籍国为日本、经常居住地为日本某市；如何判断有利于被监护人的权益地呢？可以结合比较两监护人的监护能力，结合分析本案的案情，C从小在中国长大，在中国接受教育，已上小学，而且不懂日语，长期与父亲、祖父母生活在一起，B在日本的经济条件不好，而A在国内经济状况较好，能够提供给C较好的学习教育条件和生活环境，从有利于C的身心健康以及成长的角度来说，适用中国法比较有利于保护C的权益，因此法官在本案中可选择适用中国法。

第八章　冲突法的一般问题

基础知识图解

- 冲突法的一般问题
  - 识别
    - 概念：在适用冲突规范的过程中，依据一定的法律观念，对有关的事物构成作出“定性”或“分类”，将其归入一定的法律范畴，从而确定应援用哪一条冲突规范的认识过程
    - 识别冲突
      - 概念：由于法院地国与有关外国法律对同一事实构成作出不同的分类，采取不同国家的法律观念进行识别就会导致用不同冲突规范和不同准据法的结果
      - 产生原因
      - 解决方法
  - 反致
    - 概念
      - 狭义：一级反致
      - 广义：包括一级反致、转致、间接反致、外国法院说
    - 反致的产生及原因
  - 法律规避
    - 概念：国际民商事法律关系的当事人为利用某一冲突规范，故意制造某种连结点的构成要素，避开本应适用的强制性或禁止性法律规则，从而使对自己有利的法律得以适用的一种逃法或脱法行为
    - 构成要件：行为主体、主观方面、规避对象、行为方式、客观结果
  - 公共秩序保留
    - 概念及适用情形
    - 理论基础
      - 主观说
      - 客观说：联系说、结果说
    - 立法方式：直接限制、间接限制、合并限制
  - 外国法内容的查明
    - 含义
    - 性质：事实说、法律说、折中说
    - 查明方法：当事人举证证明、法官依职权查明，无须当事人举证、法官依职权查明，当事人亦负有协助义务、我国法律的规定
    - 外国法无法查明时的解决方法
    - 外国法错误适用的救济

配套测试

一、单项选择题

1. 一国法院根据其国冲突规范的规定适用外国法时，如果适用的是该外国的冲突规范，则容易发生（　　）。

A. 识别　　B. 法律规避

C. 先决问题　　D. 反致

2. 一个住所在日本的美国人，未留遗嘱死亡，遗有动产在纽约州。为此动产的继承而在日本诉讼，依日本法律规定，继承应适用继承人的本国法（纽约州的法律），而纽约州的冲突法规定，动产继承适用被继承人的住所地法。于是，日本法院依照日本关于动产继

承的法律规定作出了判决，这在国际私法中被称为（　　）。

A. 反致　　B. 转致

C. 间接反致　　D. 法律规避

3. 国际私法中的识别是指（　　）。

A. 对冲突规范的识别

B. 对构成冲突规范范围部分的事实进行分析和定性，确定何种冲突规范适用何种事实法律问题的过程

C. 对冲突规范系属部分的解释

D. 对准据法的识别

4. 下列表述中哪项是正确的？（　　）

A. 外国法内容的查明是指对外国法律的内容加以确定的过程，既包括由内国冲突规范所援引的外国冲突规范的内容，也包括准据法的内容

B. 目前大多数国家在实践中均由法院依职权来查明外国法的内容

C. 根据我国司法解释的规定，我国人民法院负有查明外国法内容的责任

D. 在我国，当冲突规范所援引的外国法的内容无法查明时，则类推适用我国的有关法律

5. 如果外国法院请求我国人民法院进行司法协助，但其中，有关事项有损于中华人民共和国的主权、安全或者社会公共利益的，人民法院则可根据（　　）的制度，对该事项不予执行。

A. 反致　　B. 公共秩序保留

C. 法律规避　　D. 司法豁免

6. 一位在法国有住所的瑞士人，在法国去世前曾立遗嘱，将包括在英国的财产在内的全部财产给其养子。但依瑞士法规定：死者的亲生子合法享有90%的应继份额。为此，死者亲生子向英国法院起诉，根据瑞士法对遗产主张权利。而依英国法规定：关于动产继承依被继承人住所地法；依法国法规定：关于动产继承依被继承人本国法。英国法院最终适用瑞士继承法的行为属于（　　）。

A. 反致　　B. 转致

C. 间接反致　　D. 双重反致

7. 国际私法中反致和转致的结果（　　）。

A. 相同，都适用法院地法

B. 相同，都适用外国法

C. 不同，前者适用法院地法，后者适用第三国法

D. 不同，前者适用第三国法，后者适用法院地法

8. 居住在甲国的一乙国公民死于甲国，在丙国遗有不动产，因该不动产的继承在丙国法院进行诉讼。丙国冲突规范规定继承适用被继承人死亡时的属人法，即乙国法；乙国法冲突规范则规定继承适用死者最后住所地法，即甲国法；甲国冲突规范又规定，不动产继承适用不动产所在地法，即丙国法。采用国际私法中的何种制度可以达到适用丙国实体法的结果？（　　）

A. 反致　　B. 转致

C. 间接反致　　D. 完全反致

9. 法国法规定，不动产的法定继承依不动产所在地法；德国法规定，不动产法定继承依死者本国法，且两国都认为自己指定的法律包括冲突法。现假如一德国公民死于法国并在法国留下不动产，为此不动产法定继承发生争议；其结果是（　　）。

A. 在法国起诉会发生反致

B. 在德国起诉会发生反致

C. 在两国中任一国起诉都会发生反致

D. 在两国中任一国起诉都不会发生反致

10. 对某一案件，甲国法院根据本国的冲突规范应适用乙国的法律，而根据乙国的冲突规范应适用丙国的法律，但根据丙国的冲突规范应适用乙国的法律，最后甲国的法律适用乙国的实体法对案件作出处理。这个适用法律的过程称为（　　）。

A. 包含直接反致的转致

B. 转致

C. 间接反致

D. 完全反致

11. 我国在解决涉外法律适用时采用的是（　　）制度。

A. 仅接受狭义的反致制度，排斥转致和间接反致制度

B. 完全接受反致制度

C. 接受转致和狭义反致制度，仅排斥间接反致制度

D. 排斥反致制度

12. 有一住所在法国的法国人某甲，在荷兰从事蜂房经营。某甲死亡后，其子女向法国法院提起继承之诉，依法国冲突法规定动产继承依属人法，荷兰冲突法规定不动产继承依物之所在地法，两国冲突规范的规定内容相同。经法国法院查明：在荷兰，蜂房属于不动产，因而应适用物之所在地法荷兰法；而法国则认为蜂房是动产，应适用被继承人属人法法国法。最后法院依本国法律决定适用有关继承的法律规定。法院的这种行为属于（　　）。

A. 外国法的查明　　B. 反致

C. 识别　　D. 法律规避

13. 下列关于我国公共秩序保留制度的说法中正确的有（　　）。

A. 如果适用外国法律违反我国法律的基本原则和社会公共利益，则不予适用该外国法律

B. 如果适用外国法律违反我国的法律规定，则不予适用该外国法律

C. 在排除适用外国法的情况下，适用我国相应的法律或其他与争议有密切联系的国家的法律

D. 在排除适用外国法的情况下，适用该外国的其他最适合的法律

14. 世界各国都将公共秩序保留作为捍卫本国根本利益的一项重要法律制度。关于这一制度，下列哪项判断是错误的？（　　）（司考 2006. 1. 39）

A. 我国的公共秩序保留制度仅在适用外国法律将违反我国社会公共利益的情况下才可以适用，其结果为排除相关外国法律的适用

B. 在英美普通法系国家中，“公共秩序”的概念一般表述为“公共政策”

C. 公共秩序保留制度已经为国际条约所规定

D. 我国法律中常常采用“社会公共利益”来表述“公共秩序”的概念

15. 下列关于法律规避的说法中正确的是（　　）。

A. 法律规避是一种排斥或限制外国法适用的手段，因此它可能由于当事人的行为而产生，也可能由于法院对于内国冲突规范的识别行为而产生

B. 被当事人规避的法律可能是内国法，也可能是外国法，包括实体规范、程序规范和冲突规范

C. 根据我国的法律规定和司法实践，规避我国法律的行为无效，规避外国法律的行为，其效力根据具体情况确定

D. 根据我国的法律规定和司法实践，规避法律的行为本质上是一种欺诈行为，因此是无效的，无论当事人规避的是内国法还是外国法

16. 当冲突规范所援引的外国法的内容依照法律规定的方法仍不能查明时，我国法院通常的做法是什么？（　　）

A. 驳回起诉

B. 适用我国法律

C. 适用同本应适用的外国法相近似或类似的其他国家的法律

D. 适用一般法理

17. 外国法人在所在国因侵害当地国家利益而被内国取缔时，其财产的处理按（　　）。

A. 该外国法人之属人法

B. 内国法

C. 该外国法人的注册地国法

D. 该外国法人章程之规定的准据法

18. 识别的目的在于准确地确定应适用的（　　）。

A. 冲突规范　　B. 程序法

C. 准据法　　D. 实体法

19. 各国法律一般规定反致适用于（　　）。

A. 合同领域　　B. 物权领域

C. 继承关系　　D. 侵权行为

20. 一国法院依据公共秩序保留拒绝适用外国法后，多数国家取而代之的是（　　）。

A. 当事人的属人法

B. 当事人双方选择的法律

C. 当事人的住所地法

D. 法院地法

21. 各国法院在识别问题上一般以法院地法为依据，但作为例外，不适用法院地法的是（　　）。

A. 关于某物为动产与不动产的问题

B. 关于某事实为侵权或契约的问题

C. 关于某事实为实体或程序的问题

D. 关于某财产为继承或婚姻财产的问题

22. 最早提出识别问题的是（　　）。

A. 胡伯和巴丁　　B. 卡恩和里斯

C. 胡伯和里斯　　D. 卡恩和巴丁

23. 在国际私法中被称为“安全阀”制度的是（　　）。

A. 反致制度　　B. 识别制度

C. 公共秩序制度　　D. 先决问题制度

24. 在反致问题上，英国有一个为其他国家都不采用的独特法律制度，这就是所谓的（　　）。

A. 转致　　B. 间接反致

C. 双重反致　　D. 部分反致

25. 对于识别，下列说法中正确的是（　　）。

A. 识别是解决援用哪一个冲突规范的前提

B. 识别主要是一种限制外国法适用的手段

C. 识别主要在确定法院管辖权时进行

D. 如果两国制定相同的冲突规则，就不会产生识别冲突

26. 在某涉外合同纠纷案件审判中，中国法院确定应当适用甲国法律。关于甲国法的查明和适用，下列哪一说法是正确的？（　　）（司考 2011. 3. 35）

A. 当事人选择适用甲国法律的，法院应当协助当事人查明该国法律

B. 该案适用的甲国法包括该国的法律适用法

C. 不能查明甲国法的，适用中华人民共和国法律

D. 不能查明甲国法的，驳回当事人的诉讼请求

27. 中国甲公司与德国乙公司进行一项商事交易，约定适用英国法律。后双方发生争议，甲公司在中国法院提起诉讼。关于该案的法律适用问题，下列哪一选项是错误的？（　　）（司考 2013. 1. 35）

A. 如案件涉及食品安全问题，该问题应适用中国法

B. 如案件涉及外汇管制问题，该问题应适用中国法

C. 应直接适用的法律限于民事性质的实体法

D. 法院在确定应当直接适用的中国法律时，无须再通过冲突规范的指引

28. 根据《涉外民事关系法律适用法》和司法解释，关于外国法律的查明问题，下列哪一表述是正确的？（　　）（司考 2013. 1. 36）

A. 行政机关无查明外国法律的义务

B. 查明过程中，法院应当听取各方当事人对应当适用的外国法律的内容及其理解与适用的意见

C. 无法通过中外法律专家提供的方式获得外国法律的，法院应认定为不能查明

D. 不能查明的，应视为相关当事人的诉讼请求无法律依据

29. 墨西哥人甲在中国某法院涉诉，其纠纷依中国法应适用墨西哥法，依墨西哥法应适用中国法，根据我国《涉外民事关系法律适用法》，下列选项正确的是（　　）。

A. 该纠纷应适用墨西哥实体法

B. 依最密切联系原则选择实体法

C. 该纠纷应适用中国实体法

D. 因中国法和墨西哥法冲突，法院应该驳回起诉

二、多项选择题

1. 下列关于反致的说法中错误的有（　　）。

A. 反对反致制度的人认为，反致制度会造成各国相互指定、循环不已的情形，不利于法律纠纷的尽快解决

B. 目前解决法律冲突的国际条约中，都全面肯定了反致制度

C. “直接反致”是指法院地国在根据本国冲突法适用外国法的过程中，接受该外国冲突法的指定，适用本国实体法，或者又经第三国冲突规范的指定而最终适用本国法的制度

D. 赞同反致制度的人认为，适用反致制度

扩大了适用外国法的范围，从而限制了法院地国法的适用，有利于防止受案法院根据本国法而实行地方保护主义

2. 根据我国有关司法解释意见，所谓“法律规避”是指当事人故意创设新的连结点，故意规避我国下列哪些法律规范的行为？（　　）

A. 强制性法律规范　　B. 任意性法律规范

C. 诉讼程序规范　　D. 禁止性法律规范

3. 在国际私法中构成法律规避应该具备的条件是（　　）。

A. 从主观上讲，当事人规避某法律必须是出于故意

B. 从规避的对象上讲，当事人规避的法律是当事人本应适用的法律

C. 法律规避必须是通过改变构成冲突规范连结点的具体事实来实现

D. 法律规避必须是既遂的，即当事人所希望的那个实体法得到了适用，当事人的目的已经达到

4. 根据我国相关法律规定，关于合同法律适用问题上的法律规避，下列哪些选项是正确的？（　　）（司考 2010. 1. 81）

A. 当事人规避中国法律强制性规定的，应当驳回起诉

B. 当事人规避中国法律强制性规定的，不发生适用外国法律的效力

C. 如果当事人采用明示约定的方式，则其规避中国法律强制性规定的行为将为法院所认可

D. 当事人在合同关系中规避中国法律强制性规定的行为无效，该合同应适用中国法

5. 法官在处理涉外民商事案件时所遇到的识别问题所产生的原因是（　　）。

A. 不同国家的法律制度中存在一些独特的法律概念

B. 不同国家往往把具有相同内容的法律问题分配到不同的法律部门中去

C. 不同国家对同一事实赋予不同的法律性质从而导致援用不同的冲突规范

D. 不同国家对同一问题规定的冲突规范具有不同的含义

6. 下列国际私法的各原则或制度中，以国家主权原则为基础的是哪些原则或制度？（　　）

A. 法院地法的适用

B. 对等原则和不歧视原则

C. 意思自治原则

D. 公共秩序保留制度

7. 根据国际私法的普遍实践，管辖法院援用公共秩序保留条款排除外国法适用以后，涉外民事争议一般适用（　　）。

A. 法院地国法

B. 与争议有密切联系的另一外国法

C. 准据法

D. 争议发生地国法

8. 在国际私法实践中，各国为了维护本国利益和克服适用外国法过程中发生的困难而形成的适用外国法的制度主要包括（　　）。

A. 反致　　B. 公共秩序保留

C. 法律规避　　D. 外国法内容的确定

三、不定项选择题

根据我国法律，关于涉外民事关系适用的外国法律，下列说法正确的是（　　）（司考 2014. 1. 98）

A. 不能查明外国法律，适用中国法律

B. 如果中国法有强制性规定，直接适用该强制性规定

C. 外国法律的适用将损害中方当事人利益的，适用中国法

D. 外国法包括该国法律适用法

四、名词解释

1. 反致

2. 间接反致（清华大学 2005 年考研真题、中国人民大学 2007 年考研真题）

3. 先决问题

4. 法律规避（清华大学 2005 年考研真题）

5. 外国法的错误适用（中国人民大学 2011 年考研真题）

五、简答题

1. 国际私法上有哪些限制冲突规范的制度？请阐述和分析我国对这些制度的态度。

2. 赞成和反对反致的理由各有哪些？

3. “先决问题”及其法律适用。
4. 简述法律规避的构成要件。（北京师范大学 2011 年考研真题）
5. 请比较说明“公共秩序保留”与“法律规避”。

六、论述题

1. 识别的作用与依据如何？
2. 举例说明法律规避的概念及其构成要件。

七、案例分析题

1. 波兰公民杰克夫妇于 1983 年在波兰结婚，1991 年两人移居法国，并在巴黎购置了房地产。2014 年 5 月，杰克去世，其妻根据波兰法律到巴黎市中级人民法院对死者的遗产管理人加利提起诉讼。要求享有共同财产的一半以及死者地产的一半的用益物权，根据法国冲突法，不动产的继承依物业所在地法即法国法律，而依波兰法，婚姻财产依婚姻所在地法，巴黎法院经审理判决适用波兰法，杰克夫人的诉讼请求得以实现。

   问题：什么是冲突规范适用中的识别问题？本案需对哪些情况进行识别？
2. 中国某公司与 A 国某银行签订了一份借款合同，合同签订地点在巴拿马。合同约定中国某公司向 A 国银行借款 500 万美元，年利率为 13.5%，期限三年，到期还本付息。若发生合同纠纷，选择中国法院进行诉讼，适用巴拿马国法律。三年后，中国某公司未能到期还本付息，A 国某银行遂起诉至中国法院，要求按合同约定还本付息，并加付违约期间的滞纳金。

   巴拿马与我国没有外交关系，按照合同约定，适用巴拿马法律，而当事人又不能提供相应的巴拿马法律，法院通过其他途径也无法查明。

   问题：本案我国法院应适用哪国法律作为审理该案的准据法？为什么？
3. 卢森堡公民莱蒙于 2016 年移居瑞士，但并未加入瑞士国籍。2016 年，莱蒙在瑞士去世，其在去世前未立下任何遗嘱，且父母及妻子均先于他去世，也没有子女。2016 年 9 月，他母亲的旁系亲属向瑞士法院提出请求，要求继承莱蒙在瑞士留下的一笔动产。瑞士的国际私法规定，动产继承依死者本国法。如适用卢森堡法，其旁系亲属享有继承权，但卢森堡冲突法规定，动产继承依死者住所地法，而且卢森堡承认事实住所地的法律效力，于是，又将应适用的法律指向瑞士法。

   问题：本案应以哪国法律作为准据法？

参考答案

一、单项选择题

1. **答案**：D。广义的反致，是指法院地国根据本国冲突规范的指引在适用外国法的过程中，因接受外国冲突规范的指引、最终适用本国实体法或第三国实体法的情况。
2. **答案**：A。直接反致，即狭义的反致，通常简称“反致”，是指在对某一涉外民事案件审理中，如 A 国法院按照本国冲突规范的指引应适用 B 国法，而 B 国的冲突规范却又指引应适用 A 国法，如果 A 国法院依此指引最终适用了本国实体法，这种情况即称为直接反致。直接反致最后导致法院地实体法的适用，其应用不需要了解有关外国法关于反致的态度，但需要了解该外国法有关冲突规范的内容。
3. **答案**：B。识别具有两层含义：一是对有关的法律事实或问题进行识别，也就是对待决案件所涉及的有关法律事实或问题进行识别或分类，判定其属于什么法律，从而确定应援用的冲突规范。二是对冲突规范本身的识别，也就是对冲突规范的范围或对象所使用的法律术语进行解释。
4. **答案**：D。准据法查明的方法有三种，法院依职权查明只是三种方法之一，在我国，不能查明的适用我国法律。
5. **答案**：B。根据《民事诉讼法》（2021 修正）第 283 条规定，如果外国法院请求我国人民法院进行司法协助，但其中有关事项有损于我国的主权、安全或者社会公共利益的，人民法院则可根据公共秩序保留的制度，对该事项不予执行。

6. **答案**：B。转致是指对某一个案件，甲国或甲地区法院根据本国或本地区的冲突规范指定应适用乙国或乙地区的法律，而乙国或乙地区的冲突规范指定应适用丙国或丙地区的法律，结果甲国或甲地区的法院适用了丙国或丙地区的法律。

依此，本题B项是正确答案。冲突规范的法律适用是国际私法部分的重要考点，考生要学会分析比较记忆。

7. **答案**：C。反致的结果是最终适用法院地法，转致的结果是最终适用第三国法。

8. **答案**：C。间接反致是指对某一案件，甲国或甲地区的法院根据本国或本地区的冲突规范指定应适用乙国或乙地区的冲突规范，但依乙国或乙地区的冲突规范指定应适用丙国或丙地区的法律，而依丙国或丙地区的法律冲突规范指定应适用甲国或甲地区的法律，结果甲国或甲地区的法院适用了自己的实体法。因而题中情形应属于C项间接反致。

反致是指对某一案件，甲国或甲地区的法院根据本国或本地区的冲突规范指定应适用乙国和乙地区的冲突规范，而依乙国或乙地区的法律冲突规范指定应适用甲国或甲地区的法律，结果甲国或甲地区的法院适用了自己的实体法。

转致是甲国或甲地区的法院根据本国或本地区的冲突规范指定应适用乙国和乙地区的冲突规范，但依乙国和乙地区的冲突规范指定应适用丙国或丙地区的法律，结果甲国或甲地区的法院适用了丙国的实体法。

完全反致是英国冲突法中的一种特殊做法。

9. **答案**：D。如果当事人在法国起诉的，依法国法的规定，适用不动产所在地，不动产所在地也就是法国，不存在反致问题；如果当事人在德国起诉的，依德国法，是当事人的本国法，当事人的本国法也正是德国，所以还是适用德国法，不存在反致问题。

10. **答案**：A。转致又称“二级反致”，是指对于某一涉外民事案件，依法院地国冲突规范的规定，应当适用某外国法，而依该外国冲突规范的规定，须适用第三国法，如果法院地国最终适用了该第三国的实体法，这就叫作转致。包含直接反致的转致，是指对某一国际民商事案件，依法院地冲突规范的规定，应适用某外国法，而依该外国冲突规范的规定，应适用第三国法律，但依第三国冲突规范规定，却又应当反过来适用前面所说的某外国法，最后法院适用了该某外国法的实体法处理该案件的情形。

11. **答案**：D。《涉外民事关系法律适用法》第9条规定，涉外民事关系适用的外国法律，不包括该国的法律适用法。

12. **答案**：C。识别实际上是法官在审理案件之前，对案件中的事实情况加以分类或定性，将之纳入特定的法律范畴，而识别冲突正是由于各国立法对该“事实情况”应列入何种性质的法律关系的理解不同而产生的，它与法院对于外国法的查明是截然不同的，应予以区别。依此，本题C项是正确答案。

13. **答案**：A。我国公共秩序保留要求违反的必须是我国法律的基本原则和社会公共利益，而不是一般法律冲突；排除适用外国法的情况下，应适用我国相应的法律。

14. **答案**：A。公共秩序保留是指外国法律本身或其适用将违反我国社会公共利益时，法院可以排除相关外国法律的适用。故A错误。英国以“公共政策”这一概念代替欧洲大陆国家所适用的“公共秩序”概念，其法院在实践中对于违反英国公共政策的法律可以拒绝适用。故B正确。而我国法律中常常采用“社会公共利益”来表述“公共秩序”这一概念。由于公共秩序保留制度的普遍性、客观性与重要性，该制度已经为有关国际条约所规定。故C、D正确。所以本题答案为A。

15. **答案**：C。我国坚持规避内国法无效原则，当事人规避我国强制性或禁止性法律规范的行为，不发生适用外国法的效力。实践中对于规避外国法的行为，我国则根据具体情况而定，若是规避的外国法本身就与法院地国的公共秩序相违背，则这种法律规避行为应视为有效，如果规避的是外国法中正当合理的规定，则规避行为无效。

16. 答案：B。《涉外民事关系法律适用法》第10条规定，涉外民事关系适用的外国法律，由人民法院、仲裁机构或者行政机关查明。当事人选择适用外国法律的，应当提供该国法律。不能查明外国法律或者该国法律没有规定的，适用中华人民共和国法律。

17. 答案：B。本案属于公共秩序的保留，一般情况下，各国普遍实践因违反公共秩序而排除外国法的，适用内国法。

18. 答案：A。识别是指依据一定的法律制度，对有关事实和问题进行定性和分类，将其归入一定的法律范围，从而确定应援用的冲突规范，所以识别的目的在于确定冲突规范。

19. 答案：C。反致不适用合同、物权和侵权领域，一般只能适用于继承关系。

20. 答案：D。因公共秩序保留拒绝适用外国法后，多数国家采用的是法院地法。

21. 答案：A。国际私法既然是国内法的一部分，一切国际私法的规定都是立于该国国内法的同一概念和观点的基础之上的，所以以法院地法作为识别的依据，好处还在于简单易行，确凿可信。给事物定性一般不适用法院地法，本题A就是。

22. 答案：D。认为在国际私法的实践中，需要依据一定的法律观点或概念对有关事实的法律性质作出识别的是德国法学家卡恩与法国法学家巴丁。

23. 答案：C。公共秩序制度是指在国际私法上，法院在依内国冲突规范的指定本应适用外国法时，如其适用将与自己国家或社会的重大利益、道德与法律的基本原则相抵触，便可排除该外国法的适用。

24. 答案：C。双重反致制度的关键点在于英国法官判决有关的涉外民事案件，要把自己置于外国法院的立场上，法律选择的过程首先要从外国冲突规范开始，而不是站在英国法院的立场上首先从英国冲突规范开始。

25. 答案：A。识别是指依据一定的法律制度，对有关事实和问题进行定性和分类，将其归入一定的法律范围，从而确定应援用的冲突规范，识别的目的是在于确定冲突规范。

26. 答案：C。《涉外民事关系法律适用法》第10条第1款规定，涉外民事关系适用的外国法律，由人民法院、仲裁机构或者行政机关查明。当事人选择适用外国法律的，应当提供该国法律。故A错误。第9条规定，涉外民事关系适用的外国法律，不包括该国的法律适用法。故B错误。第10条第2款规定，不能查明外国法律或者该国法律没有规定的，适用中华人民共和国法律。故C正确，D错误。

27. 答案：C。根据《最高人民法院关于适用〈中华人民共和国涉外民事关系法律适用法〉若干问题的解释（一）》（2020修正）第8条规定，有下列情形之一，涉及中华人民共和国社会公共利益、当事人不能通过约定排除适用、无须通过冲突规范指引而直接适用于涉外民事关系的法律、行政法规的规定，人民法院应当认定为涉外民事关系法律适用法第四条规定的强制性规定：（一）涉及劳动者权益保护的；（二）涉及食品或公共卫生安全的；（三）涉及环境安全的；（四）涉及外汇管制等金融安全的；（五）涉及反垄断、反倾销的；（六）应当认定为强制性规定的其他情形。所以A、B选项正确。应直接适用的法律，可能是反垄断法、外汇管制法、外贸管制法、价格法、社会保障法、消费者权益保护法等，不限于民事性质的实体法。所以C选项错误。法院在确定应当直接适用的中国法律时，确实不需要再通过冲突规范指引。所以D选项正确。

28. 答案：B。根据《涉外民事关系法律适用法》第10条规定："涉外民事关系适用的外国法律，由人民法院、仲裁机构或者行政机关查明。当事人选择适用外国法律的，应当提供该国法律。不能查明外国法律或者该国法律没有规定的，适用中华人民共和国法律。"所以A选项错误，行政机关有查明外国法的义务。D选项错误，不能查明的，适用中华人民共和国法律。《最高人民法院关于适用〈中华人民共和国涉外民事关系法律适用法〉若干问题的解释（一）》（2020修正）第16条规定："人民法院应当听取各方当事人对应当适用的外国法律的内容及其理解与适用的意见，当事人对该外国法律的内容及其理解与适用均无异议的，人民法院可以予以确认；当事人有异议的，由人民法院审查认定。"所以B选项正确。《最高人民法院关于适用〈中华人民共和国涉外民事关系法律适用法〉若干问题的解释（一）》（2020修正）第15条规定："人民法院通过由当事人提供、已对中华人民共和国生效的国际条约规定的途径、中外法律专家提供等合理途径仍不能获得外国法律的，可以认定为不能查明外国法律。根据涉外民事关系法律适用法第十条第一款的规定，当事人应当提供外国法律，其在人民法院指定的合理期限内无正当理由未提供该外国法律的，可以认定为不能查明外国法律。"据此，无法通过中外法律专家提供的方式获得外国法律的，还可以通过对中华人民共和国生效的国际条约规定的其他合理途径获得外国法，法院不能轻易认定为不能查明。所以C选项错误。

29. **答案**：A。根据我国《涉外民事关系法律适用法》第9条规定，涉外民事关系适用的外国法律，不包括该国的法律适用法。可见，我国法院受理涉外纠纷，依据冲突规范适用某外国法的，法院应直接适用该国实体法，不适用该国法律适用法，A对，BCD错。

二、多项选择题

1. **答案**：BCD。各国对反致的态度不一，主要有全面接受反致，有限制地接受反致，完全拒绝反致。赞同反致的观点有：采用反致制度是维护外国法律完整性的体现，适用反致制度会扩大内国法律管辖范围，采用反致制度可使各国法律对于同一涉外民事案件作出相同的判决。反对反致的观点有：采用反致制度违背了法院地国主权原则，使法院地国的冲突囿于外国的冲突法，采用反致于实际不便，因为反致制度的采用，会大大增加法官和当事人证明外国法内容的任务，采用反致会导致恶性循环。

2. **答案**：AD。法律规避主要指规避本该适用的法律的禁止性和强制性规范，不包括任意性规范。

3. **答案**：ABCD。这四个要件中，当事人有意改变或制造某种连结点的行为，是法律规避成立的基本要件和重要特征。

4. **答案**：BD。法律规避又称"法律欺诈"，是指涉外民事法律关系当事人为了实现利己的目的，故意改变构成法院地国冲突规范连结点的具体事实，以避开本应适用的对其不利的准据法，从而使对其有利的法律得以适用的行为。主要构成要件是：（1）主观上需故意；（2）行为方式上要通过人为制造或改变一个或几个连结点来实现；（3）规避的对象是本来应该适用的法律，常是强行性禁止性规定；（4）结果是已经完成规避行为。我国《涉外民事关系法律适用法》第4条规定，中华人民共和国法律对涉外民事关系有强制性规定的，直接适用该强制性规定。所以A、C选项错误，B、D选项正确。

5. **答案**：ABCD。关于识别问题产生的原因有四种，①同一事实，不同国家的法律赋予其不同的法律性质；②不同国家冲突规范中相同的法律术语包含不同的具体内容或含义；③对于相同的法律问题不同的国家可能将其划入性质不同的法律部门；④在冲突规范适用中还会出现一个国家的法律所使用的概念为另一国法律中所没有或必须进行分类等情况。

6. **答案**：AD。国际私法上本国法的属人原则、法院地法的适用、公共秩序保留等重要制度都直接来源于国家主权原则；对等原则和不歧视原则属于平等互利原则的内容，意思自治原则是保护当事人合法权益原则的直接体现。

7. **答案**：AB。本题是考查适用公共秩序保留制度的补救措施问题。多数国家立法倾向于法院地国实体法，也有不少国家主张其他与涉外争议有密切联系的外国法作为补救措施。

8. 答案：ABCD。社会经济发展到一定的历史阶段，有限度地适用外国法已为各国理论和实践所接受。但为了维护国家利益和克服适用外国法过程中发生的诸多困难，逐渐形成了一套适用外国法的制度。

三、不定项选择题

答案：AB。根据《涉外民事关系法律适用法》第10条规定：涉外民事关系适用的外国法律，由人民法院、仲裁机构或者行政机关查明。当事人选择适用外国法律的，应当提供该国法律。不能查明外国法律或者该国法律没有规定的，适用中华人民共和国法律。所以，A选项正确。

第4条规定：中华人民共和国法律对涉外民事关系有强制性规定的，直接适用该强制性规定。所以，B选项正确。

第5条规定：外国法律的适用将损害中华人民共和国社会公共利益的，适用中华人民共和国法律。所以，C选项错误。

第9条规定：涉外民事关系适用的外国法律，不包括该国的法律适用法。所以，D选项错误。

四、名词解释

1. 答案：反致有广义和狭义之分，广义的反致包括狭义的反致、转致、间接反致和外国法院说。

（1）狭义反致：是指对某一涉外民事案件，法院按照自己的冲突规范本应适用外国法，而该外国法中的冲突规范却指定应适用法院地法，结果法院适用了法院地国的实体法。这种反致在法文中叫“一级反致”。

（2）转致：是指对某一涉外民事案件，甲国法院按照自己的冲突规范本应适用乙国法，而乙国的冲突规范却指定适用丙国法，甲国法院因此适用了丙国实体法。转致在法文中称为“二级反致”。

（3）间接反致：是指对于某一涉外民事案件，甲国法院依自己的冲突规范应适用乙国法，依乙国的冲突规范又应适用丙国法，而依丙国的冲突规范却应适用甲国法，甲国法院因此适用自己的实体法作为准据法。

（4）外国法院说：是英国冲突法中特有的一项制度，它是指英国法官在处理特定范围的涉外民事案件时，如果依英国的冲突规范应适用某一外国法，英国法院应设身处地地将自己视为在外国审判，再依该外国对反致所抱的态度，决定应适用的法律。因此如果英国冲突规范所指向的那个外国承认反致，就会出现所谓“双重反致”，如果英国冲突规范所指向的那个外国法不承认反致，就只会出现“单一反致”的结果；如果英国冲突规范所指向的那个外国还承认转致，其适用结果还可能出现转致，从而适用第三国的内国法。

2. 答案：间接反致是指：对于某一涉外民事关系，甲国（法院国）冲突规范指定适用乙国法，但乙国冲突规范又指定适用（包括冲突法在内）丙国法，丙国冲突规范却指定适用甲国实体法作准据法，最后甲国法院适用本国的实体法判决案件。

【参考资料】李双元、欧福永主编：《国际私法》，北京大学出版社2022年版，第115页。

3. 答案：又称附带问题，是指一国法院在处理国际私法的某一争讼问题时，如果必须以解决另一个问题为先决条件，便可以把该争讼问题称为“本问题”或“主要问题”，而把首先要解决的另一问题称为“先决问题”或“附带问题”。先决问题的解决直接影响主要问题的审理结果。

4. 答案：又称僭窃法律或欺诈设立连结点，它是指涉外民事法律关系的当事人为利用某一冲突规范，故意制造某连结点，以避开本应适用的法律，从而使对自己有利的法律得以适用的一种逃法或脱法行为。

5. 答案：外国法的错误适用主要有两种情况：一种是适用内国冲突规范的错误造成外国法的错误适用，另一种是适用外国法本身的错误。适用内国冲突规范的错误，是指法官依照内国冲突规范的指定，本应适用外国法但却适用了内国法，或本应适用内国法却适用了外国法，或本应适用某一外国法却适用了另一外国法的情况。对于这类错误，一般都认为和违反内国其他法律具有相同的性质，并允许当事人依法上诉，以纠正这种错误。适用外国法本身的错误，是指法官虽然依其冲突规范正确选择了一个应该适用的外国法，但在适用该外国法的过程中发生错误，即对该外国法的条款或内容作了错误的适用或解释，并据此作出错误的判决。对于这种真正意义上的外国法适用错误是否允许当事人提起上诉，各国的理论与实践有两种不同的态度。

五、简答题

1. **答案：**（1）法律规避。法律规避，是指涉外民事法律关系的当事人为了利用某一冲突规范，故意制造某种连结点，以避开本应当适用的法律，从而使得对自己有利的法律得以适用的一种逃避法律的行为。我国法律规定，当事人规避我国法律强制性规定的行为是无效的。

（2）公共秩序保留。即一国在适用冲突规范应当适用某一外国的法律作为准据法的时候，如果该法律的适用违背了法院地国的公共秩序，就排除该外国法的适用。我国法律中也有类似这方面的规定。

（3）在法律中规定直接适用内国法。我国法律也有这方面的规定。如由中外合资经营企业合同、中外合作经营企业合同、中外合作开发自然资源企业合同引发的纠纷由中国法院专属管辖，从而排除外国法院的管辖权。

2. **答案：**赞成反致的理由主要有：（1）采用反致可在一定程度上达到判决一致，这是国际私法的目的之一，它能避免当事人挑选法院，并增强判决的执行力。（2）采用反致无损于本国主权，并可扩大内国法的适用。这既可体现国内实体法所体现的政策，又可减轻内国法院的司法负担。（3）采用反致可保证外国法律的完整性。对于涉外法律关系，依一国冲突规范指引应适用外国法时，此等外国法，当然是该外国法的一切法律。（4）采用反致可作为国际礼让之表示。此说认为，依内国冲突规范应适用外国法时，如该外国法就该法律关系不想适用本国实体法，即等于该外国放弃本国法之管辖，依尊重国家主权原则，法院就不应违背该外国本意，而适用本国法。（5）采用反致有时可得到更合理的判决结果。因为采用反致增加了法律选择的灵活性，法院可在几个相关法之间选择，有利于达到更合理的判决结果。

反对反致的理由主要有：（1）采用反致会导致恶性循环。如果所有国家都接受反致，就会使准据法得不到确定。（2）采用反致有损内国主权。（3）采用反致于实际不便。因为承认反致，一国法官必须适用外国的冲突法，还要研究该国关于识别与公共秩序的制度。（4）采用反致有否定内国冲突规范妥当性之嫌。（5）采用反致有悖法律的稳定性。就涉外民事法律关系而言，一旦选择了某项法律，就应坚决地予以适用而少变动。反致与这一要求背道而驰。

3. **答案：**国际私法中的“先决问题”也称附随问题，是指涉外民事案件（即主要问题）的处理所必须首先加以解决的其他问题。先决问题的解决是处理案件本身（即主要问题）的前提，但并非所有的涉外民事案件都存在先决问题，构成一个需要单独确定其准据法的先决问题要符合三个条件：按照法院地法的冲突规范，主要问题的准据法是外国法；该先决问题相对独立于主要问题，可以作为一项单独的争议向法院提出，并且有针对它的冲突规范可以适用；依准据法所属国针对先决问题的冲突规范所应适用的法律，与依法院地针对先决问题的冲突规范所应适用的法律不同，由二者得出的判决结果将完全相反。

关于先决问题的准据法确定，有两种相互对立的主张反映在各国的实践和理论中。认为应依主要问题的准据法所属国的冲突规范确定先决问题的准据法；认为先决问题的准据法应依法院地的冲突规范来确定。此外，还有一种依据最密切联系原则确定准据法的方式，即法院根据案件情况进行选择，以与先决问题有更密切联系的国家的冲突规范来确定其准据法。

4. **答案：**法律规避（evasion of law）又称“法律

欺诈”（fraude a la loi），是指涉外民事法律关系当事人为了实现利己的目的，故意改变构成法院地国冲突规范连结点的具体事实，以避开本应适用的对其不利的准据法，从而使对其有利的法律得以适用的一种逃法或脱法行为。

构成法律规避，应具备下列要件：当事人主观上必须有规避法律的故意；被当事人规避的法律必须是内国冲突规范所援引应当适用的某国实体法，而且是有关强行性或禁止性法规而非任意性法规；法律规避必须是通过改变构成冲突规范连结点的具体事实来实现的；法律规避必须是既遂的，即在客观上已形成了法律规避的事实，当事人所希望的那个实体法得到适用，当事人的目的已达到。

5. **答案**：在国际私法中，法律规避究竟是一个独立的问题，还是公共秩序的一部分不无争论。虽然两者的结果常常都是对外国法不予适用，但它们在性质上并不相同，不能将法律规避与公共秩序混为一谈。

第一，法律规避与公共秩序问题产生的原因不同，前者是当事人故意制造或改变连结点的行为造成的，而后者则是由于冲突规范所指向的外国法的内容及其适用与该冲突规范所属国的公共秩序有抵触而引起的。

第二，法律规避是一种个人行为，而运用公共秩序制度则是一种国家机关的行为。

第三，对当事人来讲，两者的后果也是不一样的，因公共秩序保留而不适用冲突规范所援用的外国法，当事人不需要负任何法律上的责任；但由于否认法律规避的效力而不适用某外国法时，不仅当事人企图使用某一外国法的目的未能达到，而且还要对其规避法律的行为负法律上的责任。

六、论述题

1. **答案**：所谓识别，是指依据一定的法律观点或法律概念，对有关事实情况的性质作出“定性”或“分类”，把它归入特定的法律范畴，从而确定应援用哪一冲突规范的法律认识过程。这一法律认识过程，包括两个相互制约的方面：一是依据一定的法律正确地解释某一法律概念或法律范畴，二是依据这一法律概念或法律范畴正确地判定特定事实的法律性质。

识别的作用。由于识别制度设立及存在的本意是保证法院在审理具体涉外民事案件过程中正确适用有关冲突规范及准确地找到适用于案件的法律关系准据法，因此，识别的首要作用在于：它是法官运用冲突规范审理涉外民事案件不可缺少的思维判案过程，是必不可少的第一个步骤。识别的另一个作用还在于限制内国冲突规范的效力，使冲突规范的适用限于有利于内国的方面，成为否定有关外国法适用的一种手段。由于识别是由法院地国作出的，所以它可以被法院地国家用来作为排除外国法适用的一种手段，不仅如此，识别对于确定案件的管辖权也具有重要作用。

识别的依据。由于各国的法律及其法律观念不同，对同一法律事实或问题或对同一冲突规范，用不同国家的法律标准进行识别，有时就会得出不同结论，直接影响到有关冲突规范准据法的适用，影响到当事人的权利、义务。

2. **答案**：法律规避，又称欺诈设立连结点，它是指涉外民事法律关系的当事人为利用某冲突规范，故意制造某种连结点，以避开本应适用的法律，从而使对自己有利的法律得以适用的一种逃法或脱法行为。由于涉外民事案件的准据法，有赖于各种客观存在的连结点，而有些连结点是能够随当事人的意思而变更的，如国籍、住所、所在地等。如果当事人为了某种特定的目的，滥用设立或变更连结点的自由，显然不利于法律秩序的稳定，也不利于内国法律所体现的政策的贯彻实施。因此很多国家对法律规避采取否定态度。

法律规避的构成要件：从行为主体来看，法律规避是当事人自己的行为造成的，这与反致不同。从主观上看，法律规避是当事人有意识、有目的地造成的，也就是说，当事人主观上有逃避某种法律的动机。从规避的对象上看，被规避的法律必须是依冲突规范本应适用的强制性或禁止性的法律。至于被规避的法律是内国法还是外国法，有时也决定是否构成法律规避行为，因为对此各国的态度不同。从行为方式上看，当事人是通过人为地制造或改变一个或几个连结点，来达到规避法律的目的，如改变国籍、住所等。这种行为虽然在实质上是违法的，但表面上看来是合法的。从客观结果上看，当事人的规避行为已经完成，如果按照当事人的愿望行事，就要适用对当事人有利的法律。

举例说明：如某外国女子与A国人结婚，取得A国籍，后来女子欲与其丈夫离婚而嫁给另一国人D。但是依A国法，离婚是不被允许的。该女子为达到离婚的目的，便只身到B国，取得了B国国籍。依B国法，离婚是允许的，因此该女子在B国取得了离婚判决，然后到C国与D结婚。在此案中，规避行为主体为该女子，从主观上看，规避法律是该女子有目的的行为；而且规避的对象是本应适用的对其不利的A国禁止性法律；从行为方式上看，是通过人为改变连结点即国籍的方式；从客观结果上看，该女子之规避行为已经完成，如果按其愿望行事，就要适用对其有利的法律，即她可以离婚，然后再结婚。

七、案例分析题

1. **答案**：国际私法中的识别，也称定性或分类，是指对与案件有关的事实从法律上对其性质作出确定，即对案件性质作出定性或分类，从而确定应适用哪一个冲突规则的法律认识过程。它包括两方面的含义：一是正确地解释法律规范；二是正确解释有关事实的法律性质。例如，确定某一法规是刑事性质的还是民事性质的；某一行为是侵权行为还是违约行为；等等。本案中，适用波兰法律或适用法国法律将导致两种不同的判决结果。选择哪个国家的法律是本案的关键。解决这个问题首先要对波兰法律的性质进行分析判断，如果将波兰法归为继承法的一部分，则杰克夫人的请求没有根据，因为根据法国冲突法，不动产的继承依物之所在地法即法国法律。如果将波兰法归为婚姻财产法，则杰克夫人的诉讼请求成立，因为根据法国冲突法，婚姻财产应该依婚姻所在地法即波兰法律。

2. **答案**：我国法院应适用我国法律审理此案。

在我国人民法院通过各种途径均不能查明本案适用的法律——巴拿马国法律的内容时，可以参照我国相应的法律处理。

当冲突规则指引适用外国法时，就涉及关于外国法的查明问题。外国法内容的查明，又称外国法内容的确定，是指一国法院根据本国冲突规范指定作为准据法的某一外国法时，对该外国法的具体内容应如何确定适用。

“法官知法”是一句古老的谚语，但事实上，各国法律千差万别，法官不可能了解世界各国的法律。当冲突规范指定某个涉外民事案件的准据法为某外国法时，而法院和法官又不了解该国法律的具体规定的条件下，就需要通过合法的途径和方法，查明、确定该外国法的内容。

外国法的查明方法大体有三类：

(1) 当事人举证证明。他们把外国法不是看作法院应主动适用的法律，而是视为当事人引用来证明自己主张的事实。外国法中有无相关规定及其内容如何，须由当事人举证说明，法官没有依职权查明的义务。

(2) 法官依职权查明，无须当事人举证。他们把外国法看作法律，认为法官应该知道法律，主张由法官负责调查认定，无须当事人负举证的义务。

(3) 法官依职权查明，但当事人亦负有协助的义务。这种做法更重视法官的调查，对当事人的证据既可以确认，也可以限制或拒绝。

在一国法院不能查明冲突规范应适用的外国法的内容的情况下，处理方法有两种：第一种是驳回当事人的诉讼请求或抗辩。这一做法源于把外国法看作“事实”的理论。当事人的诉讼主张所依据的事实，外国法不能查明，则其诉讼请求不能成立。第二种是适用法院地法。是大多数国家所采取的办法。采用这一办法所依据的理由各不相同。

有的认为外国法既然不能查明，法院地法是法官最熟悉的法律，也是唯一可以适用的法律。有的认为既然外国法不能查明，则应推定外国法与法院地法相同。

在适用的法律为外国法时，人民法院如果不能确定其内容，可以通过下列途径查明：

（1）由当事人提供；

（2）由我国驻该国使、领馆提供；

（3）由该国驻我国使、领馆提供；

（4）由中外法律专家提供。

通过上述途径仍不能查明的，可以参照我国相应的法律处理。

在本案中，合同双方当事人约定适用巴拿马法，法院不了解巴拿马的有关法律，而巴拿马与我国未建立外交关系，当事人也不能提供。在我国人民法院通过各种途径均不能查明巴拿马国家有关法律的基础上，我国法院适用我国法律审理了此案。

3. 答案：本案中应以瑞士法作为准据法，这种情况叫反致。所谓反致，是指对于某一法律关系，依法院国冲突法规定，去援用某一外国法作为准据法时，而依据该外国法的规定，却应适用法院国的法律作为准据法，结果法院国根据自己国家的法律判决案件。

对于反致制度，在理论界向来褒贬不一，有的赞成，有的反对，且各有其理。但由于反致制度的采纳，最终扩大了法院所在地国家法律的适用范围，因而在实践中被大多数国家予以采纳。

第九章　民事权利能力和民事行为能力的法律冲突法

基础知识图解

- 民事权利能力和民事行为能力的法律冲突法
  - 自然人民事权利能力的法律适用
    - 民事权利能力的法律冲突
    - 民事权利能力的法律适用规则
      - 适用有关法律关系准据法所属国的法律
      - 法院地法
      - 当事人的属人法
    - 涉外失踪和死亡宣告的管辖权与法律适用
  - 自然人民事行为能力的法律适用
    - 民事行为能力的法律冲突表现：法定的成年年龄规定不同、
    - 禁治产制度不同法律适用规则
    - 禁治产宣告的管辖权与法律适用
  - 法人民事权利能力和民事行为能力的法律适用

配套测试

一、单项选择题

1. 经常居所在广州的西班牙公民贝克，在服务器位于西班牙的某网络论坛上发帖诽谤经常居所在新加坡的中国公民王某。现王某将贝克诉至广州某法院，要求其承担侵害名誉权的责任。关于该纠纷的法律适用，下列哪一选项是正确的？（　　）（司考 2017. 1. 35）

A. 侵权人是西班牙公民，应适用西班牙法

B. 被侵权人的经常居所在新加坡，应适用新加坡法

C. 被侵权人是中国公民，应适用中国法

D. 论坛服务器在西班牙，应适用西班牙法

2. 甲国科恩公司依照乙国法律全额投资设立了方尔同公司，方尔同公司在丙国从事经营活动中与麦路公司发生纠纷，并被诉到我国法院。我国法院确定方尔同公司的民事行为能力时依据的应该是哪国法律？（　　）

A. 甲国法律

B. 乙国法律

C. 同时适用甲国法律和乙国法律

D. 适用我国法律

3. 甲是某外国公民，该外国的法律规定，自然人具有完全民事行为能力的年龄是 22 周岁，甲到我国境内考察时，年龄为 20 周岁，并且与国内某个企业签订了大米进出口合同，后来甲以其不符合其本国法律有关完全民事行为能力年龄的规定，拒绝履行合同。国内一方当事人向我国人民法院起诉，法院应该如何处理该案件？（　　）

A. 法院应该适用我国法律的规定来处理甲的行为能力问题，认定其没有民事行为能力

B. 法院应该适用我国法律的规定来处理甲的行为能力问题，认定其有民事行为能力

C. 法院应该适用该外国的法律来处理甲的行为能力问题，认定其没有民事行为能力

D. 法院应该从有利于保护我国当事人利益的角度出发，选择适用我国法律的规定和该外国法律的规定，认定甲有民事行为能力

4. 法国人甲与美籍华人乙在北京相识，于 2011 年在美国举行婚礼。婚后甲随夫定居北京并申请放弃法国国籍，于 2012 年 11 月 20 日获得批准后，向中国有关部门申请加入中国国籍，至今未获得批准。根据我国有关法律规定，自 2012 年 11 月 20 日以后，甲的民事行为能力应适用（　　）。

A. 中国法律

B. 民事行为发生地国的法律

C. 法国法律

D. 美国法律

5. 行为地法原则主要适用的领域是（　　）。

A. 民事行为方式

B. 行为人的民事权利能力

C. 行为人的民事行为能力

D. 行为人的民事行为效果

6. 甲国 A 公司和乙国 B 公司共同出资组建了 C 公司，C 公司注册地和主营业地均在乙国，同时在甲国、乙国和中国设有分支机构，现涉及中国某项业务诉诸中国某法院。根据我国相关法律规定，该公司的民事行为能力应当适用哪国法律？（　　）（司考 2011. 1. 36）

A. 甲国法

B. 乙国法

C. 中国法

D. 乙国法或者中国法

7. 甲国公民琼斯的经常居住地在乙国，其在中国居留期间，因合同纠纷在中国法院参与民事诉讼。关于琼斯的民事能力的法律适用，下列哪一选项是正确的？（　　）（司考 2012. 1. 35）

A. 民事权利能力适用甲国法

B. 民事权利能力适用中国法

C. 民事行为能力应重叠适用甲国法和中国法

D. 依照乙国法琼斯为无民事行为能力，依照中国法为有民事行为能力的，其民事行为能力适用中国法

8. 经常居所同在上海的越南公民阮某与中国公民李某结伴乘新加坡籍客轮从新加坡到印度游玩。客轮在公海遇风暴沉没，两人失踪。现两人亲属在上海某法院起诉，请求宣告两人失踪。依中国法律规定，下列哪一选项是正确的？（司考 2016. 1. 35）（　　）

A. 宣告两人失踪，均应适用中国法

B. 宣告阮某失踪，可适用中国法或越南法

C. 宣告李某失踪，可适用中国法或新加坡法

D. 宣告阮某与李某失踪，应分别适用越南法与中国法

二、名词解释

1. 生理死亡

2. 推定存活

3. 宣告失踪

4. 宣告死亡

三、简答题

1. 简述自然人民事权利能力的法律适用。

2. 简述涉外失踪和死亡宣告的管辖权与法律适用。

3. 简述禁治产宣告的管辖权与法律适用。

四、论述题

1. 论属人法原则。

2. 试述自然人民事行为能力的准据法确定。

五、案例分析题

F 国布朗特先生于 2015 年 10 月，与我国某企业签订合同，联合开发某地天然气。合同约定以 F 国为其准据法。后因布朗特违约而发生纠纷，并诉至我国某法院。布朗特称：人的民事行为能力应当适用当事人的属人法，本人 19 岁，按 F 国法律属无民事行为能力人，因而原订合同是无效的。

问题：布朗特签订该合同的民事行为能力应如何认定？

参考答案

一、单项选择题

1. **答案**：B。《涉外民事关系法律适用法》第 46 条规定：“通过网络或者采用其他方式侵害姓名权、肖像权、名誉权、隐私权等人格权的，适用被侵权人经常居所地法律。”本题被侵权人王某经常居所地为新加坡，应适

用新加坡法。故B正确。

2. **答案**：B。根据《涉外民事关系法律适用法》第14条的规定，法人的民事行为能力适用其登记注册地法。

3. **答案**：B。参见《涉外民事关系法律适用法》第12条。

4. **答案**：A。参见《涉外民事关系法律适用法》第12条。

5. **答案**：A。行为人的民事权利能力和民事行为能力一般适用属人法原则，只有民事行为方式适用行为地法原则。

6. **答案**：B。《涉外民事关系法律适用法》第14条规定，法人及其分支机构的民事权利能力、民事行为能力、组织机构、股东权利义务等事项，适用登记地法律。法人的主营业地与登记地不一致的，可以适用主营业地法律。法人的经常居所地，为其主营业地。故选B。

7. **答案**：D。根据《涉外民事关系法律适用法》第11条的规定，自然人的民事权利能力，适用经常居所地法律。乙国为琼斯的经常居住地，故其民事权利能力应适用乙国法。选项A、B错误。根据该法第12条的规定，自然人的民事行为能力，适用经常居所地法律。自然人从事民事活动，依照经常居所地法律为无民事行为能力，依照行为地法律为有民事行为能力的，适用行为地法律，但涉及婚姻家庭、继承的除外。故选项C错误，D正确。

8. **答案**：A。《涉外民事关系法律适用法》第13条规定："宣告失踪或者宣告死亡，适用自然人经常居所地法律。"越南公民阮某与中国公民李某的经常居所同在上海，因此二人的宣告失踪均应适用中国法。故A正确。

二、名词解释

1. **答案**：又称自然死亡或绝对死亡，是指自然人的生命最终结束的客观事实。自然死亡的原因多样，不管哪类发生，只要其生命终结，其民事权利能力就归于终止。

2. **答案**：公民自然死亡后，涉及婚姻关系的终止、遗产继承的开始、债务清偿等一系列问题，尤其是相互有继承关系的若干人在同一事件中死亡，且无法确定其死亡时间，而需要推定其死亡的先后时间，这对其继承人取得遗产的关系颇大，因此，不少国家就规定了推定存活制度。

3. **答案**：是指法院依法认定已经离开自己的住所没有任何消息满法定期间的公民失踪的法律制度。

4. **答案**：又称推定死亡，是指公民下落不明超过法律规定的时间，经利害关系人申请，由司法机关按照法定程序和方式宣告该公民死亡的一种法律推定制度。宣告死亡可以引起与生理死亡同样的法律后果。

三、简答题

1. **答案**：对于自然人民事权利能力的法律适用问题，根据各国的立法和司法实践，大致有三种做法：（1）适用有关法律关系准据法所属国的法律。这种做法是将权利能力附属于特定的涉外民事法律关系，即特定的涉外民事法律关系应适用的准据法，同时又是该法律关系各方当事人权利能力的准据法。这种做法忽视了权利能力问题的相对独立性，采用的国家很少。（2）适用法院地法。这种做法的理由是，自然人的权利能力涉及法院地国的公共利益，关系到法院地国法律的基本原则。采用这种方法的国家很少。（3）适用当事人的属人法。这已成为一项公认的原则，为大多数国家所采用。

2. **答案**：（1）对于管辖权问题有三种主张，一是认为应由当事人国籍国管辖，这是因为个人的权利能力的开始与终止只能由他的国籍国法律来决定。二是主张应由他的住所地国宣告。因为这是失踪人的住所地国的公共秩序和利益所需要的。三是主张失踪或死亡宣告的管辖权原则上属于失踪者本国法院，但在一定条件下和一定范围内，可由其住所地国或居所地国管辖。（2）关于法律适用主要有以下几种主张：第一，适用失踪人的本国法。理由是自然人的权利能力依其本国法，已是国际私法上公认的原则，失踪或死亡宣告自应遵从这一原则。第二，适用失踪人住所地法，如秘鲁。第三，原则上适用失踪人本国法，但内国法院对失踪或死亡宣告有管辖权时适用法院地法，如波兰。第四，原则上适用失踪人本国法，但涉及在内国的不动产时例外，如泰国。第五，原则上适用失踪人本国法，但失踪外国人在内国有财产及应依内国法的法律关系，适用内国法。总的来说，对于涉外失踪宣告或死亡宣告案件，管辖权问题和法律适用问题紧密联系在一起。从实务上看，各国法院在对外国人作死亡宣告或失踪宣告时，一般都适用内国法。

3. **答案**：（1）对于禁治产宣告的管辖权，主要有两种主张：第一，只能由被宣告禁治产者的本国法院管辖；第二，也可以由被宣告禁治产者的居住地国家的法院管辖。在实践中，为了被宣告禁治产者个人利益和社会交易的安全，多数国家倾向于第二种主张，即原则上由本国法院管辖，但为了兼顾住所地或行为地交易的安全，也允许居住地国法院管辖。(2) 关于禁治产宣告的法律适用，各国立法里有以下几种不同做法：一是着重对禁治产人本身利益的保护，依被宣告人的本国法；二是着重对内国人及内国利益的保护，依法院地法；三是依被宣告人本国法及法院地法。

四、论述题

1. **答案**：属人法是指以当事人的国籍、住所或者居所作为连结点的系属公式，主要用于解决有关人的能力、身份、婚姻家庭和财产继承等方面的法律冲突原则。属人法在传统上有两种不同的主要原则：一种是本国法原则，即以当事人的国籍作为其属人法的连结点；另一种就是住所地法原则，即以当事人的住所地作为其属人法的连结点。采用本国法原则的多为大陆法系的国家，而采用住所地法原则的多为英美法系的国家。这两种原则谁优谁劣的争论存在多年，不同国家采用哪一种原则，原因也是多方面的，其中有两点最为重要：一是人口的进出，二是法域的构成。人口大量外移的国家倾向于采用本国法原则，有大量移民涌入的国家多采用住所地法的原则。一国有不同法域（即不同地域实行不同的民商法制度）存在的时候，则一般倾向于采用住所地法原则。随着国际交往的发展，一些国家的立法以及国际条约开始把当事人的惯常居所地也作为其属人法的连结点。这是属人法方面的本国法原则与住所地法原则的一种调和。其实，采用本国法原则的国家有一些在近年来也已经出现松动迹象，开始在某些方面兼采用或者改用住所地法，以便立法更加符合实际需要。

2. **答案**：自然人的民事行为能力是指行为人通过自己的行为取得民事权利和承担民事义务的能力，是自然人能独立为有效行为的资格。由于国际上关于成年年龄和禁治产制度的规定不同，在国际民事交往中，自然人民事行为能力的法律冲突现象便不可能避免。对于这种法律冲突，国际上通行的原则是依当事人的属人法。

　　但是随着国际商业交往的繁荣，为求经济关系的稳定，国际上对自然人的民事行为能力依其属人法的原则在使用中形成一些限制，或者说是例外：①依属人法无民事行为能力而依行为地法有民事行为能力者，视为有民事行为能力；②对不动产的民事行为能力适用不动产所在地法律。对成年人作禁治产宣告，须经利害关系人的申请，由法院依法定程序进行。因此，关于被宣告人民事行为能力问题涉及管辖权和法律适用的问题。对此，多数国家既着眼于保护被宣告人的利益，又着眼于保护国内的公共利益，规定原则上由被宣告人本国法院管辖并适用其属人法，但为了兼顾其居住地的利益，也在一定条件下允许居住地的法院管辖并适用居住地法律或当事人的属人法。

　　我国关于自然人民事行为能力准据法的确认：①自然人的民事行为能力，适用经常居所地法律。②自然人从事民事活动，依照经常居所地法律为无民事行为能力，依照行为地法律为有民事行为能力的，适用行为地法律。③无国籍人或国籍不明人的民事行为能力，一般适用其经常居所地法律。

五、案例分析题

答案：自然人的民事行为能力，一般情况下，应依其属人法。为了保护相对人或第三人不致因不明对方属人法的规定而蒙受损失，保护商业活动的稳定与安全，大多数国家规定，有关商务活动当事人的民事行为能力也可适用商业行为地法，亦即商业活动当事人如依其属人法无民事行为能力而依商业行为地法有民事行为能力，则应认为有民事行为能力。《涉外民事关系法律适用法》中明确指出，外国人在我国领域内进行民事活动，如依其本国法律为无民事行为能力，而依我国法律为有民事行为能力，应当认定有民事行为能力。因而，本案中布朗特的理由是不成立的，应认定其有民事行为能力。

第十章　法律行为、代理和时效的法律冲突法

基础知识图解

- 法律行为、代理和时效的法律冲突法
  - 法律行为
    - 法律行为的成立与生效：一般成立与生效要件、特殊成立与生效要件即法律行为的方式
    - 法律行为方式的法律适用
  - 代理
    - 概念
    - 代理的法律冲突
    - 代理的法律适用：内部关系、外部关系、代理权
    - 中国有关涉外代理法律适用的规定
  - 时效
    - 时效及其法律冲突
    - 时效的法律适用：大陆法系、英美法系、国际公约
    - 中国有关时效法律适用的规定：依涉外民事法律关系的准据法确定

配套测试

一、单项选择题

1. 我国关于涉外代理权的法律适用，最主要的法律适用方法是适用（　　）。

A. 代理适用代理行为地法

B. 主要合同的准据法

C. 代理人住所地法

D. 第三人营业地法

2. 根据我国法律规定，本人与代理人的关系，应适用（　　）。

A. 本人的属人法

B. 代理人的属人法

C. 代理关系发生地法律

D. 最密切联系原则

3. 依照我国的法律，涉外民事诉讼法律关系的诉讼时效，应当依照下列哪一判断确定？（　　）

A. 法院地法

B. 原告住所地法

C. 被告住所地法

D. 冲突规范确定的民事法律关系的准据法

4. 关于法律行为形式要件的准据法，目前国际上的立法趋势是（　　）。

A. 适用行为地法

B. 适用当事人的属人法

C. 适用法院地法

D. 依尽量使之有效的原则，选择适用多种规范

二、不定项选择题

中国甲公司与英国乙公司签订一份商事合同，约定合同纠纷适用英国法。合同纠纷发生 4 年后，乙公司将甲公司诉至某人民法院。英国关于合同纠纷的诉讼时效为 6 年。关于本案的法律适用，下列哪些选项是正确的？（　　）（司考 2017. 1. 79）

A. 本案的诉讼时效应适用中国法

B. 本案的实体问题应适用英国法

C. 本案的诉讼时效与实体问题均应适用英国法

D. 本案的诉讼时效应适用中国法，实体问题应适用英国法

三、名词解释

1. 法律行为
2. 国际私法上的代理
3. 委任合同
4. 时效

四、简答题

1. 简述法律行为的法律适用。
2. 简述时效问题的法律适用及我国的有关规定。

五、论述题

论代理的法律适用。

参考答案

一、单项选择题

1. **答案**：A。《涉外民事关系法律适用法》第16条规定，代理适用代理行为地法律，但被代理人与代理人的民事关系，适用代理关系发生地法律。当事人可以协议选择委托代理适用的法律。
2. **答案**：C。参见《涉外民事关系法律适用法》第16条。
3. **答案**：D。本题考查涉外民事诉讼法律关系的诉讼时效的法律适用。根据《涉外民事关系法律适用法》第7条的规定，本题应选D项。
4. **答案**：D。关于法律行为形式要件的准据法，各国立法和学说主要有：(1) 根据“场所支配行为”原则，适用行为地法。(2) 选择适用法律行为本身的准据法和行为地法。(3) 依尽量使之有效的原则，选择适用多种规范。其中第三种方法是目前的立法趋势。

二、不定项选择题

答案：BC。《涉外民事关系法律适用法》第7条规定：“诉讼时效，适用相关涉外民事关系应当适用的法律。”《涉外民事关系法律适用法》第41条规定，当事人可以协议选择合同适用的法律。本题中，中国甲公司与英国乙公司约定合同纠纷适用英国法，因此该案的诉讼时效与实体问题均应适用英国法。故B、C正确，A、D错误。

三、名词解释

1. **答案**：民事法律行为是指民事主体以设立、变更或终止民事权利义务为目的，以意思表示为要素的一种法律事实。它是个人创设法律关系的最主要方式，法律行为的特征是：(1) 是以行为人的意思表示为基本特征的行为；(2) 是指设立、变更、终止民商事权利和义务的行为；(3) 是一种合法的行为。
2. **答案**：国际私法上的代理，是具有涉外因素或国际因素的代理，又称为涉外代理或国际代理。因此，除了具有一般代理的共同特征以外，国际代理还具有涉外性即国际性，一般表现为：代理人与被代理人具有不同的国籍或住所；代理人与第三人具有不同国籍或住所；代理行为在另一个国家或地区实施；等等。
3. **答案**：指本人与代理人之间的合同，它调整本人与代理人之间的内部关系。
4. **答案**：是指一定的事实状态持续存在一定时间后即发生一定法律后果的法律制度。在民法上，时效依其构成要件和法律后果的不同，可以分为两类：一是因占有他人财产持续达到一定时间（即法律规定的期间），即发生取得财产权的法律后果的，称为取得时效或占有时效；二是因权利人不行使权利持续到一定时间，即发生权利消灭或财产权不受法律保护的后果的，称为消灭时效。

四、简答题

1. **答案**：(1) 法律行为的实质要件准据法的确定是依国际私法关系的不同性质和种类，以及调整各类关系的规范的不同特点分别确定的，因此可以说没有什么统一的规则可言。(2) 关于法律行为形式要件的法律适用，各国立法及学说主要采取以下几种方法确定：第一，根据“场所支配行为”原则，适用行为地法。从当前国际私法立法实践来看，绝对采取行为地法主义者有日渐减少的趋势，各国倾向于认为“场所支配行为”原则是任意性规范，多采选择适用。第二，选择适用法律行为本身的准据法或行为地法。其中，有的国家以法律关系本身的准据法为主，以行为地法为辅，如德国。有的国家以行为地法为主，而以法律行为本身的准据法为辅。第三，依尽量使之有效的原则，选择适用多种规范。基于尽量使法律行为有效成立的基本政策，普遍放弃了对法律行为方式的严格要求。表现在法律行为的法律适用上，则是对冲突规范进行软化处理或规定复数连结点以增加可选性的立法趋势，如选择实质要件的准据法、行为地法、属人法等。

2. 答案：(1) 关于时效的识别问题，基本上有两种观点，即第一，认为时效属于实体法事项；第二，认为时效属于程序法事项。(2) 时效的准据法与其识别密切相关。大陆法系国家认为时效问题为实体法问题，因而应适用案件的准据法，即时效所属民事法律关系的准据法。如匈牙利、波兰等国。英美普通法系国家原来由于坚持时效为程序问题，因而主张适用法院地法，并借此作为排除外国法适用的手段。不过随着这些国家对时效问题的态度转变，它们也倾向于对时效问题适用案件准据法。(3) 除上述规则外，还有一些国内立法和国际公约对时效的法律冲突，采取区分取得时效和消灭时效，分别适用不同准据法的方法来解决。即对于取得时效，无论是动产还是不动产，均适用财产所在地法；对于消灭时效，又区分为对人诉讼和对物诉讼，分别适用不同准据法。(4) 从《涉外民事关系法律适用法》第7条规定看，我国司法实践对时效问题是依涉外民事关系的准据法确定的。

五、论述题

答案：(1) 被代理人与代理人的关系的法律适用

被代理人与代理人的关系，也即代理权关系，其准据法应依产生代理权的原因分别确定。如在法定代理中，代理人因与被代理人具有身份关系（如监护）而被法律赋予代理权，这时，代理权关系应依身份关系的准据法。在意定代理中，如果仅从代理权源于合同这一角度来分析，应依照合同冲突法原则来决定代理权关系的准据法。

关于合同的法律适用，现今多采用当事人意思自治原则，因而支配本人与代理人间权利义务关系的准据法，也当首先由当事人约定。在当事人未选择委托合同的准据法时，关于如何确定应适用的法律，各国立法主要有以下几种做法和主张：①适用代理关系成立地法；②适用代理人为代理行为地法；③适用代理人住所地法或营业地法；④适用代理合同的重心地法或最密切联系地法。

(2) 被代理人与第三人关系的法律适用

本人与第三人的关系，即代理效果关系，实际上就是代理人与第三人所为的法律行为是否拘束本人的问题。

一般而言，若本人就代理人与第三人所缔结的契约应负责，必须满足两个前提条件：一是代理人有权拘束本人（即能证明代理权存在）；二是代理人与第三人订立的合同（以下简称主要合同）有效。适用什么法律来判定代理人是否有权拘束本人，它与主要合同的准据法不一定一致。

确定代理权是否存在的准据法的适用范围，通常包括：①代理人是否享有代理权或表见代理权；②代理权能否撤回；③代理权若能撤回，是否已有效撤回等问题。

关于代理人是否有权拘束本人所应适用的法律，各国采取的原则有：①适用本人住所地法或调整本人与代理人内部关系的法律；②适用主要合同准据法；③适用代理人为代理行为地法。

(3) 代理人与第三人关系的法律适用

在通常情况下，就代理人与第三人的关系而言，代理人在代理行为完成后，即退居合同之外，与第三人并不存在权利义务关系。但是，如果代理人的行为构成对第三人的侵权时，则应按照侵权行为准据法的规定来确定代理人的责任。

【参考资料】 李双元、欧福永主编：《国际私法》，北京大学出版社2022年版，第192~194页。

第十一章　物权、信托的法律冲突法

基础知识图解

- 物权、信托的法律冲突法
  - 不动产物权与动产物权
  - 船舶物权与民用航空器物权
  - 有价证券与权利质权
  - 信托
    - 概念和法律冲突
    - 涉外信托关系的法律适用：信托的有效性、信托财产的管理
    - 《关于信托的法律适用及其承认的公约》
      - 适用范围
      - 信托准据法的确定
      - 准据法的适用范围
      - 信托的承认
      - 公约适用的其他问题

配套测试

一、单项选择题

1. 根据《涉外民事关系法律适用法》的规定，运输途中的物权发生变更应适用（　　）。

A. 如当事人没有选择，适用运输目的地法

B. 物之所在地法

C. 旗国法

D. 法院地法

2. 物之所在地法不适用于（　　）。

A. 动产与不动产的识别

B. 物权客体的范围

C. 运送中的物品的物权关系

D. 物权的保护方法

3. 甲国一马戏团带着动物明星小狗皮皮来中国演出，因管理人员看管不力，小狗皮皮逃脱被中国公民王某抓获，王某在中国将小狗皮皮卖给甲国公民莉莉。现甲国马戏团在中国某法院起诉，要求莉莉归还小狗皮皮。根据《涉外民事关系法律适用法》，我国法院应如何认定本案动产物权的法律适用？（　　）

A. 若当事双方协议选择乙国法，法院应不予适用

B. 应当适用双方共同国籍国的甲国法

C. 应当适用中国法或甲国法

D. 应当适用中国法

二、多项选择题

1. 新加坡公民王颖与顺捷国际信托公司在北京签订协议，将其在中国的财产交由该公司管理，并指定受益人为其幼子李力。在管理信托财产的过程中，王颖与顺捷国际信托公司发生纠纷，并诉至某人民法院。关于该信托纠纷的法律适用，下列哪些选项是正确的？（　　）（司考 2017. 1. 77）

A. 双方可协议选择适用瑞士法

B. 双方可协议选择适用新加坡法

C. 如双方未选择法律，法院应适用中国法

D. 如双方未选择法律，法院应在中国法与新加坡法中选择适用有利于保护李力利益的法律

2. 根据我国相关法律的规定，关于涉及物权的

法律适用，下列表述中错误的有（　　）。
A. 不动产物权，适用不动产所在地法律
B. 船舶所有权的取得、转让和消灭，适用船旗国法律
C. 民用航空器所有权的取得、转让和消灭，适用法院所在地法律
D. 汇票、本票出票时的记载事项，适用付款地法律，支票出票时的记载事项，适用出票地法律

3. 国际私法中，物之所在地法通常是解决有关物权法律冲突的系属公式，其例外在于（　　）。
A. 外国国家财产
B. 船舶、飞机、汽车和其他运输工具
C. 运输途中的物品
D. 外国私人财产

三、不定项选择题

依据国际私法的理论和实践，物之所在地法的适用范围包括：（　　）
A. 动产与不动产的区分
B. 决定物权客体的范围
C. 决定物权的种类和内容
D. 决定物权的保护方法

四、名词解释

1. 物之所在地法（中国人民大学 2005 年考研真题）
2. 无体动产
3. 国有化
4. 信托
5. 复合破产制

五、简答题

1. 简述物权关系适用物之所在地法的理论根据。
2. 简述物之所在地法适用的例外。（武汉大学 2005 年考研真题）
3. 请回答动产与不动产物权在法律适用上的异同。
4. 我国关于物权的冲突法规则？

六、论述题

1. 试述《关于信托的法律适用及其承认的公约》的基本内容。
2. 论国际私法中“权利财产”的法律适用问题。

参考答案

一、单项选择题

1. **答案**：A。《涉外民事关系法律适用法》第 38 条。
2. **答案**：C。运送中的物品的物权关系不适用物之所在地法。
3. **答案**：D。《涉外民事关系法律适用法》第 37 条规定：“当事人可以协议选择动产物权适用的法律。当事人没有选择的，适用法律事实发生时动产所在地法律。”据此，有协议的协议优先，若双方当事人协议选择乙国法，法院应当适用乙国法，故 A 项错误。事实上，本案当事人双方没有协议选择动产物权适用的法律，那么应适用哪国法？根据上述规定，当事人没有选择的，适用法律事实发生时动产所在地法律。关键在于“法律事实发生时动产所在地”的判定。注意，这里的法律事实指的是产生物权变动的法律事实。本案中，王某抓获小狗皮皮时，并不发生物权变动（拾得遗失物），在将小狗皮皮卖给莉莉时才产生了物权变动，买卖的地点在中国，因此应当适用中国法。故 B、C 项错误，D 项正确。

二、多项选择题

1. **答案**：ABC。《涉外民事关系法律适用法》第 17 条规定：“当事人可以协议选择信托适用的法律。当事人没有选择的，适用信托财产所在地法律或者信托关系发生地法律。”故 A、B、C 正确，D 错误。
2. **答案**：CD。民用航空器所有权的取得、转让和消灭适用航空器国籍登记地法；《票据法》第 97 条规定：“汇票、本票出票时的记载事项，适用出票地法律。支票出票时的记载事项，适用出票地法律，经当事人协议，

也可以适用付款地法律。”

3. **答案**：ABC。本题只有外国私人财产适用物之所在地法；外国国家财产适用国家豁免，船舶等运输工具一般适用登记注册地或旗国法；运输中的货物适用运输目的地或起运地等国家的法律。

三、不定项选择题

答案：ABCD。物之所在地法的适用范围主要包括5个方面，除以上4项之外还有决定物权的取得、转移、变更和消灭的方式及条件。

四、名词解释

1. **答案**：即物权关系客体物所在地的法律。目前在涉外关系中，物之所在地法律是最普遍适用的法律。物之所在地法原则的产生可追溯到十三四世纪的意大利。

2. **答案**：是与有体动产相对应的概念，它指不以实体形态存在的财产。可以分为以下几个方面：一是诉权，二是由一些文书所代表的，不仅可以交割而且在现代社会还可以作为独立物流通的权利。前者如产生于借贷或正常商事活动的债，后者如流通票据和股票。

3. **答案**：通常是指主权国家或政府依据本国法律，将某些原属私人（包括外国自然人和法人）所占有的财产和权利收归国有，由国家或它的机构加以控制和使用的一种法律措施。

4. **答案**：通常是指委托人将财产权转移于受托人，受托人依信托文件所定，为受益人或特定目的而管理或处分信托财产的法律关系。它是一种转移与管理财产的制度，起源于英美衡平法，后为大陆法系国家所采用，但两大法系在信托制度的不少方面如信托定义、信托财产权的构成、信托制度的内容、信托的生效要件等方面都存在差异。

5. **答案**：是指一国法院对某一债务人在一国宣告破产的事实并不能排除另一国法院再对同一债务人宣告破产。复合破产制主张，一国的破产宣告的效力只能及于宣告国域内，对位于其他国家的财产应当由当事人在有关国家分别提出破产申请，同时认为，如果原外国破产程序有重大错误，采取复合破产制就可以使内国法院有更正的可能；而且，复合破产制作为一项立法保护措施，当内国的债权人在外国的破产申请遭受挫折或在外国的破产程序中未受到公平待遇时，内国法院可以重新开始破产程序，以确保内国债权人的合理权利。但实行复合财产制也会存在一些困难。

五、简答题

1. **答案**：（1）主权说。该说认为，物权关系依物之所在地法是主权在法律适用方面的表现，如果在物权关系上适用外国法，主权将丧失其不可分割的性质。（2）法律关系本座说。该说认为物权关系之所以依物之所在地法，是因为物权关系的“本座”在标的物所在地，任何人要取得、占有、使用或处分某物，就必须委身于该物之所在地，并自愿受制于该地区所实施的法律。（3）利益需要说。该说认为，法律是为了集体利益而制定的，物权关系适用物之所在地法是“集体利益”和“全人类利益”的需要。（4）方便说和控制说。该说认为，不动产物权应适用所在地法的理由，一是所在地是第三人可以合理地寻求确定所有权的客观而易于确定的连结因素；二是所在地国对财产能进行控制，与所在地法的冲突的判决通常不能生效。

2. **答案**：物之所在地法适用的例外主要有以下几个方面：（1）运送中的物品的物权关系的法律适用。运送中的物品处于经常变换所在地的状态之中，难以确定到底以哪一所在地法来调整有关物权关系，而且即使能确定，把偶然与物品发生联系的国家的法律作为支配该物品命运的准据法也不合理。何况运送中的物品常常处于公海或公空，不受任何国家的法律支配。（2）船舶、飞行器等运输工具之物权关系的法律适用。国际上，一般主张有关船舶、飞行器等运输工具的物权关系适用登记注册地法或者旗国法或标志国法。（3）外国法人终止或解散时有关物权关系的法律适用。外国法人在自行终止或被其所属国解散时，其财产的清理和清理后的归属问题应依其属人法解决。(4) 遗产继承的法律适用。如继承依被继承人的属人法；区分动产和不动产，分别适用不同的法律，动产适用被继承人的属人法，不动产适用不动产所在地法。(5) 无体动产不以实物形态存在，如股份、诉权等，其所在地难以确定，因而其法律适用问题采用了与一般动产物权不同的规则。

3. 答案：首先，一般而言，不动产物权是以土地、房屋等不动产为客体的物权；而动产物权是以能移动的财产为客体的物权。动产物权与不动产物权在法律适用上的相同之处在于：首先，由于不动产物权的标的物是土地及定着物，它们都依附于一定的地点而不可移动，物之所在地对其具有很大程度的控制，因而国际上普遍承认和接受不动产物权适用物之所在地法，这也是国际上争执最少的规则。而动产物权之法律适用问题，虽然比较复杂，有属人法、所在地法、行为地法即支配转让行为的自体法等法律适用原则，但随着社会经济发展，动产种类增多，动产数目也增大，基于商业上便利的需要，现在的理论也是倾向于物之所在地法原则。在立法上，至19世纪末叶，许多国家的立法已抛弃了动产适用其属人法的原则，而适用动产所在地法原则。如日本1898年颁布的《日本法例》。总之，目前，物之所在地法原则已成为各国解决与动产有关的法律冲突的基本原则。

其次，在“物之所在地”的确定问题上各国有相似之处。物之所在地的确定，即对物之所在地的识别，是适用物之所在地法原则时首先需要解决的问题。对于物之所在地的确定应以何国法律为依据，在理论上有不同主张，但在实践中各国一般都以受理案件的法院地国的法律为依据来确定。

最后，在物之所在地法原则的适用范围上各国有相似之处。综观各国的立法、学说及司法实践，对于动产物权和不动产物权，物之所在地法原则主要适用范围相似，即适用于物权客体范围，物权的种类和内容，物权的取得、变更和消灭的方式和条件，物权的保护方法及对动产物权和不动产物权的划分。

动产物权和不动产物权在法律适用上的不同之处：首先，就动产物权和不动产物权的法律适用原则来说，虽然都趋向于“物之所在地法”，但动产物权的法律适用原则远比不动产复杂，这一方面表现为从中世纪意大利的法则区别说诞生至萨维尼倡导的19世纪的冲突法理论出现，动产物权各国普遍适用财产所有人属人法，直至19世纪末叶，才被许多国家放弃，转而采物之所在地法，更表现了动产物权法律适用原则的多元性，因为由于某些动产物权的特殊性，或者处于某种状态之中，在某些情况下，往往排除物之所在地法的适用，代之以其他的冲突规则，如对于运输中的物品，通常适用送达地法；对于船舶、飞机、汽车及其他运输机械，通常适用国旗国法或登记地国法；对于有价证券，则适用证券签发人营业机构所在地法。

其次，在“物之所在地”的确定问题上有所不同。由于不动产与其地点有着固定不变的联系，因此，对于不动产所在地的确定不产生任何困难，直接以其自然的、物理的存在地点为其所在地，但是动产的实际位置常常变化，就不会像不动产那样如此简单。在实践中，对动产所在地的确定，一般采取如下两种方法：一是在冲突规范中，对动产所在地加以时间上的界定，二是在冲突规范中，对一些特殊的动产物权关系的法律适用作例外规定，即不以物之所在地这一连结点为法律适用的根据，而以其他的连结点代替。

最后，在“物之所在地法”的适用范围上也有不同之处。对于不动产物权而言，物之所在地法不仅适用于上面提到的与动产物权适用范围相同的事项，还适用于不动产法律关系中当事人的民事行为能力，而动产物权中当事人的民事行为能力则受属人法支配。

4. 答案：涉外物权关系的法律适用问题是冲突法的重要内容。在我国涉外民事关系法律适用法中，关于涉外物权关系法律适用的规定独立成章，与关于债权、知识产权等民事权利的法律适用的规定相并列，且居于前。涉外物权关系法律适用问题的重要性主要是由以下两个因素决定的：首先，物权是一项至关重要的民事权利。物权法律制度直接维护国家基本的经济制度和经济秩序。其次，各国物权法差异较大，物权法律制度具有浓重的“本土色彩”。这是由各国的经济制度、历史和文化等差异造成的。因此，涉外物权关系适用哪国法律不仅影响当事人的民事权利，还对一国的经济制度和经济秩序产生巨大的影响，故物权关系的法律适用问题是各国国际私法都十分重视的重大问题。

物权客体为物，在法律上界定其范围和对其进行分类是涉外物权关系法律适用中首先要遇到的问题。大陆法系民法上的物与普通法系的财产大致相当，而大陆法系的财产概念较物的概念更大，财产权还包括债权等。各国法律关于民法上物的分类既有共同之处，又有较大差异。一般来说，物分为有体物和无体物，有体物包括不动产和动产。但在普通法系里，动产是指不动产以外的财产，既包括大陆法系的动产，还包括权利。按照《民法典》第115条的规定，权利也可以依照法律规定作为物权客体。因此，《民法典》所称的物实际上包括不动产、动产和特定的具有物权属性的权利。

由于各种物具有不同的特性，法律通常分别规定不动产物权、动产物权和权利物权的法律适用问题。《涉外民事关系法律适用法》也采用这一习惯，分别规定了不动产物权（第36条）、动产物权（第37、38条）和权利物权（第39、40条）。三类物权的法律适用规则各不相同，不动产物权适用不动产所在地法是比较普遍的规则，而各国法律关于动产物权和权利物权的法律适用规则有很大差异。

各种物权关系的具体法律适用规则虽然不同，但在适用范围上又具有共性。这是由物权的共性决定的。《民法典》第205条规定，因物的归属和利用产生的民事关系都适用物权编。据此，不论是动产、不动产，或者特定的权利，因其归属和利用而产生的涉外民事关系，包括物权的设立、变更、转让和消灭，都适用《涉外民事关系法律适用法》第五章。依照《民法典》第114条的规定，权利人依法对特定的物享有的直接支配和排他的权利都属于物权，物权包括所有权、用益物权和担保物权。因此，有关各类物的所有权、用益物权和担保物权的涉外争议亦都适用《涉外民事关系法律适用法》第五章的规定。

六、论述题

1. 答案：（1）公约于1985年由海牙国际私法会议通过。

（2）公约的适用范围。根据公约第2条规定，信托“指一个人，即委托人——在生者之间或因死亡——为受益人的利益或特定目的把财产置于受托人控制之下时，所产生的法律关系”。公约同时又强调，它只适用于自愿设立的且有书面文件证明的信托，但公约也允许成员国将公约的适用范围延伸适用于法定信托。公约不适用于以下事项，即有关遗嘱或将财产转移至受托人的其他行为的效力的先决问题和公约第二章确定的法律没有对有关信托种类作出规定的。

（3）信托的准据法。公约关于信托的准据法的确定主要是当事人意思自治原则。选择应是明示的，或者隐含在订立或书面证明信托的文件条款中，并且如果必要，是按照案件情况解释的。但是如果所选择的法律没有就有关信托或该种信托作出规定，则选择无效，而应适用最密切联系的法律。根据公约第7条的规定，在确定信托与其有最密切联系的法律时，应主要考虑以下几个方面：委托人指定的信托管理地，信托财产所在地，受托人的居所地或营业地，信托的目的以及实现信托目的的地方。

公约第8条明确规定，信托的准据法支配信托的有效性、成立和效力以及信托的管理。所以，尽管公约规定可分割部分可以受不同法律支配，但其出发点是所有这些问题都应受相同的法律支配。第8条进而规定了一些特别受准据法支配的事项，如受托人自己之间的权利义务，受托人投资的权利等。

(4) 信托的承认。按照公约确定的冲突规则而成立的信托应被各缔约国承认，这样的承认最低意味着信托构成独立的资金，受托人可以以受托人的能力起诉或被诉，而且可以以这种能力在公证人和任何代表官方能力的人面前出现或行为。在信托的准据法要求或有规定的范围内，这样的承认特别意味着受托人的个人债权人对信托财产无返还追偿权等。

(5) 公约还规定了强制规则和公共政策，作为对信托准据法和信托承认的共同限制。公约甚至允许法院适用其他有足够联系的国家的强制规则。

2. 答案：所谓“权利财产”指的是无体动产，通常可以将其分为两类，即进行诉讼的权利和由证书或书据所代表的不光能交付，而且在现代商业社会里，还可以作为有形实体而流通的权利，前者如普通的商业合同而发生的一笔债务，后者如流通票据、证券和股票等。

“权利财产”的法律适用问题属于物权法律适用的范畴。目前，无论是动产物权，还是不动产物权都倾向于适用物之所在地法。而在以物之所在地法调整物权关系时，首先需要解决如何确定物之所在地的问题。对于有体动产和不动产，各国的普遍实践是将物之所在地视为它们物理上的所在地；对于处在运动或运输过程中的特殊有体动产则或者采其注册国等作为其所在地，或者在冲突规范中对动产的所在地加以时间上的限定。对于权利财产，或是无体动产，其物之所在地的确定则比较困难，原则上说应认为其所在地是该财产能被追索或执行的地方。外国学者曾对各类权利财产的所在地确定问题做过归纳。他们认为：债，其所在地应被认为在债务人居住国：如为银行债务，其所在地应被认为在账户保存地所属国；政府依法令发行的债，其所在地在其登记地；判决确定之债，其所在地为判决存档地；流通票据及可通过交付转让的证券，其所在地为代表这种证券的票据现实所在地。因此，如该国法律规定，股票只有经登记才能作有效转让，则登记地为其所在地。根据契约或侵犯行为而发生的诉讼，其所在地为可就其提起诉讼的地方。对死者财产的利益，在实行将遗产交付给管理人或执行人管理的制度的国家，其所在地为管理人居住地，而在不实行这样制度的国家，即死者住所地。信托收益，其所在地为信托财产所在地或受托人居住地。合伙中的份额，其所在地为合伙业务执行地；如合伙在几个国家进行，则为其业务所在地；商誉，也是一种财产，在出售后，受让人不但享有该商誉，而且享有该商品，其所在地为商店所在地；专利权与商标权，其所在地为依决定此种权利产生的法律能作有效转让的地方。当然，这些确定方法只是英国法的观点，并非国际私法中的定论或一致看法。

从各国司法实践来看，对于权利财产的法律适用，基本上也接受了其所在地为财产或权利能被追索或执行的地方，如 1989 年生效的《瑞士联邦国际私法》第 106 条规定：商业证券上指定有所适用的法律的，适用该指定的法律。没有指定的，有关的问题适用证券签发人的营业机构所在地的法律。如果证券涉及某项动产物权的，有关物权适用调整证券的法律。与前面所述不同的是，其并不将“证券签发人的营业机构所在地”视为“商业证券”的物之所在地，然而体现的实质是一样的，就是权利财产适用权利或财产能被追索或执行的地方的法律。

第十二章　债权的法律冲突法

基础知识图解

- 债权的法律冲突法
  - 合同的法律适用
    - 合同准据法的确定方法：当事人意思自治、最密切联系原则与特征性履行方法、合同自体法
    - 合同的特殊方面及特殊合同的法律适用
    - 我国关于合同法律适用的实践：以意思自治原则为主，以最密切联系原则为补充
  - 侵权行为的法律适用
    - 一般原理
      - 侵权法律适用的理论与方法
      - 侵权法律适用的一般规则
      - 中国涉外侵权法律适用的一般规定
    - 特殊规则
      - 人格侵权的法律适用
      - 网络侵权的法律适用
      - 产品责任的法律适用
      - 污染侵权的法律适用
      - 航空侵权的法律适用
      - 道路交通事故侵权的法律适用

配套测试

一、单项选择题

1. 甲国科恩公司向乙国康纳公司购买一批钢材，双方签订了一份国际买卖合同，但是，合同中并没有准据法选择条款。现科恩公司以康纳公司没有按期交付钢材为由而在康纳公司营业所所在地的乙国法院提起诉讼，乙国法院依照特征性履行理论确定合同的准据法。那么，本案件应适用的准据法是什么？（　　）

A. 甲国法

B. 乙国法

C. 甲国法或乙国法

D. 1980 年《联合国国际货物销售合同公约》

2. 我国法律规定，涉外合同的当事人事先没有选择适用法律的，应当适用何地的法律?[①]（　　）

A. 合同签订地或合同履行地

B. 第三国

C. 适用履行义务最能体现该合同特征的一方当事人经常居所地法律或者其他与合同有最密切联系的法律

D. 合同标的物所在地

3. 李辉系中外合资某有限公司职工，因劳动报酬问题，与日方经理三本一郎发生争执，三本一郎趁李辉经过其办公楼下时，对准李辉掷下一物，致使李辉头部受重伤住进医院。李辉出院后，向中国法院提起诉讼，要求三本一郎赔偿医药费等费用。该案中，根据我国法律的规定，我国法院应适用的法律是（　　）。

① 编者注：在 2016 年司法考试卷一第 36 题中有所涉及。

A. 中国法和日本法都可以适用
B. 中国法或日本法都不适用
C. 适用中国法
D. 只能适用中国法

4. 德国人史蒂夫和英国商人约翰在中国郑州签订买卖当地小麦的合同，两人在合同中约定合同纠纷在法国巴黎依法国法仲裁。后两人在履行合同过程中发生争议，该案应适用的法律是（　　）。
A. 中国法　　B. 德国法
C. 英国法　　D. 法国法

5. 俄罗斯公民萨沙来华与中国公民韩某签订一份设备买卖合同。后因履约纠纷韩某将萨沙诉至中国某法院。经查，萨沙在中国境内没有可供扣押的财产，亦无居所；该套设备位于中国境内。关于本案的管辖权与法律适用，依中国法律规定，下列哪一选项是正确的？（　　）（司考 2016. 1. 38）
A. 中国法院没有管辖权
B. 韩某可在该套设备所在地或合同签订地法院起诉
C. 韩某只能在其住所地法院起诉
D. 萨沙与韩某只能选择适用中国法或俄罗斯法

6. 中国 X 公司与美国 Y 公司订立了一项出口电器合同，约定有关该合同争议的解决适用《美国统一商法典》。X 公司负责安排巴拿马籍货轮运输，并约定适用《海牙规则》。该批货物在中国港口装船时因操作失误使码头装卸设备与船舶发生了碰撞，导致船舶与部分货物的损失。依照我国有关法律，下列哪一选项是正确的？（　　）（司考 2006. 1. 40）
A. 该案应由中国该港口辖区中级人民法院管辖
B. 该案应由中国该港口辖区海事法院管辖
C. 出口合同的双方选择适用《美国统一商法典》的约定是无效的
D. 运输合同应当适用中国法

7. A 国在华留学生甲与 B 国在华留学生乙颇有积怨。乙在暑假期间回国度假，通过国际互联网致函甲在华就读的学校，称甲在暑假期间因车祸在 A 国丧生。暑假过后，甲返回学校，发现他已被注销学籍，并查明是因乙上述行为所致。甲遂向中国法院对乙提起诉讼。中国法院对案件的处理应适用何国的法律？（　　）
A. 中国法　　B. B 国法
C. 中国法或 A 国法　　D. 中国法或 B 国法

8. 甲乙均为俄罗斯公民。甲定居中国，乙定居韩国，双方在首尔订立了一借贷合同，其中约定有关该合同的争议由中国法院排他管辖，英国法律为合同准据法。后双方因执行该合同发生争议而诉至我国法院。关于该合同争议的诉讼时效所应适用的法律，下列哪一个选项是正确的？（　　）（司考 2005. 1. 35）
A. 当事人双方都是俄罗斯公民，该合同争议的诉讼时效应适用俄罗斯法律
B. 当事人在首尔订立合同，该合同争议的诉讼时效应适用韩国法律
C. 当事人选择英国法为合同准据法，该合同争议的诉讼时效应适用英国法律
D. 当事人选择由我国法院管辖，该合同争议的诉讼时效应适用我国法律

9. 下列选项哪个是各国立法和司法实践一般主张的有关涉外无因管理的准据法？（　　）
A. 财产所在地法
B. 管理人住所地法
C. 受管理人住所地法
D. 无因管理行为实施地法

10. 新加坡民用航空公司一架客机飞往印度尼西亚途中，因机上物体坠落使在公海上捕鱼的越南渔船受损。后该渔船开往中国港口修理，并就该飞机造成的损害赔偿诉诸我国法院。对于该案，依《民用航空法》规定，法院应适用下列哪个国家的法律？（　　）
A. 新加坡法律　　B. 印度尼西亚法律
C. 越南法律　　D. 中国法律

11. 最早规定当事人意思自治作为确定合同准据法首要原则的法律是（　　）。
A. 1804 年的《法国民法典》
B. 1865 年的《意大利民法典》
C. 1896 年的《德国民法施行法》
D. 1898 年的《日本法例》

12. “合同自体法”学说认为，合同首选适用（　　）。
A. 合同缔结地法律
B. 与合同有最密切联系的法律
C. 受理案件的法院所在地法律
D. 合同当事人双方约定的法律

13. 国际私法上的“侵权行为自体法”说是指对涉外侵权行为应适用（　　）。
A. 侵权案件双方当事人合意选择的法律
B. 与侵权案件有最密切联系的法律
C. 侵权行为地法律
D. 侵权案件双方当事人的共同住所地法律

14. 对《国际货物运输保险合同》的法律适用的选择权常在（　　）。
A. 合同的双方当事人
B. 保险人
C. 被保险人
D. 受理案件的法院

15. 沙特某公司在华招聘一名中国籍雇员张某。为规避中国法律关于劳动者权益保护的强制性规定，劳动合同约定排他性地适用菲律宾法。后因劳动合同产生纠纷，张某向中国法院提起诉讼。关于该劳动合同的法律适用，下列哪一选项是正确的？（　　）
A. 适用沙特法
B. 因涉及劳动者权益保护，直接适用中国的强制性规定
C. 在沙特法、中国法与菲律宾法中选择适用对张某最有利的法律
D. 适用菲律宾法

16. 法国人皮埃尔与主营业地在深圳的旭日公司签订劳动合同，并根据劳动合同被派往在尼日利亚的分公司工作。后皮埃尔被旭日公司解雇，诉至中国深圳某法院。法院应适用哪个国家的法律？（　　）
A. 法国法、中国法或尼日利亚法中对皮埃尔有利的法律
B. 法国法，因为皮埃尔为法国籍
C. 中国法，因为旭日公司主营业地在中国
D. 尼日利亚法，因皮埃尔工作地在尼日利亚

二、多项选择题

1. 我国消费者董某于2015年在沈阳某商场购买了一台按摩仪器，该电动按摩仪是英国康尼多公司在美国生产的，后由于该电动按摩仪发生故障，致使杨某腰部发生损伤。以下表述中正确的是哪些？（　　）
A. 中国是损害发生地
B. 中国是被侵权人经常居所地
C. 侵权行为地包括侵权行为实施地和侵权行为结果发生地
D. 我国法院必须适用中国法

2. 意思自治原则在适用过程中要受到一些限制，这些限制主要是（　　）。
A. 要受本应支配合同的法律中的强行法的限制
B. 当事人协议选择法律必须善意、合法
C. 要受当事人本国社会制度的限制
D. 当事人协议选择的法律不得违反公共秩序

3. 中国人王约翰在加拿大驾车时不慎撞伤了另一中国人罗杰克，两人未就损害赔偿额达成协议。回国之后，罗杰克在王约翰的住所地法院提起诉讼，要求后者赔偿100万元。对此该中国法院应适用的法律是（　　）。
A. 如两人协商适用加拿大法律，依其协议
B. 中国法律
C. 重叠适用中国法律和加拿大法律
D. 不予受理

4. 对于意思自治的限制，下列说法中正确的是（　　）。
A. 合同当事人选择法律不能违背法院地国的社会公共秩序
B. 毫无限制
C. 合同当事人选择的合同准据法，可以故意规避本应适用的法律
D. 合同当事人意思自治不得排除强行性法律的适用

5. 根据我国法律的规定，涉外合同当事人选择的合同所适用的法律可以是（　　）。
A. 中国法　　B. 外国法
C. 港澳地区的法律　　D. 冲突法

6. 根据我国法律的规定，涉外合同的当事人在选择合同所适用的法律时，必须是（　　）。
A. 中国法　　B. 双方协商一致
C. 明示的选择　　D. 默示的选择

7. 根据我国法律的规定，如果当事人未选择国际货物买卖合同的准据法，人民法院按照最密切联系原则确定该合同所应适用的法律是（　　）。
A. 一般适用合同订立时卖方营业所所在地法
B. 如果合同是在买方营业所所在地谈判并订立的，则适用合同订立时买方营业所所在地的法律
C. 如果合同主要是依买方确定的条件并应买方发出的招标订立的，则适用合同订立时买方营业所所在地的法律
D. 如果合同明确规定卖方须在买方营业所所在地履行交货义务的，则适用合同订立时买方营业所所在地的法律

8. 下列关于我国涉外合同的法律适用的说法中正确的有（　　）。
A. 涉外合同的当事人可以用明示或默示的方式选择处理合同争议所适用的法律
B. 中外合作勘探开发自然资源合同的当事人无权自由选择合同适用的法律
C. 当事人可以在订立合同时选择处理合同争议所适用的法律，也可以在争议发生后，受理案件的法院作出判决之前选择处理合同争议所适用的法律
D. 意思自治原则是我国涉外合同适用的首要原则

9. 设下列各公司所属国均为1980年《联合国国际货物销售合同公约》的缔结国，依公约的规定，下列哪几种情况适用公约？（　　）
A. 营业地位于中国的两个不同国家的公司订立的关于电视机的买卖合同
B. 营业地位于不同国家的两公司订立的补偿贸易合同，其中服务未构成供货方的绝大部分义务
C. 营业地位于不同国家的两公司关于食糖的贸易合同
D. 营业地位于不同国家的两公司订立的补偿贸易合同，其中服务构成了供货方的绝大部分义务

三、不定项选择题

1. 甲公司是一营业地在西安的中国公司，乙公司是一法国公司，并在瑞士设有分支机构。2016年甲公司与乙公司签订合同，由乙公司向甲公司提供一成套发电设备，并负责安装调试，由甲公司向乙公司支付货款和人员培训费用。合同约定履行期为2016年11月底。2016年7月，甲公司与乙公司又补充签订了一个违约及其他合同纠纷处理协议，约定当双方就合同发生争议时，按照瑞士法进行处理。

该合同中，双方是否可以约定合同争议按照瑞士法处理？（　　）
A. 可以　　B. 不可以

2. 我国某机械进出口公司与一法国中间商签订合同，合同约定由我国机械进出口公司提供一批机床，该法国中间商可将该机床再转售于北美地区。随后，在我国履行合同后，该法国中间商将该批机床部分转售给美国某公司，其余部分则转售于英国某公司。机床在进入美国、英国后，该两国的进口商均被起诉侵犯了各属美国、英国有效的专利权，法院均判令进口商向法国中间商追索，法国商人又向我国公司索赔。本案应如何处理？（　　）
A. 由我国公司承担全部损失
B. 由法国中间商承担全部损失
C. 由我国公司承担美国进口商的损失
D. 由法国中间商承担英国进口商的损失

四、名词解释

1. 特征性履行方法
2. 合同自体法
3. 侵权行为自体法理论（中国人民大学2009年考研真题）
4. 产品责任
5. 无因管理

五、简答题

1. 关于合同的法律适用主要存在哪些理论

分歧？

2. 关于无因管理的法律适用主要有哪些主张？

六、论述题

1. 结合互联网上跨国侵权，论国际私法在侵权领域中的冲突规范。
2. 论述我国侵权责任准据法。
3. 在解决国际合同法律适用问题上，如何具体运用最密切联系原则。（北京大学 2008 年、2002 年考研真题）
4. 试述我国涉外经济合同的适用法律。（中国人民大学 2005 年考研真题）
5. 举例说明国际合同法律适用的主观论与客观论及分割论与单一论。（中国政法大学 2013 年考研真题）

七、案例分析题

1. 一个法国人在法国向一家法国航运公司购买两张机票，把他的家属和行李从新加坡运往英国的伦敦。机票背面有这样一个条款：如果运输途中行李损失，该航运公司不负责任。事实是飞机到达伦敦后，发现行李丢失。该法国人向英国法院起诉航运公司，要求予以赔偿。按照英国的法律，机票背面的此种免责条款有效，而依法国法律此种条款属无效。双方当事人没有选择争议所适用的法律。

   问题：请根据最密切联系原则，分析该案应适用哪国法？结果怎样？

2. 甲国公司与乙国公司订立了一项大豆买卖合同，由甲国公司以 FOB 甲国港口条件向乙国公司运交 1000 袋一等大豆。当乙国公司收货时发现其中 300 袋大豆是三等品，另有 300 袋在海运途中被海水毁坏。因乙国公司急需这批大豆，接受了货物，并立即将货物的不良状况通知了甲国公司。假如合同规定适用《联合国国际货物销售合同公约》，请根据该公约的规定，分析乙国是否有权宣布合同无效？是否有权要求甲国公司对有缺陷的 300 袋大豆及在海运途中受到损害的 300 袋大豆进行损害赔偿？

3. 假设在我国某外资企业工作的甲国公民 A 和乙国公民 B 签订了一项赠与合同，合同规定 A 赠送给 B 价值 200 万元人民币的钻石戒指一只。但条件是 B 必须和 A 共同在该外资企业工作 10 年，并且在 10 年内 B 不得与他人结婚，否则 A 可收回赠送的钻石戒指。双方明示选择甲国法作为该赠与合同的准据法，而依甲国法该附条件的赠与合同是有效的。三年后 B 与他人结婚，A 欲讨回钻石戒指不成，诉之中国法院。

   问题：中国法院对该合同纠纷是否有管辖权？为什么？

   当事人是否可以对该合同的法律适用作出约定？为什么？

   该合同当事人约定适用甲国法是否有效？为什么？

4. X 在中国北京驾车撞伤 Y。请回答下列问题：

   假设一：X 为法国人，Y 为中国人，Y 在中国法院对 X 提起损害赔偿请求。问：中国法院应如何适用法律解决纠纷？为什么？

   假设二：X 与 Y 均为法国人，Y 在中国法院对 X 提起损害赔偿的诉讼请求。问：中国法院应适用何国法律解决纠纷？为什么？

   假设三：X 为法国人，Y 为中国人，X 撞伤 Y 的同时，还使另一法国人 Z 受伤，Y、Z 在有管辖权的同一中国法院对 X 提起损害赔偿的诉讼请求。问：中国法院应适用何国法律确定 X 对 Y 和 Z 的损害赔偿责任？请你对以下三种主张分别作出肯定或否定的答案，并说明理由：

   A. 均适用中国法。

   B. 均适用法国法。

   C. X 对 Y 的赔偿责任适用中国法；对 Z 的赔偿责任适用法国法。

参考答案

一、单项选择题

1. **答案**：B。按照特征性履行理论，应适用货物买卖合同中卖方营业所所在地国家的法律。
2. **答案**：C。《涉外民事关系法律适用法》第 41 条规定，当事人可以协议选择合同适用的法律。当事人没有选择的，适用履行义务最能体现该合同特征的一方当事人经常居所地法律或者其他与该合同有最密切联系的法律。

3. **答案**：C。《涉外民事关系法律适用法》第44条规定，侵权责任，适用侵权行为地法律，但当事人有共同经常居所地的，适用共同经常居所地法律。侵权行为发生后，当事人协议选择适用法律的，按照其协议。

4. **答案**：D。参见《涉外民事关系法律适用法》第41条。

5. **答案**：B。《涉外民事关系法律适用法》第41条规定："当事人可以协议选择合同适用的法律。当事人没有选择的，适用履行义务最能体现该合同特征的一方当事人经常居所地法律或者其他与该合同有最密切联系的法律。"本案的合同的签订地和标的物所在地都在中国，因此根据最密切联系原则韩某可在该套设备所在地或合同签订地法院起诉，该合同可以适用中国法。故B正确。

6. **答案**：B。《海事诉讼特别程序法》第7条第1项规定："因沿海港口作业纠纷提起的诉讼，由港口所在地海事法院管辖。"故B正确。

7. **答案**：A。本题考查中国对涉外侵权行为案件的法律适用。参见《涉外民事关系法律适用法》第44条。

8. **答案**：C。根据国际私法的一般原理，当事人可以协议选择合同的准据法，一般认为合同的准据法可以适用于合同的成立、效力、履行、解释、变更、中止、解除以及诉讼时效等许多方面，故C项正确。

9. **答案**：D。本题考查无因管理的法律适用。无因管理是指没有法定的或约定的义务，为避免他人权益受损失，自愿管理他人事务或为他人提供服务的行为，关于无因管理之债的法律适用，各国规定的原则基本上与不当得利相同，即一般适用事实发生地法。

10. **答案**：D。《民用航空法》（2021修正）第189条第2款规定，民用航空器在公海上空对水面第三人的损害赔偿，适用受理案件的法院所在地的法律。本案在我国法院提起诉讼，应适用我国的法律，故D项正确。

11. **答案**：B。16世纪杜摩兰最早提出，后来又有荷兰学派胡伯的支持，但直到1865年《意大利民法典》的颁布，才在成文法中明确加以规定。

12. **答案**：B。合同自体法是当事人意图适用于合同的法律，或者在当事人的意思没有表示，也不能根据情况作出推断时，则指与交易有最密切和最真实联系的法律。

13. **答案**：B。关于侵权行为自体法。美国国际私法学家莫里斯于1951年在《哈佛法学评论》上的《论侵权行为自体法》一文中首次提出"侵权行为自体法"这一概念。他认为尽管在大多数情况下仍有适用侵权行为地法的必要，但应该有一种足够广泛而且足够灵活的冲突规范，以便能够顾及种种例外情况，这就是侵权行为自体法。但这种侵权行为自体法的含义不同于合同自体法，这里不存在对准据法的选择而是对侵权行为地法、法院地法以及当事人属人法加以综合考虑，这种方法顾及侵权行为地法之外的法律的可适用性，但又不是呆板地重叠适用。严格说来，这种侵权行为自体法理论可以说是最密切联系原则的延伸。

14. **答案**：B。从各国的立法来看，关于国际货物运输保险合同，首先适用当事人选择的法律，即在保险单条款中指定的法律，保险单条款是保险人所在国法律单方面拟定的，对法律的选择也是保险人单方面的直接行为。

15. **答案**：B。《涉外民事关系法律适用法》第4条规定："中华人民共和国法律对涉外民事关系有强制性规定的，直接适用该强制性规定。"《最高人民法院关于适用〈中华人民共和国涉外民事关系法律适用法〉若干问题的解释（一）》（2020修正）第8条规定："有下列情形之一，涉及中华人民共和国社会公共利益、当事人不能通过约定排除适用、无需通过冲突规范指引而直接适用于涉外民事关系的法律、行政法规的规定，人民法院应当认定为涉外民事关系法律适用法第四条规定的强制性规定：

（一）涉及劳动者权益保护的；（二）涉及食品或公共卫生安全的；（三）涉及环境安全的；（四）涉及外汇管制等金融安全的；（五）涉及反垄断、反倾销的；（六）应当认定为强制性规定的其他情形。”故 B 正确。

16. **答案**：D。皮埃尔和雇用他的深圳旭日公司之间为劳动合同关系，本案为劳动合同纠纷。根据《涉外民事关系法律适用法》第 43 条，劳动合同纠纷，能确定劳动者工作地的适用劳动者工作地法；不能确定劳动者工作地的，适用用人单位主营业地法。本案劳动合同能确定皮埃尔工作地在尼日利亚，因此本劳动合同纠纷应适用尼日利亚法。故 A、B、C 项错误，D 项正确。

二、多项选择题

1. **答案**：ABC。参见《涉外民事关系法律适用法》第 45 条。
2. **答案**：ABD。对当事人意思自治的常见限制有：当事人选择的法律不得违反公共秩序；当事人选择的法律不得违背强制性规则的规定；禁止选择不确定的准据法，即选择的法律在订立合同同时已经存在，而不能是被废除的无效的法律；当事人选择的法律应是实体法，而不包括该国的冲突法。
3. **答案**：AB。侵权行为的损害赔偿，一般适用侵权行为地法，但当事人有共同经常居所地的，适用共同经常居所地法律。
4. **答案**：AD。当事人选择的法律应是实体法，禁止选择不确定的准据法。
5. **答案**：ABC。当事人选择的法律必须是实体法而不是冲突法。
6. **答案**：BC。选择适用的法律时必须是协商一致和明示的。
7. **答案**：ABCD。如果当事人未选择合同所适用的法律，在通常情况下，国际货物买卖合同适用合同订立时卖方营业所所在地的法律。如果合同是在买方营业所所在地谈判并订立的，或者合同主要是依买方确定的条件并应买方发出的招标订立的，或者合同明确规定卖方须在买方营业所所在地履行交货义务的，适用合同订立时买方营业所所在地的法律。
8. **答案**：BD。当事人的选择是经双方协商一致和明示的；当事人在订立合同时或发生争议后，对于合同所适用的法律未作选择的，人民法院受理案件后应当允许当事人在开庭审理前作出选择。
9. **答案**：BC。参见 1980 年《联合国国际货物买卖合同公约》第 1 条和第 2 条的规定。1980 年公约非常重要，国际私法和国际经济法中都常常涉及，必须掌握。

三、不定项选择题

1. **答案**：A。意思自治原则是涉外合同法律选择的首要原则。
2. **答案**：CD。卖方在订立买卖合同时已知货物将销往的国家，他就有义务担保货物不侵犯货物目的地的知识产权；如买方擅自将货物销往卖方不知道的国家或地区而引起侵犯第三人的工业产权或知识产权，卖方不负责任。

四、名词解释

1. **答案**：特征性履行方法：是在国际合同的当事人未选择适用于合同的法律时，根据合同的特殊性质确定合同法律适用的一种方法，其实质在于通过考察合同的功能，尤其是合同企图实现的具体的社会目的，确定各种合同所具有的特殊功能，即它的特征性履行，并最终适用与特征性之债务履行人联系最密切的法律。
2. **答案**：合同自体法的名称是英国学者首先提出的。韦斯特莱克指出，合同自体法是支配合同内在有效性和效力的法律，是与合同有真实联系的法律。戴赛和莫里斯的著作称合同自体法是当事人明示选择的法律，当事人没有明示选择时，根据合同的条款、性质和案件的总体情况推断当事人意图适用什么法律，如果当事人意图不明确，不能通过情况推断的，合同受与其有最密切联系、最真实联系的法律支配。
3. **答案**：侵权行为自体法理论，是英国当代著名国际私法学家莫里斯于 1951 年在美国《哈佛法律评论》上发表的《论侵权行为的自体法》一文中，根据“合同自体法”的概念提出的。即侵权行为应适用与侵权案件有最密切联系的法律。从本质上讲，侵权行为自体法可以说是最密切联系原则的延伸，是对侵权行为地法、法院地法、当事人本国法的一种糅合。它顾及侵权行为地法之外的其他法律的可适用性，是对传统国际私法上侵权行为法律适用的改进。

4. 答案： 是指有瑕疵的产品，或者没有准确说明用途或使用方法的产品，致消费者或使用者人身或财产的损害时，产品的制造者或者销售者所应承担的赔偿的责任。产品责任作为一种特殊的侵权行为责任，自21世纪六七十年代以来，已受到了各国的关注。

5. 答案： 是指未受委托，又无义务，而为他人管领财产或事务，因而支出劳务或费用，可要求他人返还的债权债务关系。

五、简答题

1. 答案： 归纳起来，关于合同法律适用，主要有如下几种对立的理论：(1)“分割论”与“单一论”。对于同一合同来说，“单一论”主张对整个合同适用同一法律，“分割论”主张不同的方面适用不同的法律。对于不同性质的合同，“单一论”主张不分类型，统一确定其准据法，而“分割论”主张适用不同的法律。分割论和单一论都有其存在的客观依据，二者可以互相取长补短，配合运用，才能最终达到妥善解决合同的法律适用问题的目的。(2) 主观论和客观论。前者认为，在合同中当事人既然有权按照自己的意志和协议创设某种权利义务，他们当然有权选择适用于他们之间的合同的法律。后者则认为，合同的有效成立及效力是与一定的场所相联系的，因而合同应适用何国法律不能完全根据当事人自己的选择，而应根据合同与一国或哪几国有最密切联系的客观标志来确定。现在，人们倾向于在主观论的基础上，吸收客观论的合理成分，将二者加以结合，来确定合同准据法。

2. 答案： 适用事务管理地法。采用这一冲突规则的国家认为，无因管理是一种债权债务关系，但不能适用当事人意思自治原则和当事人的属人法，而作为值得提倡的为他人谋利益的行为，应适用事务管理地法，如日本。适用当事人共同本国法，如波兰。适用支配原法律义务或关系的法律，如奥地利。适用本人住所地法。这主要是认为无因管理制度是为保护本人的利益而设立的，因此应以本人的住所地作为无因管理之债的准据法。

六、论述题

1. 答案： 冲突规范是指指定某一涉外民事法律关系应适用何国实体法作为准据法的法律规范。国际私法在侵权领域中的冲突规范一般有三种理论和实践，即采侵权行为地法、法院地法、重叠适用侵权行为地法与法院地法或行为人的属人法。目前，在侵权行为准据法领域发展出新的理论，即“侵权行为自体法”，主要是指与案件有最密切联系的法律。

互联网的发展改变了人们的生活，但它并非完全独立于现实空间，而是后者的延伸和补充。从事网上活动的法律关系的主体处于不同国家的控制之下，客体位于不同的国家。互联网将整个世界连在一起，却并不能消除国家间隔阂和法律的不同，法律冲突问题是不可避免的，在互联网侵权领域就是如此。

就互联网上侵权的法律适用而言，其有不同于传统侵权法律适用的方面：

第一，侵权行为地法原则。侵权行为地法自13世纪的法则区别说以来，一直为欧洲各国普遍采用，随后又传至其他国家。侵权行为适用行为地法，可以说是“场所支配行为”这一古老原则的具体化。大多数国家侵权领域的法律冲突规范或者规定适用侵权行为地法或者规定重叠适用侵权行为地法与法院地法，或行为人属人法。在网络侵权领域，对于“侵权行为地”的确定，一方面，通常将侵权行为地包括实施被诉侵权行为的网络服务器、计算机终端等设备所在地，即承认侵权行为地仍然是一个必不可少的连结因素。如《最高人民法院关于审理侵害信息网络传播权民事纠纷案件适用法律若干问题的规定》（2020年修正）第15条规定，侵害信息网络传播权民事纠纷案件由侵权行为地或者被告住所地人民法院管辖。侵权行为地包括实施被诉侵权行为的网络服务器、计算机终端等设备所在地。侵权行为地和被告住所地均难以确定或者在境外的，原告发现侵权内容的计算机终端等设备所在地可以视为侵权行为地。另一方面，在考虑侵权行为地之另一形式即侵权行为结果发生地时，确定方法则比传统的侵权类型复杂。因为网络侵权发生时，在全世界各国都可看到，从这个角度上说，各国都可能成为侵权行为结果发生地。但是，由于侵权在各国造成的影响程度是不同的，所以，将对当事人影响最大的地域认定为侵权结果发生地会比较适宜，如原告住所或居所所在地国、国籍国等。

第二，当事人属人法原则与侵权行为地法原则重叠适用。如前所述，由于网络侵权行为地可以被认为是世界各国，而当事人属人法原则则可以很好地解决这个问题，所以在网络侵权领域，当事人属人法可能会受到比普通侵权案件更高的重视。

第三，重叠适用侵权行为地法和法院地法原则。重叠适用侵权行为地法和法院地法原则在网络侵权案件中具有特殊的意义。如网络侵权案件中，很多是关于侵犯著作权的案件，而著作权作为一种知识产权，其权利保护具有地域性，在一个国家享受保护的作品，在另一个国家很可能是导致当事人“挑选法院”，因为在网络侵权案中，侵权行为地的认定，如前所述，并不像传统侵权中那么唯一和确定。

第四，关于侵权行为自体法。美国国际私法学家莫里斯于1951年在《哈佛法学评论》上的《论侵权行为自体法》一文中首次提出“侵权行为自体法”这一概念。他认为尽管在大多数情况下仍有适用侵权行为地法的必要，但应该有一种足够广泛而且足够灵活的冲突规范，以便能够顾及种种例外情况，这就是侵权行为自体法。但这种侵权行为自体法的含义不同于合同自体法，这里不存在对准据法的选择而是对侵权行为地法、法院地法以及当事人属人法加以综合考虑，这种方法顾及侵权行为地法之外的法律的可适用性，但又不是呆板地重叠适用。严格说来，这种侵权行为自体法理论可以说是最密切联系原则的延伸。

实际上，将侵权行为自体法或最密切联系原则引入网络侵权案件法律适用问题的解决，优点是很多的，它能使有关侵权行为的法律适用既能保护长期以来人们认可的原则，又能使相应的法律适用原则符合社会发展的需要。正是由于网络全球化和瞬息即变的特性，只有充分考虑当事人的国籍、住所地、居所地以及营业所等因素，将这些联系按其对特定问题的重要程度加以衡量，以此找到与案件联系最密切国法，才能恰当地解决网络侵权领域的法律适用问题。

2. 答案：第一，侵权行为地法律是一般侵权行为的准据法。侵权行为适用侵权行为地法，是对“场所支配行为”原则的合理继承。侵权行为地与侵权行为有一种自然、直接的联系，适用侵权行为地法来处理侵权纠纷，不仅比较公平合理，实现当事人之间权利义务的平衡，容易为当事人所接受，而且有利于保护侵权行为地的公共利益，因此得到了国际的广泛承认。第二，在适用侵权行为地法为侵权行为准据法的同时，设计了例外原则。对受害人和侵权人有共同经常居所地的，根据《涉外民事关系法律适用法》规定，适用共同经常居所地法律。一般情况下侵权人和受害人与他们的共同国籍国、共同住所地国或共同经常居所地国具有较为密切的联系。而国籍法、住所地法和经常居所地法三个属人法连结点中，经常居所地与当事人的联系最为密切。因此在考虑侵权行为准据法时，将与双方当事人具有共同最密切联系的共同经常居所地国家的法律作为侵权行为地法的例外原则，体现出我国对私人利益的尊重和保护，亦符合双方当事人对法律适用的共同预期。第三，在侵权领域中首次引入当事人意思自治原则，使之成为侵权行为准据法的基本原则。当事人意思自治原则是合同冲突法的王牌原则，其向侵权冲突法的扩张，不仅是冲突法理论的发展和突破，也是侵权法功能价值取向从强调惩罚违法性向注重私益补偿嬗变的结果。赋予涉外侵权案件的当事人合意选择支配他们之间法律关系的准据法的权利，表明我国法律充分尊重和保护当事人在私法范围内选择法律适用、处分自身民事权利的自由。此外，当事人意思自治这一主观连结点对于传统的比较刚性的侵权行为地法可以起到“软化”的作用，既能增强法律适用的灵活性，也在某种程度上提高了侵权案件当事人共同选择适用法院地法的概率。

3. **答案**：最密切联系原则是指法院在审理某一涉外民事案件时，不能拘泥于某一个或几个客观因素来决定适用哪一个国家的法律，而应从质和量这两个角度对与案件有关的各种主客观因素进行权衡，寻找法律关系的“重力中心地”，该重力中心地所属国的法律即为审理该案应适用的法律。该理论产生于美国的有关司法判例，主要用于合同之债、侵权行为之债准据法的确定。最密切联系说摆脱了僵化刻板和机械的着眼于某一客观标志确定合同准据法的传统模式，是一种软化的确定合同准据法的方法。

运用最密切联系原则选择准据法适应了涉外民事法律关系复杂多变的需要，增强了法律适用的针对性、合理性，然而，最密切联系原则具有较大的灵活性，赋予法官较大的自由裁量权，有时会使准据法的确定缺乏预见性、稳定性。为了增强确定合同准据法的稳定性、针对性，一些学者主张硬性规定合同的准据法，以限制法官的自由裁量权。其中瑞士学者施尼策尔创立的“特征性给付说”颇具意义。该学说主张按照合同的特征性给付来决定合同的准据法。所谓特征性给付是与非特征性给付相对而言的。特征性给付是指双务合同中代表合同本质特征的当事人履行合同的行为。按照“特征性给付说”，合同准据法应为担负特征给付义务的当事人的住所地法或惯常所在地法，或者当事人营业所所在地法。“特征性给付说”所依据的单一的具体连结点在与合同有关的众多连结点中无疑“分量”最重，与合同的联系最为密切，因此，这一学说能准确、客观地推定与合同有最密切联系的国家的法律。

最密切联系原则是我国涉外合同之债法律适用的补充原则。《涉外民事关系法律适用法》第41条规定，当事人可以协议选择合同适用的法律。当事人没有选择的，适用履行义务最能体现该合同特征的一方当事人经常居所地法律或者其他与该合同有最密切联系的法律。

4. **答案**：(1)《涉外民事关系法律适用法》第41条规定，当事人可以协议选择合同适用的法律。当事人没有选择的，适用履行义务最能体现该合同特征的一方当事人经常居所地法律或者其他与该合同有最密切联系的法律。我国并未要求所选择的法律与合同或当事人有客观的联系。

当事人选择法律的方式，《涉外民事关系法律适用法》第3条规定，当事人依照法律规定可以明示选择涉外民事关系适用的法律。从而排除了推定和假设当事人默示意思的可能性，反映了要求明示的意思自治的立法精神。

(2)《涉外民事关系法律适用法》第4条规定，中华人民共和国法律对涉外民事关系有强制性规定的，直接适用该强制性规定。第5条规定，外国法律的适用将损害中华人民共和国社会公共利益的，适用中华人民共和国法律。

5. **答案**：所谓分割论，就是指将合同分割成若干不同的方面，分别适用不同地方的法律。例如，将合同分割为合同的形式、合同的履行、当事人的缔约能力及合同的解释、撤销等。

单一论，就是指将合同看作一个整体，统一适用一个地方的法律。例如1980年欧共体签订的《罗马国际合同义务法律适用公约》和1985年海牙《国际货物买卖合同法律适用公约》都采用单一论。

所谓主观论，就是指合同的准据法应当由当事人自主选择合同适用的法律。例如1980年欧共体签订的《罗马国际合同义务法律适用公约》和1985年海牙《国际货物买卖合同法律适用公约》都采用主观论。

所谓客观论，就是指应当根据合同与某

个场所（地域）之间的客观联系来确定准据法。

七、案例分析题

1. **答案**：根据最密切联系原则，该案应适用法国法。因为除了英国的伦敦是该次飞行的目的地外，英国与该案没有什么联系，而所有的事实都指向法国。首先，当事人一方是法国公民，另一方是法国公司；其次，法国公司是在法国购买的机票，可以说法国是合同的签订地；最后，丢失的货物是法国人的财产。因此，该争议与法国有最密切联系，应适用法国法的规定。

   根据法国法的规定，该机票上的免责条款是无效的，航运公司应该赔偿法国人的损失。

2. **答案**：（1）乙国公司无权宣布合同无效。因为根据《联合国国际货物销售合同公约》第51条第2款的规定，买方只有在卖方完全不交付货物或不按照合同规定交付货物等于根本违反合同时，才可以宣告整个合同无效。

   （2）乙国公司有权要求甲国公司对有缺陷的300袋大豆进行损害赔偿，因为乙国公司已向甲国公司及时通知了货物的不良状况。

   （3）乙国公司无权向甲国公司要求就在海运途中受损的300袋大豆进行损害赔偿，因为根据FOB价格术语，货物越过船舷以后的风险由买方承担。

3. **答案**：有管辖权。对于合同纠纷，被告住所地或者合同履行地的中国法院有管辖权。

   可以约定。合同当事人可以选择处理合同争议所适用的法律。

   无效。适用外国法不能违背中华人民共和国的社会公共利益，甲国法允许赠与合同中附加不得与他人结婚的条件违背了我国的社会公共利益。

4. **答案**：假设一：中国法院应适用中国法，《涉外民事关系法律适用法》第44条规定："侵权责任，适用侵权行为地法律……"本案侵权实施地和侵权结果发生地均在中国，所以适用中国法律。

   假设二：中国法院应适用法国法，根据《涉外民事关系法律适用法》第44条规定："侵权责任，适用侵权行为地法律，但当事人有共同经常居所地的，适用共同经常居所地法律……"因为X与Y均是法国人，具有共同经常居所地，因此，中国法院应适用法国法律。

   假设三：如果本案合并审理，中国法院应选择适用中国法律；如果分开审理，中国法院可以分别适用不同的法律：X对Y的损害赔偿适用中国法律，X对Z的损害赔偿适用法国法律。

第十三章　婚姻家庭的法律冲突法

基础知识图解

- 婚姻家庭的法律冲突法
  - 结婚的法律适用
    - 结婚实质要件的准据法：婚姻举行地法、当事人属人法、混合制
    - 结婚形式要件的法律适用：婚姻举行地法
    - 领事婚姻
    - 我国关于涉外结婚的法律规定
  - 夫妻关系的法律适用
    - 人身关系的准据法：当事人的属人法、法院地法和行为地法
    - 财产关系的准据法：意思自治、属人法原则
  - 离婚的法律适用
    - 离婚案件的管辖权
    - 离婚的法律适用：法院地法、属人法、当事人有限制地选择离婚准据法、单边法律选择规则
    - 离婚法律适用的新发展
    - 我国有关涉外离婚的法律规定
  - 父母子女关系的法律适用
    - 父母子女关系确认的法律适用
    - 父母子女权利义务关系的法律适用
  - 收养的法律适用
    - 收养案件的管辖权
    - 收养的法律适用规则：成立、效力、终止的法律适用
    - 中国有关涉外收养法律适用的规定
  - 监护的法律适用
    - 监护案件的管辖权
    - 监护的法律适用规则：被监护人的属人法、适用法院地法
    - 中国对涉外监护法律适用的规定：监护的设立、变更和终止，适用被监护人的本国法律。但是，被监护人在我国境内有住所的，适用我国法律
  - 扶养的法律适用

配套测试

一、单项选择题

1. 我国公民姜某向某市中级人民法院起诉，要求具有南非籍的儿子履行赡养义务。依照我国法律的规定，扶养适用的法律是什么？（　　）

A. 一方当事人经常居所地法律、国籍国法律或者主要财产所在地法律中有利于保护被扶养人权益的法律

B. 与扶养人有最密切联系的国家的法律

C. 被扶养人本国法

D. 被扶养人住所地法

2.《涉外民事关系法律适用法》中规定的扶养是指谁与谁之间的关系？（　　）

A. 仅指夫妻之间的关系

B. 仅指父母子女之间的关系

C. 不仅包括夫妻之间的关系，也包括父母子女之间的关系以及其他有扶养关系的人之间的关系

D. 除父母子女之间的关系以外的所有具有扶养关系的人之间的关系

3. 孙星在某个阿拉伯国家工作期间，以该国允许的宗教仪式与当地一女子结婚。回国后孙星向其户籍所在地民政部门申请婚姻登记，但因其不够法定婚龄而未予批准。不久因婚后夫妻感情不和，孙星向中国法院提起离婚诉讼，则法院对这起婚姻的效力应做何种认定，并以何种法律审理离婚诉讼？（　　）

A. 依该阿拉伯国家法律认定为有效婚姻，并依中国法律审理离婚诉讼

B. 依中国法律认定婚姻无效，并适用中国法律审理离婚诉讼

C. 依该阿拉伯国家法律认定婚姻有效，并适用该阿拉伯国家冲突法所指引的准据法审理离婚诉讼

D. 依该阿拉伯国家冲突法认定婚姻的效力，并适用中国冲突法所指引的准据法审理离婚诉讼

4. 日本女子幸子为美国某公司驻菲律宾办事处职员，与中国武汉市男子钱列在东京结婚，现感情不和，钱列遂在武汉起诉离婚。该案适用（　　）。

A. 中国法律　　B. 日本法律

C. 美国法律　　D. 菲律宾法律

5. 张某是具有中华人民共和国国籍的公民，他和法国公民 A 在我国申请结婚，我国婚姻登记机关对于他们结婚条件适用哪国法律?①（　　）

A. 中国法或法国法　　B. 中国法和法国法

C. 法国法　　D. 中国法

6. 马丁和安娜夫妇是来华工作的外国专家，其中马丁是美国人，而安娜是英国人。在来华之前，二人长期在印度工作，并在那里设有惯常居所。在中国工作期间，二人因为感情不和，向我国人民法院提起离婚的诉讼请求，对于他们的离婚请求，我国法院应该适用哪国的法律加以解决？（　　）

A. 美国法　　B. 英国法

C. 中国法　　D. 印度法

7. 中国籍公民张某与华侨李某在某国相识后结婚并定居该国。10 年后张某在定居国起诉离婚，但该国法院以当事人双方均具有中国国籍为由拒绝受理该案。张某遂向自己在中国的最后居住地法院起诉。依我国法律及相关司法解释，下列哪一个选项是正确的?（　　）（司考 2005. 1. 38）

A. 因双方在定居国结婚，不应受理

B. 因双方已定居国外 10 年，不应受理

C. 该中国法院有权受理

D. 告知双方先订立选择中国法院管辖的书面协议

8. 按照我国法律规定，外国人在中国收养子女，收养人必须与送养人订立书面协议，而且必须亲自向哪一级人民政府的民政部门登记？（　　）

A. 县级民政部门

B. 市级民政部门

C. 省级民政部门

D. 中华人民共和国民政部

9. 保罗是奥地利公民，是未成年人，其父母是来华援助的外国专家，其父是奥地利公民，其母是瑞士公民，并且其家庭住所在德国。其父母在来华工作期间，就保罗的监护权问题发生争议，向我国人民法院提起诉讼，我国法院也受理了该案件，那么我国法院应该适用哪一国的法律来确认保罗的监护权归属？（　　）

A. 适用奥地利、瑞士、德国法中有利于保护保罗权益的法律

B. 德国法

C. 中国法

D. 瑞士法

10. 周某和孙某是夫妇俩，周某于 2018 年前往美国留学，并在美国定居、工作。后来回国投资，但是仍然居住在美国，其在国内的工厂委托他人管理。周某长期在国外居

① 编者注：在 2016 年司法考试卷一第 37 题有所涉及。

住，对于其妻孙某和他们的孩子不闻不问，其妻向我国人民法院提起诉讼，要求周某履行其扶养义务。我国人民法院应该适用哪国法律来确定周某的扶养义务？（　　）

A. 美国法

B. 中国法

C. 适用美国法和中国法

D. 选择美国法和中国法中最有利于保护被扶养人权益的法律适用

11. 收养成立的形式要件，大多数国家主张适用（　　）。

A. 被收养人本国法　　B. 法院地法

C. 收养人本国法　　D. 收养成立地法

12. 领事婚姻制度通常适用于在领事驻在国境内的（　　）。

A. 本国公民与驻在国公民的结婚

B. 本国公民与本国公民的结婚

C. 本国公民与第三国公民的结婚

D. 领事本人与驻在国公民的结婚

13. 一对英国夫妇婚后移居意大利，后来华工作。该夫妇于今年收养一名中国儿童并决定一起回意大利生活。根据我国法律，有关该夫妇收养中国儿童所应适用的法律，下列哪一选项是正确的？（　　）（司考2007.1.35）

A. 应适用中国法和意大利法

B. 应适用中国法和英国法

C. 只需适用中国的有关法律规定

D. 只需适用意大利的有关法律规定

14. 外国公民张女士与旅居该国的华侨王先生结婚，后因感情疏离，张女士向该国法院起诉离婚并获得对其有利的判决，包括解除夫妻关系，以及夫妻财产分割和子女抚养等内容。该外国与中国之间没有司法协助协定。张女士向中国法院申请承认该离婚判决，王先生随后在同一中国法院起诉与张女士离婚。根据我国法律和司法解释，下列哪一选项是错误的？（　　）（司考2008.1.40）

A. 中国法院应依《最高人民法院关于中国公民申请承认外国法院离婚判决程序问题的规定》决定是否承认该判决中解除夫妻身份关系的内容

B. 中国法院应依前项司法解释决定是否执行该判决中解除夫妻身份关系之外的内容

C. 若张女士的申请被驳回，她就无权再提出承认该判决的申请，但可另行向中国法院起诉离婚

D. 中国法院不应受理王先生的离婚起诉

15. 根据我国关于外国人在华收养子女的法律规定，下列哪一选项是错误的？（　　）（司考2008.1.46）

A. 外国人在华收养子女，应经其所在国主管机关依照该国法律审查同意

B. 外国收养人应提供由其所在国有权机构出具的有关收养人的年龄、婚姻、职业、财产、健康、有无受过刑事处罚等状况的证明材料

C. 前项证明材料须经该外国人所在国的外交机关或该外交机关授权的机构认证

D. 前项证明材料须经中国驻该外国使馆认证

16. 某甲国公民经常居住地在甲国，在中国收养了长期居住于北京的中国儿童，并将其带回甲国生活。根据中国关于收养关系法律适用的规定，下列哪一选项是正确的？（　　）（司考2012.1.36）

A. 收养的条件和手续应同时符合甲国法和中国法

B. 收养的条件和手续符合中国法即可

C. 收养效力纠纷诉至中国法院的，应适用中国法

D. 收养关系解除的纠纷诉至中国法院的，应适用甲国法

17. 经常居住于英国的法国籍夫妇甲和乙，想来华共同收养某儿童。对此，下列哪一说法是正确的？（　　）（司考2014.1.37）

A. 甲、乙必须共同来华办理收养手续

B. 甲、乙应与送养人订立书面收养协议

C. 收养的条件应重叠适用中国法和法国法

D. 若发生收养效力纠纷，应适用中国法

二、多项选择题

1. 中国公民王某将甲国公民米勒诉至某人民法院，请求判决两人离婚、分割夫妻财产并将

幼子的监护权判决给她。王某与米勒的经常居所及主要财产均在上海，其幼子为甲国籍。关于本案的法律适用，下列哪些选项是正确的？（　　）（司考 2017. 1. 78）

A. 离婚事项，应适用中国法

B. 夫妻财产的分割，王某与米勒可选择适用中国法或甲国法

C. 监护权事项，在甲国法与中国法中选择适用有利于保护幼子利益的法律

D. 夫妻财产的分割与监护权事项均应适用中国法

2. 韩国公民金某与德国公民汉森自 2013 年 1 月起一直居住于上海，并于该年 6 月在上海结婚。2015 年 8 月，二人欲在上海解除婚姻关系。关于二人财产关系与离婚的法律适用，下列哪些选项是正确的？（　　）（司考 2015. 1. 78）

A. 二人可约定其财产关系适用韩国法

B. 如诉讼离婚，应适用中国法

C. 如协议离婚，二人没有选择法律的，应适用中国法

D. 如协议离婚，二人可以在中国法、韩国法及德国法中进行选择

3. 王某和张某都是中华人民共和国公民，他 2015 年在国内登记结婚，2016 年就移居外国，并且在该外国定居。后来二人在当地请求离婚，但该外国法院认为；根据该国法律，离婚诉讼必须由婚姻缔结地法院管辖，因而拒绝受理此案。如果当事人要向国内法院提出离婚诉讼，根据我国法律规定，下列哪些法院有权管辖此案？（　　）

A. 当事人双方当年在国内结婚时的婚姻登记地的法院

B. 王某在国内时的最后住所所在地的法院

C. 张某在国内时的最后住所所在地的法院

D. 我国法院无权管辖该案件

4. 按照各国法律的规定，非婚生子女准正的形式包括（　　）。

A. 父母事实婚姻

B. 认领

C. 通过确认亲子关系的诉讼

D. 司法行政机关的干预

5. 理查德和格理菲丝是居住于美国的夫妇俩，但理查德是加拿大公民，而格理菲丝是波兰公民。二人想收养中国某省的一个儿童，那么该夫妇的收养行为必须同时符合哪些国家法律的规定，方为合法有效的收养？（　　）

A. 美国法　　B. 加拿大法

C. 波兰法　　D. 中国法

6. 国际社会对认领的实质要件一般适用（　　）。

A. 法院地法

B. 父母属人法

C. 分别适用父母和子女属人法

D. 子女属人法

7. 关于离婚的法律适用，国际上的主张和实践有（　　）。

A. 采法院地法说

B. 采属人法说

C. 选择适用当事人属人法和法院地法说

D. 适用有利于实现离婚的法律说

8. 定居甲国的华侨王某与李某在甲国结婚，后王某在甲国起诉与李某离婚时被该国法院以当事人均具有中国国籍为由拒绝受理。王某转而在我国法院诉请离婚。根据我国现行司法解释，有关此案的管辖与适用法律，下列哪些选项是正确的？（　　）

A. 王某原住所地法院有管辖权

B. 因两人定居国外且在国外结婚，我国法院不应受理

C. 李某在国内的最后住所地法院有管辖权

D. 如中国法院管辖，认定其婚姻是否有效可适用甲国法律

9. 甲国公民玛丽与中国公民王某经常居住地均在中国，2 人在乙国结婚。关于双方婚姻关系的法律适用，下列哪些选项是正确的？（　　）（司考 2012. 1. 77）

A. 结婚手续只能适用中国法

B. 结婚手续符合甲国法、中国法和乙国法中的任何一个，即为有效

C. 结婚条件应适用乙国法

D. 结婚条件应适用中国法

10. 中国人李某（女）与甲国人金某（男）2011 年在乙国依照乙国法律登记结婚，婚后二人定居在北京。依《涉外民事关系法律适用

法》，关于其夫妻关系的法律适用，下列哪些表述是正确的？（ ）（司考 2013.1.77）

A. 婚后李某是否应改从其丈夫姓氏的问题，适用甲国法

B. 双方是否应当同居的问题，适用中国法

C. 婚姻对他们婚前财产的效力问题，适用乙国法

D. 婚姻存续期间双方取得的财产的处分问题，双方可选择适用甲国法

三、名词解释

1. 领事婚姻
2. 父母子女关系
3. 收养
4. 监护
5. 扶养

四、简答题

1. 简述父母子女间权利义务关系的法律适用。
2. 简述监护的法律适用。
3. 简述我国关于涉外收养的立法。

五、论述题

1. 试述涉外结婚实质要件的法律冲突及其法律适用。
2. 试述夫妻财产制的法律适用问题。

六、案例分析题

1. 1981 年在中国国内结婚后于 2003 年旅居阿根廷的中国公民某甲和某乙，在阿根廷和中国境内都有财产。因为婚姻纠纷在阿根廷申请离婚，但由于阿根廷婚姻法当时尚不准离婚，只能于 2005 年按照该国法律达成长期分居协议。后来甲仍然留在阿根廷，并加入了阿根廷国籍，而乙回到国内。甲后来也回到国内，并与另一中国女子丙结婚。2009 年乙向其原来住所地法院起诉，要求与甲离婚，分割夫妻关系存续期间的共同财产，要求甲支付自 2003 年至今的生活费××元，并应由被告承担其离婚后每月扶养费××元。

   问题：（1）对于乙提出的离婚诉讼请求，法院应该适用哪一国的法律处理？

   （2）假设，在甲死亡前，乙并没有提出离婚的请求，而在甲死亡后，乙和丙因为遗产继承问题发生争议，法院应该适用哪一国的法律处理？如何处理？

2. 中国公民王某，2000 年与前妻离婚，所生三个子女由前妻抚养，王某负担抚养费。2005 年，王某到西班牙经商，2011 年与一西班牙女子结婚，双方信奉天主教，按照天主教仪式举行了婚礼，按照西班牙国婚姻法规定，天主教徒到天主教堂举行结婚仪式为双方缔结婚姻的形式要件。婚后不久，王某将在西班牙经商所获部分利润作为投资，回国内办厂，并购有楼房一栋，另有一些古董及银行存款。2015 年 2 月，王某因车祸去世，未留下遗嘱，他的子女与他在西班牙的续妻之间对于遗产继承发生争执。王某的子女认为王某在西班牙结婚，他们一无所知，且王某的婚姻未登记，不符合我国婚姻法的规定，王某的西班牙妻子不是王某的继承人。

   问题：王某在西班牙的婚姻是否有效？

3. 中国某女与美国某男于 2014 年在中国登记结婚。二人婚后在美国定居，其婚姻财产分别位于中国和美国，均包括动产和不动产若干。2019 年，该女在中国某法院提起诉讼，要求离婚。庭审中，该二人对上述财产的分割问题争执不下。

   请问：你认为法院应该根据什么法律处分分别位于两国的动产和不动产？理由是什么？

参考答案

一、单项选择题

1. **答案**：A。参见《涉外民事关系法律适用法》第 29 条。
2. **答案**：C。
3. **答案**：A。参见《涉外民事关系法律适用法》第 21、27 条。
4. **答案**：A。《涉外民事关系法律适用法》第 27 条规定，诉讼离婚，适用法院地法律。依此，本题正确答案为 A。
5. **答案**：D。《涉外民事关系法律适用法》第

21 条规定，结婚条件，适用当事人共同经常居所地法律；没有共同经常居所地的，适用共同国籍国法律；没有共同国籍，在一方当事人经常居所地或者国籍国缔结婚姻的，适用婚姻缔结地法律。

6. **答案**：C。《涉外民事关系法律适用法》第 27 条规定，诉讼离婚，适用法院地法律。

7. **答案**：C。根据《最高人民法院关于适用〈中华人民共和国民事诉讼法〉的解释》(2022 修正) 第 14 条的规定，在国外结婚并定居国外的华侨，如定居国法院以离婚诉讼须由国籍所属国法院管辖为由不予受理，当事人向人民法院提出离婚诉讼的，由一方原住所地或者在国内的最后居住地人民法院管辖。故中国法院有权受理此离婚诉讼，C 项正确。

8. **答案**：C。参见《民法典》第 1109 条规定，外国人依照本法可以在中华人民共和国收养子女。外国人在中华人民共和国收养子女，应当经其所在国主管机关依照该国法律审查同意。收养人应当提供由其所在国有权机构出具的有关收养人的年龄、婚姻、职业、财产、健康、有无受过刑事处罚等状况的证明材料，该证明材料应当经其所在国外交机关或者外交机关授权的机构认证，并经中华人民共和国驻该国使领馆认证。该收养人应当与送养人订立书面协议，亲自向省、自治区、直辖市人民政府民政部门登记。

9. **答案**：A。《涉外民事关系法律适用法》第 30 条规定，监护，适用一方当事人经常居所地法律或者国籍国法律中有利于保护被监护人权益的法律。

10. **答案**：D。《涉外民事关系法律适用法》第 29 条规定，扶养，适用一方当事人经常居所地法律、国籍国法律或者主要财产所在地法律中有利于保护被扶养人权益的法律。

11. **答案**：D。对涉外收养法律适用，就其形式要件而言，大都主张适用收养成立地法。

12. **答案**：B。领事婚姻是指在驻在国不反对的情况下，一国允许在国外的本国公民到本国驻东道国的使领馆依照本国法律规定的方式办理结婚手续，成立婚姻的制度。

13. **答案**：A。《民法典》第 1109 条规定：外国人依法可以在中华人民共和国收养子女。外国人在中华人民共和国收养子女，应当经其所在国主管机关依照该国法律审查同意。收养人应当提供由其所在国有权机构出具的有关收养人的年龄、婚姻、职业、财产、健康、有无受过刑事处罚等状况的证明材料，该证明材料应当经其所在国外交机关或者外交机关授权的机构认证，并经中华人民共和国驻该国使领馆认证。该收养人应当与送养人订立书面协议，亲自向省、自治区、直辖市人民政府民政部门登记。收养关系当事人各方或者一方要求办理收养公证的，应当到国务院司法行政部门认定的具有办理涉外公证资格的公证机构办理收养公证。可见，外国人在中国收养子女应重叠适用中国法和其所在地法。根据《外国人在中华人民共和国收养子女登记办法》第 3 条规定，外国人在华收养子女，应当符合中国有关收养法律的规定，并应当符合收养人所在国有关收养法律的规定，进一步说明外国人在中国收养子女应重叠适用中国法和其所在地法。本题中，英国夫妇婚后移居意大利，其所在地为意大利，根据上述两个法的规定，收养中国儿童应同时适用中国法和意大利法。因此 A 项正确。

14. **答案**：B。《最高人民法院关于中国公民申请承认外国法院离婚判决程序问题的规定》(2020 修正)（以下简称《规定》）第 2 条规定，外国法院离婚判决中的夫妻财产分割、生活费负担、子女抚养方面判决的承认执行，不适用本规定。选项 A 中国法院依据《规定》对解除身份关系的内容予以承认的观点是正确的，选项 B 的内容则有误。根据《规定》第 22 条的规定，申请人的申请被驳回后，不得再提出申请，但可以另行向人民法院起诉离婚，选项 C 的内容正确。《规定》第 20 条规定，当事人之间的婚姻虽经外国法院判决，但未向人民法院申请承认的，不妨碍当事人一方另行向人民法院提出离婚诉讼。即在一方已向法院提出申请后，另一方则不能提出离婚诉讼，选项D中的内容正确。由于本题选择错误观点，故应选B。

15. **答案**：D。《民法典》第1109条规定，外国人依照本法可以在中华人民共和国收养子女。外国人在中华人民共和国收养子女，应当经其所在国主管机关依照该国法律审查同意。收养人应当提供由其所在国有权机构出具的有关收养人的年龄、婚姻、职业、财产、健康、有无受过刑事处罚等状况的证明材料，该证明材料应当经其所在国外交机关或者外交机关授权的机构认证，并经中华人民共和国驻该国使领馆认证。该收养人应当与送养人订立书面协议，亲自向省、自治区、直辖市人民政府民政部门登记。故A、B、C正确，D项错误。

16. **答案**：A。《涉外民事关系法律适用法》第28条规定，收养的条件和手续，适用收养人和被收养人经常居所地法律。由于甲国公民的经常居住地为甲国，被收养人经常居住地为中国，因此，收养的条件和手续应同时适用甲国法和中国法，选项A正确，B错误。根据该条规定，收养的效力，适用收养时收养人经常居所地法律。因此，收养的效力应适用甲国法，而不是中国法，选项C错误。该条规定，收养关系的解除，适用收养时被收养人经常居所地法律或者法院地法律。关于收养关系的解除属于选择适用的冲突规范，在本题中被收养人经常居住地和法院地为中国，不应适用甲国法，选项D错误。

17. **答案**：B。根据《外国人在中华人民共和国收养子女登记办法》第8条的规定，外国人来华收养子女，应当亲自来华办理登记手续。夫妻共同收养的，应当共同来华办理收养手续；一方因故不能来华的，应当书面委托另一方。委托书应当经所在国公证和认证。所以，A选项错误。

第9条规定，外国人来华收养子女，应当与送养人订立书面收养协议。协议一式三份，收养人、送养人各执一份，办理收养登记手续时收养登记机关收存一份。书面协议订立后，收养关系当事人应当共同到被收养人常住户口所在地的省、自治区、直辖市人民政府民政部门办理收养登记。所以，B选项正确。

根据《涉外民事关系法律适用法》第28条规定：收养的条件和手续，适用收养人和被收养人经常居所地法律。收养的效力，适用收养时收养人经常居所地法律。收养关系的解除，适用收养时被收养人经常居所地法律或者法院地法律。甲和乙的经常居所地在英国，被收养人的经常居所地在中国，所以收养的条件应重叠适用中国法和英国法。所以，C选项错误。

涉外收养的效力，是指涉外收养有效成立后被收养人与送养人或收养人之间具有什么样的身份及权利义务关系。依据《外国人在中华人民共和国收养子女登记办法》第3条规定：外国人在华收养子女，应当符合中国有关收养法律的规定，并应当符合收养人所在国有关收养法律的规定；因收养人所在国法律的规定与中国法律的规定不一致而产生的问题，由两国政府有关部门协商处理。所以，D选项错误。

二、多项选择题

1. **答案**：ABC。《涉外民事关系法律适用法》第27条规定："诉讼离婚，适用法院地法律。"故A正确。《涉外民事关系法律适用法》第24条规定："夫妻财产关系，当事人可以协议选择适用一方当事人经常居所地法律、国籍国法律或者主要财产所在地法律。当事人没有选择的，适用共同经常居所地法律；没有共同经常居所地的，适用共同国籍国法律。"故B正确，D错误。

《涉外民事关系法律适用法》第30条规定："监护，适用一方当事人经常居所地法律或者国籍国法律中有利于保护被监护人权益的法律。"故C正确，D错误。

2. **答案**：ABCD。《涉外民事关系法律适用法》第27条规定："诉讼离婚，适用法院地法律。"第26条规定："协议离婚，当事人可以协议选择适用一方当事人经常居所地法律或者国籍国法律。当事人没有选择的，适用共同经常居所地法律；没有共同经常居所地的，适用共同国籍国法律；没有共同国籍的，适用办理离婚手续机构所在地法律。”故A、B、C、D均正确。

3. **答案**：ABC。《最高人民法院关于适用〈中华人民共和国民事诉讼法〉的解释》（2022修正）第13条规定：“在国内结婚并定居国外的华侨，如定居国法院以离婚诉讼须由婚姻缔结地法院管辖为由不予受理，当事人向人民法院提出离婚诉讼的，由婚姻缔结地或者一方在国内的最后居住地人民法院管辖。”

4. **答案**：ABC。非婚生子女准正，是指使非婚生子女在法律上取得婚生子女的地位的制度。

5. **答案**：AD。根据我国《民法典》第1109条规定，外国人在中国收养子女，应适用中国法，并不得违反收养人经常居所地法律，即必须重叠适用中国法和其所在国法。

6. **答案**：BCD。本题考查的是国际上对认领的实质要件准据法的几种规定，认领属于亲子关系方面的身份关系，一般首先应考虑到属人法的适用，从子女利益保护的角度考虑，有些国家采用子女属人法，有些采用父母属人法，更有些国家分别适用子女和父母属人法。

7. **答案**：ABCD。离婚案件涉及的法律冲突包括实质要件和形式要件两个方面的冲突，程序问题适用发源地法是国际私法的一个普遍原则，实质要件的法律适用有依法院地法、依属人法、选择适用或重叠适用当事人属人法和法院地法及适用有利于离婚的法律几种做法或主张。

8. **答案**：ACD。《最高人民法院关于适用〈中华人民共和国民事诉讼法〉的解释》（2022修正）第14条规定：“在国外结婚并定居国外的华侨，如定居国法院以离婚诉讼须由国籍所属国法院管辖为由不予受理，当事人向人民法院提出离婚诉讼的，由一方原住所地或在国内的最后居住地人民法院管辖。”王某与李某都是华侨，因此A、C两项都是正确的，B错误。《涉外民事关系法律适用法》第22条规定，结婚手续，符合婚姻缔结地法律、一方当事人经常居所地法律或者国籍国法律的，均为有效。因此D是正确的。

9. **答案**：BD。《涉外民事关系法律适用法》第22条规定，结婚手续，符合婚姻缔结地法律、一方当事人经常居所地法律或者国籍国法律的，均为有效。玛丽的国籍国为甲国，王某的国籍国为中国，双方的经常居住地为中国，乙国为婚姻缔结国。因此，结婚手续可适用中国法、乙国法和甲国法。选项A错误，B正确。根据该法第21条规定，结婚条件，适用当事人共同经常居所地法律；没有共同经常居所地的，适用共同国籍国法律；没有共同国籍，在一方当事人经常居所地或者国籍国缔结婚姻的，适用婚姻缔结地法律。二人共同居住地为中国，因此结婚条件应适用中国法。选项C错误，D正确。

10. **答案**：BD。《涉外民事关系法律适用法》第15条规定，人格权的内容，适用权利人经常居所地法律。人格权就是作为一个人不能被剥夺与生俱来的权利，《民法典》所规定的人格权包括：生命权、健康权、姓名权（名称权）、肖像权、名誉权、荣誉权、隐私权等。中国人李某婚后，定居北京，经常居住地还在北京，姓名权属于人格权，适用中国法，而不是甲国法。所以，A选项错误。第23条规定，夫妻人身关系，适用共同经常居所地法律；没有共同经常居所地的，适用共同国籍国法律。婚后两人定居北京，是否应当同居的问题，适用共同经常居所地法——中国法。所以，B选项正确。《涉外民事关系法律适用法》第24条规定，夫妻财产关系，当事人可以协议选择适用一方当事人经常居所地法律、国籍国法律或者主要财产所在地法律。当事人没有选择的，适用共同经常居所地法律；没有共同经常居所地的，适用共同国籍国法律。同样，也适用共同经常居所地法——中国法。所以，C选项错误。婚姻存续期间双方取得的财产的处分问题，可以协议选择适用一方当事人经常居所地法律、国籍国法律或者主要财产所在地法律。所以D选项正确。

三、名词解释

1. **答案**：是指在驻在国不反对的前提下，一国授权其驻外领事或外交代表为本国侨民依本国法律规定的方式办理结婚手续，成立婚姻的制度。关于领事婚姻的问题的实质是，驻在国是否承认外国人之间在其内国依当事人本国法而举行的结婚。

2. 答案：又称亲子关系，是指父母和子女之间的一种法律关系，包括人身关系和财产关系两个方面。分为亲生父母子女关系和养父母子女关系。

3. 答案：是通过法定程序在收养人和他人子女（被收养人）之间创设父母子女关系的一种制度，收养人和被收养人之间产生的是一种拟制的血亲关系。但少数国家也允许收养自己的非婚生子女。

4. 答案：是对未成年人或禁治产人，在无父母或父母不能行使亲权的情况下，为保护其人身和财产利益而设置的一种法律制度。监护制度来源于罗马法可分为对成年人的监护和对未成年人的监护。

5. 答案：是指根据身份关系，在一定的亲属间，有经济能力的对于无力生活的应给予扶助以维持其生活的一种法律制度。在扶养关系中，有扶养义务的人称为扶养义务人（或扶养人），有受扶养权利的人称为扶养权利人（或被扶养人）。

四、简答题

1. 答案：（1）父母子女间的权利义务关系包括两个方面：一是人身方面的权利和义务；二是财产方面的权利和义务。（2）法律适用：适用父母属人法，适用子女属人法。现在一些国家的立法与实践主张子女的属人法应得到适用。理由是现代法律应为子女的幸福和利益考虑。

2. 答案：（1）被监护人的属人法。（2）适用法院地法。例如，英国在监护问题上首先从管辖权入手。一般如果英国法院对某一涉及监护的案件有管辖权，它便只适用英国法。

3. 答案：《民法典》第1109条规定，外国人依法可以在中华人民共和国收养子女。外国人在中华人民共和国收养子女，应当经其所在国主管机关依照该国法律审查同意。收养人应当提供由其所在国有权机构出具的有关其年龄、婚姻、职业、财产、健康、有无受过刑事处罚等状况的证明材料，并与送养人签订书面协议，亲自向省、自治区、直辖市人民政府民政部门登记。前款规定的证明材料应当经收养人所在国外交机关或者外交机关授权的机构认证，并经中华人民共和国驻该国使领馆认证，但是国家另有规定的除外。

此外，民政部根据原《收养法》于1999年发布了《外国人在中华人民共和国收养子女登记办法》。对于涉外收养的法律适用，该登记办法第3条规定："外国人在华收养子女，应当符合中国有关收养法律的规定，并应当符合收养人所在国有关收养法律的规定；因收养人所在国法律的规定与中国法律的规定不一致而产生的问题，由两国政府有关部门协商处理。"由此可见，这是一条重叠性冲突规范，即在中国境内进行的涉外收养，必须同时符合中国有关收养的法律和收养人所在国的法律。

《涉外民事关系法律适用法》第28条规定，收养的条件和手续，适用收养人和被收养人经常居所地法律。收养的效力，适用收养时收养人经常居所地法律。收养关系的解除，适用收养时被收养人经常居所地法律或者法院地法律。

【参考资料】李双元、欧福永主编：《国际私法》，北京大学出版社2022年版，第330~331页。

五、论述题

1. 答案：结婚的实质要件，包括婚姻当事人必须具备的条件（又称必备条件或积极条件）和必须排除的条件（又称禁止条件或消除条件）。前者一般是指双方当事人必须达到法定婚龄，必须双方当事人自愿等。而后者一般是指双方不在禁止结婚的血亲之内，不存在不能结婚的疾病或生理缺陷，没有另外的婚姻关系等。

结婚的实质要件一般适用婚姻举行地法，或适用当事人本国法，或适用当事人住所地法，或兼采上述各连结点而依不同情况分别予以适用的混合制。

适用婚姻举行地法。实行这一原则的国

家的法律规定，凡婚姻举行地法认为有效的婚姻，则到处有效；凡婚姻举行地法认为无效的婚姻，则在其他地方也无效。

适用当事人属人法。婚姻的实质要件适用当事人属人法，在某种程度上可以减少“移住婚姻”的现象。在一般情况下，当事人与其国籍国或住所所在国建立了长期的联系，适用当事人属人法对当事人来说也比较合理。

混合制。在采用混合制的国家中，以婚姻举行地、当事人住所地和国籍作连结点，或以婚姻举行地法为主兼采当事人住所地法或本国法，或以当事人住所地法或本国法为主兼采婚姻举行地法作选择或重叠地适用。混合制比较灵活，避免了单纯适用婚姻举行地法或当事人属人法的不足，在实践中更为切实可行，已越来越受到各国的重视。

【参考资料】李双元、欧福永主编：《国际私法》，北京大学出版社 2022 年版，第 310～312 页。

2. **答案**：夫妻财产关系是指具有婚姻关系的男女双方在家庭财产方面的权利义务关系，其内容主要是夫妻财产制，即婚姻对双方当事人的婚前财产发生什么效力，婚姻存续期间的财产归属，以及夫妻对财产的管理、处分和债务承担等方面的问题。

各国法律对夫妻财产规定了不同的财产所有制，主要的类型有约定财产制、法定财产制和共同财产制、分别财产制。这必然引起法律冲突。对夫妻财产关系的法律冲突，各国主要采用的冲突规则为：

意思自治原则。部分国家把夫妻关系识别为一种特殊的契约关系，主张依意思自治原则解决夫妻财产关系的法律冲突。在采取意思自治原则的国家，又根据对当事人所选择的法律是否加以限制分为无限意思自治原则和有限意思自治原则。在夫妻对财产问题未订立契约，没有选择应适用的法律情况下，法院可以依婚姻关系的实际情况推定应适用的法律。

属人法。许多国家主张夫妻财产关系适用当事人属人法，只是在具体规定上有一些差异。

最密切联系原则。在夫妻对财产既没有约定应适用的法律，夫妻又无共同本国法、共同住所地法和惯常居所地法时，一些国家主张对准据法的确定适用与夫妻财产关系有最密切联系的法律。该条原则被确立在海牙《夫妻财产制法律适用公约》中。

准据法适用时的不变原则和可变原则。当出现由于法律的修改或连接因素的变动而引起的时际法律冲突时，夫妻财产关系的法律适用各国采用的原则有两种，即不变原则和可变原则。

六、案例分析题

1. **答案**：（1）对于乙提出的离婚请求，应该适用案件受理地法院国的法律，即中国法律来处理。

（2）对于遗产中的动产部分适用被继承人死亡时经常居所地的法律，即中国法律处理，遗产中的不动产部分适用各不动产所在地国家的法律处理。

2. **答案**：王某在西班牙的婚姻是有效的，符合双方当事人共同经常居所地即西班牙的有关法律规定。

本案涉及涉外婚姻的形式要件的法律适用问题。结婚，是指男女双方依法定条件自愿结合为夫妻的法律行为。结婚的法定条件可分为结婚的实质要件和结婚的形式要件，这是各国婚姻法的普遍规定。它作为一项强行法，不仅适用于纯属本国人之间的婚姻关系，也适用于涉外婚姻关系。

结婚的实质要件，是指结婚当事人必须具备的条件和必须排除的条件。这些条件有达到法定婚龄、婚姻当事人双方自愿、婚姻当事人没有近亲关系、婚姻当事人和其他人没有婚姻关系等。

结婚的形式要件，是指结婚必须具备的法律形式和法律手续。由于各国的立法对公民结婚的实质要件和形式要件规定不尽相同，因此，在婚姻家庭方面，必然引起法律冲突。

对于结婚实质要件的法律冲突问题，各国一般采用以下原则：

（1）适用婚姻缔结地法；

（2）适用当事人属人法；

（3）混合制，即为了有利婚姻关系的建立，无论采用结婚缔结地法还是采用属人法的国家，一般都采取兼采二者的变通的规定方法。

为了解决结婚形式要件之差异而产生的法律冲突，各国采用的原则有：

（1）适用婚姻缔结地法。依照“场所支配行为”的传统原则，各国对婚姻形式的有效性，普遍适用婚姻缔结地法。但也有适用婚姻缔结地法的例外的规定。

（2）领事婚姻。所谓领事婚姻，是指本国公民在外国结婚时，经驻在国许可，可以向本国的外交或领事代表机构办理手续，成立婚姻关系的一种方式。一般认为，凡经驻在国同意的领事婚姻，在驻在国、派遣国和第三国都是有效的；如驻在国或第三国对领事婚姻不予承认，就会被认为无效。

我国对涉外婚姻的法律适用问题的规定，即《涉外民事关系法律适用法》第21条规定：“结婚条件，适用当事人共同经常居所地法律；没有共同经常居所地的，适用共同国籍国法律；没有共同国籍，在一方当事人经常居所地或者国籍国缔结婚姻的，适用婚姻缔结地法律”，第22条规定：“结婚手续，符合婚姻缔结地法律、一方当事人经常居所地法律或者国籍国法律的，均为有效。”

在本案中，王某在西班牙侨居多年，在西班牙，天主教徒以在教堂举行结婚仪式为婚姻成立的形式要件，他们的婚姻符合共同经常居所地即西班牙的法律，因此应认定他们之间的婚姻有效。

3. 答案：本案属涉外离婚案件，中国公民在中国法院提起诉讼，根据我国民事诉讼法规定和有关的司法解释，中国公民和外国人在华要求离婚的，中国公民住所地法院享有管辖权；外国人在本国法院起诉，中国公民向人民法院起诉，受诉人民法院有权管辖。因此法院对该案享有管辖权。又根据《涉外民事关系法律适用法》第27条规定，诉讼离婚，适用法院地法律。因此，原则上该案的处理应当依据中国法律。但是该案中涉及分别位于两国的动产和不动产，根据我国法律对涉外特权法律适用立法和实践，对不动产特权的法律适用采取的是物之所在地法，因此，该案中所涉及的动产以及位于我国的不动产适用中国法律，而对位于美国的不动产适用美国的法律。

第十四章　继承的法律冲突法

基础知识图解

- 继承的法律冲突法
  - 法定继承的法律适用
    - 适用规则：区别制和同一制及其利弊
    - 继承准据法的适用范围：继承的开始、继承人继承的财产、继承份额和特留分、继承的承认与放弃、遗产管理、遗嘱的执行
    - 中国有关涉外法定继承法律适用的规定
  - 遗嘱的法律适用：遗嘱能力、方式、解释、撤销的法律适用
  - 无人继承财产的处理
    - 无人继承财产的概念及归属
    - 无人继承财产归属问题的法律适用
    - 中国有关涉外无人继承财产归属问题的法律规定

配套测试

一、单项选择题

1. 某中国公民在美国有住所，死于加拿大，其死亡时在英国遗有别墅一幢，对这幢别墅的继承应适用（　　）的法律。

A. 美国　　B. 中国

C. 英国　　D. 加拿大

2. 中国公民肖某韩国籍养父杰克在访美期间因病突然去世，杰克的住所在英国。在日本有一处别墅，在加拿大有一部分动产，一名叫格尔的英国男子自称是杰克的私生子，要求继承杰克的遗产，遂与肖某产生纠纷，肖某向中国法院起诉。本案中，对杰克遗产的继承，下列表述哪一项是正确的？（　　）

A. 动产适用英国法，不动产适用日本法

B. 动产适用加拿大法，不动产适用英国法

C. 动产适用中国法，不动产适用日本法

D. 动产适用韩国法，不动产适用英国法

3. 李某（具有中国国籍）长期居住在甲国，一年前移居乙国并取得当地住所。现李某去世而未立遗嘱。李某生前在中国有投资股权和银行存款。乙国关于法定继承的冲突规范规定，法定继承适用被继承人本国法律。现李某的丙国籍的儿子和女儿为继承李某在华的股权和存款发生争议，并诉诸中国法院。依照我国相关法律及司法解释，下列关于本案的法律适用哪项是正确的？（　　）（司考2006. 1. 37）

A. 应适用乙国法律，因为李某去世时居住在乙国

B. 应适用甲国法律，因为李某长期居住在甲国

C. 应适用丙国法律，因为李某的儿子和女儿均具有丙国国籍

D. 应适用中国法律，因为李某具有中国国籍，且争议的遗产位于中国

4. 国家对无人继承财产有继承权，国家可以特殊继承人或最后继承人的资格来继承无人继承财产，这种主张称为（　　）。

A. 继承权主义　　B. 先占权主义

C. 既得权说　　D. 特殊身份说

5. 在遗产的法定继承上，关于“同一制”的正确理解是（　　）。

A. 指对死者人格及财产的“普遍继承制度”
B. 指对死者遗产不问其所在地及财产性质，均适用遗产所在地法的制度
C. 指对死者遗产不问其所在地及财产性质，统一由死者属人法决定的制度
D. 指对死者遗产不问其所在地及财产性质，统一由法院地法解决的制度

6. 下列海牙公约中规定了“国际证书”的是（　）。
A.《遗嘱处分方式法律冲突公约》
B.《遗产国际管理公约》
C.《死者遗产继承的法律适用公约》
D.《关于婚姻财产制的海牙公约》

二、多项选择题

1. 经常居所在上海的瑞士公民怀特未留遗嘱死亡，怀特在上海银行存有100万元人民币，在苏黎世银行存有10万欧元，且在上海与巴黎各有一套房产。现其继承人因遗产分割纠纷诉至上海某法院。依中国法律规定，下列哪些选项是正确的？（　　）（司考2016.1.78）
A. 100万元人民币存款应适用中国法
B. 10万欧元存款应适用中国法
C. 上海的房产应适用中国法
D. 巴黎的房产应适用法国法

2. 经常居所地在上海的甲国公民佩罗通过短视频留下遗嘱。现佩罗遗产继承纠纷诉至中国某人民法院，依照中国相关法律规定，下列哪些选项是不正确的？（　　）
A. 该遗嘱方式须符合中国法或甲国法，遗嘱才能成立
B. 如需适用甲国法解决本案纠纷，而双方当事人对甲国法内容有异议，人民法院应认定甲国法无法查明
C. 如佩罗立遗嘱时，甲国已禁止本国人使用快猫公司的短视频产品，则该遗嘱无效
D. 该遗嘱的效力可以适用中国法或甲国法

三、名词解释

1. 法定继承
2. 区别制
3. 遗嘱
4. 无人继承财产

四、简答题

1. 国家取得无人继承财产的根据是什么？关于无人继承财产归属问题的法律适用有什么不同的主张？
2. 遗产继承的同一制与区别制。（西北政法大学2005年、中国政法大学2011年考研真题）

五、论述题

请结合我国现行的国际私法立法，阐述和分析我国在涉外物权、债权、婚姻及继承等方面的法律适用规则。

六、案例分析题

1. 一位曾侨居加拿大的华侨有三个子女，其中一子一女在国外定居，一女在广州定居。2016年该华侨在妻子亡故后回国同在广州的女儿住在一起，2019年，该华侨因病在广州去世，未留下遗嘱。该华侨的遗产（包括他委托其子经营的一家小餐馆、房产和部分存款及股票）在加拿大，约价值40万美元；另在广州有11万美元的存款、旅行支票和现金以及价值8万元人民币的一套公寓住房。他的子女因继承问题发生纠纷，其在广州的女儿向我国人民法院提起诉讼。

问题：我国人民法院对该案是否有管辖权？有管辖权的法院会适用什么法律？

2. 吴某系上海某大学教师，2003年辞去工作到日本留学。2005年在即将回国前夕，吴某在日本大阪市骑自行车上班途中被疾驶而来的小轿车撞倒，经抢救无效，不幸身亡。消息传到上海，其在上海工作的妻子周某以全权代理人身份由吴某大哥陪同，东渡日本，料理后事。吴某之妻周某委托日本律师与肇事方洽谈赔偿事宜。经过双方努力，达成赔偿协议。按照协议，周某获得以下赔偿：（1）“逸失利益”，即假定吴某健在，从死亡时至退休时止可以获得的经济收入。（2）“精神损害赔偿费”，即对受害人的父母、子女、配偶在精神上的损失所进行

的赔偿。（3）对自行车的损害进行的赔偿。此外，吴某在日本曾投保了人身保险，为此日本保险公司支付了500万日元的保险金。周某与吴某的大哥带着保险金和赔偿金70余万元人民币回到上海。对于周某从日本带回的赔偿金和保险金如何分配，吴某的父母及兄弟姐妹与吴某妻子周某发生争执，无法解决。为避免引起冲突，吴某的父母及兄弟姐妹（以下简称吴方）以吴某之妻周某及女儿（6岁）为被告，起诉于法院。（中国政法大学2006年考研真题）

问题：（1）"逸失利益"是否属于遗产？

（2）"精神损害赔偿费"是否属于遗产？

（3）保险金是否属于遗产？

（4）自行车的赔偿金是否属于遗产？

参考答案

一、单项选择题

1. **答案**：C。不动产依不动产所在地法。
2. **答案**：A。动产继承适用被继承人死亡时的经常居所地法原则，即动产继承的继承范围、继承顺序、应继份额等，均由被继承人死亡时的经常居所地法决定；不动产适用不动产所在地法原则。
3. **答案**：A。《涉外民事关系法律适用法》第31条规定，法定继承，适用被继承人死亡时经常居所地法律，但不动产法定继承，适用不动产所在地法律。
4. **答案**：A。继承权主义认为国家对无人继承的财产有继承权，这是德国著名国际私法学家萨维尼提出来的。
5. **答案**：C。继承准据法的同一制，是指遗产不分动产与不动产，其继承为一个整体统一适用被继承人属人法。
6. **答案**：B。为了求得在遗产管理上的协调，海牙国际私法会议于1973年通过了《遗产国际管理公约》，规定了一种并不为大陆法系所熟悉的"国际证书"制度。这种国际证书，凡由死者生前惯常居所地的缔约国的有关机构依公约所附格式及自己的法律作出的，应得到其他缔约国的承认。证书载有遗产证书持有人的姓名以及其他依据一定的法律，有权对所有遗产中的有体或无体动产为有效的法律行为，并得为这类遗产的利益而从事活动的权利。

二、多项选择题

1. **答案**：ABCD。《涉外民事关系法律适用法》第31条规定："法定继承，适用被继承人死亡时经常居所地法律，但不动产法定继承，适用不动产所在地法律。"故A、B、C、D正确。
2. **答案**：ABC。《涉外民事关系法律适用法》第32条规定："遗嘱方式，符合遗嘱人立遗嘱时或者死亡时经常居所地法律、国籍国法律或者遗嘱行为地法律的，遗嘱均为成立。"据此，符合三者其一的，遗嘱即可成立。本题中，甲国是佩罗的国籍国，中国是佩罗立遗嘱时的经常居所地，而遗嘱行为地题中并未明确，因此"该遗嘱方式须符合中国法或甲国法，遗嘱才能成立"的说法过于绝对，故A项错误。根据《最高人民法院关于适用〈中华人民共和国涉外民事关系法律适用法〉若干问题的解释（一）》（2020修正）第15条规定，认定为不能查明外国法律的情形有二：（1）人民法院通过由当事人提供、已对中华人民共和国生效的国际条约规定的途径、中外法律专家提供等合理途径仍不能获得外国法律的，可以认定为不能查明外国法律。（2）当事人应当提供外国法律，其在人民法院指定的合理期限内无正当理由未提供该外国法律的，可以认定为不能查明外国法律。据此，对外国法律有异议，并非认定为不能查明外国法律的理由。故B项错误。《涉外民事关系法律适用法》第33条规定："遗嘱效力，适用遗嘱人立遗嘱时或者死亡时经常居所地法律或者国籍国法律。"本题中，甲国为佩罗的国籍国，中国为佩罗立遗嘱时的经常居所地，因此该遗嘱的效力可以适用中国法或甲国法，故D项正确。因为法院可以选择适用法律，完全可以排除适用甲国法，而适用中国法。此外，即便适用甲国法，禁止使用快猫短视频也与遗嘱的效力没有法律意义上的关联。故C项错误。

三、名词解释

1. **答案**：是指被继承人未留下遗嘱或遗嘱无效或遗嘱继承人拒绝继承遗产时，依法律的规定进行继承的制度。所以法定继承也称无遗嘱继承。
2. **答案**：在国际私法上区别制又称分割制，是指在涉外继承中，主张就死者的遗产区分为动产和不动产，分别适用不同的准据法，即动产适用死者的属人法，不动产适用物之所在地法。这一制度最早是由14世纪意大利法则区别说创始人巴托鲁斯的弟子巴尔特提出来的。
3. **答案**：是立遗嘱人生前对其财产进行处分并于死后发生效力的单方法律行为。
4. **答案**：是指尽管继承已经开始，但在法定期限内，没有人接受继承或受领遗赠。

四、简答题

1. **答案**：(1) 对国家以什么资格取得无人继承财产的问题，主要有两种不同的立法实践与学说。一是根据国家领土主权，国家将无人继承财产视为无主物，通过先占权而取得无人继承财产，如英国、美国的大部分州。二是将国家作为最终的法定继承人取得无人继承财产，如德国、意大利等国。(2) 解决无人继承财产归属法律冲突的冲突规则主要有两种：一是适用被继承人的属人法，如德国。二是适用财产所在地法，如英国。适用被继承人属人法的国家多是主张继承权主义的国家，适用遗产所在地法的国家往往是主张依先占权取得无人继承财产的国家。
2. **答案**：继承准据法的区别制也称分割制，是指把遗产分为动产与不动产，分别对其规定不同的冲突规则去援引准据法，即动产继承适用被继承人属人法，不动产继承适用不动产所在地法。同一制也称单一制，是指遗产不分动产或不动产，其继承关系作为一个整体统一适用同一冲突规范所指向的实体法，即被继承人属人法（本国法或住所地法）。

五、论述题

答案：(1) 关于物权的规定：《涉外民事关系法律适用法》第36条规定，不动产物权，适用不动产所在地法律。第37条规定，当事人可以协议选择动产物权适用的法律。当事人没有选择的，适用法律事实发生时动产所在地法律。第38条规定，当事人可以协议选择运输中动产物权发生变更适用的法律。当事人没有选择的，适用运输目的地法律。第39条规定，有价证券，适用有价证券权利实现地法律或者其他与该有价证券有最密切联系的法律。第40条规定，权利质权，适用质权设立地法律。《海商法》第270条规定："船舶所有权的取得、转让和消灭，适用船旗国法律。"第271条规定："船舶抵押权适用船旗国法律。船舶在光船租赁以前或者光船租赁期间，设立船舶抵押权的，适用原船舶登记国的法律。"第272条规定："船舶优先权，适用受理案件的法院所在地法律。"《民用航空法》（2021修正）第185条规定："民用航空器所有权的取得、转让和消灭，适用民用航空器国籍登记国的法律。"第186条规定："民用航空器抵押权适用民用航空器国籍登记国法律。"第187条规定："民用航空器优先权适用受理案件的法院所在地法律。"

(2) 关于债权的规定：集中体现在《涉外民事关系法律适用法》第六章"债权"的规定中。此外，《海商法》第269条和《民用航空法》（2021修正）第188条也对相关涉外合同的法律适用作了同样的规定。这些法律的规定在确定涉外合同的一般法律适用原则时采用了意思自治原则为首要原则，最密切联系原则为补充原则的做法，这也是我国学者对涉外合同基本问题法律适用的普遍观点和主张。

(3) 关于婚姻的规定：主要是《涉外民事关系法律适用法》第21、22条。结婚条件，适用当事人共同经常居所地法律；没有共同经常居所地的，适用共同国籍国法律；没有共同国籍，在一方当事人经常居所地或者国籍国缔结婚姻的，适用婚姻缔结地法律。结婚手续，符合婚姻缔结地法律、一方当事人经常居所地法律或者国籍国法律的，均为有效。

(4) 关于继承的规定：主要规定在《涉外民事关系法律适用法》第四章，第31至35条。

六、案例分析题

1. **答案**：我国法院有管辖权，因为根据我国民事诉讼法的有关规定，继承遗产纠纷提起的诉讼由被继承人死亡时住所地或主要遗产所在地人民法院管辖；此案中所有动产及位于我国境内的不动产应适用我国法律，而位于加拿大的不动产则应适用加拿大的法律。

2. **答案**：(1) 根据法院地中国法识别，“逸失利益”应属于夫妻共同财产，分割后吴某部分属于遗产。

(2) “精神损害赔偿费”是对吴某有关亲人的赔偿，不属于遗产。

(3) 保险金属于遗产。

(4) 自行车专属于吴某人身，应属于遗产。

第十五章　海事的法律冲突法

基础知识图解

海事的法律冲突法
- 船舶碰撞损害赔偿的法律适用规则：侵权行为地法、法院地法、船旗国法
- 海难救助的法律适用规则：意思自治与最密切联系原则、船旗国法、行为地法、法院地法
- 共同海损的法律适用规则：意思自治、船旗国法、理算地法、法院地法、航程终止地法
- 海事赔偿责任限制的法律适用
  - 海事赔偿责任限制的概念
  - 适用规则：法院地法、船旗国法、最密切联系原则

配套测试

一、单项选择题

1. 中国甲公司将其旗下的东方号货轮光船租赁给韩国乙公司，为便于使用，东方号的登记国由中国变更为巴拿马。现东方号与另一艘巴拿马籍货轮在某海域相撞，并被诉至中国某海事法院。关于本案的法律适用，下列哪一选项是正确的？(　　)（司考 2017.1.37）

A. 两船碰撞的损害赔偿应适用中国法

B. 如两船在公海碰撞，损害赔偿应适用《联合国海洋法公约》

C. 如两船在中国领海碰撞，损害赔偿应适用中国法

D. 如经乙公司同意，甲公司在租赁期间将东方号抵押给韩国丙公司，该抵押权应适用中国法

2. 根据我国《海商法》的规定，涉外船舶优先权的问题适用（　　）。

A. 受理案件的法院所在地法

B. 当事人本国法

C. 船旗国法

D. 中国法

3. 两艘都悬挂英国国旗的船舶，在我国领海内发生碰撞，并在我国某海事法院进行诉讼，我国法院对于它们之间的损害赔偿，应该适用（　　）法律。

A. 碰撞发生地

B. 船旗国

C. 被碰撞船舶登记地

D. 加害船舶最先到达地

4. 一艘悬挂巴拿马国旗并由一巴西海运公司经营的海船，运送一批属一家日本公司的货物从日本到中国，在韩国附近海域发生意外。为了安全完成本航程，该海船驶入韩国某港口避难，发生共同海损，后在中国某港口进行理算。该共同海损理算应适用什么法律？(　　)

A. 船旗国法律

B. 共同海损发生地法律

C. 巴西的法律

D. 理算地法律

5. 我国的中远公司和挪威一家远洋公司签订了购买挪威公司所有的一只船舶合同，该船在巴拿马登记，悬挂巴拿马的国旗。问这一买卖合同应适用的法律是（　　）。

A. 中国法　　B. 挪威法

C. 巴拿马法　　D. 交付地法

6. 巴拿马籍货轮“安达号”承运一批运往中国的货物，中途停靠韩国。“安达号”在韩国停靠卸载同船装运的其他货物时与利比里亚籍“百利号”相碰。“安达号”受损但能继续航

行，并得知“百利号”最后的目的港也是中国港口。“安达号”继续航行至中国港口卸货并在中国某海事法院起诉“百利号”，要求其赔偿碰撞损失。依照我国法律，该法院处理该争议应适用下列哪一国法律？（　　）（司考 2007. 1. 37）

A. 中国法律，因为本案两船国籍不同，应适用法院地法处理争议

B. 巴拿马法律，因为它是本案原告船舶的国籍国

C. 利比里亚法律，因为它是本案被告船舶的国籍国

D. 韩国法律，因为韩国是侵权行为地

二、多项选择题

1. 依照我国《海商法》的规定，下列法律关系中哪些适用船旗国法律？（　　）

A. 关于船舶所有权的取得、转让和消灭

B. 关于船舶的抵押权

C. 关于船舶的优先权

D. 关于船舶买卖合同中的卖方的义务

2. 依照我国法律的规定，我国法院在审理涉外案件时适用我国法的情况有哪些？（　　）

A. 关于船舶优先权的法律适用

B. 关于民用航空器的优先权的法律适用

C. 关于离婚的法律适用

D. 关于合同的法律适用

3. 菲律宾籍船舶“科恩”号在公海航行时与巴拿马籍货轮“明理”号相撞。船舶碰撞案在中国法院审理时，下列关于法律适用问题的选项哪些是正确的？（　　）

A. 适用中国法

B. 菲律宾法律和巴拿马法律的重叠适用

C. 如果“科恩”号、“明理”号均为巴拿马籍船舶，应适用中国法

D. 如果“科恩”号、“明理”号均为巴拿马籍船舶，应适用巴拿马法

4. 中国甲公司与德国乙公司签订了进口一批仪器的国际货物买卖合同，合同约定有关合同的一切争议适用德国法。此批货物由新加坡籍货轮“比西”号承运，并投保了一切险。“比西”号在印度洋公海航行时与巴拿马籍货轮“丽莎”号相撞。“比西”号船长为了避免该轮沉没采取了自愿搁浅的措施。“比西”号在救助人的帮助下进入了避难港，经修理继续航行到达中国目的港。但在途中突遇特大暴风雨，使部分仪器湿损。以上各方当事人如发生诉讼，下列关于法律适用问题的选项哪些是正确的？（　　）

A. 如果该船舶碰撞案在中国法院审理，应适用中国法

B. 如果该船舶碰撞案在中国法院审理，应适用侵权行为地法

C. 如果有关该国际货物买卖合同的争议在中国法院审理，应适用中国法

D. 如果有关该国际货物买卖合同的争议在中国法院审理，应适用德国法

5. 我国对于涉外海商法律关系的法律适用中，援用受理案件的法院地法的情况包括（　　）。

A. 船舶优先权

B. 船舶在公海上发生碰撞的损害赔偿

C. 海事赔偿责任限制

D. 船舶抵押权

6. 依照我国《海商法》相关规定，下列哪些诉讼应适用受理案件的法院所在地法律？（　　）（司考 2006. 1. 82）

A. 我国法院受理的关于海事赔偿责任限制的诉讼

B. 我国法院受理的关于船舶优先权的诉讼

C. 同一国籍的船舶在公海上发生碰撞而在我国法院进行的诉讼

D. 不同国籍的外国船舶在公海上发生的碰撞而在我国法院进行的诉讼

7. 据我国有关冲突规范，船旗国法律可以支配（　　）。

A. 船舶所有权的取得、转让和消灭

B. 船舶抵押权

C. 共同海损

D. 同一国籍的船舶在任何地方所发生的碰撞船舶之间的损害赔偿

8. 根据我国《海商法》的有关规定，下列说法中正确的有（　　）。

A. 船舶所有权的取得、转让和消灭，适用船旗国法律

B. 船舶抵押权适用抵押行为所在地法律
C. 船舶在光船租赁期间设立船舶抵押权的，适用原船舶登记国的法律
D. 船舶优先权，适用受理案件的法院所在地法律

9. 甲国贸易公司航次承租乙国籍货轮“锦绣”号将一批货物从甲国运往中国，运输合同载有适用甲国法律的条款。“锦绣”号停靠丙国某港时与丁国籍轮“金象”号相撞，有关货损和碰撞案在中国法院审理。关于该案的法律适用，下列哪些选项是正确的？(　　)
A. 有关航次租船运输合同的争议应适用与合同有最密切联系的法律
B. 有关航次租船运输合同的争议应适用甲国法律
C. 因为“锦绣”号与“金象”号的国籍不同，两轮的碰撞纠纷应适用法院地法解决
D. “锦绣”号与“金象”号的碰撞应适用丙国法律

10. 依照《海商法》相关规定，下列哪些诉讼应适用受理案件的法院所在地法律？(　　)
A. 我国法院受理的关于海事赔偿责任限制的诉讼
B. 我国法院受理的关于船舶优先权的诉讼
C. 同一国籍的船舶在公海上发生碰撞而在我国法院进行的诉讼
D. 不同国籍的外国船舶在公海上发生的碰撞而在我国法院进行的诉讼

三、不定项选择题

1. 中国某远洋运输公司所属“南平”号货轮是一艘航行于广州与旧金山之间的定期货轮，1998 年 6 月，“南平”号货轮装载广州 A 公司、英国 B 公司、泰国 C 公司三家公司的货物驶往旧金山。航行至夏威夷附近，遇到大风浪，船舶随时面临颠覆的危险，不得已船长命令抛弃装在舱面上的广州 A 公司、泰国 C 公司的货物，船舶勉强渡过难关。但船舶出现了故障，为了安全，“南平”号驶入夏威夷港口进行维修，维修过程中，支付港口费、维修费若干美元，因修船而卸载船上货物，造成数万美元损失。船修好后，“南平”号继续驶往旧金山。两天后，“南平”号在公海上与一日本船舶相撞，两船都受到严重损害，“南平”号上英国 B 公司的货物也受到损害。后当“南平”号返回广州时，各方当事人发生争议，并在广州市海事人民法院诉讼。请根据《海商法》的规定，回答下列问题：

(1) 下列哪些属于共同海损？(　　)
A. 广州 A 公司的货损
B. 泰国 C 公司的货损
C. 修船期间所付费用及卸载货物的损失
D. 英国 B 公司的货损

(2) 假设该案中的共同海损在德国汉堡进行理算，广州市海事人民法院在审理中对当事人就共同海损的争议，应适用(　　)。
A. 中国法　　B. 德国法
C. 泰国法　　D. 美国法

(3) “南平”号在公海上与日本船舶相撞的损害赔偿，适用(　　)。
A. 日本法　　B. 中国法
C. 美国法　　D. 英国法

(4) 本案中的海事赔偿限制，适用(　　)。
A. 泰国法　　B. 日本法
C. 中国法　　D. 英国法

2. 2018 年 10 月，英国甲公司在上海海事法院起诉我国乙公司，要求实现其对乙公司所有的货轮“前进号”享有的抵押权。经法院查明，“前进号”是乙公司从新加坡一家远洋公司购买来的，价款已经付清，但是尚未变更登记。“前进号”登记的国家为希腊。问法院应当适用何国法律来解决这起纠纷？(　　)
A. 中国法　　B. 新加坡法
C. 英国法　　D. 希腊法

3. 某批中国货物由甲国货轮“盛京”号运送，提单中写明有关运输争议适用中国《海商法》。“盛京”号在公海航行时与乙国货轮“万寿”号相撞。两轮先后到达中国某港口后，“盛京”号船舶所有人在中国海事法院申请扣押了“万寿”号，并向法院起诉要求“万寿”号赔偿依其过失比例造成的撞碰损

失。根据中国相关法律规定，下列选项正确的是：(　　)。(司考 2010.1.99)

A. 碰撞损害赔偿应重叠适用两个船旗国的法律

B. “万寿”号与“盛京”号的碰撞争议应适用甲国法律

C. “万寿”号与“盛京”号的碰撞争议应适用中国法律

D. “盛京”号运输货物的合同应适用中国《海商法》

四、名词解释

1. 海事物权
2. 船舶所有权
3. 船舶优先权
4. 海难救助
5. 共同海损
6. 海事赔偿责任限制

五、简答题

我国《海商法》对船舶所有权、船舶抵押权和船舶优先权的法律适用有什么规定？

六、论述题

根据我国《海商法》的规定，阐述我国关于海事关系法律适用的原则。

七、案例分析题

1. 一条载货船从青岛港出发驶往日本，在航行途中货船起火，大火蔓延至机舱。船长为了船货的共同安全，命令采取紧急措施，往舱中灌水灭火。火扑灭后，由于主机受损，无法继续航行。船长雇用拖船将货船拖回青岛修理，检验后重新将货物运往日本。事后经调查，此次事件造成的损失有如下几项：(1) 1500 箱货物因灌水灭火受到损失、主机和部分甲板被烧坏；(2) 雇用拖船费用；(3) 额外增加的燃料和船长、船员工资。

　　问题：(1) 以上各项损失，哪些属共同海损？

　　(2) 本案如在日本进行理算，根据《海商法》的规定，当事人就海损理算的争议应适用哪个国家的法律？

2. 2015 年 5 月，两艘货轮在我国渤海海域相撞，被迫停靠在大连港。事故发生后，原告向大连海事法院起诉。相撞的两船都是新加坡籍，其中一艘由日本出发，驶往山东烟台港，另一艘由新加坡某港出发，驶往天津港。大连海事法院受理了此案。原告认为，损害发生在渤海水域，而渤海是中国的内海，因此侵权行为地是中国，应适用中国法律。而被告认为两船的船旗国都是新加坡籍，因此，应适用新加坡法律。

　　问题：本案应适用哪国法律作为确定损害赔偿应适用的法律？为什么？

参考答案

一、单项选择题

1. **答案**：D。《海商法》第 273 条第 3 款规定：“同一国籍的船舶，不论碰撞发生于何地，碰撞船舶之间的损害赔偿适用船旗国法律。”本题中，东方号与货轮船旗国均为巴拿马，不论碰撞发生于何地，两船碰撞的损害赔偿均应适用巴拿马法。故 A、B、C 错误。

　　《海商法》第 271 条第 2 款规定：“船舶在光船租赁以前或者光船租赁期间，设立船舶抵押权的，适用原船舶登记国的法律。”故 D 正确。

2. **答案**：A。《海商法》第 272 条规定：“船舶优先权，适用受理案件的法院所在地法律。”

3. **答案**：B。《海商法》第 273 条第 3 款规定：“同一国籍的船舶，不论碰撞发生于何地，碰撞船舶之间的损害赔偿适用船旗国法律。”

4. **答案**：D。本题考查的是共同海损的法律适用。《海商法》第 274 条规定：“共同海损理算，适用理算地法律。”

5. **答案**：C。船舶和不动产一样，所有权以登记为准。在哪一国登记，就应当悬挂哪一国的国旗，这个国家称为船旗国。虽然中远购买的船舶为挪威公司所有，但是该船的船旗国为巴拿马，根据《海商法》第 270 条“船舶所有权的取得、转让和消灭，适用船旗国法律”之规定，这里应该适用巴拿马的法律。

6. **答案**：D。本题考查船舶碰撞的法律适用。参见《海商法》第 273 条。

二、多项选择题

1. **答案**：AB。参见《海商法》第 270 条至第 274 条规定。
2. **答案**：ABC。参见《涉外民事关系法律适用法》第 27 条、《海商法》第 272 条、《民用航空法》（2021 修正）第 187 条之规定。
3. **答案**：AD。参见《海商法》第 273 条规定。
4. **答案**：AD。我国《海商法》第 273 条规定："船舶碰撞的损害赔偿，适用侵权行为地法律。船舶在公海上发生碰撞的损害赔偿，适用受理案件的法院所在地法律……"合同争议依照当事人的约定。
5. **答案**：ABC。法院地法是审理涉外案件的法院所在地国的法律，一般用来解决诉讼程序的法律冲突，在海事法律关系中，主要适用于船舶优先权和海事赔偿责任限制的案件。
6. **答案**：ABD。《海商法》第 275 条规定："海事赔偿责任限制，适用受理案件的法院所在地法律。"故 A 正确。第 272 条规定："船舶优先权，适用受理案件的法院所在地法律。"故 B 正确。第 273 条规定："船舶碰撞的损害赔偿，适用侵权行为地法律。船舶在公海上发生碰撞的损害赔偿，适用受理案件的法院所在地法律。同一国籍的船舶，不论碰撞发生于何地，碰撞船舶之间的损害赔偿适用船旗国法律。"故 C 错误，D 正确。由此可知，本题答案为 ABD。
7. **答案**：ABD。船旗国法常用来解决船舶物权和同一国籍的船舱之间的碰撞问题。例如：船舶所有权的取得、转让和消灭，船舶的抵押权等，通常适用船舶的属人法即船旗国法。
8. **答案**：ACD。参见《海商法》第 270、271、272、273 条。
9. **答案**：BD。参见我国《海商法》第 269、273 条的规定。
10. **答案**：ABD。参见《海商法》第 275、272 条的规定。

三、不定项选择题

1. **答案**：（1）ABC。《海商法》第 193 条第 1 款规定："共同海损，是指在同一海上航程中，船舶、货物和其他财产遭遇共同危险，为了共同安全，有意地合理地采取措施所直接造成的特殊牺牲、支付的特殊费用。"（2）B。《海商法》第 274 条规定："共同海损理算，适用理算地法律。"（3）B。参见《海商法》第 273 条第 2 款。（4）C。《海商法》第 275 条规定："海事赔偿责任限制，适用受理案件的法院所在地法律。"
2. **答案**：D。船舶应当悬挂登记国的国旗，故登记国又称为船旗国。依据《海商法》第 271 条的规定，船舶抵押权适用船旗国的法律。因此法院应当适用希腊法。
3. **答案**：CD。《海商法》第 273 条规定，船舶碰撞的损害赔偿，适用侵权行为地法律。船舶在公海上发生碰撞的损害赔偿，适用受理案件的法院所在地法律。同一国籍的船舶，不论碰撞发生于何地，碰撞船舶之间的损害赔偿适用船旗国法律。A 错误，B 错误，C 正确。D 项正确，因为《海商法》第 269 条规定，合同当事人可以选择合同适用的法律，法律另有规定的除外。合同当事人没有选择的，适用与合同有最密切联系的国家的法律。《海商法》是允许运输合同的当事人意思自治选择法律的，本题中提单中写明有关运输争议适用中国《海商法》，所以运输合同应适用中国《海商法》。

四、名词解释

1. **答案**：是指权利人直接对船舶行使并排除他人干涉的权利，通常包括船舶所有权、船舶抵押权和船舶优先权。
2. **答案**：是指船舶所有人依法对船舶享有占有、使用、受益、处分的权利。除了具有普通民法上所有权的特征外，船舶所有权还具有自己的特性：（1）船舶所有权的主体是船舶所有人，但有些国家、船舶经营人也可以成为船舶所有权的主体。（2）船舶所有权的客体是船舶，但由于船舶是合成物，船舶所有权的客体应该包括锚和索具等属具。（3）船舶所有权的取得、转让和消灭应当进行登记。
3. **答案**：又称为船舶优先请求权、海上优先请求权、海上留置权和优先受偿权等，它是指海事请求人依照法律的规定向船舶所有人、光船承租人、船舶经营人提出海事请求，对产生该海事请求的船舶具有优先受偿的权利。船舶优先权是法定权利，具有秘密性、优先性、追及性和法定性。其行使和实施必须通过法院对船舶的扣押、拍卖程序。

4. 答案：是指对在海上遭遇灾难的船舶、货物及其相关的运费及与被救助财产有牵连的人，由外来力量对其进行救助的商业活动或法律行为。实施救助的外来力量可以是从事救助工作的专业救助人，也可以是邻近过往的船只和人员。

5. 答案：是海事法所特有的制度，是指在同一海上航程中，船舶、货物和其他财产遭遇共同危险时，为了共同安全，有意地、合理地采取措施所直接造成的特殊牺牲、支付的特殊费用。

6. 答案：有别于民法中的一般损害赔偿原则。它是指在发生重大海损事故时，作为责任人的船舶所有人、经营人和承租人等，可根据法律的规定，将其赔偿责任限制在一定范围内的法律制度。

五、简答题

答案：（1）《海商法》第270条规定：“船舶所有权的取得、转让和消灭，适用船旗国法律。”（2）该法第271条规定：“船舶抵押权适用船旗国法律。船舶在光船租赁以前或者光船租赁期间，设立船舶抵押权的，适用原船舶登记国的法律。”（3）该法第272条规定：“船舶优先权，适用受理案件的法院所在地法律。”

六、论述题

答案：（1）国际公约优先原则。《海商法》规定：“中华人民共和国缔结或者参加的国际条约同本法有不同规定的，适用国际条约的规定；但是，中华人民共和国声明保留的条款除外。”海事国际公约的存在充分表明各国对减少海事法律冲突的愿望与要求，对协调相互之间的利益具有重要意义。在处理国际公约与国内法的关系上，一些国家遵循了国际公约优先的原则，从而使海事方面的国际公约得到各缔约国和参加国的预先适用。

（2）国际惯例补缺原则。《海商法》规定：“中华人民共和国法律和中华人民共和国缔结或者参加的国际条约没有规定的，可以适用国际惯例。”国际航运惯例是在国际航运惯例中经过长期反复实践逐渐形成的为大多数国家所接受的具有法律约束力的行为规则。这种国家航运惯例，具有灵活性和实用性的特点，可以弥补国际公约及有关国内法的不足。

（3）意思自治与最密切联系原则。《海商法》规定：“合同当事人可以选择合同适用的法律，法律另有规定的除外。合同当事人没有选择的，适用与合同有最密切联系的国家的法律。”意思自治原则在解决涉外海事合同法律冲突问题上发挥了不可低估的作用。当事人自主选择适用于海事合同的法律，有利于当事人预见法律行为的后果，并维护法律关系的稳定性。

七、案例分析题

1. 答案：（1）属于共同海损的有：因灌水灭火受损的1500箱货物；雇用拖船的费用；额外增加的燃料和船长、船员的工资。

（2）如在日本理算，根据《海商法》第274条的规定，共同海损理算，适用理算地法律，该案应适用日本法律。

2. 答案：应适用新加坡法。本案是一起涉外侵权案，且双方均为新加坡籍船舶，根据《海商法》规定，同一国籍的船舶，不论碰撞发生于何地，碰撞船舶之间的损害赔偿均适用船旗国法律。

本案涉及国际私法中的侵权行为及其法律适用的问题。

侵权行为指以作为或不作为的方式不法侵害他人财产或人身权利的行为。因此种行为而致使他人受到损害而产生的以承担民事赔偿为内容的债权债务关系，称为侵权行为之债。在这种债的关系中，受害人是债权人，有要求加害人赔偿自己损失的权利，加害人是债务人，有赔偿受害者损失的义务。

国际私法中的侵权行为之债，是指含有

涉外因素的侵权行为之债，即侵权行为之债的当事人一方或双方为外国人，或者侵权行为地在外国。对这种侵权行为之债如何确定准据法，从理论和各国立法实践来看，主要有以下几种原则：

(1) 侵权行为地法。侵权行为之债适用侵权行为地法，这是国际私法最早确立的一个原则。在法则区别说时期就已开始采用，其后几乎被世界各国立法普遍接受。

(2) 法院地法。一些学者主张侵权行为之债适用法院地法，早期的许多国家也采用过这一原则。

(3) 重叠适用侵权行为地法和法院地法。这是目前大多数国家在立法和司法实践中普遍采用的一项原则。

(4) 共同本国法或共同住所地法。现在也有一些国家的立法规定，侵权行为之债如果加害人和受害人是同一国家的公民或在同一国家有住所，适用当事人双方共同的本国法或共同的住所地法。

(5) 最密切联系原则。以最密切联系原则确定侵权行为之债的准据法，是国际上近年来最新流行的一种做法。我国对于侵权行为之债准据法的确定，参考了目前国际上有关规定以及各种理论主张。《涉外民事关系法律适用法》第44条规定，侵权责任，适用侵权行为地法律，但当事人有共同经常居所地的，适用共同经常居所地法律。侵权行为发生后，当事人协议选择适用法律的，按照其协议。另外，《海商法》第273条第3款规定：同一国籍的船舶，不论碰撞发生于何地，碰撞船舶之间的损害赔偿适用船旗国法律。

本案中，两艘船舶在中国渤海海域发生碰撞，侵权行为地在中国，但两艘船都是新加坡籍，既可以适用中国法律，也可以适用新加坡法律。而依照《海商法》的规定，两船同为新加坡籍，无论碰撞发生于何地，碰撞船舶之间的损害赔偿都应适用船旗国法律。《最高人民法院关于适用〈中华人民共和国涉外民事关系法律适用法〉若干问题的解释（一）》(2020修正）第3条第1款规定，涉外民事关系法律适用法与其他法律对同一涉外民事关系法律适用规定不一致的，适用涉外民事关系法律适用法的规定，但《中华人民共和国票据法》《中华人民共和国海商法》《中华人民共和国民用航空法》等商事领域法律的特别规定以及知识产权领域法律的特别规定除外。本案中，大连海事法院应以新加坡法律作为侵权行为之债的准据法。

第十六章 票据的法律冲突法

基础知识图解

票据的法律冲突法
- 票据的法律冲突
  - 票据与涉外票据的概念
  - 票据的法律冲突
- 票据关系的法律适用原则：票据债务人行为能力、行为方式、债务人义务、追索权行使期限、权利保全与行使及涉外票据的提示期限、拒绝证明出具方式的法律适用

配套测试

一、单项选择题

1. 中国公民李某在柏林签发一张转账支票给德国甲公司用于支付货款，付款人为中国乙银行北京分行；甲公司在柏林将支票背书转让给中国丙公司，丙公司在北京向乙银行请求付款时被拒。关于该支票的法律适用，依中国法律规定，下列哪一选项是正确的？（　　）（司考 2017. 1. 36）

A. 如李某依中国法为限制民事行为能力人，依德国法为完全民事行为能力人，应适用德国法

B. 甲公司对该支票的背书行为，应适用中国法

C. 丙公司向甲公司行使票据追索权的期限，应适用中国法

D. 如丙公司不慎将该支票丢失，其请求保全票据权利的程序，应适用德国法

2. 依照《票据法》的规定，原则上票据债务人的民事行为能力的准据法为（　　）。

A. 票据债务人的本国法

B. 票据债务人的住所地法

C. 法院地法

D. 当事人选择的法律

3. 根据《票据法》的有关规定，涉外票据丧失时，失票人请求保全票据权利的程序适用（　　）。

A. 出票地法律

B. 付款地法律

C. 当事人协商的法律

D. 票据债务人的本国法

4. 票据上权利的行为方式和登记行为方式，一般只适用（　　）。

A. 法院地法　　　　B. 行为地法

C. 物之所在地法　　D. 当事人属人法

5. 凡是涉及货币本身的各种问题，诸如货币含金量、使用范围、与其他国家货币的比率等均适用（　　）。

A. 当事人自主选择的法律

B. 法院地法律

C. 货币所属国法律

D. 依最密切联系原则确定的法律

6. 甲国人罗得向希姆借了一笔款。罗得在乙国给希姆开具一张 5 万美元的支票，其记载的付款人是罗得开立账户的丙国银行。后丙国银行拒绝向持有支票的希姆付款。因甲国战乱，希姆和罗得移居中国经商并有了住所，希姆遂在中国某法院起诉罗得，要求其支付 5 万美元。关于此案的法律适用，下列哪一选项是正确的？（　　）（司考 2009. 1. 35）

A. 该支票的追索应适用当事人选择的法律
B. 该支票追索权的行使期限应适用甲国法律
C. 该支票的记载事项适用乙国法律
D. 该支票记载的付款人是丙国银行，罗得的行为能力应适用丙国法

7. 甲公司在中国签发一张以德国乙公司为受益人、以德国丙银行为付款人的汇票。乙公司在德国将该汇票背书转让给西班牙丁公司，丁公司向丙银行提示承兑时被拒绝。依照《票据法》，关于此案的法律适用，下列哪一表述是正确的？（　　）（司考 2006.1.41）
A. 甲公司是否有签发该票据的能力应依德国法
B. 该汇票的背书争议应适用西班牙法
C. 该汇票出票时的记载事项适用中国法
D. 丙银行拒绝承兑后，该汇票追索权的行使期限适用德国法

二、多项选择题

1. 按照《票据法》适用付款地法律支配的事项包括（　　）。
A. 支票出票时的记载事项
B. 票据的提示期限
C. 票据的有关拒绝方式，出具拒绝证明的期限
D. 票据丧失时，失票人请求保全票据权利的程序

2. 涉外票据法律关系中，我国法律适用行为地法律支配的票据行为包括（　　）。
A. 出票　　B. 保证
C. 背书　　D. 付款

3. 我国法院在审理有关涉外票据的争议时，可以适用行为地法支配的事项是（　　）。
A. 票据债务人的民事行为能力，依照其本国法律为无民事行为能力或者为限制民事行为能力，而依照行为地法律为完全民事行为能力的
B. 票据的背书和保证行为
C. 票据的承兑和付款行为
D. 票据追索权的行使期限

4. 根据《票据法》的规定，下列说法中正确的是（　　）。
A. 当事人可以选择涉外票据的法律适用，当事人未选择时，人民法院应按照最密切联系原则确定所应适用的法律
B. 中华人民共和国缔结或者参加的国际条约同《票据法》有不同规定的，适用国际条约的规定。但是，中华人民共和国声明保留的条款除外
C.《票据法》以及中华人民共和国缔结或者参加的国际条约没有规定的，可以适用国际惯例
D. 涉外票据必须适用中国的法律

三、不定项选择题

1. 中国人某甲在中国签发一张汇票，委托中国驻美国某金融机构乙为付款人，向收款人美国人丙无条件支付价款若干元，丙因债务原因将该张汇票在英国背书转让给法国人丁，丁持票向金融机构提示承兑时，遭到拒绝，丁即依法要求丙出具有关拒绝证明之后，开始行使其追索权。
（1）若丁在提示承兑时，因票据记载事项而遭到拒绝，则判断该票据记载事项是否合法时，其应依据的法律是（　　）。
A. 中国法
B. 美国法
C. 法国法
D.《联合国国际汇票和本票公约》
（2）若丁在提示承兑时，因票据的背书转让不符合法律规定而遭拒绝，则判断该票据背书行为效力的准据法为（　　）。
A. 中国法　　B. 美国法
C. 法国法　　D. 英国法

2. 奥地利一年满 23 岁的公民甲在中国向日本公民乙签发一汇票，委托付款人是中国公民丙。在中国公民丙向日本公民乙付清票据所载款项而要求甲给付双方约定的手续费时，甲认为自己根据奥地利的法律是未成年人（假定奥地利法律规定年满 24 周岁为成年人），所签票据行为无效，而拒绝付款。中国公民丙气愤难平，遂向法院提起诉讼。

问：（1）奥地利公民甲所签票据的行为是否有效？（　　）
A. 无效　　B. 有效

（2）该案应适用的法律是（　　）。
A. 中国法
B. 奥地利法
C. 日本法

3. 根据《票据法》的规定，回答下列问题：
（1）汇票和本票出票时的记载事项，适用（　　）。
A. 出票人出票时本国法
B. 出票人出票时营业所所在地法
C. 出票地法
D. 中国法
（2）票据的背书、承兑、付款和保证行为，适用（　　）。
A. 出票地法
B. 付款地法
C. 当事人营业所所在地法
D. 行为地法
（3）票据的提示期限、有关拒绝证明的方式、出具拒绝证明的期限，适用（　　）。
A. 法院地法
B. 付款地法
C. 出票地法
D. 持票人营业所所在地法

4. 我国公司甲公司和美国公司乙公司签订了一批货物买卖合同，付款方式是乙公司签发即期汇票，并由乙公司的母公司丙公司（一家英国公司）做了票据保证。甲公司拿到汇票后，在日本背书给了日本丁公司，丁公司请求银行付款时，遭到拒绝。关于其中涉及的法律适用问题以下说法正确的是（　　）。
A. 甲公司的背书行为是否有效依照日本法判断
B. 丙公司的保证行为是否有效依照英国法判断
C. 丁公司行使追索权的期限由美国法规定
D. 丁公司为行使追索权而要求银行出具拒绝证明，应当依照中国的法律

四、名词解释

1. 涉外票据
2. 票据行为
3. 追索权

五、简答题

1. 简述票据债务人义务的法律适用。
2. 简述票据追索权行使期限以及票据权利保全与行使的法律适用。

六、论述题

评述《票据法》有关票据法律适用的规定。

参考答案

一、单项选择题

1. 答案：A。《票据法》第96条规定：“票据债务人的民事行为能力，适用其本国法律。票据债务人的民事行为能力，依照其本国法律为无民事行为能力或者为限制民事行为能力而依照行为地法律为完全民事行为能力的，适用行为地法律。”《涉外民事关系法律适用法》第12条规定：“自然人的民事行为能力，适用经常居所地法律。自然人从事民事活动，依照经常居所地法律为无民事行为能力，依照行为地法律为有民事行为能力的，适用行为地法律，但涉及婚姻家庭、继承的除外。”故A正确。

《票据法》第98条规定：“票据的背书、承兑、付款和保证行为，适用行为地法律。”故B错误。

《票据法》第99条规定：“票据追索权的行使期限，适用出票地法律。”故C错误。

《票据法》第101条规定：“票据丧失时，失票人请求保全票据权利的程序，适用付款地法律。”故D错误。

2. 答案：A。参见《票据法》第96条的规定。

3. 答案：B。《票据法》第101条规定：“票据丧失时，失票人请求保全票据权利的程序，适用付款地法律。”

4. 答案：B。关于票据行为的方式，一般从“场所支配行为”原则出发，将行为地法作为票据行为方式的准据法。

5. 答案：C。由于货币立法属于各国财政的范畴，因而在对外贸易支付中凡是涉及货币本

身的各种法律问题，诸如货币含金量、使用范围、可否自由兑换、与其他国家货币的比率等，均只能受货币所属国法律的支配。

6. **答案**：C。汇票、本票出票时的记载事项，适用出票地法律。支票出票时的记载事项，适用出票地法律，经当事人协议，也可以适用付款地法律。

7. **答案**：C。参见《票据法》第96、97、98、99条。

二、多项选择题

1. **答案**：BCD。参考根据为《票据法》第97、98、99、100、101条。

2. **答案**：ABCD。参见《票据法》第98条。

3. **答案**：ABCD。《票据法》第96条第2款规定："票据债务人的民事行为能力，依照其本国法律为无民事行为能力或者为限制民事行为能力而依照行为地法律为完全民事行为能力的，适用行为地法律。"参见《票据法》第98、99条。

4. **答案**：BC。《票据法》第94条第1款规定："涉外票据的法律适用，依照本章的规定确定。"支票出票时的记载事项，可以经当事人协议，可选择适用付款地法律。其他涉外票据的法律适用均由法律直接规定，并非必须适用中国法律。第95条第1款规定："中华人民共和国缔结或者参加的国际条约同本法有不同规定的，适用国际条约的规定。但是，中华人民共和国声明保留的条款除外。"

三、不定项选择题

1. **答案**：(1) A。参见《票据法》第97条第1款。(2) D。参见《票据法》第98条。

2. **答案**：(1) B。(2) A。《票据法》第96条规定："票据债务人的民事行为能力，适用其本国法律。票据债务人的民事行为能力，依照其本国法律为无民事行为能力或者为限制民事行为能力而依照行为地法律为完全民事行为能力的，适用行为地法律。"据此，本题中对甲应适用行为地中国法律，而认定甲为完全民事行为能力人，其所签票据的行为有效。

3. **答案**：(1) C。《票据法》第97条第1款规定："汇票、本票出票时的记载事项，适用出票地法律。"(2) D。《票据法》第98条规定："票据的背书、承兑、付款和保证行为，适用行为地法律。"(3) B。《票据法》第100条规定："票据的提示期限、有关拒绝证明的方式、出具拒绝证明的期限，适用付款地法律。"

4. **答案**：ACD。票据是一种常见的商事付款方式，往往涉及数个地区。关于票据的法律适用是一个比较复杂的问题。票据的出票、背书、保证、追索等要适用不同的法律规则。我国票据法对此的规定也很详细。《票据法》第98条规定：票据的背书、承兑、付款和保证行为，适用行为地法律。第99条规定：票据追索权的行使期限，适用出票地法律。第100条规定：票据的提示期限、有关拒绝证明的方式、出具拒绝证明的期限，适用付款地法律。与法律相对照，可知丙公司的保证行为是否有效依照保证行为作出地的法律判断，而题目中并未说明保证是在英国作出的。

四、名词解释

1. **答案**：是指出票、背书、承兑、保证、付款等行为中，既有发生在中国境内又有发生在境外的票据。对涉外的理解应当作广义的理解。

2. **答案**：是使票据上法律关系发生、变更的法律行为。包括出票、背书、承兑、付款及保证等，其中出票行为创造票据的原始行为，故特称为基本票据行为，其余票据行为则称为附属票据行为。

3. **答案**：是指票据不获承兑或者不获付款时，持票人对其前手请求偿还的权利。行使追索权一般须具备三个前提条件：一是必须在规定的时间期限内向付款人提出承兑或付款的提示；二是须在规定的时间内向出票人和所有的背书人发出退票的通知；三是须在规定的时间期限内作成拒绝证书。各国大都规定，持票人不在规定的期限内行使或保全票据权利的，通常失去对其前手的追索权。但各国对行使追索权的期限规定不同。

五、简答题

1. **答案**：(1) 票据债务人的义务包括票据主债务人的义务和票据从债务人的义务两个方

面。在国际私法上，就票据债务人义务而言，各国法律的规定不同，而其所应适用的法律，也因主从债务性质的不同而有所差异。(2) 关于票据主债务人义务的准据法，按照日内瓦公约的规定，票据承兑人或本票出票人所负债务的效力，应依付款地法律。(3) 关于票据从债务人义务的准据法，按照上述公约的规定，汇票或本票上所有其他签字人所负债务的效力，应依签字地法律。

2. 答案：(1) 追索权是指票据不获承兑或者不获付款时，持票人对其前手请求偿还的权利。各国对行使追索权的期限规定不同。日内瓦统一法公约对这一冲突的解决适用票据成立地法即出票地法。德国和日本也有同样的规定，我国的票据法也采纳了这一做法。而英国票据法则规定适用行为地法或拒绝付款地法。(2) 有关票据权利的保全与行使等行为如票据的提示、付款、拒绝证书的作成及拒绝通知等细节问题，应依票据付款地法规定。其理由不仅在于付款地单一，容易确定，适用法律简便，而且因为付款是票据关系的重心，为各当事人所重视，不论各该行为的种类有何不同，均应适用付款地法。

六、论述题

答案：(1) 票据行为能力的法律适用。《票据法》第96条规定，票据债务人的民事行为能力，适用其本国法律；票据债务人依其本国法为无民事行为能力或为限制民事行为能力而依行为地法为完全民事行为能力者，适用行为地法。可见，我国票据法在涉外票据当事人行为能力法律适用问题上采纳了以本国法为主，同时选择适用行为地法的折中主义观点。所不同的是，我国的票据法在解决涉外当事人民事行为能力上并没有明确表示接受反致，从而缺少了法律选择必要的弹性。

(2) 票据行为方式的法律适用。我国《票据法》在票据行为的法律适用上，没有明确区分票据行为的形式有效性与实质效力，而是统一规定了应适用的法律。该法第97条规定，汇票、本票出票时的记载事项，适用出票地法律；支票出票时的记载事项，适用出票地法律，经当事人协议，也可适用付款地法律。第98条规定，票据的背书、承兑、付款和保证行为，适用行为地法律。可见，我国票据法关于票据行为方式法律适用的规定采纳了国际上通行的法律适用规则，即票据行为方式的有效性原则上由行为地法决定。必须指出的是，我国票据法并没有对票据行为中的先行行为的形式有效性与后行行为的形式有效性之间的关系作出规定，也没有对我国公民在国外所为票据行为虽不符合行为地法，但符合我国法律对行为方式的要求时是否适用其本国法律作出明确规定，这是与日内瓦统一法公约所不同的地方。

(3) 票据债务人义务的法律适用。我国《票据法》并没有具体区分票据债务人的主从，只是笼统规定影响有关票据债务履行的某些方面，适用付款地法。这些方面并不属于决定票据债务人义务的准据法范围之内的事项。可见，我国票据法对票据债务人义务的法律适用问题未作出规定。

(4) 关于票据追索权行使期限和票据权利保全与行使的规定与国际社会普遍做法一致，分别适用出票地法和付款地法。

第十七章　破产的法律冲突法

基础知识图解

破产的法律冲突法
- 破产当事人能力的法律适用
- 破产形式要件的法律适用
- 破产实质要件的法律适用
- 破产财团的法律适用
- 破产债权的法律适用
- 破产管理的法律适用

配套测试

一、单项选择题

1. 破产财产管理的法律适用，一般认为应适用（　　）。

A. 物之所在地法　　B. 当事人属人法

C. 破产宣告国法　　D. 意思自治原则

2. 在国际私法上，破产程序问题应适用（　　）。

A. 债务人国籍国法　　B. 破产宣告国法

C. 债权人国籍国法　　D. 破产财产所在地法

3. 在一般情况下，外国法人终止或解散时其财产的归属问题适用（　　）。

A. 法院地法

B. 当事人合意选择的法律

C. 与该问题有最密切联系的法律

D. 该法人的属人法

4. 债权人对破产财团的物权（取回权和别除权），各国一般认为应适用（　　）。

A. 债权人本国法　　B. 破产宣告国法

C. 物之所在地法　　D. 债务人本国法

二、名词解释

1. 国际破产

2. 破产财团

3. 破产管理

4. 破产的域外效力

5. 和解

三、简答题

1. 关于破产宣告的域外效力主要有什么不同的主张？

2. 对外国和解的承认主要有哪几种不同的做法？

四、论述题

试述破产的法律适用。

参考答案

一、单项选择题

1. **答案**：A。破产管理人为破产分配而占有、管理的财产中不属于破产财产的部分，该部分的权利人是否享有将其取回的权利，即是否享有破产取回权，这一类问题一般认为应适用所涉财产破产宣告时物之所在地法。

2. **答案**：B。根据程序问题依法院地法这一国际私法原则，破产程序开始于法院受理破产申请之时，国际破产的程序适用法院地法。

3. **答案**：D。外国法人终止或解散时其财产问题应该适用该法人的属人法。

4. 答案：C。对于有关债权人对破产财团的物权（取回权和别除权），各国一致认为应适用物之所在地法。

二、名词解释

1. 答案：又称涉外破产，是指含有涉外因素的破产。这里的涉外因素主要是指（1）债权人全部或部分是在外国；（2）债务人的财产是在外国；（3）债务人是在外国。

2. 答案：是指在破产程序中，当债务人依破产法被宣告破产时，为所有债权人分配偿还财产的需要而由破产管理人组织起来的破产人全部财产的集合，也可简称为破产财产或破产人财产。

3. 答案：从总体上看，破产管理的内容包括破产管理人的任命，债权申报方式，债权人会议的权力，投票方式，对破产财产的占有、清查、估计、变卖和分配等各个方面，其中既涉及债务人位于国外的财产，也涉及其位于内国的财产；既涉及程序法问题，也涉及实体法问题。

4. 答案：指在一国宣告的破产是否对位于他国的财产或居住于他国的人具有约束力的问题。对于破产的域外效力，各国学理和实践颇不一致，总的来看，有三种不同的规定：

（1）普及破产主义：普及破产主义认为，破产制度在于对债务人和所有债权人的债权债务作一次性的解决。所以，一旦内国法院对债务人做了破产宣告，其效力就及于债务人在国外的财产。也就是说，当债务人在一国被宣告破产，则其财产不管位于何处，均应归入破产财产，其他国家应帮助破产管理人收集当地的财产。制止个别债权人的自行扣押。

（2）属地破产主义：属地破产主义认为，一国法院所做的破产宣告，其效力仅仅及于破产人在该国领域内的财产，其位于外国的财产应继续保留在债务人手中。除非它们被财产所在国债权人扣押或在财产所在国又开始了一次破产程序。

（3）折中主义：在实践中，有的国家主张在自己国家所做的破产宣告具有普及效力，而在他国做的破产宣告对本国来说只具有地域效力。

5. 答案：是指无清偿能力的债务人为避免被宣告破产或者遭破产分配，经与债权人协议并经法院许可，以了结债权债务，改变困难处境的一种安排。

三、简答题

1. 答案：（1）破产的域外效力，指在一国宣告的破产是否对位于他国的财产或居住于他国的人具有约束力的问题。（2）对于破产的域外效力，有三种不同的主张和规定：①普及破产主义。普及破产主义的理论基础有以下几种：当然含有普及性质说、总括的继承债务人的财产说、破产财团当然形成法人说、法律上的互相义务说、代理关系说。②属地破产主义。属地破产主义的理论基础有：安宁秩序说、意思解释说、强制性说。③折中主义。它实际上是当代的一种趋势，即力求把普及主义和属地主义结合起来，充分扩大自己的优势，减少各自的不利之处。为保护本国债权人的利益，许多国家采取了双重做法：一方面，尽可能地将本国的破产宣告效力扩及国外；另一方面又不大倾向于承认外国破产宣告地效力。

2. 答案：对外国和解的承认主要有以下几种做法：（1）与承认外国破产宣告一样，承认外国和解。这种主张认为，外国和解既然是避免或结束外国破产程序的一种方法，就应该给予它与外国破产相同的待遇，应像承认外国破产一样承认它。（2）坚持和解的地域性原则，不承认外国和解。德国法院认为，由于司法和解程序排除了债权人在和解协议所保证的清偿数额以外的充分求偿，因而只是外国的一种执行行为，其本身没有域外效力。（3）许可证制度。这种做法以法国为代表。外国和解要在法国得到承认，必须获得法国法院的特别许可，取得法国法院的许可证。法国最高法院指出，只有当外国和解不违背法国的公共政策时，才会在法国得到许可承认。（4）有条件地承认外国和解。这种做法以瑞士为代表。

四、论述题

答案：（1）破产要件的法律适用。由于一般认为破产程序开始的要件属于诉讼权限和诉讼形式问题，即为诉讼程序问题，而程序问题多依法院地法决定，所以在国际私法上，对破产要件也多主张适用法院地法即破产开始地法。另外，破产程序的开始涉及执行问题，而执行问题涉及许多特殊技术方面的问题，故应按最密切联系原则适用执行地国法。具体到涉外破产案件中，也就是破产宣告国的法律。1995 年欧洲联盟《关于破产程序的公约》就作了如此规定。

（2）破产财团的法律适用。对于破产财团的法律冲突，一般认为依破产宣告国法即法院地法加以解决。对于有关债权人对破产财团的物权（取回权和别除权），各国也一致认为应适用物之所在地法，即取回权适用破产宣告时应取回的财产所在国家的法律，别除权的行使适用对破产财产设定担保的物之所在地或留置物所在地国的法律。但是对债务人对抗债权人的抵销权和否认权，则一般认为应适用破产宣告国的法律。

（3）破产债权的法律适用。对于破产债权是否存在一般认为应该适用该债权自身的准据法，但对破产财产的分配及债权间的清偿顺序，学者们和国际立法多主张依破产宣告国法解决。1933 年北欧《破产法公约》，1995 年欧洲联盟《关于破产程序的公约》也作了相同规定。

（4）破产管理的法律适用。对于破产管理的法律适用，一般主张适用管理地法，即破产宣告地法或法院地法。戴赛和莫里斯、戚希尔和诺斯等学者都同意这样的观点。1972 年《加蓬民法典》和 1948 年《秘鲁民法典》采用了这样的原则。

然而在国际私法上，对于破产管理是否一概依法院地法是有争论的。对破产管理的程序问题一般适用法院地法虽无争议，但对其涉及的实体问题，则有必要考虑区分不同的情况，或适用法院地法，或适用原法律关系的准据法。从国际破产立法方面来说，对此问题也有转变，如欧洲联盟 1995 年公约就作了类似规定。

第十八章　知识产权的法律冲突法

基础知识图解

- 知识产权的法律冲突法
  - 专利权的法律适用
    - 适用规则
      - 专利的成立、内容和效力问题：专利申请地法
      - 专利权的创立、内容和消灭问题：实施权利行为或侵权行为地法
      - 对涉及专利权的不同法律冲突问题分别适用不同法律
    - 我国有关涉外专利权的法律规定：基本原则及相关问题的法律适用
  - 商标权的法律适用
    - 适用规则
      - 商标权的成立、内容和效力问题：商标注册国、商标使用国、实施权利或侵权行为地法
      - 商标权的保护：法人管理中心所在地法
    - 我国有关涉外商标权的法律规定：基本原则及商标在国外注册的问题
  - 著作权的法律适用
    - 适用规则
    - 我国有关涉外著作权的法律规定：基本原则及著作权侵权问题

配套测试

一、单项选择题

1.《世界版权公约》规定，作品的保护期一般不得少于作者有生之年加死后（　　）。

A. 15 年

B. 25 年

C. 35 年

D. 50 年

2. 根据《保护工业产权巴黎公约》，下列哪种说法是正确的？（　　）（司考 2006. 1. 43）

A.《保护工业产权巴黎公约》的优先权原则适用于一切工业产权

B.《保护工业产权巴黎公约》关于驰名商标的特殊保护是对成员国商标权保护的最高要求

C.《保护工业产权巴黎公约》的国民待遇原则不适用于在我国海南省设有住所的非该公约缔约国国民

D. 对于在北京农展馆举行的农业产品国际博览会上展出的产品中可以取得专利的发明，我国给予临时保护

3. 根据《保护工业产权巴黎公约》，关于优先权，下列哪一选项是正确的？（　　）（司考 2009. 1. 42）

A. 优先权的获得需要申请人于“在后申请”中提出优先权申请并提供有关证明文件

B. 所有的工业产权均享有相同期间的优先权

C. “在先申请”撤回，“在后申请”的优先权地位随之丧失

D. “在先申请”被驳回，“在后申请”的优先权地位随之丧失

4. 根据《与贸易有关的知识产权协定》，关于商标所有人转让商标，下列哪一选项是正确的？（　　）（司考 2008. 1. 43）

A. 必须将该商标与所属业务同时转让

B. 可以将该商标与所属业务同时转让

C. 不能将该商标与所属业务同时转让

D. 可以通过强制许可形式转让

二、多项选择题

1. 《保护工业产权巴黎公约》适用的范围是（　　）。
   A. 实用新型　　B. 商号
   C. 产地标记　　D. 反不正当竞争
2. 根据《与贸易有关的知识产权协定》，下列哪些选项应受到知识产权法律的保护？（　　）（司考 2006. 1. 85）
   A. 独创性数据汇编
   B. 动植物新品种
   C. 计算机程序及电影作品的出租权
   D. 疾病的诊断方法
3. 韩国甲公司为其产品在中韩两国注册了商标。中国乙公司擅自使用该商标生产了大量仿冒产品并销售至中韩两国。现甲公司将乙公司诉至中国某法院，要求其承担商标侵权责任。关于乙公司在中韩两国侵权责任的法律适用，依中国法律规定，下列哪些选项是正确的？（　　）（司考 2016. 1. 79）
   A. 双方可协议选择适用中国法
   B. 均应适用中国法
   C. 双方可协议选择适用韩国法
   D. 如双方无法达成一致，则应分别适用中国法与韩国法
4. 德国甲公司与中国乙公司签订许可使用合同，授权乙公司在英国使用甲公司在英国获批的某项专利。后因相关纠纷诉诸中国法院。关于该案的法律适用，下列哪些选项是正确的？（　　）（司考 2014. 1. 78）
   A. 关于本案的定性，应适用中国法
   B. 关于专利权归属的争议，应适用德国法
   C. 关于专利权内容的争议，应适用英国法
   D. 关于专利权侵权的争议，双方可以协议选择法律，不能达成协议的，应适用与纠纷有最密切联系的法律

三、名词解释

1. 知识产权（Intellectual Property）
2. 商标
3. 著作权

四、简答题

1. 简述专利权的法律适用。
2. 简述商标权的法律适用。
3. 知识产权法律冲突解决的方法。

五、论述题

《保护文学和艺术作品伯尔尼公约》与《世界版权公约》之比较。

六、案例分析题

A 国甲公司所生产的“博林”商标的电磁炉，是在 A 国注册的产品。2019 年 9 月，为向我国某地推销该产品，A 国甲公司向某公司经销 6.5 万台“博林”牌电磁炉。之后，该公司又与广州乙公司签订销售“博林”电磁炉的合同。在销售该产品期间，乙公司对“博林”电磁炉进行了改良，并进口部分零件材料，在国内组织生产，后于 2020 年 10 月 8 日向我国国家知识产权局申请注册“博林”商标，得到初步审定，并在 2021 年 4 月在《商标公告》第 248 期中给予公告。“博林”商标遂被广泛使用于乙公司生产的电磁炉上。A 国甲公司知悉这一情况后，于 2021 年 7 月 19 日向我国国家知识产权局商标局提出异议，要求撤销对乙公司涉案商标的初步审定。我国国家知识产权局商标局受理上述申请后，以 A 国甲公司所指的“博林”商标未在我国注册为由，驳回其申请。

试问：（1）在国际上对商标权的取得有哪两种制度？

（2）本案中，我国商标局驳回甲公司异议申请是否正确？为什么？

（3）依据《巴黎公约》的“商标保护的独立性原则”，“博林”商标若想在我国受到保护，应如何做？

参考答案

一、单项选择题

1. **答案**：B。《伯尔尼公约》最低保护期规定的是作者有生之年加死后 50 年，《世界版权

公约》规定的是作者有生之年加死后25年。

2. **答案**：D。《巴黎公约》的优先权原则并不适用于一切工业产权，它只适用于发明专利、实用新型、外观设计和商品商标。故A错误。《巴黎公约》关于驰名商标的特殊保护是对成员国商标权保护的最低要求。故B错误。《巴黎公约》的国民待遇原则适用于公约缔约国国民和在任何一个缔约国内设有住所或真实有效营业所的非缔约国国民。故C错误。《巴黎公约》临时保护原则是指缔约国对在任何一个成员国境内举办的或经官方承认的国际展览会上展出的商品可以取得专利的发明、实用新型、外观设计和可以注册的商标给予临时保护。故D正确。所以本题答案为D。

3. **答案**：A。《保护工业产权巴黎公约》第4条D款（3）：本联盟成员国可要求任何专用声明具有优先权的人提出以前申请书（说明书和附图等）的副本。该副本经原受理申请机关证实无误后，不需要任何其他证明，并且可以在此次申请提出三个月内随时免费进行备案。本联盟成员国可要求该副本附有原受理申请机关出具的证明申请日期的证明书和译本。选项A正确。优先权原则是指已在巴黎联盟一成员国提出专利、实用新型、外观设计或商标注册申请的人或其权利合法继承人，在规定的期限（专利和实用新型为12个月，外观设计和商标为6个月）内，享有在其他成员国提出申请的优先权。可见，优先权原则并不是对一切工业产权均适用，只适用于发明专利、实用新型、外观设计和商品商标，而且期限也不尽相同，故选项B错误。在先申请的撤回、放弃或驳回不影响该申请的优先权地位，故选项C、D错误。

4. **答案**：B。根据《与贸易有关的知识产权协定》的规定，成员可以确定商标许可与转让的条件的同时，强调对商标的强制许可应不予准许，注册商标所有人有权将商标连同或者不连同其所属的营业一起进行转让，故选项B正确。

二、多项选择题

1. **答案**：ABCD。《保护工业产权巴黎公约》，即《巴黎公约》第1条第2款规定，工业产权保护的对象是：专利、实用新型、工业品外观设计、商标、服务标记、厂商名称、产地标记或原产地名称及制止不正当竞争等。商号即厂商名称。

2. **答案**：AC。根据《与贸易有关的知识产权协定》的规定：协议在保护版权与相关权利时，将独创性数据汇编作为版权的课题加以保护，故A正确；将计算机程序及电影作品的出租权作为版权的内容加以保护，故C正确；协议在对专利保护时，排除了对动植物新品种和疾病的诊断方法的保护。故B、D错误。由此可知，本题答案为A、C。

3. **答案**：AD。《涉外民事关系法律适用法》第44条规定："侵权责任，适用侵权行为地法律，但当事人有共同经常居所地的，适用共同经常居所地法律。侵权行为发生后，当事人协议选择适用法律的，按照其协议。"第50条规定："知识产权的侵权责任，适用被请求保护地法律，当事人也可以在侵权行为发生后协议选择适用法院地法律。"故AD正确。

4. **答案**：AC。根据《涉外民事关系法律适用法》第8条规定，涉外民事关系的定性，适用法院地法律。所以，A选项正确。第48条规定：知识产权的归属和内容，适用被请求保护地法律。即专利权的取得以及专利权的内容和效力，适用专利申请地的法律，专利申请地在英国，被请求保护地是英国，所以C选项正确，B选项错误。《涉外民事关系法律适用法》第50条规定，知识产权的侵权责任，适用被请求保护地法律，当事人也可以在侵权行为发生后协议选择适用法院地法律。故D选项错误。

三、名词解释

1. **答案**：是指基于智力的创造性活动所产生的权利。它是个人或组织对其在科学、技术、文学艺术等领域内创造的精神财富或智力成果享有的专有权或独占权。它包括两个主要组成部分，其一是由发明、工业品外观设计、实用新型的专利权和商标权所组成的工业产权；其二是自然科学、社会科学以及文学、音乐、戏剧、绘画、雕塑、摄影和电影等方面的著作权。

2. **答案**：是区别不同企业商品的一种通常由文字图形或者文字和图形组合构成的专用标记。商标权则是指商标注册人对其注册商标所享有的独占使用权。各国商标法除一些基本相同的规定外，仍存在一些差异，这些差异同样会导致商标法律适用的冲突。

3. **答案**：又称版权，是指作者及其他著作权人依著作权法对文学、艺术和科学作品所享有的各项专有权利。著作权的保护内容，一般分为经济权利和精神权利两大范畴。所谓经济权利就是指著作权人占有著作权以便获得某些经济收入的权利；所谓精神权利就是指作为创作人的自然人在精神上享有的各项权利。

四、简答题

1. **答案**：对于专利权法律冲突问题的解决，各国一般适用专利授予国法律。其原因在于，专利权是一种财产权，某一发明在未经某国授予专利之前，该项发明并不具有财产权性质。依照一国法律所获得的专利权也只能受该国法律的强制保护，其他国家的法律既无承认该项专利的义务，也无保护它的责任。这一规则反映了专利权极强的地域性特点，同时，就专利授予国而言，这一规则也是专利授予国为维护本国利益及其专利制度的独立性所要求的。

2. **答案**：(1) 适用商标注册国法律。这是在商标权的取得上实行注册在先原则的国家所采用的法律适用原则。其理由为，商标权的取得既以注册或登记在先为原则，商标权应适用该登记地国的法律。目前这一原则为大部分国家所采用，只是在有条约规定的有限范围内，也考虑最初申请注册国的有关规定。(2) 适用使用国法律。这一原则为在商标权的取得上实行使用在先原则的国家所采用。(3) 适用法人管理中心所在国的法律。该原则认为，商标申请者实际上多数为工商企业单位，法人的管理中心地在哪国，即应以该所在国的法律来确定商标权。如果法人的管理中心地在外国，商标在外国登记，又在本国注册的，本国承认其商标权，仅是对其在外国所取得的既得权的承认。这一原则在实践中很难施行，因为这一原则有悖于各国商标及商标法独立的原则。

3. **答案**：关于解决知识产权法律冲突的问题，由于知识产权的严格地域性，因而对于它的法律适用，过去很长时期认为解决知识产权的法律冲突的准据法只能是各该知识产权授予国的法律，这也是知识产权法律适用上的严格的属地主义。目前，这种状况已经有所变化，大致有如下几种观点：原始国法律说（即知识产权的原始取得国法）。采取此种说法的有《布斯塔曼特法典》。但输入知识产权较多的国家，如果不受条约约束，一般不一定情愿去适用权利原始取得国的法律。被请求保护国法律说；行为地法律说；综合适用法律说。依此说，可区分不同的知识产权以及区分有关权利的取得或存在和效力、权利的使用或侵权行为、保护期限等不同方面，个别解决其法律适用问题。

此外，对于知识产权的转让（即知识产权使用权的转让），因其主要是通过合同来实现的，故除了它要受到有关国家强行法的制约外，一般应适用合同准据法的选择规则，即或适用当事人协议选择的法律，或适用与此种合同有最密切联系的国家的法律。

五、论述题

答案：主要相同点有：两者都规定了双国籍国民待遇原则和保护独立原则。但也存在显著的差别：

(1) 《保护文学和艺术作品伯尔尼公约》规定受保护的主体仅限于作者，而《世界版权公约》则规定受保护的主体包括作者和其他版权所有人；

(2) 对作品的最低保护期，《保护文学和艺术作品伯尔尼公约》规定的是作者有生之年加死后50年，《世界版权公约》规定的是作者有生之年加死后25年；

(3) 受保护作品的范围，《保护文学和艺术作品伯尔尼公约》具体开列了保护客体应包括哪些作品，《世界版权公约》对此仅作了原则性规定；

(4) 就作者对其作品享有的经济权利，《保护文学和艺术作品伯尔尼公约》规定的内容比《世界版权公约》规定得要宽；

(5)《保护文学和艺术作品伯尔尼公约》明确规定必须保护作者的精神权利（即人身权），而《世界版权公约》对此未作强制性规定；

(6)《保护文学和艺术作品伯尔尼公约》规定缔约国法律向其他成员国作品提供的保护必须具有追溯力，而《世界版权公约》则规定，"本公约在其有效期内，将不适用于参加本公约的缔约国的那些具有永久性的公有作品或其版权"；

(7)《保护文学和艺术作品伯尔尼公约》规定在下列五种情形下可由互惠原则来取代国民待遇原则：第一，版权保护期较长的国家，可以只给其他成员国的作品以相当于作品在该国所享有的保护期。第二，对实用艺术品提供版权保护的国家，可以对不保护此种作品国家的实用艺术品也不予保护。第三，非公约成员国作者的作品，虽然初版发表在成员国时可以受到保护，但公约成员国对于此种作品的保护水平可以低于成员国作者的作品所享有的保护水平。第四，对于不给予精神权利以永久保护的国家，该国作者在其他成员国也只能在作者有生之年或经济权利保护权限内受到精神权利的保护。第五，对于不保护版税追续权的国家，该国作者在其他成员国也不享有此种保护。而《世界版权公约》只规定，保护期较长的国家对其他成员国作者可以采取互惠原则代替国民待遇原则。

六、案例分析题

答案：(1) 国际上商标权的取得有两种制度：一是注册制；二是使用制。注册制是指商标权的取得以注册为准；使用制是指商标权的取得以使用为原则。

(2) 我国商标局驳回甲公司的异议申请是正确的。因为我国商标权的取得采用注册制，只有在我国注册才能取得我国的商标权。根据巴黎公约的商标保护独立性原则，甲公司的商标在A国注册，只在A国受保护。

(3) 依据《巴黎公约》的"商标保护的独立性原则"，"博林"商标若想在我国受到保护，应在我国申请注册。

第十九章　区际民商事法律问题

基础知识图解

- 区际民商事法律问题
  - 区际民商事法律冲突
    - 区际法律冲突概述
      - 法域与区际法律冲突
      - 区际法律冲突的解决
    - “一国两制”与中国区际法律冲突
      - 中国区际法律冲突的产生
      - 中国区际法律冲突的特点
      - 中国区际法律冲突的解决
  - 区际民商事司法协助
    - 区际司法协助概述
      - 区际司法协助的定性和特征
      - 区际民商事司法协助的范围和主体
      - 区际司法协助的模式
    - 中国区际司法协助
      - 送达
      - 取证
      - 判决的认可和执行
      - 仲裁裁决的认可和执行

配套测试

一、单项选择题

1. 1999年3月29日，《最高人民法院关于内地与香港特别行政区法院相互委托送达民商事司法文书的安排》中规定，受委托方接到委托书后，应当及时完成送达，最迟不得超过自收到委托书之日起（　　）。

A. 1个月　　B. 2个月

C. 3个月　　D. 4个月

2. 最高人民法院发布的《关于内地与澳门特别行政区法院就民商事案件相互委托送达司法文书和调取证据的安排》（2020修正）中规定，完成受托事项的期限，调取证据最迟不得超过自收到委托书之日起（　　）。

A. 1个月　　B. 2个月

C. 3个月　　D. 4个月

3. 解决中国区际冲突法的原则不包括（　　）。

A. 促进和维护国家统一原则

B. “一国两制”原则

C. 公共秩序保留原则

D. 促进和保障正常的区际民商事交往原则

4. 司法协助是一国法院应另一国法院的请求，代为进行某些诉讼的行为。下列哪些行为不属于司法协助？（　　）

A. 代为承认和执行外国法院的判决

B. 代为送达诉讼文书

C. 代为调查收集证据

D. 代为实行财产保全

5. 在解决区际法律冲突时，不起作用的连结点是（　　）。

A. 住所　　B. 物之所在地

C. 侵权行为地　　D. 国籍

二、多项选择题

1. 区际法律冲突的主要特征如下：（　　）。

A. 区际法律冲突是在一个主权国家领土范围内发生的法律冲突

B. 区际法律冲突是在一个主权国家领土范围内具有独特的法律制度的不同地区之

间的法律冲突

C. 区际法律冲突是一个主权国家领土范围内不同地区之间的刑事法律冲突

D. 区际法律冲突是在一个主权国家领土范围内不同地区的法律制度之间的横向法律冲突

2. 从各多法域国家的立法和司法实践来看，解决区际法律冲突的途径有（　　）。

A. 冲突法途径　　B. 统一实体法途径

C. 国际条约途径　　D. 国际惯例途径

3. 从区际冲突法与国际私法的区别来看，下列说法正确的是（　　）。

A. 在连结点方面，国籍是国际私法中的一个非常重要的连结点，常常用来作为确定当事人属人法的依据；而在区际冲突法中，除了在少数联邦制国家，由于它们承认本国公民既有联邦国籍又有所属成员国国籍，国籍作为连结点仍有一定意义外，在其他多法域国家的区际冲突法中，国籍这个连结点完全不起作用

B. 公共秩序保留制度在区际冲突法和国际私法上的适用也有所不同。一般来说，公共秩序保留制度在解决区际法律冲突时不适用或适用范围狭小些，而在解决国际法律冲突时其适用范围更广些

C. 国际私法的制定和施行不得不考虑到国际因素，不得不受制于国际公法的一些原则、规则和制度，如国家主权原则、平等互利原则以及国民待遇制度，等等。但是，区际冲突法的制定和实施则无须考虑国际因素，但一般要受到所属国家宪法或宪法性法律的制约

D. 在判决的承认和执行方面，一般来说，在多法域国家内，各法域的法院判决可以“自由流通”，也就是说，各法域都会承认和执行其他法域的法院所作出的判决

4. 1999 年 3 月 29 日，《最高人民法院关于内地与香港特别行政区法院相互委托送达民商事司法文书的安排》中规定，内地法院和香港特别行政区法院可以相互委托送达民商事司法文书。双方委托送达司法文书，均须通过（　　）。

A. 各高级人民法院和香港特别行政区高等法院

B. 各省会城市中级人民法院和香港特别行政区高等法院

C. 最高人民法院司法文书可以直接委托香港特别行政区高等法院送达

D. 最高人民法院司法文书可以直接委托香港特别行政区终审法院送达

三、名词解释

1. 区际法律冲突

2. 法系

四、简答题

1. 区际法律冲突产生的条件是什么？

2. 简述区际法律冲突的种类。

3. 简述区际冲突法的渊源。

五、论述题

什么是区际私法？区际私法与国际私法的不同表现在哪些方面？

参考答案

一、单项选择题

1. 答案：B。根据《最高人民法院关于内地与香港特别行政区法院相互委托送达民商事司法文书的安排》，不论司法文书中确定的出庭日期或者期限是否已过，受委托方均应送达。委托方应当尽量在合理期限内提出委托请求。受委托方接到委托书后，应当及时完成送达，最迟不得超过自收到委托书之日起两个月。

2. 答案：C。委托方法院应当在合理的期限内提出委托请求，以保证受委托方法院收到委托书后，及时完成受托事项。受委托方法院应优先处理受托事项。完成受托事项的期限，送达文书最迟不得超过自收到委托书之日起两个月，调取证据最迟不得超过自收到委托书之日起三个月。

3. 答案：C。我国的区际法律冲突，除了不存在主权国家间的法律冲突这一因素外，几乎

与国际法律冲突没有多大的差别，这是在寻求解决区际法律冲突时必须予以充分考虑的重要的因素。如何解决我国区际法律冲突问题时，学者提出了一些具有特色的基本原则，公共秩序原则是解决国际法律冲突的制度。

4. **答案**：D。司法协助是一国法院应另一国法院的请求，代为进行某些诉讼的行为。其内容包括：代为送达诉讼文书，代为询问证人，调查取证以及代为承认和执行外国法院的判决和外国仲裁机构的仲裁裁决。A、B、C 项符合司法协助的范畴，故只有 D 项为正确选项。

5. **答案**：D。区际法律冲突是指一个主权国家内部的，因而不存在国籍作为连结点的情况。

二、多项选择题

1. **答案**：ABD。区际法律冲突就是一个国家内部不同地区的法律制度间的冲突，或者说是一个国家内部不同法域之间的法律冲突。

2. **答案**：AB。和解决法律冲突的途径一样。

3. **答案**：ABCD。区际冲突法与国际私法的区别还包括渊源不同、体现的政策有所不同等方面。

4. **答案**：AC。

三、名词解释

1. **答案**：一般说来，一个具有独特法律制度的地区被称为法域。如果一个国家内部存在数个具有独特法律制度的地区，它就是一个具有数个法域的国家，常被称为多法域国家，区际法律冲突是多法域国家的产物。所谓区际法律冲突，就是在一个国家内部不同地区的法律制度之间的冲突，或者说是一个国家内部不同法域之间的法律冲突。

2. **答案**：是根据各国法律的特点和历史传统的外部特征，对法律进行的分类，通常把具有一定特点的某一国的法律同仿效这一法律的其他国家的法律，划分为同一法系，如大陆法系和普通法系等。

四、简答题

1. **答案**：（1）在一国内部存在数个具有不同法律制度的法域。这是区际法律冲突产生的最重要和最根本的条件。（2）各法域人民之间的交往导致产生众多的区际或跨地区民商事关系。（3）各法域互相承认外法域人的民事法律地位。（4）各法域互相承认外法域的法律在自己的区域内的域外效力。

2. **答案**：（1）以国家结构形式为标准，区际法律冲突可划分为单一制国家内的区际法律冲突和联邦制国家内的区际法律冲突。（2）以社会制度为标准，区际法律冲突可划分为具有相同社会制度的各法域之间的区际法律冲突和具有不同社会制度的各法域之间的区际法律冲突。比起社会制度相同的各法域之间的法律冲突，社会制度不同的各法域之间的法律冲突的解决要更复杂一些。（3）以法系为标准，区际法律冲突可划分为属同一法系的不同法域之间的区际法律冲突和非属同一法系的不同法域之间的区际法律冲突。一般来说，同属于一种法系的区域法律制度发生冲突的范围小些，而非属于同一法系的区域法律制度之间发生法律冲突的范围就相应广一些，情况也更复杂一些。

3. **答案**：（1）全国统一的区际冲突法。这种区际冲突法表现为成文法和不成文法两种形式。从成文法方面来看，一些多法域国家采取如下立法形式规定区际冲突法：以专门法典或专门法规的方式制定的区际冲突法，如波兰；将区际冲突法规范同国际私法规范合并规定在一个法律中，如瑞士；在民法典中对区际冲突法加以规定；在单行法规中就所涉问题规定专门的区际冲突法规范。从不成文法方面来看，在大陆法系国家和英美法系国家，全国统一的不成文区际冲突法都是存在的，其中最主要的表现形式是法院判例。

（2）各法域自有的区际冲突法。在多法域国家内，各法域自有的区际冲突法用于解决自己的法律与其他法域的法律之间的冲突。在实践上，许多多法域国家都是先产生各法域自有的区际冲突法，而后逐渐发展全国统一的区际冲突法的，如英国。但也有一些国家自始便有全国统一的冲突法和各州或省自有的冲突法。

（3）并不是每一个多法域国家都同时具有全国统一的区际冲突法和各自法域自有的区际冲突法，有的国家只有全国统一的区际冲突法，而其国内各法域并无自己的区际冲突法；有的国家并无全国统一的区际冲突法，而其国内各法域各有自己的区际冲突法；而有的国家则既有联邦级的区际冲突法，又有各州或省自己的区际冲突法。

五、论述题

答案：区际私法又叫区际冲突法、准国际私法等，是指用于解决一个主权国家内部具有独特法律制度的不同地区之间的民商事法律冲突的法律适用法。

区际私法与国际私法的区别：

①两者的调整对象有所不同。虽然区际私法和国际私法都是以民商事法律关系为调整对象，但区际私法调整的民商事法律关系是涉及一国内部不同地区之间的民商事法律关系，而国际私法调整的民商事法律关系是涉及有外国因素的民商事法律关系。

②两者解决的民商事法律冲突有所不同。区际私法的任务是解决一国内部具有不同民商事法律制度的地区之间的民商事法律冲突；而国际私法所解决的民商事法律冲突则是不同主权国家之间的民商事法律冲突。

③区际私法的渊源只可能是国内法，而国际私法的渊源除了成文或不成文的国内法外，还有国际条约和国际惯例。

④两者体现的政策有所不同。用于解决区际法律冲突的区际私法主要体现多法域国家处理其国家内部不同地区之间的政治、经济、民事等关系的政策。而用于解决国际法律冲突的国际私法则更多地体现国家的对外政策。

⑤由于一国借助国际私法解决的民商事法律冲突是国际民商事法律冲突，调整的民商事关系是国际民商事法律关系，涉及他国及其自然人或法人，因而国际私法的制定和施行不得不考虑到国际因素，不得不受制于国际公法的一些原则、规则和制度，如国家主权原则、平等互利原则以及国民待遇制度和最惠国待遇制度等。但是，区际私法的制定和实施则无须考虑国际因素，也不受国际公法的原则、规则和制度的制约，而只会受制于其所属多法域国家国内的具体情况，并更多地受到所属国家宪法或宪法性法律的制约。

⑥两者在一些具体的规则及制度上有所不同。主要表现在以下几个方面：第一，在连结点方面，国籍是国际私法中的一个非常重要的连结点，常常用来作为确定当事人属人法的依据；而在区际私法中，除了在少数联邦制国家，由于它们承认本国公司既有联邦国籍又有所属成员国国籍，国籍作为连结点仍有一定意义外，在其他多法域国家的区际私法中，国籍这个连结点完全不起作用。第二，公共秩序保留制度在区际私法和国际私法上的适用也有所不同。第三，在识别、反致、准据法的查明等问题上，区际私法和国际私法也有所不同。第四，在意思自治原则的运用方面，合同当事人选择合同应适用的法律的自由受到不同的限制。第五，在判决的承认和执行方面，一般来说，在多法域国家内，各法域的法院判决可以“自由流通”，也就是说，各法域都会承认和执行其他法域的法院所作出的判决。

第二十章　国际货物买卖的统一实体法

基础知识图解

- 国际货物买卖的统一实体法
  - 概述
    - 国际货物买卖合同的概念和特点
    - 国际货物买卖统一实体法的主要渊源：国际公约、国际贸易惯例（《国际贸易术语解释通则》①）
    - 几种常见的贸易术语：FOB、CIF、CFR、FOA
  - 国际货物买卖合同的成立
    - 要约的概念及有效条件、撤回及撤销、终止或失效
    - 承诺的概念及有效条件、生效时间、撤回
  - 国际货物买卖合同的形式与内容
  - 卖方和买方的义务
    - 卖方义务：交货时间与地点、提交有关货物的单据、卖方的品质担保义务、卖方对货物的权利担保义务
    - 买方义务：交付货款、受领货物
  - 违约及其救济方法
    - 公约对违约的分类：根本性违约和非根本性违约
    - 买卖双方均可采取的救济方法
      - 损害赔偿
      - 对预期违约的救济方法
        - 预期根本违约：中止履行且撤销合同
        - 其他：中止履行
      - 对分批交货合同发生违约的救济方法
    - 卖方违约时买方的救济方法：要求卖方履行合同义务、交付替代货物、对货物不符合之处进行修补、给卖方一段合理的额外时间让其履行合同义务、撤销合同、要求减价等
    - 买方违约时卖方的救济方法：要求买方实际履行其合同义务、卖方可以规定一段合理的额外时间，让买方履行其义务、撤销合同、自行确定货物的具体规格、要求支付利息
  - 货物所有权与风险的转移
    - 所有权的转移
    - 风险的转移
      - 公约关于风险转移的规定
      - 国际贸易惯例关于风险转移的规则
      - 交货状态对风险转移的影响
      - 违约对风险转移的影响
  - 《联合国国际货物销售合同公约》在我国的适用
    - 公约的非强制性适用问题
    - 书面保留问题
    - 第 1 条第 1 款（b）项的保留问题
    - 缔约国的保留声明对适用公约的影响
    - 缔约国参加的其他国际协议对适用公约的影响
    - 公约在非缔约国当事人之间适用的可能性

---

① 编者注：国际贸易术语 2020 已于 2020 年 1 月 1 日正式生效，但其实施之后并非国际贸易术语 2010、国际贸易术语 2000 就自动作废，因为国际贸易惯例本身不是法律，对国际贸易当事人不产生必然的强制性的约束力。所以其适用并不存在“新法取代旧法”的时间效力说法，即贸易术语 2020 实施以后，当事人在订立贸易合同时仍可以选择适用贸易术语 2010、贸易术语 2000，甚至贸易术语 1990。

配套测试

一、单项选择题

1. 中国伟业公司与甲国利德公司签订了采取铁路运输方式由中国出口一批货物的合同。后甲国法律发生变化，利德公司在收货后又自行将该批货物转卖到乙国，现乙国一公司声称该批货物侵犯了其知识产权。中国和甲国均为《联合国国际货物销售合同公约》和《国际铁路货物联运协定》缔约国。依相关规则，下列哪一选项是正确的？（　　）（司考 2017.1.40）

A. 伟业公司不承担该批货物在乙国的知识产权担保义务

B. 该批货物的风险应于订立合同时由伟业公司转移给利德公司

C. 铁路运输承运人的责任期间是从货物装上火车时起至卸下时止

D. 不同铁路运输区段的承运人应分别对在该区段发生的货损承担责任

2. 2008 年 8 月 11 日，中国甲公司接到法国乙公司出售某种设备的发盘，有效期至 9 月 1 日。甲公司于 8 月 12 日电复："如能将每件设备价格降低 50 美元，即可接受。"对此，乙公司没有答复。甲公司于 8 月 29 日再次致电乙公司表示接受其 8 月 11 日发盘中包括价格在内的全部条件。根据 1980 年《联合国国际货物销售合同公约》，下列哪一选项是正确的？（　　）（司考 2008.1.42）

A. 乙公司的沉默表明其已接受甲公司的降价要求

B. 甲公司 8 月 29 日的去电为承诺，因此合同已成立

C. 甲公司 8 月 29 日的去电是迟到的承诺，因此合同没有成立

D. 甲公司 8 月 29 日的去电是新要约，此时合同还没有成立

3. 甲国公司（卖方）与乙国公司订立了国际货物买卖合同，国际贸易术语 2020 的 FOB 价格条件，采用海上运输方式。甲乙两国均为《联合国国际货物销售合同公约》（以下简称《公约》）缔约国，下列哪一选项是正确的？（　　）

A. 货物的风险应自货物交第一承运人时转移

B. 因当事人已选择了贸易术语，《公约》整体不再适用该合同

C. 甲国公司应在装运港于约定日期或期限内将货物交至船上

D. 甲国公司在订立运输合同并装船后应及时通知乙国公司办理保险

4. 根据 2000 年版《国际贸易术语解释通则》的规定，关于 FOB 贸易术语，下列哪一选项是正确的？（　　）（司考 2008.1.41）

A. 卖方应当在目的港交货

B. 卖方应当自费取得货物保险

C. 卖方无义务自费订立运输合同

D. 该贸易术语适用于各种运输方式

5. 甲公司与乙公司订立一份国际货物买卖合同，分三批履行，其中第二批出现了质量问题。请问依 1980 年《联合国国际货物销售合同公约》的规定，下列哪一选项是正确的？（　　）

A. 只要第二批货物的质量问题构成根本违约，买方即可宣告合同对该批货物无效

B. 只要第二批货物的质量问题构成根本违约，买方即可宣告合同对已交付或今后交付的各批货物无效

C. 如第二批货物的质量问题构成一般违约，买方可宣告合同对该批货物无效

D. 如第二批货物的质量问题构成根本违约，买方仅可宣告合同对该批货物和今后交付的货物无效

6. 中国甲公司与德国乙公司签订了进口设备合同，分三批运输。两批顺利履约后乙公司得知甲公司履约能力出现严重问题，便中止了第三批的发运。依《联合国国际货物销售合同公约》，下列哪一选项是正确的？（　　）（司考 2016.1.40）

A. 如已履约的进口设备在使用中引起人身伤亡，则应依公约的规定进行处理

B. 乙公司中止发运第三批设备必须通知甲公司

C. 乙公司在任何情况下均不应中止发运第三批设备

D. 如甲公司向乙公司提供了充分的履约担保，乙公司可依情况决定是否继续发运第三批设备

7. 中国甲公司与德国乙公司签订了购买成套设备的进口合同。价格条件为 CFR 上海，信用证付款。货物按时装上了承运人所属的利比里亚籍“玛丽”轮，甲公司投保了平安险。“玛丽”轮航行到上海港区时与日本籍“小治丸”轮因双方的过失发生碰撞，致使“玛丽”轮及其货舱中的部分货物受损。基于上述情况，下列哪一选项是正确的？（　）

A. 本案碰撞引起的货损应由甲公司自行承担

B. 依《统一提单的若干法律规则的国际公约》，“玛丽”轮所有人对过失碰撞引起的货损可以免责

C. 因甲公司投保的是平安险，保险公司对本案碰撞引起的部分货物损失不承担赔偿责任

D. 因已知货物受损，所以即使单证相符，甲公司仍有权要求银行拒付货款

8. 中国甲公司（卖方）与德国乙公司（买方）签订的国际货物买卖合同中使用了“CIP 汉堡”贸易术语。下列哪一种说法符合该贸易术语的要求？（　　）

A. 货物应运至汉堡港

B. 货物风险自货交第一承运人时转移

C. 由甲公司负责办理进口手续

D. 甲公司订立多式联运运输合同，乙公司负责办理保险

9. 甲公司（卖方）与乙公司于 2007 年 10 月签订了两份同一种农产品的国际贸易合同，约定交货期分别为 2008 年 1 月底和 3 月中旬，采用付款交单方式。甲公司依约将第一份合同项下的货物发运后，乙公司以资金周转困难为由，要求变更付款方式为货到后 30 天付款。甲公司无奈同意该变更。乙公司未依约付款，并以资金紧张为由再次要求延期付款。甲公司未再发运第二个合同项下的货物并提起仲裁。根据《联合国国际货物销售合同公约》，下列哪一选项是正确的？（　　）（司考 2010. 1. 40）

A. 乙公司应以付款交单的方式支付货款

B. 甲公司不发运第二份合同项下货物的行为构成违约

C. 甲公司可以停止发运第二份合同项下的货物，但应及时通知乙公司

D. 如乙公司提供了付款的充分保证，甲公司仍可拒绝发货

10. 甲国 A 公司（卖方）与中国 B 公司采用 FOB 价格条件订立了一份货物买卖合同，约定货物保质期为交货后一年。B 公司投保了平安险。货物在海运途中因天气恶劣部分损毁，另一部分完好交货，但在交货后半年左右出现质量问题。根据《联合国国际货物销售合同公约》和有关贸易惯例，下列哪一选项是正确的？（　　）（司考 2010. 1. 42）

A. A 公司在陆地上将货物交给第一承运人时完成交货

B. 货物风险在装运港越过船舷时转移

C. 对交货后半年出现的货物质量问题，因风险已转移，A 公司不承担责任

D. 对海运途中损毁的部分货物，应由保险公司负责赔偿

11. 中国甲公司与法国乙公司签订了向中国进口服装的合同，价格条件 CIF。货到目的港时，甲公司发现有两箱货物因包装不当途中受损，因此拒收，该货物在目的港码头又被雨淋受损。依 1980 年《联合国国际货物销售合同公约》（以下简称《公约》）及相关规则，下列哪一选项是正确的？（　　）（司考 2015. 1. 40）

A. 因本合同已选择了 CIF 贸易术语，则不再适用《公约》

B. 在 CIF 条件下应由法国乙公司办理投保，故乙公司也应承担运输途中的风险

C. 因甲公司拒收货物，乙公司应承担货物在目的港码头雨淋造成的损失

D. 乙公司应承担因包装不当造成的货物损失

12. 某国甲公司向中国乙公司出售一批设备，约

定贸易术语为“FOB（Incoterms 2010）”，后设备运至中国。依《国际贸易术语解释通则》和《联合国国际货物销售合同公约》，下列哪一选项是正确的？（　　）（司考 2013.1.40）

A. 甲公司负责签订货物运输合同并支付运费

B. 甲、乙公司的风险承担以货物在装运港越过船舷为界

C. 如该批设备因未按照同类货物通用方式包装造成损失，应由甲公司承担责任

D. 如该批设备侵犯了第三方在中国的专利权，甲公司对乙公司不承担责任

13. 中国甲公司与法国乙公司商谈进口特种钢材，乙公司提供了买卖该种钢材的格式合同，两国均为1980年《联合国国际货物销售合同公约》缔约国。根据相关规则，下列哪一选项是正确的？（　　）（司考 2014.1.40）

A. 因两国均为公约缔约国，双方不能在合同中再选择适用其他法律

B. 格式合同为该领域的习惯法，对双方具有约束力

C. 双方可对格式合同的内容进行修改和补充

D. 如双方在合同中选择了贸易术语，则不再适用公约

14. 中国甲公司向加拿大乙公司出口一批农产品，CFR价格条件。货装船后，乙公司因始终未收到甲公司的通知，未办理保险。部分货物在途中因海上风暴毁损。根据相关规则，下列哪一选项是正确的？（　　）（司考 2014.1.41）

A. 甲公司在装船后未给乙公司以充分的通知，造成乙公司漏保，因此损失应由甲公司承担

B. 该批农产品的风险在装港船舷转移给乙公司

C. 乙公司有办理保险的义务，因此损失应由乙公司承担

D. 海上风暴属不可抗力，乙公司只能自行承担损失

15. 甲国A公司从乙国B公司进口一批设备，双方约定以DPU贸易术语交货。承运人为乙国C公司。设备运抵目的地后，A公司和B公司曾因卸货费用的承担发生过争议。对此，下列说法正确的是（　　）。

A. 尽管DPU属于到货合同，B公司不负责办理货物进入甲国的进口手续

B. DPU术语的具体内容可根据《国际贸易术语解释通则2010》确定

C. 尽管DPU属于到货合同，B公司无须承担目的地的卸货费用

D. A公司应负责办理货物的运输保险

16. 中国甲公司（卖方）与法国乙公司（买方）在签订的国际货物买卖合同中使用了“CIP敦刻尔克”贸易术语。合同的下列约定符合《国际贸易术语解释通则2020》的要求的是（　　）。

A. 货物应运至敦刻尔克港

B. 甲、乙公司的风险承担以货物在装运港越过船舷为界

C. 由乙公司负责办理进口手续

D. 甲公司订立多式联运运输合同，乙公司负责办理保险

二、多项选择题

1. 设立下列各公司所属国均为1980年《联合国国际货物买卖合同公约》的缔约国，依公约的规定，下列哪几种情况适用公约？（　　）

A. 营业地位于中国的两个不同国家的公司订立的关于电视机的买卖合同

B. 营业地位于不同国家的两公司订立的补偿贸易合同，其中服务未构成供货方的绝大部分义务

C. 营业地位于不同国家的两公司关于食糖的贸易合同

D. 营业地位于不同国家的两公司订立的补偿贸易合同，其中服务构成了供货方的绝大部分义务

2. 2006年6月，佛易纳公司与晋堂公司签订了一项买卖运动器材的国际货物销售合同。晋堂公司作为买方在收到货物后发现其与合同约

定不符。依据1980年《联合国国际货物销售合同公约》的规定，下列哪些表述是正确的？（　）（司考2006.1.84）

A. 如果货物与合同不符的情形构成根本违反合同，晋堂公司可以解除合同

B. 根据货物与合同不符的情形，晋堂公司可以同时要求减价和赔偿损失

C. 只有在货物与合同不符的情形构成根本违反合同时，晋堂公司关于交付替代物的要求才应当被支持

D. 如果收到的货物数量大于合同规定的数量，晋堂公司应当拒绝接受多交部分的货物

3. 施密斯公司作为买方与邻国的哈斯公司签署了一项水果买卖合同。除其他条款外，双方约定有关该合同的争议应适用1980年《联合国国际货物销售合同公约》并通过仲裁解决。施密斯公司在检验收到的货物时，发现该水果的大小与合同的规定差别很大，便打算退货。根据这些情况，下列哪些表述是正确的？（　）（司考2006.1.86）

A. 施密斯公司应当根据情况采取合理措施保全货物

B. 施密斯公司有权一直保有这些货物，直至哈斯公司对其保全货物所支出的合理费用作出补偿为止

C. 施密斯公司不必使用自己的仓库保管该货物

D. 施密斯公司也可以出售该货物，但在可能的范围内，应当把出售的意向通知哈斯公司

4. 根据国际公约有关规定，在卖方有义务移交与货物有关的单据的情况下，关于卖方的此项义务，下列哪些选项是正确的？（　）（司考2008.1.84）

A. 卖方必须在规定的时间移交

B. 如卖方在规定的时间前移交，可以在该时间到达前纠正其中不符合同规定的情形

C. 卖方行使纠正单据的权利使买方承担不合理开支的，买方有权要求赔偿

D. 卖方在不使买方承担不合理开支的情况下，可以改变移交单据的地点和方式

5. 一国甲公司与另一国乙公司订立国际货物买卖合同，假设1980年《联合国国际货物销售合同公约》适用于该买卖合同，那么依该公约的规定，甲公司对于所售货物的权利担保事项包括下列哪些？（　）

A. 交付的货物为甲方所有

B. 交付的货物为甲方占有

C. 交付的货物在买方所在国或转售国不侵犯他人的知识产权

D. 交付的货物在世界范围内不侵犯他人的知识产权

6. 甲公司（卖方）与乙公司订立了国际货物买卖合同。由于甲公司在履约中出现违反合同的情形，乙公司决定宣告合同无效，解除合同。依据《联合国国际货物销售合同公约》，下列哪些选项是正确的？（　）（司考2010.1.86）

A. 宣告合同无效意味着解除了甲乙二公司在合同中的义务

B. 宣告合同无效意味着解除了甲公司损害赔偿的责任

C. 双方在合同中约定的争议解决条款也因宣告合同无效而归于无效

D. 如甲公司应归还价款，它应同时支付相应的利息

7. 甲公司（买方）与乙公司订立了一份国际货物买卖合同。后因遇到无法预见与不能克服的障碍，乙公司未能按照合同履行交货义务，但未在合理时间内将此情况通知甲公司。甲公司直到交货期过后才得知此事。乙公司的行为使甲公司遭受了损失。依《联合国国际货物销售合同公约》，下列哪些表述是正确的？（　）（司考2010.1.87）

A. 乙公司可以解除合同，但应把障碍及其影响及时通知甲公司

B. 乙公司解除合同后，不再对甲公司的损失承担赔偿责任

C. 乙公司不交货，无论何种原因均属违约

D. 甲公司有权就乙公司未通知有关情况而遭受的损失请求赔偿

8. 中国甲公司与德国乙公司签订了出口红枣的合同，约定品质为二级，信用证方式支付。

后因库存二级红枣缺货，甲公司自行改装一级红枣，虽发票注明品质为一级，货价仍以二级计收。但在银行办理结汇时遭拒付。根据相关公约和惯例，下列哪些选项是正确的？（　　）（司考 2014.1.80）

A. 甲公司应承担交货不符的责任

B. 银行应在审查货物的真实等级后再决定是否收单付款

C. 银行可以发票与信用证不符为由拒绝收单付款

D. 银行应对单据记载的发货人甲公司的诚信负责

三、不定项选择题

1. 根据 1980 年《联合国国际货物销售合同公约》的规定，在合同一方不履行合同义务构成根本违约的情况下，关于守约方请求损害赔偿的权利，下列表述错误的是（　　）。（司考 2008.1.100）

A. 守约方可以根据实际情况请求赔偿原合同价与转卖合同价之间的价差

B. 守约方可以根据实际情况请求赔偿合同价与市价之间的价差以及其他因对方违约造成的损失

C. 守约方可获得的损害赔偿不得超过违约方在订立合同时，依照他当时已知道或理应知道的事实和情况，对违反合同预料到或理应预料到的可能损失

D. 守约方有权对其实际遭受的、违约方缔约时理应预料到的所有损失获得赔偿

2. 南美某国的修格公司希望从我国太原辉泉公司购买一批货物。双方正在就货物销售合同的具体条款进行谈判。双方都希望选择国际商会 2000 年《国际贸易术语解释通则》中的贸易术语来确定货物销售的价格和相关义务。双方对于该货物的国际买卖均有丰富经验，且都与从事国际海上货物运输和保险的专业公司保持着经常的业务关系。基于上述事实，下列何种表述是正确的？（　　）（司考 2006.1.95）

A. 从修格公司的角度出发，如果选择 EXW 贸易术语，意味着它要承担的相关义务比选择任何其他的贸易术语都要大

B. 修格公司可以接受“CFR 天津”的贸易术语而自己向保险公司投保货物运输险

C. 假如双方采用了“CIF 布宜诺斯艾利斯”的贸易术语，辉泉公司对货物在公海上因船舶沉没而导致的货损应向修格公司承担赔偿责任

D. 双方都有可能接受《国际贸易术语解释通则》F 组中的某项贸易术语

3. 甲公司从国外进口一批货物，根据《联合国国际货物销售合同公约》，关于货物检验和交货不符合同约定的问题，下列说法正确的是：（　　）。（司考 2013.1.99）

A. 甲公司有权依自己习惯的时间安排货物的检验

B. 如甲公司须再发运货物，没有合理机会在货到后加以检验，而卖方在订立合同时已知道再发运的安排，则检验可推迟到货物到达新目的地后进行

C. 甲公司在任何时间发现货物不符合同均可要求卖方赔偿

D. 货物不符合同情形在风险转移时已经存在，在风险转移后才显现的，卖方应当承担责任

四、名词解释

1. 国际货物买卖合同

2. 发盘（offer）

3. 免责条款

4. 法律适用条款

5. 仲裁条款

6. 预期违约

7. CFR（中国人民大学 2005 年考研真题、武汉大学 2011 年考研真题）

8. Incoterms（中国人民大学 2013 年考研真题）

五、简答题

1. 简述国际货物买卖统一实体法的主要法律渊源。

2. 结合 2000 年《国际贸易术语解释通则》的规定，简述在 FOB 术语下卖方的主要义务。

3. CISG 卖方的权利担保义务。（武汉大学 2011 年考研真题）

六、论述题

1. 论国际货物买卖合同的订立。

2. A国甲公司与B国乙公司订立货物买卖合同，A为《联合国国际货物销售合同公约》缔约国，B为非缔约国。现在甲公司与乙公司发生纠纷；在A国法院起诉。

（1）公约在什么情况下应被适用？

（2）公约中买卖双方的义务是什么？

（3）公约对买方的救济？（北京大学2011年考研真题）

参考答案

一、单项选择题

1. 答案：A。《联合国国际货物销售合同公约》第42条第1款规定：卖方所交付的货物，必须是第三方不能根据工业产权或其他知识产权主张任何权利或要求的货物，但以卖方在订立合同时已知道或不可能不知道的权利或要求为限，而且这种权利或要求根据以下国家的法律规定是以工业产权或其他知识产权为基础的：(a) 如果双方当事人在订立合同时预期货物将在某一国境内转售或做其他使用，则根据货物将在其境内转售或做其他使用的国家的法律；或者 (b) 在任何其他情况下，根据买方营业地所在国家的法律。本题中，中国伟业公司与甲国利德公司订立合同时，伟业公司不知道利德公司会将该批货物转卖至乙国，不承担该批货物在乙国的知识产权担保义务。故A正确。

《联合国国际货物销售合同公约》第67条第1款规定：如果销售合同涉及货物的运输，但卖方没有义务在某一特定地点交付货物，自货物按照销售合同交付给第一承运人以转交给买方时起，风险就移转到买方承担。《联合国国际货物销售合同公约》第68条规定：对于在运输途中销售的货物，从订立合同时起，风险就移转到买方承担。本题中，没有涉及伟业公司与利德公司关于交付货物地点的信息，该批货物的风险应于货交第一承运人时由伟业公司转移给利德公司。故B错误。需要注意的是，风险于订立合同时转移的情况较为特殊，即销售运输途中的货物，订立合同时风险转移。

依据《国际铁路货物联运协定》的规定，承运人的责任期间是承运货物时起，至交付货物时为止，而不以货物装上或卸下为责任期间的节点。故C错误。不同运输区段的承运人之间的责任清算规则是：如损失是由于一个承运人的过失造成，则该承运人负完全责任；如损失是由于参加运送的数个承运人的过失造成，则每一承运人各自对其造成的损失负责；如不能证明损失是因一个或数个承运人过失所造成，则承运人应商定责任分担办法，如承运人不能商定责任分担办法，则承运人间的责任按该批货物在各承运人进行运送时实际行经的运价公里比例分担，但能够证明损失不是由其过失所造成的承运人除外。故D错误。

2. 答案：D。1980年《联合国国际货物销售合同公约》（以下简称《公约》）第18条第1款规定，被发价人声明或作出其他行为表示同意发价，即是接受，缄默或不行动本身不等于接受。乙公司的沉默表明其拒绝甲公司的要求，选项A错误。《公约》第19条第1款规定，对发价表示接受但载有添加、限制或不同条件的答复，即为拒绝该项发价，并构成还价。因此甲公司于8月12日的电复是对乙公司要约的变更，构成新要约，而非承诺，选项B错误。选项C中提到的迟到承诺不存在，故错误。《公约》第17条规定，一项发价，即使是不可撤销的，于拒绝通知送达发价人时终止。即要约因受要约人的拒绝而失效。在要约失效后，无论是要约人或受要约人不再受要约的拘束。甲公司于8月11日作出的复电属于拒绝要约行为，导致乙公司发出的要约失效。甲公司8月29日的去电是新要约，合同自然没有成立，故D正确。

3. 答案：C。FOB术语指当货物在指定的装运港装上船，卖方即完成交货，货物的风险自船舷转移。

4. 答案：C。同上题。

5. 答案：A。本题考查国际货物买卖的分批履行。

6. 答案：B。《联合国国际货物销售合同公约》第 5 条规定："本公约不适用于卖方对于货物对任何人所造成的死亡或伤害的责任。"故 A 错误。

第 71 条规定："(1) 如果订立合同后，另一方当事人由于下列原因显然将不履行其大部分重要义务，一方当事人可以中止履行义务：(a) 他履行义务的能力或他的信用有严重缺陷；或 (b) 他在准备履行合同或履行合同中的行为显示他将不履行其主要义务。(2) 如果卖方在上一款所述的理由明显化以前已将货物发运，他可以阻止将货物交给买方，即使买方持有其有权获得货物的单据。本款规定只与买方和卖方间对货物的权利有关。(3) 中止履行义务的一方当事人不论是在货物发运前还是发运后，都必须立即通知另一方当事人，如经另一方当事人对履行义务提供充分保证，则他必须继续履行义务。"第 72 条规定："(1) 如果在履行合同日期之前，明显看出一方当事人将根本违反合同，另一方当事人可以宣告合同无效。(2) 如果时间许可，打算宣告合同无效的一方当事人必须向另一方当事人发出合理的通知，使他可以对履行义务提供充分保证。(3) 如果另一方当事人已声明他将不履行其义务，则上一款的规定不适用。"故 B 正确，C 错误，D 错误。

7. 答案：B。船长、船员、引航员或者承运人的其他受雇人在驾驶船舶或者管理船舶中的行为、疏忽或不履行职责而造成的货物损失，承运人可以免责。

8. 答案：B。CIP 术语由卖方负担将货物运至指定目的地的运费，但是货物风险在货交第一承运人时即转移，卖方完成交货义务。

9. 答案：C。根据《联合国国际货物销售合同公约》第 19 条的规定：(1) 对发价表示接受但载有添加、限制或其他更改的答复，即为拒绝该项发价并构成还价。(2) 但是，对发价表示接受但载有添加或不同条件的答复，如所载的添加或不同条件在实质上并不变更该项发价的条件，除发价人在不过分迟延的期间内以口头或书面通知反对其间的差异外，仍构成接受。如果发价人不做出这种反对，合同的条件就以该项发价的条件以及接受通知内所载的更改为准。(3) 有关货物价格、付款、货物质量和数量、交货地点和时间、一方当事人对另一方当事人的赔偿责任范围或解决争端等的添加或不同条件，均视为在实质上变更发价的条件。所以乙公司变更付款方式为货到后 30 天付款，为实质性的变更合同，甲公司同意了该变更。这样 A 选项错误。第 71 条规定：(1) 如果订立合同后，另一方当事人由于下列原因显然将不履行其大部分的义务，一方当事人可以中止履行义务：(a) 他履行义务的能力或他的信用有严重缺陷；或 (b) 他在准备履行合同或履行合同中的行为显示他将不履行其主要义务。(2) 如果卖方在上一款所述的理由明显化以前已将货物发运，他可以阻止将货物交付给买方，即使买方持有其有权获得货物的单据。本款规定只与买方和卖方间对货物的权利有关。(3) 中止履行义务的一方当事人不论是在货物发运前还是发运后，都必须立即通知另一方当事人，如经另一方当事人对履行义务提供充分保证，则他必须继续履行义务。第 73 条规定：(1) 对于分批交付货物的合同，如果一方当事人不履行对任何一批货物的义务，便对该批货物构成根本违反合同，则另一方当事人可以宣告合同对该批货物无效。(2) 如果一方当事人不履行对任何一批货物的义务，使另一方当事人有充分理由断定对今后各批货物将会发生根本违反合同，该另一方当事人可以在一段合理时间内宣告合同今后无效。(3) 买方宣告合同对任何一批货物的交付为无效时，可以同时宣告合同对已交付的或今后交付的各批货物均为无效，如果各批货物是互相依存的，不能单独用于双方当事人在订立合同时所设想的目的。所以 B、D 项错误，C 项正确。

10. 答案：无（原公布答案 B）。FOB（船上交货）术语指当货物在指定的装运港越过船舷，卖方即完成交货，货物的风险自船舷转移。FOB术语后标出的是装货港的名称，如FOB汉堡，表明该批货物的装货港是汉堡。1. 交货：卖方须在指定日期或期限内，在指定的装运港，按照该港习惯方式，将货物交至买方指定的船只上。2. 风险转移：货物的风险自装运港船舷由卖方转移给买方。3. 双方义务：（1）卖方义务：提供符合合同规定的货物及单证；办理出口手续；在装运港将货物装上买方指定的船舶并通知买方；承担货物在装运港越过船舷前的风险和费用。（2）买方义务：支付货款并接受卖方提供的单证；办理进口手续；租船或订舱并将船名和装货地点及时间给予卖方充分通知；承担货物在装运港越过船舷后的风险和费用。所以A项错误，B项正确。因为约定货物保质期为交货后一年，所以交货半年后发生的质量问题，依旧由A公司承担。所以C项错误。平安险对货物因自然灾害造成的部分损失不予赔偿。货物在海运途中因天气恶劣部分损毁，保险公司不赔。所以D项错误。

本题出在2010年《国际贸易术语解释通则》生效之前。2010年通则中FOB、CFR、CIF三种术语省略了以船舷作为交货点的表述，取而代之的是货物置于“船上”时构成交货。故B项不正确。

11. 答案：D。《联合国国际货物销售合同公约》第9条规定，（1）双方当事人业已同意的任何惯例和他们之间确立的任何习惯做法，对双方当事人均有约束力。（2）除非另有协议，双方当事人应视为已默示地同意对他们的合同或合同的订立适用双方当事人已知道或理应知道的惯例，而这种惯例，在国际贸易上，已为有关特定贸易所涉同类合同的当事人所广泛知道并为他们所经常遵守。因此公约与贸易术语可以同时适用，A项说法错误。2010年《国际贸易术语解释通则》规定，CIF（成本、保险费加运费）是指卖方以在指定装运港将货物装上买方指定的船舶或通过取得已交付至船上货物的方式交货。货物灭失或损坏的风险在货物交到船上时转移，买方承担自那时起的一切费用。卖方办理出口清关手续，但无义务办理进口清关、支付任何进口税或办理任何进口海关手续。因此B项和C项说法均错误。在CIF条件下，卖方负责对货物查对、包装、标记，卖方必须支付交货所需进行的查对费用（如核对货物品质、丈量、过磅、点数的费用）。卖方必须自付费用，提供符合其安排的运输所要求的包装（除非按照相关行业惯例该合同所描述货物无须包装发运）。包装应作适当标记。因此D项说法正确。

12. 答案：C。FOB（Free on Board）术语中，卖方承担的基本义务是在合同规定的装运港和规定的期限内，将货物装上买方指派的船只，并及时通知买方。货物在装船时越过船舷，风险即由卖方转移至买方。买方要负责租船订舱，支付运费，并将船期、船名及时通知卖方。货物在装运港越过船舷后的其他责任、费用也都由买方负担，包括取得进口许可证或其他官方证件，以及办理货物入境手续和费用。甲公司作为卖方，不需要支付运费。所以A选项错误。2010年《国际贸易术语解释通则》的FOB术语要求卖方将货物装到船上，增加了卖方装运港义务，风险也在货物装船后转移。所以B选项错误。按照《联合国国际货物销售合同公约》第35条规定，（1）卖方交付的货物必须与合同所规定的数量、质量和规格相符，并须按照合同所规定的方式装箱或包装。（2）除双方当事人业已另有协议外，货物除非符合以下规定，否则即为与合同不符：（a）货物适用于同一规格货物通常使用的目的；（b）货物适用于订立合同时曾明示或默示地通知卖方的任何特定目的，除非情况表明买方并不依赖卖方的技能和判断力，或者这种依赖对他是不合理的；（c）货物的质量与卖方向买方提供的货物样品或样式相同；（d）货物按照同类货物通用的方式装箱或包装，如果没有此种通用方式，则按照足以保全和保护货物的方式装箱或包装。（3）如果买方在订立合同时知道或者不可能不知道货物不符合同，卖方就无须按上一款（a）项至（d）项负有此种不符合同的责任。所以，如该批设备因未按照同类货物通用方式包装造成损失，应由甲公司承担责任，C选项正确。《联合国国际货物销售合同公约》第41条规定，卖方所交付的货物，必须是第三方不能提出任何权利或要求的货物，除非买方同意在这种权利或要求的条件下，收取货物。但是，如果这种权利或要求是以工业产权或其他知识产权为基础的，卖方的义务应依照第42条的规定。第42条规定：（1）卖方所交付的货物，必须是第三方不能根据工业产权或其他知识产权主张任何权利或要求的货物，但以卖方在订立合同时已知道或不可能不知道的权利或要求为限，而且这种权利或要求根据以下国家的法律规定是以工业产权或其他知识产权为基础的：（a）如果双方当事人在订立合同时预期货物将在某一国境内转售或做其他使用，则根据货物将在其境内转售或做其他使用的国家的法律；（b）在任何其他情况下，根据买方营业地所在国家的法律。（2）卖方在上一款中的义务不适用于以下情况：（a）买方在订立合同时已知道或不可能不知道此项权利或要求；（b）此项权利或要求的发生，是由于卖方要遵照买方所提供的技术图样、图案、程式或其他规格。所以，如该批设备侵犯了第三方在中国的专利权，甲公司也要对乙公司承担责任，D选项错误。

13. 答案：C。根据1980年《联合国国际货物销售合同公约》第6条规定：双方当事人可以不适用本公约，或在第12条的条件下，减损本公约的任何规定或改变其效力。第12条规定：本公约第11条、第29条或第二部分准许销售合同或其更改或根据协议终止，或者任何发价、接受或其他意旨表示得以书面以外任何形式做出的任何规定不适用，如果任何一方当事人的营业地是在已按照本公约第96条作出了声明的一个缔约国内，各当事人不得减损本条或改变其效力。所以，A选项错误。

在国际贸易中常常使用某个国际民间组织或国际行业性协会拟定的空白的标准合同，这种空白合同并不是合同，它只是根据买卖合同应具备的基本内容所拟定的详细而固定的条文，印成固定的格式，所以叫作格式合同。格式合同具有针对性和简化性的作用。格式合同可以起到简化谈判过程的作用。它可以向谈判的当事人提供建议性的条文，作为合同条件的基础，这样可以缩短当事人之间协商的时间，为争取商业机会创造条件。从性质上讲，格式合同既不是法律，在双方签字以前也不是真正的合同。格式合同只是贸易谈判的一方给另一方提供的建议性的文本，在当事人签字前不具有约束力。经双方当事人的协商，可以对格式合同中的条文内容进行修改、删减或补充，只有经过双方当事人同意，填写了空白的项目并签字后，才能成为当事人之间订立的一个有效的合同。所以，B选项错误，C选项正确。

国际贸易术语，又称价格术语。在国际贸易中，买卖双方所承担的义务，会影响到商品的价格。在长期的国际贸易实践中，逐渐形成了把某些和价格密切相关的贸易条件与价格直接联系在一起，形成了若干种报价的模式。每一种模式都规定了买卖双方在某些贸易条件中所承担的义务。用来说明这种义务的术语，称为贸易术语。如双方在合同中选择了贸易术语，可以再适用公约，所以，D选项错误。

14. 答案：A。CFR，全称Cost and Freight，指在装运港船上交货，卖方需支付将货物运至指定目的地港所需的费用。但货物的风险是在装运港船上交货时转移。卖方义务主要是：（1）自负风险和费用，取得出口许可证或其他官方批准的证件，在需要办理海关手续时，办理货物出口所需的一切海关手续。（2）签订从指定装运港承运货物运往指定目的港的运输合同；在买卖合同规定的时间和港口，将货物装上船并支付至目的港的运费；装船后及时通知买方。（3）承担货物在装运港装上船为止的一切风险。(4) 向买方提供通常的运输单据，如买卖双方约定采用电子通信，则所有单据均可被同等效力的电子数据交换（EDI）信息所代替。买方义务主要是：(1) 自负风险和费用，取得进口许可证或其他官方批准的证件，在需要办理海关手续时，办理货物进口以及必要时经由另一国过境的一切海关手续，并支付有关费用及过境费。(2) 承担货物在装运港装上船以后的一切风险。(3) 接受卖方提供的有关单据，受领货物，并按合同规定支付货款。(4) 支付除通常运费以外的有关货物在运输途中所产生的各项费用以及包括驳运费和码头费在内的卸货费。

在 CFR 术语下，卖方负责安排运输，而买方自行办理保险，因此在货物装上船前，即风险转移至买方前，买方及时向保险公司办妥保险，是 CFR 中一个至关重要的问题。因此《国际贸易术语解释通则》强调卖方必须毫不迟延地通知买方货物已装上船。否则，卖方要承担违约责任。所以，A 选项正确，B 项错误。CFR 术语中，买方乙公司并没有办理保险，原因之一是卖方未对其进行通知。所以，甲公司应该承担违约责任，C 选项错误。D 选项也错误。

15. 答案：A。DPU 术语，意为“目的地卸货后交车 5 货（指定目的地）”，是指卖方必须在约定日期或期限内，在指定目的地或者在该指定目的地内的约定交货地点，将货物从抵达的运输工具上卸载，并交由买方处置的方式交货。卖方自负风险和费用，取得所有出口许可和其他官方授权办理出口和交货前从他国过境运输所需的一切海关手续。A 项，DPU 术语中，取得所有进口许可或其他官方授权，办理货物进口的一切海关手续由买方负责，也就是说，卖方 B 公司不负责办理货物进入甲国的进口手续。B 项，DPU 术语的具体内容是《国际贸易术语解释通则 2020》确定的，由之前的 DAT 术语更名而成，并且相应的含义也发生了变化，不能根据《国际贸易术语解释通则 2010》确定。C 项，根据 DPU 术语，卖方 B 公司应当将货物从抵达的运输工具上卸下并交由买方 A 公司处置，应承担目的地的卸货费用。D 项，DPU 术语，买卖双方均无订立保险合同的义务。题干“设备运抵目的地”以及“承运人为乙国 C 公司”，说明卖方 B 公司需要运输货物，运输途中的风险都由卖方承担。因此，虽然卖方 B 公司对买方没有保险的义务，但是其为了成功交货，应当办理保险。

16. 答案：C。CIP，全称 Carriage and Insurance Paid to，意为“运费和保险费付至（指定目的地）”。A 项，CIP 术语适用于一切运输方式，包括多式联运。因此，货物不一定是经由海运，而货物一定是送往敦刻尔克，但是并不一定送往敦刻尔克港。B 项，CIP 术语适用于各种运输方式，交货地点要根据运输方式的不同由双方约定，风险是在承运人控制货物时转移。C 项，CIP 术语中，卖方的义务为办理出口手续，买方的义务为办理进口手续。即由乙公司负责办理进口手续。D 项，CIP 术语中，运输、保险都应当由卖左负责办理。而且在《国际贸易术语解释通则 2020》CIP 贸易术语下，对卖方有义务取得保险的要求有所提高，相当于我国的“一切险”。即里公司负责订立多式联运运输合同并办理保险。

二、多项选择题

1. 答案：BC。本题考查的是《联合国国际货物销售合同公约》的适用范围。根据公约第 1 条规定，公约适用于营业地分处不同国家的当事人之间的货物买卖。故 A 错 C 对。根据公约第 3 条的规定，营业地位于不同国家的两公司订立的补偿贸易合同，适用公约的条件是服务未构成供货方的绝大部分义务。故 B 对 D 错。

2. 答案：ABC。《联合国国际货物销售合同公约》第 25 条规定，如果货物与合同不符的情形构成根本违反合同，买方可以解除合同，故 A 正确。依公约第 50 条的规定，如货物与合同不符，不论货款是否已付，买方都可以要求降低价格。公约第 74~77 条对损害赔偿进行了规定，买方或卖方所进行的其他补救，并不妨碍其同时提出损害赔偿的要求，故B正确。依公约第46条第2款的规定，买方只有在货物与合同不符构成根本违反合同时，才可以要求交付替代货物，故C正确。公约第52条第2款规定："如果卖方交付的货物数量大于合同规定的数量，买方可以收取也可以拒绝收取多交部分的货物。如果买方收取多交部分货物的全部或一部分，他必须按合同价格付款。"故D错误。由此可知，本题答案为ABC。

3. **答案**：ACD。《联合国国际货物销售合同公约》第86条第1款规定："如果买方已收到货物，但打算行使合同或本公约规定的任何权利，把货物退回，他必须按情况采取合理措施，以保全货物。他有权保有这些货物，直至卖方把他所付的合理费用偿还给他为止。"故A正确，B错误。第87条规定："有义务采取措施以保全货物的一方当事人，可以把货物寄放在第三方的仓库，由另一方当事人担负费用，但该项费用必须合理。"故C正确。第88条第2款规定：如果货物易于迅速变坏，或者货物的保全牵扯到不合理的费用，则有义务保全货物的一方当事人，必须采取合理措施，把货物出售。在可能的范围内，他必须把出售货物的打算通知另一方当事人。故D正确。由此可见，本题答案为ACD。

4. **答案**：ABC。《联合国国际货物销售合同公约》第34条规定，卖方有义务移交与货物有关的单据，他必须按照合同所规定的时间、地点和方式移交这些单据。如果卖方在那个时间以前已移交这些单据，他可以在那个时间到达前纠正单据中任何不符合合同规定的情形，但是，此一权利的行使不得使买方遭受不合理的不便或承担不合理的开支。但是，买方保留本公约所规定的要求损害赔偿的任何权利。故选项ABC正确。卖方无权更改交单据的地点和方式，选项D错误。

5. **答案**：AC。本题考查《联合国国际货物销售合同公约》的权利担保。

6. **答案**：AD。依照公约第81条规定，(1)宣告合同无效解除了双方在合同中的义务，但应负责的任何损害赔偿仍应负责。宣告合同无效不影响合同关于解决争端的任何规定，也不影响合同中关于双方在宣告合同无效后权利和义务的任何其他规定。(2)已全部或局部履行合同的一方，可以要求另一方归还他按照合同供应的货物或支付的价款，如果双方都须归还，他们必须同时这样做。所以A项正确，B、C项错误。第84条(1)规定如果卖方有义务归还价款，他必须同时从支付价款之日起支付价款利息。所以D项正确。

7. **答案**：AD。根据《联合国国际货物销售合同公约》的规定，买卖双方违约责任的免责内容包括以下方面：(1)免责的条件：①不履行必须是由于当事人不能控制的障碍所致。例如，战争、禁运、风暴、洪水等。②这种障碍是不履行一方在订立合同时不能预见的。③这种障碍是当事人不能避免或不能克服的。(2)免责的通知：依公约第79条第4款的规定，不履行义务的一方必须将障碍及其对他履行义务能力的影响通知另一方。如果对方在不履行义务的一方已知道或理应知道此一障碍后一段合理时间仍未收到通知，则不履行义务的一方对由于对方未收到通知而造成的损害应负赔偿责任。(3)免责的后果：依公约第79条第5款的规定，免责一方所免除的是对另一方损害赔偿的责任，但受损方依公约采取其他补救措施的权利不受影响。所以A项正确、C项错误。B项错误、D项正确。

8. **答案**：AC。根据《联合国国际货物销售合同公约》，货物买卖中，卖方的基本义务是按照合同和公约的规定交付货物，移交一切与货物有关的单据，并移转货物的所有权。在甲公司自行改装一级红枣后，应及时通知乙公司，否则，要承担交货不符的责任。所以，A选项正确。

要做到单证一致，银行必须合理小心地审核一切单据，保证受益人提交的单据的种类、内容和份数，甚至文字措辞等都必须与信用证的规定完全一致，即使实际装运的货物或者合同和确认函电内容与信用证规定矛盾，也必须以信用证为准，因此，如果银行议付的单据表面上与信用证相符而货物不符，因银行无从知悉故不承担任何责任；反之，实际货物无误而单据表面上与信用证规定不符，银行就需承担责任，开证申请人即可据此拒绝赎单付款。在通过信用证方式付款时，银行仅审查单据，并不看货物的真实等级，所以，B 选项错误。

单证一致出口方所提供的所有单据要严格符合进口方开证银行所开信用证的要求，或者说出口方制作和提供的所有与本项货物买卖有关的单据，与进口方申请开立的信用证对单据的要求完全吻合，没有矛盾。如果发票跟信用证不符，银行可以拒绝收单付款。所以，C 选项正确。

银行本身对单据记载的发货人并不负有责任，所以，D 选项错误。

三、不定项选择题

1. **答案**：D。一方根本违约构成宣告合同无效的理由。《联合国国际货物销售合同公约》第 74 条规定，一方当事人违反合同应负的损害赔偿额，应与另一当事人因他违反合同而遭受的包括利润在内的损失额相等。这种损害赔偿不得超过违反合同一方在订立合同时，依照违约方当时已知道或理应知道的事实和情况，对违反合同预料到或理应预料到的可能损失。依据上述规定，可以看出计算损害赔偿额的目的是要使受损害一方当事人获得合同被履行后所应有的经济地位，补偿其实际损失。故 C 正确。第 75 条规定，如果合同被宣告无效，而在宣告无效后一段合理时间内，买方已以合理方式购买替代货物，或者卖方已以合理方式把货物转卖，则要求损害赔偿的一方可以取得合同价格和替代货物交易价格之间的差额以及按照第 74 条规定可以取得的任何其他损害赔偿。故 A 正确。又根据第 76 条第 1 款的规定，如果合同被宣告无效，而货物又有时价，要求损害赔偿的一方，如果没有根据第 75 条规定进行购买或转卖，则可以取得合同规定的价格和宣告合同无效时的时价之间的差额以及按照第 74 条规定可以取得的任何其他损害赔偿。但是，如果要求损害赔偿的一方在接收货物之后宣告合同无效，则应适用接收货物时的时价，而不适用宣告合同无效时的时价。故 B 正确。赔偿数额应有所限制，不应超过违约方在订立合同时所预见的范围。故 D 项因缺少这一限定条件而错误。
2. **答案**：AD。本题考查贸易术语。
3. **答案**：BD。根据《联合国国际货物销售合同公约》第 38 条规定，(1) 买方必须在按情况实际可行的最短时间内检验货物或由他人检验货物。(2) 如果合同涉及货物的运输，检验可推迟到货物到达目的地后进行。(3) 如果货物在运输途中改运或买方须再发运货物，没有合理机会加以检验，而卖方在订立合同时已知道或理应知道这种改运或再发运的可能性，检验可推迟到货物到达新目的地后进行。所以，A 选项错误。B 选项正确。第 39 条规定，(1) 买方对货物不符合同，必须在发现或理应发现不符情形后一段合理时间内通知卖方，说明不符合同情形的性质，否则就丧失声称货物不符合同的权利。(2) 无论如何，如果买方不在实际收到货物之日起两年内将货物不符合同情形通知卖方，他就丧失声称货物不符合同的权利，除非这一时限与合同规定的保证期限不符。所以，C 选项错误。第 36 条规定，(1) 卖方应按照合同和本公约的规定，对风险移转到买方时所存在的任何不符合同情形负有责任，即使这种不符合同情形在该时间后方始明显。(2) 卖方对在上一款所述时间后发生的任何不符合同情形，也应负有责任，如果这种不符合同情形是由于卖方违反他的某项义务所致，包括违反关于在一段时间内货物将继续适用于其通常使用的目的或某种特定目的，或将保持某种特定质量或性质的任何保证。所以，D 选项正确。

四、名词解释

1. **答案**：亦称国际货物销售合同，是指营业地处于不同国家或地区的当事人之间所订立的货物买卖合同。

2. 答案：发盘又称要约，是国际贸易的当事人以订立合同为目的，向另一方当事人作出的一种意思表示。它既可以书面形式提出，也可以口头提出。发出要约的一方称要约人，接受要约的一方为受要约人。

3. 答案：又称不可抗力条款。该条款在不同的合同中有不同的范围和表现形式，有些订得比较简单，有些则十分详细。其内容通常包括：(1) 不可抗力事故的范围；(2) 不可抗力事故的法律后果；(3) 发生不可抗力事故后通知对方的期限；(4) 出具事故证明的机构。

4. 答案：根据各国国内法和有关国际公约的规定，合同当事人可以根据意思自治原则选择合同所适用的法律。这些法律可以是当事人的本国法，也可以是第三国法，还可以是国际条约或者国际惯例。

5. 答案：对于可能发生的合同争议，双方当事人如果不愿诉诸司法程序，而愿意提交仲裁程序，可以在合同中订立仲裁条款。仲裁条款应载明仲裁地点、仲裁机构、仲裁程序、仲裁裁决的效力以及仲裁费用的负担等内容。

6. 答案：是指在合同规定的履行期限到来之前，已有根据预示合同一方当事人将不会履行其合同义务。根据公约的规定，在一方预期违约的情况下，另一方可以中止履行合同义务或撤销合同。

7. 答案：CFR是指卖方必须在合同规定的装运期内，在装运港将货物交至运往指定目的港的船上，负担货物装上船为止的一切费用和货物灭失或损坏的风险，并负责租船或订舱，支付抵达目的港的正常运费。

8. 答案：Incoterms是指适用于国际贸易中，以不同的交货地点为标准，用简短的概念或英文缩写字母表示商品的价格构成以及买卖双方在交易中的费用、责任与风险的划分的专门术语。它源于International Commercial Terms，英文全称为International Rules for the Interpretation of Trade Terms。是国际商会制定的为国际贸易中普遍使用的贸易术语提供一套解释的国际规则，以避免或减少因各国不同解释而出现的不确定性。

五、简答题

1. 答案：国际货物买卖统一实体法的法律渊源主要有以下几个方面：(1) 国际公约，目前调整国际货物买卖的国际公约主要有1964年《国际货物买卖统一法公约》和1964年《国际货物买卖合同成立统一法公约》及1980年《联合国国际货物买卖合同公约》、1974年《联合国国际货物买卖时效期限公约》等；(2) 国际贸易惯例，影响较大的主要有1932年《华沙—牛津规则》、1941年《美国对外贸易定义》和《国际贸易术语解释通则》。

2. 答案：在FOB价格术语下卖方的主要义务有：(1) 在合同规定的装运港和装运期内，按港口习惯的方式，将货物交到买方指定的船上。(2) 负担货物在指定装运港越过船舷以前的一切风险和费用。(3) 办理出口手续并按合同规定提供通常清洁提单和发票等有关单据。

3. 答案：根据CISG的规定，卖方的权利担保包括所有权担保和知识产权担保两个方面：1. 所有权担保：卖方保证对其出售的货物享有完全的所有权，必须是第三方不能提出任何权利或要求的货物，如不存在任何未向买方透露的担保物权等。2. 知识产权担保：卖方所出售的货物，必须是第三方不能依工业产权或其他知识产权主张任何权利或要求的货物，如果买方接收货物后，任何第三人通过司法程序指控买方所购的货物侵犯了其知识产权，卖方应承担代替买方辩驳第三人的义务。但公约对卖方的知识产权担保义务又有所限制．因为国际贸易中，货物通常是销往卖方所在国以外的国家，特别是还有转卖的情况，要求卖方了解所有国家有关的法律是不可能的，因此，公约对卖方的知识产权担保义务进行了某些限制，主要有地域限制和主观限制。而且公约还规定买方的及时通知义务，即当买方已知道或理应知道第三方的权利或要求后一段合理时间内，应将此项权利或要求的性质通知卖方，否则就丧失了买方依公约本来可以得到的权利，即要求卖方承担辩驳第三方的权利。

六、论述题

1. 答案：(1) 国际货物买卖合同的成立一般来说要经过以下几个过程：①询盘，即一方向另一方询问买卖该商品的各项条件；②发盘，即一方向另一方提出的买卖该商品的各项条件，并表示愿意按此条件达成交易的意思表示；③还盘，交易一方接到发盘后，对发盘内容提出的不同的建议；④承诺，一方接到另一方发盘或还盘，表示完全同意的意思表示；⑤订立合同，双方经过协商，为明确各自的权利义务，用书面形式把它确定下来。但并非所有交易都必须经过这些环节。

(2) 合同的形式。对此，公约没有作限制，当事人可以采取口头形式或书面形式，这并不影响合同的效力，也不影响证据力。

(3) 合同的主要内容，当事人可以自由协商，但一般来说应包括合同的首部、正文、尾部三部分，正文为合同核心，一般包括标的物条款、价格条款、装运条款、保险条款等内容。

2. 答案：(1) 根据公约第 1 条第 1 款 (b) 项的规定，营业地在不同国家的当事人之间订立的合同，只要根据国际私法规范的指引导致适用某一缔约国法律，则属于公约的适用范围。根据该规定，甲乙公司选择了 A 国法律为合同准据法，或者虽然甲乙公司未选择合同准据法，但根据法院地国即 A 国的国际私法规范的指引，应当适用 A 国法律的，就应当适用公约。

(2) 公约对买卖双方的主要义务规定如下：公约第 30 条至第 44 条主要规定了卖方的义务。卖方的义务主要包括：(1) 交付货物。交付货物是卖方的主要义务，根据公约的规定卖方应依合同约定的时间、地点及方式完成交货义务。(2) 品质担保。卖方必须保证其交付的货物与合同约定的相符。如果合同没有约定的，依公约的规定。(3) 权利担保。权利担保分为所有权担保和知识产权担保。所有权担保指卖方保证对其出售的货物享有完全的所有权，必须是第三方不能提出任何权利或要求的货物。知识产权担保是指卖方交付货物，必须是第三方不能依工业产权或其他知识产权主张任何权利和要求的货物。(4) 交付单据。单据在象征性交货的情况下，对买方非常重要，可能会影响到买方能否及时提取货物或转卖货物。公约第 34 条规定，卖方必须按照合同约定的时间、地点和方式移交与货物有关的单据。公约第 53 条至第 60 条规定了买方的义务。买方的义务主要有两项：支付货款和接收货物。

(3) 卖方违约时，买方的救济方法主要有：①要求实际履行。公约第 46 条第 1 款规定，卖方违反合同时，买方可以采取要求实际履行的办法。第 47 条规定，买方可以规定一个合理时间的额外期限，让卖方履行义务。②交付替代物。依公约规定买方只有在货物与合同不符构成根本违反合同时，才可以要求交付替代物。③修理。卖方对所交付的与合同不符的货物进行修补、调整或替换有瑕疵的部分。④减价。公约第 50 条规定，如货物与合同不符，不论价款是否已付，买方都可以降低价格。⑤宣告合同无效。依公约第 49 条规定，买方有权在下列情况下宣告合同无效：第一，卖方根本违反合同；第二，卖方在买方规定的宽限期间内没有交货或声明不交货。

第二十一章　国际货物运输的统一实体法

基础知识图解

- 国际货物运输的统一实体法
  - 概述
    - 国际货物运输的概念与特征
    - 国际货物运输的种类
  - 国际海上货物运输
    - 概念与特征
    - 提单
      - 提单的含义和法律作用
      - 提单的种类
        - 按货物是否已装船
          - 已装船提单
          - 备运提单
        - 按货物表面状况有无不良批注
          - 清洁提单
          - 不清洁提单
        - 按收货人的抬头方式
          - 记名提单
          - 不记名提单
          - 指示提单
        - 按运输过程是否转船
          - 直达提单
          - 转船提单
          - 联运提单
        - 按提单内容的繁简
          - 全程提单
          - 简式提单
      - 提单的流通性：转让条件、方式
    - 租船合同：航次租赁合同、定期租赁合同、光船租赁合同
  - 国际航空货物运输
    - 特点、种类
    - 关于国际航空货物运输的若干国际法规则：空运单证、承运人的责任与豁免、承运人的责任限制、托运人的基本权利和义务、索赔通知与诉讼时效、诉讼管辖权
  - 国际铁路货物运输
    - 概述
    - 主要国际公约
  - 国际货物多式联运
    - 概念与特点
    - 《联合国国际货物多式联运公约》的主要内容

配套测试

一、单项选择题

1. 中国某公司进口了一批皮制品，信用证方式支付，以海运方式运输并投保了一切险。中国收货人持正本提单提货时发现货物已被他人提走。依相关司法解释和国际惯例，下列哪一选项是正确的？(　　)（司考 2017. 1. 42）

A. 承运人应赔偿收货人因其无单放货造成的货物成本加利润损失

B. 因该批货物已投保一切险，故保险人应对货主赔偿无单放货造成的损失

C. 因货物已放予他人，收货人不再需要向卖方支付信用证项下的货款
D. 如交单人提交的单证符合信用证的要求，银行即应付款

2. 《联合国国际货物多式联运公约》在联运经营人的责任制问题上，采用的是（　　）。
A. 完全推定责任原则
B. 不完全过失责任原则
C. 完全过失责任原则
D. 航行过失免责的原则

3. 关于海上货物运输中的迟延交货责任，下列哪一表述是正确的？（　　）（司考 2006.1.46）
A. 《海牙规则》明确规定承运人对迟延交付可以免责
B. 《维斯比规则》明确规定了承运人迟延交付的责任
C. 《汉堡规则》只规定了未在约定时间内交付为迟延交付
D. 《汉堡规则》规定迟延交付的赔偿为迟交货物运费的 2.5 倍，但不应超过应付运费的总额

4. 根据 2000 年版《国际贸易术语解释通则》的规定，关于 FOB 贸易术语，下列哪一选项是正确的？（　　）
A. 卖方应当在目的港交货
B. 卖方应当自费取得货物保险
C. 卖方无义务自费订立运输合同
D. 该贸易术语适用于各种运输方式

5. 土耳其甲公司（卖方）与泰国乙公司（买方）订立一货物买卖合同。乙公司申请开出的不可撤销信用证规定装船时间为 2003 年 5 月 10 日前，而甲公司由于货源上的原因，最早要到 2003 年 5 月 15 日才能备齐货物并装船付运。下列哪一种做法是甲公司应采取的正确处理方法？（　　）
A. 直接请求开证行修改信用证
B. 通过提供保函要求承运人倒签提单
C. 征得乙公司同意、由乙公司请求开证行修改信用证
D. 通过提供保函要求承运人预借提单

6. 青田轮承运一批啤酒花从中国运往欧洲某港，货物投保了一切险，提单上的收货人一栏写明“凭指示”，因生产过程中水分过大，啤酒花到目的港时已变质。依《海牙规则》及相关保险规则，下列哪一选项是正确的？（　　）（司考 2015.1.41）
A. 承运人没有尽到途中管货的义务，应承担货物途中变质的赔偿责任
B. 因货物投保了一切险，保险人应承担货物变质的赔偿责任
C. 本提单可通过交付进行转让
D. 承运人对啤酒花的变质可以免责

7. 一批货物由甲公司运往中国青岛港，运输合同适用《海牙规则》。运输途中因雷击烧毁部分货物，其余货物在目的港被乙公司以副本提单加保函提走。丙公司为该批货物正本提单持有人。根据《海牙规则》和我国相关法律规定，下列哪一选项是正确的？（　　）（司考 2010.1.45）
A. 甲公司应对雷击造成的货损承担赔偿责任，因损失在其责任期间发生
B. 甲公司可限制因无正本提单交货的赔偿责任
C. 丙公司可要求甲公司和乙公司承担连带赔偿责任
D. 甲公司应以货物成本加利润赔偿因无正本提单交货造成的损失

8. 甲公司依运输合同承运一批从某国进口中国的食品，当正本提单持有人乙公司持正本提单提货时，发现货物已由丙公司以副本提单加保函提走。依我国相关法律规定，下列哪一选项是正确的？（　　）（司考 2009.1.41）
A. 无正本提单交付货物的民事责任应适用交货地法律
B. 乙公司可以要求甲公司承担违约责任或侵权责任
C. 甲公司对因无正本提单交货造成的损失按货物的成本赔偿
D. 丙公司提走了货物，不能要求甲公司承担责任

9. 中国甲公司以 CIF 价向某国乙公司出口一批服装，信用证方式付款，有关运输合同明确约定适用《海牙规则》。甲公司在装船并取得提单后，办理了议付。两天后，甲公司接乙

公司来电，称装船的海轮在海上因雷击失火，该批服装全部烧毁。对于上述情况，下列哪一选项是正确的？（　　）（司考 2009. 1. 43）

A. 乙公司应向保险公司提出索赔

B. 甲公司应向保险公司提出索赔

C. 甲公司应将全部货款退还给乙公司

D. 乙公司应向承运人提出索赔

10. 海运单是 20 世纪 70 年代以来，随着集装箱运输的发展，特别是航程较短的运输中产生出来的一种运输单证。关于海运单，下列哪一选项是正确的？（　　）（司考 2007. 1. 44）

A. 海运单是一种可流通的书面运输单证

B. 海运单不具有证明海上运输合同存在的作用

C. 第三方以非法的方式取得海运单时无权提取货物

D. 海运单具有物权凭证的特征，收货人凭海运单提取货物

二、多项选择题

1. 中国甲公司向波兰乙公司出口一批电器，采用 DAP 术语，通过几个区段的国际铁路运输，承运人签发了铁路运单，货到目的地后发现有部分损坏。依相关国际惯例及《国际铁路货物联运协定》，下列哪些选项是正确的？（　　）（司考 2016. 1. 80）

A. 乙公司必须确定损失发生的区段，并只能向该区段的承运人索赔

B. 铁路运单是物权凭证，乙公司可通过转让运单转让货物

C. 甲公司在指定目的地运输终端将仍处于运输工具上的货物交由乙公司处置时，即完成交货

D. 各铁路区段的承运人应承担连带责任

2. 中国甲公司从国外购货，取得了代表货物的单据，其中提单上记载“凭指示”字样，交货地点为某国远东港，承运人为中国乙公司。当甲公司凭正本提单到远东港提货时，被乙公司告知货物已不在其手中。后甲公司在中国法院对乙公司提起索赔诉讼。乙公司在下列哪些情形下可免除交货责任？（　　）（司考 2013. 1. 81）

A. 在甲公司提货前，货物已被同样持有正本提单的某公司提走

B. 乙公司按照提单托运人的要求返还了货物

C. 根据某国法律要求，货物交给了远东港管理当局

D. 货物超过法定期限无人向某国海关申报，被海关提取并变卖

三、名词解释

1. 国际海上货物运输

2. 提单（中国人民大学 2009 年考研真题）

3. 《维斯比规则》

4. 光船租赁合同

5. 班机运输

6. 空运承运人的责任限制

7. 多式联运单据

8. 海牙规则（中国人民大学 2012 年考研真题）

四、简答题

1. 简述国际货物运输的特征。

2. 简述提单的作用。

3. 简述租船合同的几种类型。

4. 简述《国际货协》关于托运人和承运人在铁路货物运输合同中基本义务的规定。

5. 简述《汉堡规则》的主要内容。

6. 海牙规则关于承运义务的规定。（武汉大学 2011 年考研真题）

五、论述题

1. 评述有关提单的三个国际公约。

2. 试述《国际货物多式联运公约》的主要内容。

3. 试析《海牙—维斯比规则》关于承运人责任和责任限额的规定及其对《海商法》的影响。

参考答案

一、单项选择题

1. **答案**：D。《最高人民法院关于审理无正本提单交付货物案件适用法律若干问题的规定》（2020 修正）第 6 条规定：“承运人因

无正本提单交付货物造成正本提单持有人损失的赔偿额，按照货物装船时的价值加运费和保险费计算。”赔偿额不包含利润损失，故A错误。

一切险的保险范围不包括承运人无单放货造成的损失。故B错误。

根据《最高人民法院关于审理信用证纠纷案件若干问题的规定》（2020修正）第5条的规定，开证行在作出付款、承兑或者履行信用证项下其他义务的承诺后，只要单据与信用证条款、单据与单据之间在表面上相符，开证行应当履行在信用证规定的期限内付款的义务。当事人以开证申请人与受益人之间的基础交易提出抗辩的，人民法院不予支持，存在信用证欺诈的除外。故C错误，D正确。

2. 答案：A。《海牙规则》在提单中承运人的责任问题，实行的是不完全过失责任原则，而《汉堡规则》规定的责任原则为“完全过失责任”。《联合国国际货物多式联运公约》在联运经营人的责任制问题上，采用的是完全推定责任原则。除非经营人能证明其本人、受雇人或代理人为避免事故的发生及其后果已采取了一切所能合理要求的措施。否则，便推定损坏是由于其本人、受雇人或代理人的过错行为所致，并由其负赔偿责任。

3. 答案：D。《海牙规则》规定的承运人的免责共有17项，依第4条第2款的规定，对由于下列原因引起或造成的货物的灭失或损害，承运人不负责任：(1) 船长、船员、引水员或承运人的雇佣人在驾驶或管理船舶中的行为、疏忽或不履行职责；(2) 火灾，但由于承运人实际过失或私谋所造成者除外；(3) 海上或其他可航水域的风险、危险或意外事故；(4) 天灾；(5) 战争行为；(6) 公敌行为；(7) 君主、统治者或人民扣留或拘禁或依法扣押；(8) 检疫限制；(9) 货物托运人或货主、其代理人或代表的行为或不行为；(10) 不论由于何种原因引起的局部或全面的罢工、关厂、停工或劳动力受到限制；(11) 暴乱和民变；(12) 救助或企图救助海上人命或损害；(13) 由于货物的固有瑕疵、性质或缺陷所造成的容积或重量的损失，或任何其他灭失或损害；(14) 包装不当；(15) 标志不清或不当；(16) 尽适当的谨慎所不能发现的潜在缺陷；(17) 不是由于承运人的实际过失或私谋，或是承运人的代理人或受雇人员的过失或疏忽所引起的任何其他原因。可见，《海牙规则》没有规定承运人对迟延可以免责，故A错误。《维斯比规则》的内容主要是对《海牙规则》的补充和修改，没有规定承运人迟延交付的责任，故B错误。《汉堡规则》规定，承运人对火灾所引起的灭失、损坏或延迟交付负赔偿责任，但索赔人需证明承运人、其受雇人或代理人有过失。《汉堡规则》所规定的延迟交付是指未在约定的时间内交付，或在无约定的情况下，未在合理的时间内交付。故C错误。《汉堡规则》规定，承运人对延迟交付的赔偿责任限额为延迟交付应付运费的2.5倍，但不应超过应付运费的总额。故D正确。所以本题答案为D。

4. 答案：C。根据2000年《国际贸易术语解释通则》的规定，FOB术语指当货物在指定的装运港越过船舷，买方即完成交货，货物的风险自越过船舷转移。卖方应在装运港交货。选项A错误。FOB的价格构成中没有保险一项，因此卖方对买方“无义务”，同样买方对卖方亦无保险的义务，可是如果不投保，风险在装运港就转移，买方的利益会受损，因此买方本身要去投保。故选项B错误。此术语适用于海运或内河运输，选项D错误。卖方应在指定期限内，将货物交至买方指定的船上，运费合同费用由买方承担，故选项C正确。

5. 答案：选C。本题考查信用证机制中的提单。

6. 答案：D。《海牙规则》第4条第2款规定：不论承运人或船舶，对由于下列原因引起或造成的灭失或损坏，都不负责：(a) 船长、船员、引水员或承运人的雇佣人员，在驾驶船舶或管理船舶中的行为、疏忽或不履行义务；(b) 火灾，但由于承运人的实际过失或私谋所引起的除外；(c) 海上或其他可航水域的灾难、危险和意外事故；(d) 天灾；

(e) 战争行为；(f) 公敌行为；(g) 君主、当权者或人民的扣留或管制，或依法扣押；(h) 检疫限制；(i) 托运人或货主、其代理人或代表的行为或不行为；(j) 不论由于任何原因所引起的局部或全面罢工、关厂停止或限制工作；(k) 暴动和骚乱；(l) 救助或企图救助海上人命或财产；(m) 由于货物的固有缺点、质量或缺陷引起的体积或重量亏损，或任何其他灭失或损坏；(n) 包装不充分；(o) 标志不清或不当；(p) 虽克尽职责亦不能发现的潜在缺点；(q) 非由于承运人的实际过失或私谋，或者承运人的代理人，或雇佣人员的过失或疏忽所引起的其他任何原因。但是要求引用这条免责利益的人应负责举证，证明有关的灭失或损坏既非由于承运人的实际过失或私谋，亦非承运人的代理人或雇佣人员的过失或疏忽所造成。因此，对于货物生产过程中的固有缺陷，承运人和保险人可以免责。A 项说法错误，D 项说法正确。

一切险的责任范围除包括"平安险"和"水渍险"的所有责任外，还包括货物在运输过程中，因各种外来原因所造成保险货物的损失。投保一切险是投保人因附加险的种类繁多，为避免遗漏，保障货物安全而投保的一种安全性较大的险别。通常是在所发运货物容易发生碰损破碎、受潮受热、雨淋发霉、渗漏短少、串味、沾污以及混杂污染等情况下投保一切险。因此，货物生产过程中的固有缺陷不属于一切险的承保范围，保险人可以免责。B 项说法错误。

指示提单，是指提单上收货人一栏内载明"凭指示"或"凭某人指示"字样的提单。前者称为不记名指示提单，承运人应按托运人的指示交付货物；后者叫记名指示提单，承运人按记名的指示人的指示交付货物。指示提单必须经过背书转让，可以是空白背书，也可以是记名背书。因此 C 项说法错误。

7. **答案**：C。《海商法》第 51 条规定了承运人在责任期间对于货物发生灭失或者损坏的免责事由。其中第 3 项，因天灾，海上或者其他可航水域的危险或者意外事故致货物发生灭失或者损坏的，承运人不负赔偿责任。"天灾"属不可抗力范畴，不可抗力是指不能预见、不能避免并不能克服的自然现象，诸如海啸、地震、雷击和冰冻等，不包含人为因素，如战争。"海上或者其他可航水域的危险或者意外事故"，即通常所说的"海上风险"。实践中，经常发生的海上风险是海上大风浪袭击以及其他航行中的危险和意外，如浓雾、暗礁、浅滩或航行障碍物，目前通常理解"天灾"包括"海上风险"。所以 A 选项错误。

提单是物权凭证，第三人无正本提单提取货物是侵权，承运人无正本提单交货是违约，就这一提一交的行为来说，提取货物的第三人和承运人都是有过错的，对正本提单持有人遭受的损失都负有赔偿责任。所以 C 选项正确。

承运人承担无正本提单放货责任，不得援引《海商法》第 56 条限制赔偿责任的规定。所以 B 选项错误。承运人承担的无正本提单放货违约赔偿责任，应当相当于承运人本人违反运输合同所造成的损失。赔偿范围可以包括：(1) 货物装船时的价值。货物装船时的价值可以依据贸易合同约定的价格、结算单据或者核销单据确定，数额不一致的，依实际支付的货款额确定。(2) 实际支付货款的利息损失。(3) 实际支付的运费和保险费。无正本提单放货后，正本提单持有人虽然占有货物，但仍有损失的，承运人应当予以赔偿。提货人因无正本提单提货或者其他责任人因无正本提单放货承担的侵权赔偿责任，应当相当于权利人因此所遭受的实际损失。赔偿范围可以包括：(1) 货物装船时的价值。货物装船时的价值可以依据贸易合同约定的价格、结算单据或者核销单据确定，数额不一致的，依实际支付的货款额确定。(2) 实际支付的运费和保险费。(3) 实际发生的其他损失。有下列情况之一的，承运人不承担无正本提单放货的赔偿责任：(1) 承运人有充分证据证明正本提单持有人认可无正本提单放货；(2) 提单载明的卸货港所在地法律强制性规定到港的货物必须交付给当地海关或港口当局；(3) 目的港无人提货，承运人按照托运人的指示交付货物。无正本提单放货后，正本提单持有人已经占有货物但没有发生损失的，或者虽有损失但已经挽回，正本提单持有人向人民法院提起诉讼，请求承运人承担赔偿责任的，人民法院不予支持。所以D项错误。

8. **答案**：B。在目的港，承运人应当依正本提单向收货人交货，而在近港运输的情况下，往往货物比提单先到目的港，结果出现了大量副本提单加保函提货的情况。《最高人民法院关于审理无正本提单交付货物案件适用法律若干问题的规定》（2020修正）（以下简称《规定》）第3条规定，承运人因无正本提单交付货物造成正本提单持有人损失的，正本提单持有人可以要求承运人承担违约责任，或者承担侵权责任。正本提单持有人要求承运人承担无正本提单交付货物民事责任的，适用海商法规定；海商法没有规定的，适用其他法律规定。由此可见，B项正确，A、D项错误。《规定》第6条规定，承运人因无正本提单交付货物造成正本提单持有人损失的赔偿额，按照货物装船时的价值加运费和保险费计算。可见，承运人承担的责任范围并非成本赔偿的范围。故选项C错误。

9. **答案**：A。CIF术语是指在装运港当货物装上船时卖方即完成交货。货物的风险在装运港船舷由卖方转移给买方，海上货物损失的风险应由乙公司承担，乙公司作为利益的损失者应向保险公司提出索赔。选项A正确，B错误。由于风险由乙公司承担，甲公司无须将货款退还给乙公司，故选项C错误。《海牙规则》规定的承运人的免责共有17项，依第4条第2款的规定，由于火灾（承运人实际过失或私谋所造成者除外）引起或造成的货物的灭失或损害，承运人不负责任。故选项D错误。

10. **答案**：C。海运单是指用以证明海上运输合同和承运人接收货物或者已将货物装船的不可转让的提单。海运单的正面内容与提单基本一致，但是印有"不可转让"的字样。故B错误。海运单是一种非流通性单据，海运单上标明了明确的收货人，不能转让流通。因此A不正确。同时海运单上的收货人并不出示海运单，仅凭提货通知或其身份证明提货，承运人凭收货人出示适当身份证明交付货物。由于海运单的不可流通性，第三方无法提取货物。因此C正确，D错误。

二、多项选择题

1. **答案**：CD。DAP（delivered at place），即目的地交货，是指卖方已经用运输工具把货物运送到达买方指定的目的地后，将装在运输工具上的货物（不用卸载）交由买方处置，即完成交货。

　　卖方必须签订运输合同，支付将货物运至指定目的地或指定目的地内的约定地点所发生的运费；在指定目的地将符合合同约定的货物放在已抵达的运输工具上交给买方处置时即完成交货；卖方必须向买方发出所需通知，以便买方采取收取货物通常所需的措施；承担在指定目的地运输工具上交货之前的一切风险和费用；自负风险和费用取得出口所需的许可或其他官方授权，办理货物出口和交货前从他国过境运输所需的一切海关手续；提供商业发票或相等的电子信息。

　　买方承担在指定目的地运输工具上交货之后的一切风险和费用；自负风险和费用取得进口所需的许可或其他官方授权，办理货物进口所需的一切海关手续；按合同约定收取货物，接受交货凭证，支付价款。

　　故CD正确。

2. **答案**：ACD。指示提单（Order Bill of Lading），是指提单上收货人一栏内载明"凭某人指示"（to Order）或"凭指示"（to the Order of）字样的提单。前者称为不记名指示提单，承运人应按记名的指示人的指示交付货物；后者称为记名指示提单，承运人按托运人的指示交付货物。指示提单背书交付后产生两个效力，对内，除非另有约定，背书人（提单出让人）背书交付提单的行为是转让提单所证明的运输合同项下的权利义务（包括对承运人的提单项下货损索赔权）的初步证据；对外，承运人此后只需也只能向提单受让人履行提单项下的合同义务并承担义务不履行的责任包括货损赔偿责任，而不再向提单出让人履行义务或承担责任。如果同样持有正本提单，可以提货。所以，A选项正确。指示提单中，承运人按照托运人的指示形式交货，不是按照托运人的要求交货，所以乙公司按照提单托运人的要求返还货物，需要承担责任。B选项错误。根据《海商法》第51条“承运人免责事由”规定，在责任期间货物发生的灭失或者损坏是由于下列原因之一造成的，承运人不负赔偿责任：(一）船长、船员、引航员或者承运人的其他受雇人在驾驶船舶或者管理船舶中的过失；(二）火灾，但是由于承运人本人的过失所造成的除外；(三）天灾，海上或者其他可航水域的危险或者意外事故；（四）战争或者武装冲突；(五）政府或者主管部门的行为、检疫限制或者司法扣押；(六）罢工、停工或者劳动受到限制；(七）在海上救助或者企图救助人命或者财产；（八）托运人、货物所有人或者他们的代理人的行为；（九）货物的自然特性或者固有缺陷；（十）货物包装不良或者标志欠缺、不清；（十一）经谨慎处理仍未发现的船舶潜在缺陷；（十二）非由于承运人或者承运人的受雇人、代理人的过失造成的其他原因。所以，C、D选项正确。

三、名词解释

1. **答案**：是指由承运人将托运人的货物从一国的某一港口经海道运至另一国某一港口的运输方式。海上货物运输载重量大，成本低，但速度慢，易受季节、气候、风浪等自然条件的影响，因此风险较大。
2. **答案**：是承运人在接管货物或把货物装船之后签发给托运人，证明双方已订立运输合同，并保证在目的港按照提单所载明的条件交付货物的一种凭证。
3. **答案**：全称《修改统一提单的若干法律规则的国际公约议定书》。它是一些海运国家在国际海事委员会的协助下，于1968年在布鲁塞尔召开外交会议签订的修改《海牙规则》的议定书。由于该议定书是在维斯比完成准备工作的，故称《维斯比规则》。该规则于1977年生效，对《海牙规则》作了有限的修改。
4. **答案**：是指船舶所有人保留船舶所有权，而将船舶的占有权转给租船人，由租船人雇用船长、船员来管理船舶的一种合同。从法律性质来说，光船租赁合同和航次租船合同有所不同，航次租船合同和定期租船合同都是运输合同，但光船租赁合同属于财产租赁合同，而不是运输合同，在海运航务中，通常都是采用航次租船或定期租船的方式进行运输，采用光船租赁的情况较少。
5. **答案**：班机指定时间、定航线、定始发站、途经站和目的站的客货混合型飞机或全货机。由于舱位有限，班机运输常常适用小批量的市场急需商品、鲜活易腐货物的运送。
6. **答案**：是指国际航空货物运输中承运人对承运货物的灭失、损害或延迟交货而引起的损失进行赔偿的最高限额。
7. **答案**：就是指证明多式联运合同以及证明多式联运经营人已经接管货物并负责按照合同条款交付货物的单据。
8. **答案**：海牙规则，全称为《统一提单的若干法律规则的国际公约》，是关于提单法律规定的第一部国际公约。1924年8月25日在比利时首都布鲁塞尔签订，1931年6月2日起生效，为统一世界各国关于提单的不同法律规定，并确定承运人与托运人在海上货物运输中的权利和义务而制定的国际协议。海牙规则规定了承运人最低限度义务、免责事项、索赔和诉讼、责任限制和适用范围以及程序性等几个方面。

四、简答题

1. **答案**：与国内货物运输相比较，国际货物运输具有以下特点：①国际货物运输在整个国际贸易过程中是相对独立的一环。②国际货物运输具有运输路程远、经历时间长、风险大、运输方式复杂、中间环节多以及易受国际局势和有关国家国内政策影响的特点。③调整国际货物运输的法律有国际条约、国际惯例和有关国家的国内立法。

2. 答案：(1) 提单是承运人和托运人之间存在运输合同的证据；(2) 提单是承运人或其代理人签发给托运人的货物收据；(3) 提单是代表货物所有权的物权凭证。

3. 答案：在国际海上货物运输合同中，租船合同主要有三种。①航次租船合同，指出租人将船舶出租给承运人按照约定的一个航次或几个航次运输货物，而由承租人支付约定运费的合同。此合同出租人保留船舶所有权和占有权并负责船舶的经营管理。②定期租船合同，指出租人将船舶租给承租人，在约定期限内按约定用途使用船舶进行运输，而由承租人支付约定运费的合同。按照这种合同出租人保留船舶所有权和占有权，而经营权及经营费用，则由承租人负责。③光船租赁合同，是指船舶所有人保留船舶所有权，而将船舶的占有权转移给租船人，由租船人雇用船长、船员来管理船舶的合同，实际上属于财产租赁合同，故在海运业务中使用得较少。

4. 答案：托运人的基本义务有：(1) 正确填写货运单，并对因不正确填写货运单而引起的一切后果承担责任。(2) 支付运费。(3) 在到站凭货运单领取货物。

承运人铁路的义务：(1) 将货运单项下的货物运到站交付给收货人，按货运单承运货物的铁路，应对货物负连带责任。并应托运人要求变更运输合同。(2) 从承运货物时直至到达交付货物为止，铁路应对货物逾期运到以及因货物全部或部分灭失或毁损发生的损失负责。(3) 对发货人在运单内所记载并添附的文件由于铁路的过失而遗失的后果负责，同时对由于铁路过失而未能执行有关变更合同的申请书的后果负责。

5. 答案：《汉堡规则》的主要内容有：(1) 承运人的责任期限，《汉堡规则》延长了承运人的责任期限，采取"接到交"原则，即承运人的责任期限为，从托运人把货物交给承运人掌管之时起，至承运人将货物交给收货人为止。(2) 承运人的责任原则。《汉堡规则》实行的是"完全过失责任原则"。承运人的责任限制。《汉堡规则》对承运人对货物的损害或灭失的赔偿责任规定如下：以每件货物或每一装运单位不超过835个计算单位，或毛重每公斤不超过2.5计算单位，以两者中高者为准。

6. 答案：《海牙规则》规定了承运人最低限度的义务，即承运人必须履行的基本义务。对此《海牙规则》第3条第1款规定：承运人必须在开航前和开航当时，谨慎处理，使航船处于适航状态，妥善配备合格船员，装备船舶和配备供应品；使货舱、冷藏舱和该船其他载货处所能适当而安全地接受、载运和保管货物。该条第2款规定：承运人应妥善地和谨慎地装载、操作、配载、运送、保管、照料与卸载所运货物，即提供适航船舶，妥善管理货物，否则将承担赔偿责任。关于承运人的责任期间，根据《海牙规则》第1条"货物运输"的定义，货物运输的期间为从货物装上船起至卸完船止的期间。所谓"装上船起至卸完船止"可分为两种情况：一是在使用船上吊杆装卸货物时，装货时货物挂上船舶吊杆的吊钩时起至卸货时货物脱离吊钩时为止，即"钩至钩"期间。二是使用岸上起重机装卸，则以货物越过船舷为界，即"舷至舷"期间承运人应对货物负责。至于货物装船以前，即承运人在码头仓库接管货物至装上船这一段时间，以及货物卸船后到向收货人交付货物这一段时间，按《海牙规则》第7条规定，可由承运人与托运人就承运人在上述两段发生的货物灭失或损坏所应承担的责任和义务订立任何协议、规定、条件、保留或免责条款。

五、论述题

1. 答案：(1)《海牙规则》主要规定了承运人的最低限度义务；承运人的责任期间为"从钩到钩"；承运人的责任限制及免责条款。另外规定了索赔与诉讼时效期限为一年。《海牙规则》主要体现和维护了海运发达国家的利益。

(2)《维斯比规则》对《海牙规则》的内容进行了修改，主要体现在：①提高了承运人的赔偿限额，规定了每件或每个计算单赔偿限额为10000金法郎或每公斤30金法郎，按两者之中较高者计算。②扩大了有权享受责任限制者的范围。③延长了诉讼时效。④同时增加了集装箱运输条款，扩大了《海牙规则》的适用范围。但《维斯比规则》并未对《海牙规则》的内容作实质性的修改，只是作了一些小的修改，尤其是对其中维护承运人的利益的条款予以保留，并未反映广大发展中国家的愿望和要求。

(3)《汉堡规则》的主要内容有：延长了承运人的责任期限：规定了承运人的责任期限为“接到交”的原则；承运人的责任原则为“完全过失责任原则”；对承运人赔偿限额有了较大提高。《汉堡规则》适当增加了承运人的责任，一定程度上反映了国际统一海事立法的发展趋势，但由于其缔约国均为发展中国家，其拥有的船舶吨位仅占世界船舶吨位的很小比例，因此影响并不大。

2. 答案：《公约》的内容主要有：(1) 多式联运合同的当事人为多式联运经营人和发货人，其中多式联运经营人是以“本人身份”订立合同，并对整个联运合同承担责任。(2) 多式联运经营人已接管货物时向发货人签发一项多式联运单据，它是证明多式联运合同及证明多式联运经营人已接管货物并负责按合同条款交付货物的单据。同时公约规定了单据应载明的内容。(3) 联运人的赔偿责任期限为从其接管货物之时起到交付货物时为止，同时对联运人赔偿责任采取推定过失或疏忽的原则，对联运人的赔偿限额也作了规定。(4) 索赔与诉讼，《公约》对收货人向联运人索赔和联运人向发货人索赔均作了规定；规定了诉讼时效为两年。

3. 答案：《维斯比规则》只是对于《海牙规则》进行了非实质性修改，修改和补充了若干明显不适应海运业发展需要的条款，却没有触动《海牙规则》的核心内容——承运人的责任制度。

归责原则。与《海牙规则》的规定相同，采用不完全过失责任制，不论承运人或船舶，对于因不适航所引起的灭失或损坏，都不负责，除非造成的原因是承运人未按第3条第1款的规定，恪尽职责；使船舶适航；保证适当地配备船员、装备和供应该船，以及使货舱、冷藏舱和该船的其他装货处所能适宜并安全地收受、运送和保管货物。凡由于船舶不适航所引起的灭失和损害，对于已恪尽职责的举证责任，应由根据本条规定要求免责的承运人或其他人承担。

责任期间。与《海牙规则》的规定相同，承运人的责任期间自货物在起始港装上船起至目的港卸下船止。免责事项。与《海牙规则》的规定相同，依照第4条第2款的规定，对由于下列原因引起或造成的货物的灭失或损害，承运人不负责任：(1) 船长、船员、引水员或承运人的雇佣人在驾驶或管理船舶中的行为、疏忽或不履行职责；(2) 火灾，但由于承运人实际过失或私谋所造成者除外；(3) 海上或其他可航水域的风险、危险或意外事故；(4) 天灾；(5) 战争行为；(6) 公敌行为；(7) 君主、统治者或人民的扣留或拘禁或依法扣押；(8) 检疫限制；(9) 货物托运人或货主、其代理人或代表的行为或不行为；(10) 不论由于何种原因引起的局部或全面的罢工、关厂、停工或劳动力受到限制；(11) 暴乱和民变；(12) 救助或企图救助海上人命或财产；(13) 由于货物的固有瑕疵、性质或缺陷所造成的容积或重量的损失，或任何其他灭失或损害；(14) 包装不当；(15) 标志不清或不当；(16) 尽适当的谨慎所不能发现的潜在缺陷；(17) 不是由于承运人的实际过失或私谋，或是承运人的代理人或受雇人员的过失或疏忽所引起的任何其他原因。

关于赔偿责任限额的规定。与《海牙规则》相比，《维斯比规则》采用了双重责任限额，第2条规定：“除非在装货前，托运人已声明该货物的性质和价值，并载入提单，否则，在任何情况下，承运人或船舶对货物所遭受的或有关的任何灭失或损害，每件或每单位的金额超过10000法郎的部分，或按灭失或损害的货物每公斤毛重超过30法郎的部分，均不负责任，两者以较高的金额为准。”

在承运人责任和责任限额的规定方面。《维斯比规则》对《海商法》的影响主要在承运人的责任限额上，《海商法》采用了1979年《海牙—维斯比规则》议定书的规定，即承运人对货物的灭失或者损坏的赔偿限额，按照货物件数或者其他货运单位数计算，每件或者每个其他货运单位为666.67计算单位，或者按照货物毛重计算，每公斤为2计算单位，以二者中赔偿限额较高的为准。

随着国际政治、经济形势的发展，尤其是集装箱运输的出现促使海上运输方式发生了根本变革，《海牙规则》的内容已显陈旧，不能适应现代海运业的需要。《维斯比规则》的出现则有效地改变了这一状况。《维斯比规则》之主要规定，实行不完全过失责任原则，且赋予承运人以单位货物责任限制权。即在远洋货物运输中，承运人及其雇佣人员过失导致货损，承运人应担赔偿之责；但承运人及其雇佣人员在驾驶和管理船舶方面过失而致货损，承运人免责，即实行被誉为“海商法基础”的驾驶过失免责和管船过失免责制。这一原则也被大多数国家所采纳，并使用至今。

第二十二章　国际货物运输保险的统一实体法

基础知识图解

- 国际货物运输保险的统一实体法
  - 概述：概念、种类
  - 国际货物运输保险合同
    - 海上保险合同的成立
    - 可保利益：合法的利害关系
    - 保险单：含义、种类、转让、保险人与被保险人的基本义务
  - 国际货物运输保险的承保范围
    - 保险人承保的风险：海上风险、外来风险
    - 保险人承保的损失和费用
      - 全部损失：实际全损、推定全损
      - 部分损失：共同海损、单独海损
      - 费用：诉讼与营助费用、救助费用
    - 保险人的除外责任
  - 国际货物运输保险的险别
    - 基本险：平安险、水渍险、一切险
    - 附加险：一般附加险、特别附加险
  - 国际货物运输保险理赔
    - 保险理赔的基本规则
    - 代位权
    - 委付
    - 保险赔偿金的计算

配套测试

一、单项选择题

1. 中国某公司进口了一批仪器，采取海运方式并投保了水渍险，提单上的收货人一栏写明“凭指示”的字样。途中因船方过失致货轮与他船相撞，部分仪器受损。依《海牙规则》及相关保险条款，下列哪一选项是正确的？（　　）（司考 2017. 1. 41）

A. 该提单交付即可转让

B. 因船舶碰撞是由船方过失导致，故承运人应对仪器受损承担赔偿责任

C. 保险人应向货主赔偿部分仪器受损的损失

D. 承运人的责任期间是从其接收货物时起至交付货物时止

2. 中国甲公司与法国乙公司订立了服装进口合同，信用证付款，丙银行保兑。货物由“铂丽”号承运，投保了平安险。甲公司知悉货物途中遇台风全损后，即通知开证行停止付款。依《海牙规则》、UCP 600 号及相关规则，下列哪一选项是正确的？（　　）（司考 2016. 1. 41）

A. 承运人应承担赔偿甲公司货损的责任

B. 开证行可拒付，因货已全损

C. 保险公司应赔偿甲公司货物的损失

D. 丙银行可因开证行拒付而撤销其保兑

3. 关于代位权，正确的说法是（　　）。

A. 保险人在向被保险人给付保险金以前，就可取得代位权

B. 保险人只有在货物发生了全部损失的情况下，才能取得代位权

C. 代位权和委付一样，都以货物发生推定

全损为条件

D. 无论是发生全部损失还是部分损失，只要支付了保险赔款，保险人都可取得代位权

4. 中国甲公司以 CIF 价向某国乙公司出口一批服装，信用证方式付款，有关运输合同明确约定适用《海牙规则》。甲公司在装船并取得提单后，办理了议付。两天后，甲公司接乙公司来电，称装船的海轮在海上因雷击失火，该批服装全部烧毁。对于上述情况，下列哪一选项是正确的？（　　）

A. 乙公司应向保险公司提出索赔

B. 甲公司应向保险公司提出索赔

C. 甲公司应将全部货款退还给乙公司

D. 乙公司应向承运人提出索赔

5. 关于海洋运输货物保险，下列哪一选项是正确的？（　　）（司考 2010. 1. 43）

A. 平安险项下赔偿的因自然灾害造成的全部损失只包括实际全损

B. 保险人的责任期间自保险合同订立时开始

C. 与平安险相比，水渍险的保险范围还包括因自然灾害造成的保险标的的部分损失

D. 附加险别可独立承保

二、多项选择题

1. 一批投保了海洋运输货物险“一切险”的货物发生了损失。在此情况下，下列选项中哪些事故原因可使保险公司不承担赔偿责任？（　　）

A. 货物损失是发货人在发运货物前包装不当造成的

B. 货物损失是由于货物在装船前已经有虫卵，运输途中孵化而导致的

C. 货物损失是由于运输迟延引起的

D. 货物损失是由于承运人驾驶船舶过失造成的

2. 甲公司向乙公司出口一批货物，由丙公司承运，投保了中国人民保险公司的平安险。在装运港装卸时，一包货物落入海中。海运途中，因船长过失触礁造成货物部分损失。货物最后延迟到达目的港。依《海牙规则》及国际海洋运输保险实践，关于相关损失的赔偿，下列哪些选项是正确的？（　　）（司考 2013. 1. 82）

A. 对装卸过程中的货物损失，保险人应承担赔偿责任

B. 对船长驾船过失导致的货物损失，保险人应承担赔偿责任

C. 对运输延迟造成的损失，保险人应承担赔偿责任

D. 对船长驾船过失导致的货物损失，承运人可以免责

3. 两批化妆品从韩国由大洋公司“清田”号货轮运到中国，适用《海牙规则》，货物投保了平安险。第一批货物因“清田”号过失与他船相碰致部分受损，第二批货物收货人在持正本提单提货时，发现已被他人提走。争议诉至中国某法院。根据相关规则及司法解释，下列哪些选项是正确的？（　　）（司考 2014. 1. 81）

A. 第一批货物受损虽由“清田”号过失碰撞所致，但承运人仍可免责

B. 碰撞导致第一批货物的损失属于保险公司赔偿的范围

C. 大洋公司应承担第二批货物无正本提单放货的责任，但可限制责任

D. 大洋公司对第二批货物的赔偿范围限于货物的价值加运费

4. 中国甲公司在承担中东某建筑工程时涉及一系列分包合同和买卖合同，并使用了载明适用《国际商会见索即付保函统一规则》的保函。后涉及保函的争议诉至中国某法院。依相关司法解释，下列哪些选项是正确的？（　　）（司考 2017. 1. 82）

A. 保函内容中与《国际商会见索即付保函统一规则》不符的部分无效

B. 因该保函记载了某些对应的基础交易，故该保函争议应适用《担保法》有关保证的规定

C. 只要受益人提交的单据与独立保函条款、单据与单据之间表面相符，开立人就须独立承担付款义务

D. 单据与独立保函条款之间表面上不完全一致，但并不导致相互之间产生歧义的，仍应认定构成表面相符

三、名词解释

1. 可保利益
2. 保险单
3. 外来风险
4. 全部损失
5. 诉讼与营救费用（sue and labour expenses）
6. 水渍险
7. 国际货物运输保险理赔

四、简答题

1. 简述海上保险合同中保险人和被保险人的基本义务。
2. 简述共同海损的成立条件。
3. 简述平安险的具体责任范围。
4. 简述委付成立必须具备的条件。

五、论述题

结合我国对外贸易实践，谈谈国际货物运输保险的理赔。

参考答案

一、单项选择题

1. **答案**：C。本题中，收货人一栏写明“凭指示”字样的提单为指示提单，此类提单经背书可以转让。故A错误。

《海牙规则》规定，对17项原因引起或造成的货物灭失或损害，承运人不承担责任：（1）船长、船员、引水员或承运人的雇佣人在驾驶或管理船舶中的行为、疏忽或不履行职责；（2）火灾，但由于承运人实际过失或私谋所造成者除外；（3）海上或其他可航水域的风险、危险或意外事故；（4）天灾；（5）战争行为；（6）公敌行为；（7）君主、统治者或人民的扣留或拘禁或依法扣押；（8）检疫限制；（9）货物托运人或货主、其代理人或代表的行为或不行为；（10）不论由于何种原因引起的局部或全面的罢工、关厂、停工或劳动力受到限制；（11）暴乱和民变；（12）救助或企图救助海上人命或财产；（13）由于货物的固有瑕疵、性质或缺陷所造成的容积或重量的损失，或任何其他灭失或损害；（14）包装不当；（15）标志不清或不当；（16）尽适当的谨慎所不能发现的潜在缺陷；（17）不是由于承运人的实际过失或私谋，或是承运人的代理人或受雇人员的过失或疏忽所引起的任何其他原因。本题中，因船方过失致货轮与他船相撞属于第1项免责事由，承运人不承担责任。故B错误。

本题中的仪器受损的损失属于“由于运输工具遭受搁浅、触礁、沉没、互撞、与流冰或其他物体碰撞以及失火、爆炸等意外事故造成货物的全部或部分损失”，在水渍险的保险范围之内。故C正确。

《海牙规则》规定，承运人的责任期间是从货物装上船起至卸完船为止。故D错误。

2. **答案**：C。平安险（Free from Particular Average，F. P. A.），是指单独海损不负责赔偿。根据国际保险界对单独海损的解释，它是指保险标的物在海上运输途中遭受保险范围内的风险直接造成的船舶或货物的灭失或损害。因此，平安险的原来保障范围只赔全部损失。概括起来，这一险别的责任范围主要包括：

（1）在运输过程中，由于自然灾害和运输工具发生意外事故，被保险货物的实物的实际全损或推定全损。（2）由于运输工具遭搁浅、触礁、沉没、互撞。与同一运输工具上其他物体碰撞以及失火、爆炸等意外事故造成被保险货物的部分损失。（3）只要运输工具曾经发生搁浅、触礁、沉没、焚毁等意外事故，不论这个意外事故发生之前或者以后曾在海上遭恶劣气候、雷电、海啸等自然灾害所造成的被保险货物的部分损失。（4）在装卸转船过程中，被保险货物一件或数件落海所造成的全部损失或部分损失。（5）运输工具遭自然灾害或意外事故，在避难港卸货所引起被保险货物的全部损失或部分损失。（6）运输工具遭自然或灾害或意外事故，需要在中途的港口或者在避难港

口停靠，因而引起的卸货、装货、存仓以及运送货物所产生的特别费用。（7）发生共同海损所引起的牺牲、公摊费和救助费用。（8）发生了保险责任范围内的危险，被保险人对货物采取抢救、防止或减少损失的各种措施，因而产生合理费用。但是保险公司承担费用的限额不能超过这批被救货物的保险金额。施救费用可以在赔款金额以外的一个保险金额限度内承担。

本题中货物因台风全损属于平安险承保范围，保险公司应该赔偿甲公司货物的损失。故C正确。

3. **答案**：D。本题考查代位求偿权的构成要件。代位权的成立条件为：（1）保险事故须在承保范围内；（2）保险事故的发生由第三人的行为所致；（3）被保险人对第三人有损失赔偿请求权，并且被保险人在保险人行使代位权之前未行使该权利；（4）保险人向被保险人给付保险赔偿金后，方可取得代位权。

4. **答案**：选A。本题考查海上货物运输保险。应熟记CIF等常用贸易术语的含义。

5. **答案**：C。平安险：单独海损不赔，以赔付全损为主，有部分损失和单独海损。赔自然灾害（如恶劣气候、雷电、海啸、地震、洪水等）造成的全损或推定全损（自然灾害造成的部分损失不赔，加投水渍险），意外事故（运输工具受搁浅、触礁、沉没、互撞、与流冰或其他物体碰撞以及失火、爆炸）造成的全部或部分损失，整件落海造成的全部或部分损失，施救费，共同海损的牺牲、分摊和救助费用，运输工具在发生上述意外事件后又在海上遭受恶劣气候等自然灾害造成部分损失。平安险承保海上风险造成的全部损失和部分损失，但单纯由于自然灾害造成的货物单独海损（即共同海损以外的部分损失）不属于平安险的承保范围。所以A项错误。海上货物运输保险的基本险别平安险、水渍险、一切险在国际上通常都按“仓至仓”条款办理。根据国际上通行的做法，“仓至仓”保险的责任期限是被保险货物远离保险单所载明的启运地仓库或储存处开始运输时起，至该货物到达保险单所载明的目的地收货人的最后仓库或储存处，被保险人用作分配、分派或非正常运输的其他储存处所为止。所以B项错误。水渍险。除平安险的各项责任外，还负责被保险货物由于恶劣气候、雷电、海啸、地震、洪水等自然灾害所造成的部分损失。所以C项正确。附加险别是投保人在投保主要险别时，为补偿因主要险别范围以外可能发生的某些危险造成的损失所附加的保险。（1）一般附加险。一般附加险承保各种外来原因造成的货物全损或部分损失。外来原因指不必与海水的因素或运输工具联系起来的原因。附加险别不能单独承保，它必须附于主要险项下。一般附加险有10种：偷窃、提货不着险；短量险；混杂、玷污险；渗漏险；碰损、破碎险；串味异味险；受潮受热险；钩损险；包装破裂险；锈损险。（2）特别附加险。指必须附属于主要险别项下，对因特殊风险造成的保险标的的损失负赔偿责任的附加险。特别附加险与一般附加险的区别在于：一般附加险属于一切险的范围，保了一切险，就不必再附加任何一般附加险，而特别附加险所承保的责任已超出了一切险的范围。特别附加险有6种：交货不着险；进口关税险；舱面险；拒收险；黄曲霉毒素险等。（3）特殊附加险。包括战争险和货物运输罢工险。所以D项错误。

二、多项选择题

1. **答案**：ABC。本题考查海洋运输货物险“一切险”的除外责任。除外责任，是指保险单中规定的保险人不负责赔偿的海洋运输货物损失。这些责任包括：被保险人的故意行为或过失所造成的损失；属于发货人责任引起的损失；在保险责任开始前，被保险货物已存在的品质不良或数量短缺所造成的损失；被保险货物的自然损耗、本质缺陷、特性以及市价跌落、运输迟延引起的损失和费用；战争险条款和罢工条款规定的责任范围和除外责任。D不包含在内。

2. **答案**：ABD。平安险（Free from Particular Average）是指单独海损不负责赔偿。根据国际保险界对单独海损的解释，它是指保险标的物在海上运输途中遭受保险范围内的风险直接造成的船舶或货物的灭失或损害。平安险的承保责任范围是：(1) 被保险货物在运输途中由于恶劣气候、雷电、海风、地震、洪水等自然灾害造成整批货物的全部损失或推定全损。(2) 由于运输工具遭遇搁浅、触礁、沉没、互撞、与流水或其他物体碰撞以及失火、爆炸等意外事故造成的被保险货物的全部或部分损失。(3) 运输工具已经发生搁浅、触礁、沉没、焚毁等意外事故的情况下，货物在此前后又在海上遭受恶劣气候、雷电、海风等自然灾害所造成的部分损失。(4) 在装卸或转运时由于一件或数件整件货物落海造成的全部或部分损失。(5) 被保险人对遭受承保责任内危险的货物采取抢救、防止或减少货损的措施而支付的合理费用，但以不超过该批货物的保险金额为限。(6) 运输工具遭遇海难后，在避难港由于卸货所引起的损失，以及在中途港、避难港由于卸货、存仓以及运送货物所产生的特别费用。(7) 共同海损的牺牲、分摊和救助费用。(8) 运输合同订有船舶互撞责任条款，根据该条款规定，应由货方偿还船方的费用。所以，对装卸过程中的货物损失，保险人应承担赔偿责任，A 选项正确，C 选项错误。不论是平安险、水渍险或一切险，对下列各项损失和费用，概不负赔偿责任：(1) 被保险人的故意行为或过失所造成的损失；(2) 属于发货人责任所引起的损失；(3) 在保险责任开始前，被保险货物已存在的品质不良或数量减差所造成的损失；(4) 被保险货物的自然损耗、本质缺陷、特性以及市价跌落、运输延迟所引起的损失或费用；(5) 海洋运输货物战争险条款和罢工险条款规定的责任范围和除外责任。所以对船长驾船过失导致的货物损失，保险人应承担赔偿责任，B 选项正确。《海牙规则》第 4 条第 2 款第 1 项规定，由于船长、船员、引航员或承运人的雇用人在航行或管理船舶中的行为、疏忽或过失所引起的货物灭失或损坏，承运人可以免除赔偿责任。所以，D 选项正确。

3. **答案**：AB。《海商法》第 51 条规定：在责任期间货物发生的灭失或者损坏是由于下列原因之一造成的，承运人不负赔偿责任：(1) 船长、船员、引航员或者其他受雇人在驾驶船舶或者管理船舶中的过失；(2) 火灾，但是由于承运人本人的过失所造成的除外；(3) 天灾，海上或者其他可航水域的危险或者意外事故；(4) 战争或者武装冲突；(5) 政府或者主管部门的行为、检疫限制或者司法扣押；(6) 罢工、停工或者劳动受到限制；(7) 在海上救助或者企图救助人命或者财产；(8) 托运人、货物所有人或者他们的代理人的行为；(9) 货物的自然特性或者固有缺陷；(10) 货物包装不良或者标志欠缺、不清；(11) 经谨慎处理仍未发现的船舶潜在缺陷；(12) 非由于承运人或者承运人的受雇人、代理人的过失造成的其他原因。从这 12 项免责可看出，承运人对货物在责任期间所发生的灭失或损坏是否负责，依其本人、船长、船员、其他受雇人或代理人有无过失而定，有过失便应负责，无过失便可免责；但作为例外，如果货物的灭失或损坏系船长、船员、其他受雇人或代理人在驾驶船舶或管理船舶中的过失所致，或者由于他们的过失所引起的火灾所致，承运人仍可免责。所以，A 选项正确。

平安险是指单独海损不负责赔偿。根据国际保险界对单独海损的解释，它是指保险标的物在海上运输途中遭受保险范围内的风险直接造成的船舶或货物的灭失或损害。由于运输工具遭搁浅、触礁、沉没、互撞，与流域或其他物体碰撞以及失火、爆炸等意外事故造成被保险货物的全部或部分损失。所以，B 选项正确。

根据《最高人民法院关于审理无正本提单交付货物案件适用法律若干问题的规定》(2020 修正) 第 2 条规定：承运人违反法律规定，无正本提单交付货物，损害正本提单持有人提单权利的，正本提单持有人可以要求承运人承担由此造成损失的民事责任。第 3 条规定：承运人因无正本提单交付货物造成正本提单持有人损失的，正本提单持有人可以要求承运人承担违约责任，或者承担侵权责任。正本提单持有人要求承运人承担无正本提单交付货物民事责任的，适用海商法规定；海商法没有规定的，适用其他法律规定。第4条规定：承运人因无正本提单交付货物承担民事责任的，不适用《海商法》第56条关于限制赔偿责任的规定。所以，C选项错误。第6条规定：承运人因无正本提单交付货物造成正本提单持有人损失的赔偿额，按照货物装船时的价值加运费和保险费计算。所以，D选项错误。

4. **答案**：CD。《国际商会见索即付保函统一规则》规定，本规则适用于一切明确表明适用本规则的见索即付保函，除非见索即付保函对本规则的内容进行了修改或排除，本规则对见索即付保函的所有当事人均具有约束力。因此，《国际商会见索即付保函统一规则》允许见索即付保函对其进行修改或排除，故A错误。

《最高人民法院关于审理独立保函纠纷案件若干问题的规定》（2020修正）第3条第2款规定，当事人以独立保函记载了对应的基础交易为由，主张该保函性质为一般保证或连带保证的，人民法院不予支持。第3款规定，当事人主张独立保函适用民法典关于一般保证或连带保证规定的，人民法院不予支持。故B错误。

《最高人民法院关于审理独立保函纠纷案件若干问题的规定》（2020修正）第1条第1款规定：独立保函是指银行或非银行金融机构作为开立人，以书面形式向受益人出具的，同意在受益人请求付款并提交符合保函要求的单据时，向其支付特定款项或在保函最高金额内付款的承诺。第6条第1款规定：“受益人提交的单据与独立保函条款之间、单据与单据之间表面相符，受益人请求开立人依据独立保函承担付款责任的，人民法院应予支持。”故C正确。

《最高人民法院关于审理独立保函纠纷案件若干问题的规定》（2020修正）第7条第2款规定：“单据与独立保函条款之间、单据与单据之间表面上不完全一致，但并不导致相互之间产生歧义的，人民法院应当认定构成表面相符。”故D正确。

三、名词解释

1. **答案**：海上保险合同的目的，就是补偿损失，被保险人如因保险标的发生承包范围内的保险事故，以致遭受损失，保险人应该按照合同给予补偿。但被保险人应对保险标的物具有某种合法的利害关系，即他将因该保险标的发生灭失或者损害而遭受损失，或因其安全到达而获得原应享有的利益。这种合法的利害关系就叫作可保利益。

2. **答案**：是载有保险合同内容的书面文件，是保险合同的证明。因为保险合同通常在保险人出具保险单以前已经成立，所以，保险合同的存在与否并不一定以保险人签发保险单为准。保险单应载明如下事项：（1）保险人的名称；（2）保险的标的物和承保的风险；（3）保险的航次或期间；（4）保险金额；（5）保险人的名称。

3. **答案**：是指由于外来原因引起的风险。如偷窃、雨淋、短量、玷污、渗漏、破碎、串味、受潮、锈损和钩损等；也包括战争、罢工和交货不到、拒绝收货等风险。

4. **答案**：简称全损，是指运输途中的整批货物或不可分割的一批货物的全部损失，可分为实际全损和推定全损。

实际全损是指该批被保险货物完全灭失或完全变质已失去原有的使用价值。推定全损是指被保险货物受损后，实际全损已经不可避免，或者恢复、修复受损货物并将其运送到原定目的地所需的费用将超过该货物价值。

5. **答案**：是指在遭遇保险责任范围内的灾害事故时，被保险人或他的代理人、雇佣人员和保险单受让人等为抢救被保险标的物（指船舶或货物）以防止损失扩大而采取措施支出的费用。保险人对这种费用负责赔偿。

6. **答案**：是指除承担平安险所承保的所有责任外，还负责单独海损的损失，即被保险货物由于恶劣气候、雷电、海啸、洪水、地震等自然灾害所造成的部分损失，凡平安险不承保的部分损失，水渍险均予以负责。

7. 答案： 是指在保险事故发生后，被保险人向保险人提出保险赔偿请求，保险人予以受理并决定是否赔偿或如何赔偿的过程。

四、简答题

1. 答案： 保险人的基本义务：(1) 签发保险单，保险人接受被保险人投保后，应及时签发保险单；(2) 给付保险赔偿金，其中包括损失补偿金、施救费用、诉讼支出等。被保险人的基本义务：(1) 订立合同时应对保险标的物情况作如实申报；(2) 按规定向保险人支付保险费；(3) 被保险货物抵达目的地后应及时提货；(4) 保险事故发生后应及时采取措施防止或减少损失；(5) 取得保险赔偿金后，将追偿权转移给保险人。

2. 答案： 共同海损的成立必须具备以下条件：(1) 船方在采取紧急措施时，必须确实有危及船货共同安全的危险存在；(2) 采取的措施必须是有意的、合理的；(3) 牺牲和支出必须是特殊的，而且是有效的。

3. 答案： 责任范围：(1) 共同海损的牺牲分摊和费用；(2) 由于恶劣天气、雷电、海啸等自然灾害造成整批货物的实际全损或推定全损；(3) 由于船舶或运输工具搁浅、触礁等意外事故造成货物的全损或部分损失；(4) 运输工具在发生上述意外事故后，又在海上遭受恶劣气候等自然灾害造成的货物的部分损失；(5) 在装卸或转运时货物落海所造成的全部或部分损失；(6) 被保险人为抢救货物进行施救的费用。

4. 答案： 委付的成立须具备以下条件：(1) 委付应以推定全损为条件，如果货物遭受的是实际全损或部分损失，则不能成立；(2) 委付不得附有任何条件；(3) 保险人对委付予以接受；(4) 被保险人须转让对保险标的物的一切权利。

五、论述题

答案： 国际货物运输保险的理赔，主要有以下几个方面：(1) 保险理赔，是指保险事故发生后，被保险人向保险人提出赔偿请求，保险人予以受理并决定是否赔偿的过程。是国际货物运输保险合同补偿目的的最终实现过程。

(2) 保险人在接到被保险人提出的索赔后，一般按以下原则进行审查：①保险事故是否在保险单的承保范围内；②保险事故与损失之间是否有因果关系；③被保险人是否遵守了最大诚信原则。

(3) 各国法律一般都规定了代位求偿权制度，即保险人支付保险金额后从被保险人处取得对第三者的损害赔偿请求权。但是代位权的成立必须具备相应的条件。

(4) 在保险标的物发生推定全损时，被保险人可把保险标的物所有权转移给保险人，而由保险人向被保险人支付全部保险金额，这就是委付。委付的成立也必须具备相应的条件。

(5) 保险理赔的最后一个环节，为保险赔偿金的计算。实践中对国际货物运输保险，我国一般采用定值保单。如果发生保险责任范围内的实际全损或推定全损，则按保险金额赔付，若发生部分损失，则按相应比例计算。

第二十三章　国际贸易支付的统一实体法

基础知识图解

- 国际贸易支付的统一实体法
  - 概述
    - 国际贸易支付的含义和特点
    - 国际贸易支付统一实体法的主要渊源
      - 国际公约
      - 国际惯例
  - 国际票据法公约
    - 日内瓦票据法公约的主要内容
    - 《联合国国际汇票和国际本票公约》的主要内容
  - 国际贸易支付方式的统一实体法
    - 汇付：电汇、信汇、票汇
    - 托收
      - 概念
      - 种类：光票托收、跟单托收
        - 付款交单
        - 承兑交单
      - 托收当事人及其法律关系
      - 《托收统一规则》
    - 信用证
      - 概念
      - 种类
        - 不可撤销信用证和可撤销信用证
        - 保兑的信用证与不保兑的信用证
        - 即期信用证与远期信用证
        - 可转让信用证和可分割信用证
      - 信用证当事人及其法律关系
      - 《跟单信用证统一惯例》（UCP 400，UCP 500，UCP 600）

配套测试

一、单项选择题

1. 有关国际贸易支付的国际惯例是（　　）。

A.《托收统一规则》和《跟单信用证统一惯例》

B.《海牙规则》和《汉堡规则》

C《托收统一规则》和《华沙—牛津规则》

D.《维斯统一规则》和《跟单信用证统一惯例》

2. 债权人开具汇票，委托银行凭票向债务人代收款项的支付方式被称作（　　）。

A. 汇付　　B. 托收

C. 票汇　　D. 信用证

3. 中国甲公司（买方）与某国乙公司签订仪器买卖合同，付款方式为信用证，中国丙银行为开证行，中国丁银行为甲公司申请开证的保证人，担保合同未约定法律适用。乙公司向信用证指定行提交单据后，指定行善意支付了信用证项下的款项。后甲公司以乙公司伪造单据为由，向中国某法院申请禁止支付令。依我国相关法律规定，下列哪一选项是正确的？（　　）

A. 中国法院可以诈欺为由禁止开证行对外支付

B. 因指定行已善意支付了信用证项下的款

项，中国法院不应禁止中国丙银行对外付款

C. 如确有证据证明单据为乙公司伪造，中国法院可判决终止支付

D. 丁银行与甲公司之间的担保关系应适用《跟单信用证统一惯例》规定

4. 修帕公司与维塞公司签订了出口200吨农产品的合同，付款采用托收方式。船长签发了清洁提单。货到目的港后经检验发现货物质量与合同规定不符，维塞公司拒绝付款提货，并要求减价。后该批农产品全部变质。根据国际商会《托收统一规则》，下列哪一选项是正确的？（　　）（司考2008.1.44）

A. 如代收行未执行托收行的指示，托收行应对因此造成的损失对修帕公司承担责任

B. 当维塞公司拒付时，代收行应当主动制作拒绝证书，以便收款人追索

C. 代收行应无延误地向托收行通知维塞公司拒绝付款的情况

D. 当维塞公司拒绝提货时，代收行应当主动提货以减少损失

二、多项选择题

1. 下列哪些行为属于国际贸易支付中的拒付？（　　）

A. 付款人拒绝承兑　　B. 付款人破产

C. 付款人死亡　　D. 付款人避而不见

2. 2006年国际商会巴黎会议上通过的经修改的《跟单信用证统一惯例》（UCP 600）于2007年7月1日实施。下列哪些选项属于UCP 600修改或规定的内容？（　　）

A. 直接规定信用证是不可撤销的

B. 关于议付的新定义明确了议付是对票据及单据的一种售出行为

C. 规定当开证行确定单证不符时，可以自行决定联系申请人放弃不符点

D. 规定银行收到单据后的处理时间为“合理时间”，不超过收单翌日起的5个工作日

3. 甲公司作为卖方同乙公司签订出口合同一份，采用可撤销信用证付款方式。甲公司以开证行指定的付款行丙银行为付款人开立了汇票，并凭信用证和有关单据要求丙银行承兑。丙银行承兑后，开证行撤销该信用证的通知到达丙银行。基于前述事实，下列哪些表述是正确的？（　　）

A. 丙银行的承兑行为有效

B. 开证行的撤销行为有效

C. 甲公司或者其他持票人向丙银行提示付款时，丙银行有义务付款

D. 开证行虽已书面通知丙银行撤销信用证，但仍应向丙银行偿付有关款项

4. 中国甲公司（卖方）与某国乙公司签订了国际货物买卖合同，规定采用信用证方式付款，由设在中国境内的丙银行通知并保兑。信用证开立之后，甲公司在货物已经装运，并准备将有关单据交银行议付时，接到丙银行通知，称开证行已宣告破产，丙银行将不承担对该信用证的议付或付款责任。据此，下列选项正确的是（　　）。（司考2010.1.100）

A. 乙公司应为信用证项下汇票上的付款人

B. 丙银行的保兑义务并不因开证行的破产而免除

C. 因开证行已破产，甲公司应直接向乙公司收取货款

D. 虽然开证行破产，甲公司仍可依信用证向丙银行交单并要求付款

5. 根据国际商会《跟单信用证统一惯例》（UCP 600）的规定，如果受益人按照信用证的要求完成对指定银行的交单义务，出现下列哪些情形时，开证行应予承付？（　　）（司考2008.1.87）

A. 信用证规定指定银行议付但其未议付

B. 信用证规定指定银行延期付款但其未承诺延期付款

C. 信用证规定指定银行承兑，指定行承兑但到期不付款

D. 信用证规定指定银行即期付款但其未付款

三、名词解释

1. 国际贸易支付

2. 国际汇票

3. 托收

4. 信用证

5. 备用信用证（武汉大学2011年考研真题）

四、简答题

1. 简述国际贸易支付的特点。

2. 简述《联合国国际汇票和国际本票公约》的主要内容。

3. 简述信用证关系中当事人之间的法律关系。

4. 简述本票与汇票的不同之处。

5. 简述处理信用证关系的一般原则。

五、论述题

评析UCP 600。

参考答案

一、单项选择题

1. 答案：A。《托收统一规则》和《跟单信用证统一惯例》是国际贸易支付中关于托收和信用证的两种常用惯例。《海牙规则》和《汉堡规则》是有关提单的国际公约。《华沙—牛津规则》是国际贸易惯例。

2. 答案：B。本题考查托收的含义。托收是由卖方对买方开立汇票，委托银行向买方收取货款的一种结算方式。

3. 答案：B。本题考查信用证止付。本题中，由于指定行已经善意支付了信用证项下的款项，因此即使确实存在诈欺，我国法院也不能禁止开证行对外支付或者判决终止支付。故B正确。

4. 答案：C。根据《托收统一规则》的规定，银行必须依托收指示书中的规定和依本规则习惯行事，如由于某种原因，某一银行不能执行其所收到的托收指示书的规定时，必须立即通知发出托收指示书的一方。在选项A中，无论何种情况，只要代收行未执行托收行的指示即承担损失，未考虑到例外情况。代收行与委托方无委托关系，也不存在合同关系，代收行只有收款义务以及在特殊条件下通知义务。遭到拒付时，银行应不延误地履行托收义务。故C正确。除非托收指示书上有明确指示，在遭到拒付时，银行没有做成拒绝证书的义务。故B错误。银行没有义务对跟单托收有关的货物采取任何措施，包括货物的存仓和保险——即使对此有专门的指示。银行只有在事先同意时，并在其同意范围内才采取这些措施，并且由此发生的相关费用由指示方负担。故D错误。

二、多项选择题

1. 答案：ABCD。本题考查拒付。国际贸易支付中的拒付，是指付款人的拒绝承兑和拒绝付款行为。拒付不仅包括付款人明确的拒绝，还包括付款人破产、付款人避而不见、死亡（自然人）等行为，因为这些行为的实际结果与拒付并无不同。应当注意当付款人对远期汇票拒绝承兑时持票人可立即行使追索权，无须等到汇票到期。《票据法》第62条规定："持票人行使追索权时，应当提供被拒绝承兑或者被拒绝付款的有关证明。持票人提示承兑或者提示付款被拒绝的，承兑人或者付款人必须出具拒绝证明，或者出具退票理由书。未出具拒绝证明或者退票理由书的，应当承担由此产生的民事责任。"

2. 答案：ACD。本题的A、C、D三个选项都是UCP 600修订的主要内容，B项中其实埋藏了一个陷阱，其对议付定义本身并不是对以往定义的颠覆，只是进一步明确了议付的含义。

3. 答案：ACD。请注意，在2007年7月1日开始实施的UCP 600中，摒弃了可撤销信用证，这点与UCP 500不同。

4. 答案：BD。A项错误，UCP 600第6条c项规定，信用证不得开成凭以申请人为付款人的汇票兑用。在信用证项下，汇票上的付款人只能是银行，一般是开证行或开证行指定的银行。保兑行自对信用证加具保兑时起，即不可撤销地承担承付或议付的责任，其承担的责任就相当于本身开证，不论开证行发生什么变化，保兑行都不得片面撤销其保兑。因此，保兑行的保兑义务不因开证行的破产而免除，相反，保兑行的出现原因之一就是在开证行破产时，受益人信用证项下的利益能得到保证。所以，B、D项正确，C项错误。

5. **答案**：ABCD。根据《跟单信用证统一惯例》（UCP 600）的规定，开证行在两种情况下有兑付义务：（1）信用证直接规定开证行有兑付责任的；（2）信用证规定其他被指定银行（如议付行、保兑行等）有兑付或议付义务，但其他被指定银行不履行该义务。兑付是新引进的概念，简单地说是除议付以外的付款行为，包括三种行为：（1）对于即期付款信用证即期付款；（2）对于延期付款信用证发出延期付款承诺并到期付款；（3）对于承兑信用证承兑受益人出具的汇票到期付款。故选项A、B、C、D正确。

三、名词解释

1. **答案**：不同国家之间发生的货币收付行为，就是国际支付。引起跨国货币收支的原因是很多的，如国际旅游、出国留学、劳务输出、国际工程承包、技术转让、外汇买卖等。因国际贸易及其从属费用（如运输、保险、银行手续费等）产生的货币收付为国际贸易支付，它是国际支付中的主要部分。
2. **答案**：是指列明至少下列两处地点并指出所列明的两处地点位于不同国家的汇票：（1）汇票开出地点；（2）出票人签名旁所示地点；（3）受票人姓名旁边所示地点；（4）收款人姓名旁边所示地点；（5）付款地点。联合国国际票据公约把国际票据界定为出票地、付款地、出票人签名旁边所示地点中至少有两处不在同一国家之内的票据。如果在出票时没有在票据上载明“国际汇票”或者“国际本票”字样，可不受公约的约束。
3. **答案**：是由卖方对买方开立汇票，委托银行向买方收取货款的一种结算方式。银行托收的基本做法是：由卖方根据金额开立以买方为付款人的汇票，向出口地银行提出托收申请，委托出口地银行（托收行）通过它在进口地的代理银行或往来银行（代收行），代为向买方收取货款。
4. **答案**：是指银行根据买方（开证申请人）的请求，开给卖方的一种保证承担支付货款责任的书面凭证。在现代国际贸易中，信用证支付方式是最常见、最主要的支付方式，它把应由买方承担的付款义务转化为银行的付款义务，把国际货物买卖转化为单据化买卖，从而使卖方能够迅速地收到货款，也为买卖双方提供了资金融通的便利。
5. **答案**：备用信用证是一种特殊形式的信用证，是开证银行对受益人承担一项义务的凭证。开证行保证在开证申请人未能履行其应履行的义务时，受益人只要凭备用信用证的规定向开证行开具汇票，并随附开证申请人未履行义务的声明或证明文件，即可得到开证行的偿付。它是集担保、融资、支付及相关服务于一体的多功能金融产品，因其用途广泛及运作灵活，在国际商务中得以普遍应用。

四、简答题

1. **答案**：与国内贸易交付相比主要有以下几个方面特点：（1）国际贸易的买卖双方分处两国，具有较大的风险；（2）一般使用信用工具或支付凭证，通过双方在银行开立的账户进行冲销；（3）在国际贸易中，买卖双方往往互不信任，他们从自身利益考虑，总是力求收付方面能得到较大的安全保障。
2. **答案**：其内容主要有：（1）对“国际汇票”和“国际本票”作了定义。（2）规定了票据的形式要件。规定票据必须注明“国际汇票”或“国际本票”字样，同时载明出票日期，不得开立无记名国际汇票。（3）把票据持有人分为持票人或受保护持票人，后者享有优于其前手的权利，且其权利不受任何人对票据请求或抗辩的影响。（4）规定伪造背书的后手仍是持票人，但因此而产生的损失则由伪造背书者及后手承担。（5）对分期付款作了相应规定。
3. **答案**：信用证关系中，当事人之间的法律关系如下：（1）开证申请人和受益人之间是合同关系；（2）开证申请人和开证行之间是以开证申请书的形式建立起来的一种委托代理关系；（3）开证行和通知行之间的关系是委托代理关系；（4）通知行和受益人之间及开证申请人与通知行之间都无直接的合同关系；（5）开证行与受益人是基于信用证而产生的法律关系，信用证种类不同，他们之间的关系也有所不同。

4. 答案：本票与汇票的不同之处主要体现在：(1) 本票是无条件支付承诺；而汇票则是无条件支付的命令。(2) 本票有两个当事人：出票人和收款人；而汇票有三个当事人，即出票人、付款人和收款人。(3) 本票的出票人即为付款人，远期本票不需提示和承兑；而远期汇票需提示和承兑。(4) 在任何条件下本票的出票人都是主债务人；而汇票在承兑前出票人是主债务人，而在承兑后承兑人是主债务人。

5. 答案：(一) 信用证独立原则

信用证交易的当事人之间主要存在这样几类关系：银行与银行之间的关系，开证行与申请人之间的关系，开证行与受益人之间的关系，申请人与受益人之间的关系。每项关系都是独立的。在受益人交付的单据符合信用证的规定时，银行必须履行其付款义务，无论作为基础合同的买卖双方之间产生争议与否。这一程序保护信用证交易（支付）的安全性与稳定性。这也是信用证产生的目的——只要符合要件，银行就要付款，银行信用代替买方的商业信用。在信用证条款与买卖合同条款的关系上。一般来说，信用证应按照合同中的规定开立，如果信用证条款与合同规定条款不符，则视为买方履行义务不合格，卖方有权拒绝接受，或者要求买方、开证行修改信用证，直至符合买卖合同规定为止；另外，卖方（受益人）也可以放弃合同中的要求，而按信用证中的规定履行合同，这时视为买卖双方就合同中的有关规定进行了修改。

(二) 严格一致原则

在信用证业务中，各有关当事人处理的只是单据，而不是单据所涉及的货物、服务及其他行为。如果信用证含有某些条件而未列明需提交的相符的单据，银行将认为没列该条件。银行不审核信用证没有规定的单据。银行付款只要求受益人交付的单据与信用证规定一致（单证一致）、单据与单据之间一致（单单一致）。银行据严格一致原则付款既是其义务，也是其权利。根据这一原则，如果单据与信用证的指示不符，银行可以、应该拒付，否则将自担风险。信用证不能要求受益人不能取得的单据，不能要求遵守不能从单据表面确定的条件，不能要求包括开证行不知的单据。

关于审核单据的标准为银行要合理小心地审核信用证规定的一切单据，确定是否表面与信用证条款相符合。单据之间表面互不一致，即视为表面与信用证条款不符。银行对于任何单据的形式、完整性、准确性、真伪性或法律效力，或对于单据上规定的或附加的一般性、特殊性条件，概不负责；对于任何单据中有关货物描述、数量、重量、品质、状况、包装、交货、价值或存在，对于货物的发货人、承运人、运输行、收货人、保险人或其他任何人的诚信、行为、疏忽、清偿能力、履约能力或资信概不负责。严格一致是形式要求而非实质或法律效果要求。银行接受伪造单据，可能不负风险，而某方面细小的不符，如没有申请人的授权，都可能导致银行的责任。英国判例法指出，在严格一致方面，不允许存在几乎一致或基本一致。即使同一货物，如果名称不同，银行也可拒付。

(三) 信用证的欺诈例外

信用证是银行有条件的付款承诺，在单证一致时银行应履行付款义务，银行只处理单据不处理货物。信用证独立于所依据的合同。但在证明卖方欺诈时存在例外。一般情况下，开证行的付款义务不能因为买方与卖方之间的履行合同纠纷而受到影响。实践中，尤其是在延期付款和承兑信用证的情况下，买方已提取货物，而付款日期未到，常出现买方以货物与合同不符为由要求开证行拒绝付款的情况，这是允许的。但由于信用证业务只处理单据不处理货物，同时银行对单据的有效性不承担责任，也存在卖方欺诈的可能，以垃圾货或根本不交货或以伪造单据骗取货款。

在有证据证明存在这种情况时，银行应拒绝付款。这一问题是各国国内法适用的问题。各国规定不完全一致，但总的原则是保证信用证交易的独立性。同时对卖方的欺诈进行惩处。另外，即使单据是伪造的或欺诈性的，在得知卖方的欺诈前银行在合理谨慎的情况下支付了货款，银行亦应受到保护。

信用证欺诈例外的中心问题是在什么条件下银行可以拒付。一般认为只有卖方（受益人）亲自参与欺诈才可使银行免除付款义务，卖方（受益人）不知的第三人欺诈，如承运人伪造提单，不能使受益人失去受偿的权利；同时银行在付款前必须有证据证明受益人欺诈，仅仅怀疑或申请人的没确定证明的单方主张是不够的。

（四）银行免责

银行的免责事项，包括对单据有效性的免责，对讯息传递的免责，对不可抗力的免责，以及对被指示方行为的免责等。这些免责条款，在托收、备用信用证等交易中，也是适用的。

五、论述题

答案：UCP 600是对UCP 500修改而形成的。国际商会（ICC）在对UCP 500的修改过程中，吸收其中的合理条款，并反映近年来国际银行业、运输业和保险业新的变化，在结构上改变了UCP 500分类不科学、次序排列不足、语言繁杂欠精练等不足，内容上也体现了一定的前瞻性。虽然UCP 600（共39条）比UCP 500减少了10条，但相比UCP 500，更加准确、清晰。UCP 600对UCP 500的实质性修订体现在以下几个方面：

（1）用简单明了的语言取代了UCP 500中不易理解的词语。取消了容易产生歧义的条款，如“合理关注”“合理时间”及“在其表面”等短语。

（2）取消了某些没有实际意义的条款。如“可撤信用证”“风帆动力批注”“货运代理提单”及UCP 500第5条“信用证完整明确要求”及第12条有关“不完整不清楚指示”的内容。

（3）UCP 600清晰地厘定了一些概念。如议付（Negotiation），强调是对单据（汇票）的买入行为，明确可以垫付或同意垫付给受益人。另外还有“兑付”“相符交单”“申请人”，等等。

（4）对一些具体规定的更改，大大便利了国际贸易及结算的顺利运行。如，对审单做出单证是否相符决定的天数，由“合理时间”变为“最多为收单翌日起第5个工作日”；仅强调“信用证”其本质是“开证行一项不可撤销的明确承诺、即兑付相符的交单”；强调开证行和保兑行对于指定行的偿付责任是独立于其对受益人的承诺的。又如，增加了“拒付后，如果开证行收到申请人放弃不符点的通知，则可以释放单据”；增加了拒付后单据处理的选择项，包括持单侯示、已退单、按预先指示行事。这样便利了受益人和申请人及相关银行操作。再如，转让信用证。UCP 600强调第二受益人的交单必须经转让行。但当第二受益人提交的单据与转让后的信用证一致，而第一受益人换单导致单据与原证出现不符时，又在第一次要求时不能做出修改的，转让行有权直接将第二受益人提交的单据寄开证行。这项规定保护了正当发货制单的第二受益人的利益。还有，单据在途中遗失，UCP 600强调只要单证相符，即只要指定行确定单证相符并已向开证行或保兑行寄单，不管指定行是兑付还是议付，开证行及保兑行均对丢失的单据负责。这些条款的规定，都方便了贸易和操作。

第二十四章 保护知识产权的统一实体法

基础知识图解

- 保护知识产权的统一实体法
  - 专利权公约（《巴黎公约》）
    - 订立
    - 保护范围：发明、实用新型和工业品外观设计专利权
    - 公约规定的基本原则及制度
      - 国民待遇原则
      - 优先权制度
      - 强制许可制度
      - 独立性原则
    - 组织机构
    - 公约的缺点与不足
  - 商标权公约
    - 《保护工业产权巴黎公约》
    - 《商标国际注册马德里协定》
    - 《商标注册条约》
  - 著作权公约
    - 《保护文学和艺术作品伯尔尼公约》
    - 《世界版权公约》
  - 建立世界知识产权组织公约
    - 世界知识产权组织的宗旨，主要任务和职权
    - 世界知识产权组织的组织机构
  - 知识产权协议
    - 知识产权的范围
    - 协议与四个公约的关系
    - 有限的国民待遇原则
    - 最惠国待遇原则
    - 其他规定
      - 权利穷竭原则的适用问题
      - 对成员的“最低保护标准”问题
      - 利益平衡问题
      - 临时措施问题
      - 争端的防止与解决

配套测试

一、不定项选择题

1. 甲国人迈克在甲国出版著作《希望之路》后25天内，又在乙国出版了该作品，乙国是《保护文学和艺术作品伯尔尼公约》缔约国，甲国不是。依该公约，下列哪一选项是正确的？（　　）（司考2017.1.44）

A. 因《希望之路》首先在非缔约国出版，不能在缔约国享受国民待遇

B. 迈克在甲国出版《希望之路》后25天内在乙国出版，仍然具有缔约国的作品国籍

C. 乙国依国民待遇为该作品提供的保护需

要迈克履行相应的手续

D. 乙国对该作品的保护有赖于其在甲国是否受保护

2. 根据《与贸易有关的知识产权协定》(Agreement on Trade - Related Aspects of Intellectual Property Rights, TRIPs)，下列哪些选项应受到知识产权法律的保护?(　　)(司考 2006.1.85)

A. 独创性数据汇编

B. 动植物新品种

C. 计算机程序及电影作品的出租权

D. 疾病的诊断方法

3. 关于《与贸易有关的知识产权协定》错误的说法有(　　)。

A. 协议对精神权利不予保护

B. 协议规定了有限的国民待遇原则

C. 协议所指的知识产权不包含集成电路布图设计权

D. 协议规定其成员国的立法可以高于协议的保护水平，也可以低于协议的保护水平

4. 关于《巴黎公约》对商标的保护，下列说法正确的有(　　)。

A. 如果一项商标没在本国获得注册或它在本国的注册被撤销，不影响它在其他成员国的注册申请被批准

B. 如果一项商标在本国已经获得了合法的注册，那么一般情况下，它在其他成员国的申请就不应被拒绝

C. 各成员国的国内法都应禁止使用与成员国的任何已经驰名的商标相同或近似的标记，并应拒绝这种标记的注册申请

D. 特殊的情况下，公约成员国可以以商品的性质为由，拒绝对有关的商品所使用的商标予以注册

5. 根据《与贸易有关的知识产权协定》，关于商标所有人转让商标，下列哪一选项是正确的?[①](　　)

A. 必须将该商标与所属业务同时转让

B. 可以将该商标与所属业务同时转让

C. 不能将该商标与所属业务同时转让

D. 可以通过强制许可形式转让

6. 中美两国都是世界贸易组织成员。《保护工业产权巴黎公约》《保护文学和艺术作品伯尔尼公约》和《与贸易有关的知识产权协定》对中美两国均适用。据此，下列哪一选项是正确的?(　　)(司考 2007.1.45)

A. 中国人在中国首次发表的作品，在美国受美国法律保护

B. 美国人在美国注册但未在中国注册的非驰名商标，受中国法律保护

C. 美国人仅在美国取得的专利权，受中国法律的保护

D. 中美两国均应向对方国家的权利人提供司法救济，但以民事程序为限

7. 2020 年 11 月 6 日，张某在广交会上展示了其新发明的产品，11 月 15 日，张某在中国就其产品申请发明专利(后获得批准)。12 月 8 日，张某在向《巴黎公约》成员国甲国申请专利时，得知甲国公民已在 12 月 6 日向甲国就同样产品申请专利。下列哪一说法是正确的?(　　)

A. 如张某提出优先权申请并加以证明，其在甲国的申请日至少可以提前至 2011 年 4 月 15 日

B. 2011 年 4 月 6 日这一时间点对张某在甲国以及《巴黎公约》其他成员国申请专利没有任何影响

C. 张某在中国申请专利已获得批准，甲国也应当批准他的专利申请

D. 甲国不得要求张某必须委派甲国本地代理人代为申请专利

8. 甲国人柯里在甲国出版的小说流传到乙国后出现了利用其作品的情形，柯里认为侵犯了其版权，并诉诸乙国法院。尽管甲乙两国均为《保护文学和艺术作品伯尔尼公约》的缔约国，但依甲国法，此种利用作品不构成侵权，另外，甲国法要求作品要履行一定的手续才能获得保护。根据相关规则，下列哪一选项是正确的?(　　)(司考 2014.1.43)

① 编者注：识记型的知识，要掌握牢固。

A. 柯里须履行甲国法要求的手续才能在乙国得到版权保护
B. 乙国法院可不受理该案，因作品来源国的法律不认为该行为是侵权
C. 如该小说在甲国被禁止出版，乙国仍可予以保护
D. 依国民待遇原则，乙国只能给予该作品与甲国相同水平的版权保护

二、名词解释

1. 优先权制度
2. 独立性原则
3. 自动保护原则

三、简答题

1. 简述《巴黎公约》所确立的专利保护的基本原则。
2. 《商标注册条约》和《马德里协定》有哪些主要差异？
3. 简述世界知识产权组织的主要宗旨和职权。

四、论述题

论述《与贸易有关的知识产权协定》的主要内容。

参考答案

一、不定项选择题

1. **答案**：B。《保护文学和艺术作品伯尔尼公约》规定，一个作品在首次出版后30天内在两个或两个以上国家内出版，则该作品应视为同时在几个国家内出版。本题中，迈克的著作《希望之路》在甲国和乙国出版时间间隔25天，应视为同时出版。

《保护文学和艺术作品伯尔尼公约》确立了文学艺术作品保护的基本原则：国民待遇原则、自动保护原则、独立保护原则和最低保护原则。

国民待遇原则又称为“双国籍国民待遇”，即作者国籍是公约缔约国，或作者是在缔约国有惯常居所的非缔约国国民，或非公约缔约国国民的作品在任一个缔约国出版，或在一个缔约国和一个非缔约国同时出版，均在一切缔约国中享有国民待遇。本题中迈克的著作一经在乙国出版，便在缔约国中享有国民待遇。故A错误。

自动保护原则是指享有和行使依成员国法律和公约所规定的权利，不需要履行任何手续，也不论作品在起源国是否受到保护。保护国法律对文学艺术作品自动保护。独立保护原则是指享有和行使文学艺术作品的权利，不依赖于在起源国是否受到保护。故C、D错误。

《保护文学和艺术作品伯尔尼公约》规定，在非缔约国和缔约国同时发表的作品，后者为作品国籍国。故B正确。(注：《伯尔尼公约》中的原文为起源国，起源国系其所使用的特有概念，《世界版权公约》则采用“首次出版”和“国籍”的说法)

2. **答案**：AC。根据《与贸易有关的知识产权协定》的规定：协议在保护版权与相关权利时，将独创性数据汇编作为版权的课题加以保护，故A正确；将计算机程序及电影作品的出租权作为版权的内容加以保护，故C正确；协议在对专利进行保护时，排除了对动植物新品种和疾病的诊断方法的保护。故B、D错误。由此可知，本题答案为A、C。
3. **答案**：CD。《与贸易有关的知识产权协定》包含的知识产权范围为：版权与邻接权、商标权、地理标志、工业品外观设计、专利权、集成电路布图设计权、未披露的信息的传播权。故C不正确。协议规定了有限的国民待遇原则，即允许在特定范围之内以互惠的国民待遇取代一般意义的国民待遇。B对D错。而该协议未规定对精神权利予以保护。
4. **答案**：ABC。本题考查《巴黎公约》对商标的保护。
5. **答案**：选B。本题考查《与贸易有关的知识产权协定》中有关商标的规定。
6. **答案**：A。《保护工业产权巴黎公约》确定了国民待遇原则、优先权原则、临时保护原则。《保护文学和艺术作品伯尔尼公约》确立了国民待遇原则、自动保护原则、版权独

立性原则。《与贸易有关的知识产权协定》确立了最低保护原则、国民待遇原则、最惠国待遇原则、促进经济与社会福利原则。根据《保护文学和艺术作品伯尔尼公约》的"双国籍国民待遇"原则，A的说法正确。《保护工业产权巴黎公约》确定了优先权原则，因此美国人在美国注册但未在中国注册的非驰名商标，也受中国法律保护，B、C的说法错误。根据国民待遇原则，对于权利人的司法救济，不仅以民事程序为限，也应有实体法上的救济。因此D的说法错误。

7. **答案**：A。《保护工业产权巴黎公约》规定凡在一个缔约国申请注册的商标，可以享受自初次申请之日起为期6个月的优先权，即在这6个月的优先权期限内，如申请人再向其他成员国提出同样的申请，其后来申请的日期可视同首次申请的日期。优先权的作用在于保护首次申请人，使他在向其他成员国提出同样的注册申请时，不致由于两次申请日期的差异而被第三者钻空子抢先申请注册。发明、实用新型和工业品外观设计的专利申请人从首次向成员国之一提出申请之日起，可以在一定期限内（发明和实用新型为12个月，工业品外观设计为6个月）以同一发明向其他成员国提出申请，而以第一次申请的日期为以后提出申请的日期。其条件是，申请人必须在成员国之一完成了第一次合格的申请，而且第一次申请的内容与日后向其他成员国所提出的专利申请的内容必须完全相同。所以，张某提出优先权申请并加以证明，其在甲国的申请日至少可以提前至2011年4月15日，A选项正确。《专利法》（2020修正）第24条规定，申请专利的发明创造在申请日以前六个月内，有下列情形之一的，不丧失新颖性：在国家出现紧急状态或者非常情况时，为公共利益目的首次公开的；在中国政府主办或者承认的国际展览会上首次展出的；在规定的学术会议或者技术会议上首次发表的；他人未经申请人同意而泄露其内容的。所以，张某在广交会上的展示，可能会因为甲国和《保护工业产权巴黎公约》其他成员国对申请专利新颖性的要求不同，而受到影响。所以，B选项错误。即使甲国也是《保护工业产权巴黎公约》的成员国，但专利的申请与批准还是各国主权内部事项，中国批准，不代表甲国一定会批准。所以C选项错误。对外国人的专利申请，通常要由本国的专利代理人进行，所以D选项错误。

8. **答案**：C。根据《保护文学和艺术作品伯尔尼公约》第5条规定，1. 根据本公约得到保护作品的作者，在除作品起源国外的本联盟各成员国，就其作品享受各该国法律现今给予或今后将给予其国民的权利，以及本公约特别授予的权利。2. 享受和行使这类权利不需履行任何手续，也不管作品起源国是否存在有关保护的规定。因此，除本公约条款外，只有向之提出保护要求的国家的法律方得规定保护范围及向作者提供的保护其权利的补救方法。3. 起源国的保护由该国本国法律作出规定。即使作者并非作品起源国的国民，但他就其作品根据本公约受到保护，他在该国仍享有同该国公民作者相同的权利。所以，A、B选项错误。

第10条之二规定，1. 对在报纸或期刊上已发表的经济、政治和宗教问题的时事性文章，或无线电已转播的同样性质的作品，本联盟成员国法律有权准许在报刊上转载，或向公众作无线或有线广播，如果对这种转载、广播或转播的权利未作直接保留的话。但任何时候均应明确指出出处；不履行该项义务的后果由向之提出保护要求的国家以法律规定。2. 本联盟成员国法律也有权规定，在何种条件下，对在时事事件过程中出现或公开的文学和艺术作品，在为报道目的正当需要范围内，可予以复制，或者以摄影或电影手段或通过无线电或有线广播向公众作时事新闻报道。所以，C选项正确。

第19条规定：本公约的规定不妨碍要求本联盟某一成员国法律可能提供的更广泛的保护。第20条规定：本联盟各成员国政府有权在它们之间签订特别协议，以给予作者比本公约所规定的更多的权利，或者包括不违反本公约的其他条款。凡符合上述条件的现有协议的条款仍然适用。所以，D选项错误。

二、名词解释

1. **答案**：《保护工业产权巴黎公约》规定对发明、实用新型和外观设计的专利申请者给予优先权。公约规定，对有资格享受国民待遇的申请者从首次向成员国之一提出申请之日起，可以在一定期限内（发明和实用新型12个月，工业品外观设计为6个月），以同一发明向其他成员国提出申请，有关成员国必须承认申请人于第一次提出申请的日期为在本国提出申请的日期。在该优先权期限内，即使有任何第三者就相同的发明提出申请或已实施了该发明，申请人仍因享有优先权而可以取得专利权。

2. **答案**：《保护工业产权巴黎公约》规定，同一发明在不同成员国所获得的专利权彼此独立。即公约成员国在决定是否授予、拒绝、撤销、终止某项发明专利权时，不受其他成员国对该项专利权的决定的影响。这就是说，已在一成员国获得专利权的发明，在发明人向其他成员国提出同样的专利申请时，不一定能够获准；相反，在某一成员国已遭拒绝的专利申请，在向其他成员国提出同样的申请时，不一定会遭到拒绝。公约规定这一原则的目的在于，使各成员国在决定是否授予专利权时，依据其国内的专利法来进行，而不受任何其他国家对该项申请所作出的任何决定的影响。

3. **答案**：《保护工业产权巴黎公约》规定，享有及行使依国民待遇所提供的有关权利时，不需要履行任何手续，这就是所谓的自动保护原则。据此，公约成员国国民及在成员国有惯常居所的其他人，在作品完成时即自动享有版权；非成员国国民又在成员国无惯常居所者，其作品首先在成员国出版时即自动享有版权。这里的“不需要履行任何手续”，既包括无须注册（或登记），无须交纳样书等，也包括无须在作品上加注任何版权保留的标记。

三、简答题

1. **答案**：基本原则主要有：（1）国民待遇原则：每一成员国国民无论是否在其他成员国国内有住所或营业所，都享有该国依法给其他成员国的国民以本国公民所享受的待遇，同时非成员国国民只要在一成员国有住所或营业所，也享有该国国民所享有的待遇。（2）优先权原则：即享有国民待遇的申请者从首次向成员国之一提出申请之日起，可以在一定期限内以同一发明向其他成员国提出申请，而以第一次申请日期作为以后提出申请的日期。（3）强制许可原则：无法律规定的正当理由，专利人经一定期限不实施专利，每一成员国有权核准强制许可第三人实施专利。（4）独立性原则：即同一发明在不同成员国所获得的专利权彼此独立。

2. **答案**：《商标注册条约》和《马德里协定》相比主要有以下不同：（1）前者规定申请人可以不必先在本国注册，也不必通过本国商标部门提交申请案，可以直接向世界知识产权组织国际局申请“国际注册”；但后者规定申请人必须在本国获得商标注册后，提出国际注册。（2）前者规定成员国在接到国际局文件后，作出是否给予法律保护的期限为15个月，“证明商标”为18个月；而后者规定的期限为1年。（3）前者规定商标注册的有效期为10年，可以无限期续展；而后者规定为20年，可以无限期续展。（4）前者规定了国际注册的商标的转让问题；而后者没有规定。

3. **答案**：世界知识产权组织的宗旨有：（1）通过各国间的合作，并在适当情况下通过与其他国际组织的协作，促进国际范围内对知识产权的保护。（2）保证知识产权同盟之间的行政合作。其主要职权有以下几个方面：（1）鼓励缔结新的国际条约，协调各国立法，收集并传播情报、协调办理国际注册或成员国间的其他行政事宜。（2）在知识产权同盟的行政合作方面，将各同盟国的行政工作集中于日内瓦国际局。（3）就技术转让、起草知识产权方面的立法、建立专利及专利文献机构、培养专业工作人员等事项向发展中国家提供援助。

四、论述题

答案：《与贸易有关的知识产权协定》由七

个部分组成，基本内容主要包括：

(1) 协议包含的知识产权的范围规定为：版权与邻接权、商标权、地理标志、工业品外观设计、专利权、集成电路布图设计权、未披露的信息的传播权。

(2) 在协议与四个公约（《巴黎公约》《保护文学和艺术作品伯尔尼公约》《罗马公约》《集成电路知识产权公约》）的关系上，协议规定其主要部分均与《巴黎公约》实体条款及另外三个公约相符；适用协议的全体成员均应遵守《伯尔尼公约》1971 年文本。

(3) 协议规定了有限的国民待遇原则，即允许在特定范围之内以互惠的国民待遇取代一般意义上的国民待遇。但应通知与贸易有关的知识产权理事会。

(4) 协定规定了最惠国待遇原则，即在知识产权的保护上，成员国给予另一成员国的利益优惠、特权和豁免之类，均必须无条件地给予其他成员国，但同时协定规定了四种情况的例外。

(5) 此外协议就“权利穷竭”问题、对成员的“最低保护标准”问题、利益平衡问题等也作了规定。

第二十五章　国际民事诉讼法概述

基础知识图解

- 国际民事诉讼法概述
  - 国际民事诉讼程序：概念
  - 国际民事诉讼法
    - 概述：概念、内容、渊源、性质
    - 基本原则
      - 国家主权原则
      - 国民待遇原则
      - 平等互惠原则
      - 尊重国际条约和国际惯例原则
  - 国际民事诉讼当事人的民事诉讼地位
    - 外国个人的国际民事诉讼地位
      - 原则上给予外国人以国民待遇
      - 一般要求依属人法确定外国人的民事诉讼行为能力
      - 一般都对外国人的诉讼代理问题作了特别规定
      - 一般都对外国人规定了诉讼费用担保制度
    - 外国国家的国际民事诉讼地位：司法豁免
    - 国际组织的国际民事诉讼地位

配套测试

一、单项选择题

1. 甲是某外国公民，他在中国生活期间，由于一起侵权行为案件在中国法院受诉，他要求使用其本国的语言、文字进行诉讼。那么，中国法院是否应该重视他的这一权利主张？（　　）

A. 中国法院应该重视他的这一权利主张，以其本国的语言、文字进行案件的审理

B. 中国法院应该驳回甲的这一权利主张，以中国通用的语言、文字进行案件的审理；当事人要求提供翻译的，可以免费提供翻译

C. 中国法院应该驳回甲的这一权利主张，以中国通用的语言、文字进行案件的审理；当事人要求提供翻译的，则应该由当事人自行解决翻译问题

D. 中国法院应该驳回甲的这一权利主张，以中国通用的语言、文字进行案件的审理；当事人要求提供翻译的，可以提供，但费用应该由该当事人负担

2. 国际民事诉讼法不调整（　　）。

A. 涉外民事案件应以哪一级法院作一审法院

B. 审理涉外民事案件是否应适用特别的期间

C. 对哪些涉外民事案件内国法院得行使审判管辖权

D. 外国审判程序或判决、裁决发生什么样的效力

3. 在当今国际社会，调整外国人民事诉讼地位的一般原则是（　　）。

A. 国民待遇原则

B. 最惠国待遇原则

C. 不歧视待遇原则

D. 普遍优惠待遇原则

二、多项选择题

1. 国际民事诉讼中外国人的民事诉讼行为能力（　　）。
   A. 原则上依属人法来确定
   B. 大陆法系国家一般主张依住所地法来确定外国人的民事行为能力
   C. 作为补充，各国一般规定，如依法院地法外国人具有民事行为能力，则视为有能力
   D. 英美法系国家规定依本国法来确定
2. 美国人甲在中国法院涉诉，按照我国民事诉讼法中的规定，下列选项哪些是正确的？（　　）
   A. 甲必须委托中国律师作为其诉讼代理人
   B. 甲可以委托美国律师以非律师身份担任诉讼代理人
   C. 仅使用我国通用的语言、文字，外文必须翻译
   D. 两个美国国籍的当事人之间的诉讼，可以适用美国的民事诉讼法
3. 外国人、无国籍人、外国企业或者组织在中国法院起诉或者应诉，要委托代理人进行诉讼的，应该符合下列哪些规定？（　　）
   A. 外国人、无国籍人、外国企业或者组织在中国法院起诉或者应诉，应该委托中国公民作为代理进行诉讼
   B. 外国人、无国籍人、外国企业或者组织在中国法院起诉或者应诉，既可以委托中国公民作为代理人，也可以委托外国公民作为代理人进行诉讼
   C. 外国驻我国使领馆的官员，可以受其本国公民的委托担任其诉讼代理人，并可以在案件审理中享有外交特权和豁免
   D. 外国驻我国使领馆的官员，可以受其本国公民的委托担任其诉讼代理人，但在案件审理中不享有外交特权和豁免
4. 朴某为韩国人，现在我国某市中级人民法院因民事纠纷涉诉。可以成为朴某诉讼代理人的有哪些？（　　）
   A. 韩国公民
   B. 以律师身份接受朴某委托的韩国律师
   C. 中国律师
   D. 中国公民
5. 根据《民事诉讼法》及相关司法解释的规定，在涉外民事诉讼中，外国当事人可以委托下列哪些人作为其诉讼代理人？（　　）
   A. 中国律师
   B. 中国公民
   C. 其本国驻华使、领馆官员
   D. 其本国公民

三、名词解释

1. 国际民事诉讼程序
2. 国家主权原则
3. 平等互惠原则
4. 司法豁免权

四、简答题

1. 简答国民待遇与最惠国待遇的内容。
2. 简答国际民事诉讼法的基本原则。
3. 简答外国个人的国际民事诉讼地位。

五、论述题

试论外国国家的国际民事诉讼地位。

参考答案

一、单项选择题

1. **答案**：D。我国人民法院在审理国际民事案件时，将使用我国通用的语言、文字，当事人要求翻译的可以提供，但费用由当事人自己负担。
2. **答案**：A。审级问题应由内国法作出规定，与国际民事诉讼法无关。
3. **答案**：A。外国人民事诉讼地位一般是实行国民待遇原则。

二、多项选择题

1. **答案**：AC。本题考查外国人的民事诉讼行为能力的法律适用。国际民事诉讼中外国人的民事诉讼能力原则上依属人法确定。如依法院地法外国人具有民事行为能力的，视为有民事诉讼行为能力。
2. **答案**：BC。参见《民事诉讼法》（2021 修

正）第270、271条，《最高人民法院关于适用〈中华人民共和国民事诉讼法〉的解释》（2022修正）第526、527条的规定。

3. **答案**：BD。《民事诉讼法》（2021修正）第271条规定："在中华人民共和国领域内没有住所的外国人、无国籍人、外国企业和组织委托中华人民共和国律师或者其他人代理诉讼，从中华人民共和国领域外寄交或者托交的授权委托书，应当经所在国公证机关证明，并经中华人民共和国驻该国使领馆认证，或者履行中华人民共和国与该所在国订立的有关条约中规定的证明手续后，才具有效力。"领事代理是指一个国家的领事可以根据国际条约和驻在国法律规定，在其职务管辖范围内代表本国公民参加民事诉讼，以保护本国公民的合法利益，作为代理人不享有外交特权和豁免。

4. **答案**：ACD。涉外民事诉讼中的诉讼代理。《最高人民法院关于适用〈中华人民共和国民事诉讼法〉的解释》（2022修正）第526条规定，涉外民事诉讼中的外籍当事人，可以委托本国人为诉讼代理人，也可以委托本国律师以非律师身份担任诉讼代理人；外国驻华使领馆官员，受本国公民的委托，可以以个人名义担任诉讼代理人，但在诉讼中不享有外交或者领事特权和豁免。外国律师可以以非律师身份担任诉讼代理人，但是不得以律师身份担任代理人。此领域各国做法基本一致，只允许本国律师以律师身份出庭代理。

5. **答案**：ABCD。根据《民事诉讼法》（2021修正）第271条规定："在中华人民共和国领域内没有住所的外国人、无国籍人、外国企业和组织委托中华人民共和国律师或者其他人代理诉讼，从中华人民共和国领域外寄交或者托交的授权委托书，应当经所在国公证机关证明，并经中华人民共和国驻该国使领馆认证，或者履行中华人民共和国与该所在国订立的有关条约中规定的证明手续后，才具有效力。"根据《最高人民法院关于适用〈中华人民共和国民事诉讼法〉的解释》（2022修正）第526条规定："涉外民事诉讼中的外籍当事人，可以委托本国人为诉讼代理人，也可以委托本国律师以非律师身份担任诉讼代理人；外国驻华使领馆官员，受本国公民的委托，可以以个人名义担任诉讼代理人，但在诉讼中不享有外交或者领事特权和豁免。"第527条规定："涉外民事诉讼中，外国驻华使领馆授权其本馆官员，在作为当事人的本国国民不在中华人民共和国领域内的情况下，可以以外交代表身份为其本国国民在中华人民共和国聘请中华人民共和国律师或者中华人民共和国公民代理民事诉讼。"由此可知，本题答案为A、B、C、D。

三、名词解释

1. **答案**：是指含有国际因素的民事诉讼程序。也就是说，在有关的民事诉讼程序中涉及两个或两个以上国家的人和事，或同两个或两个以上的国家存在不同程度的联系，如（1）在有关的民事诉讼主体中含有居住在不同国家或具有不同国家国籍的法人和自然人；（2）有关民事诉讼的客体是发生于受诉法院所属国以外的民商事法律行为，或者是有关的诉讼标的物处于受诉法院所属国境外；（3）有关民事诉讼的某一环节或行为需要在受诉法院国境外进行，如有关的诉讼或非诉讼文书需要送达到受诉法院国境外，或需要从受诉法院国境外获取某一与案件有关的证据材料，或有关受诉法院的判决需要得到其他国家法院的承认，或需要其他国家的法院协助执行；（4）在有关的民事诉讼中需要考虑到两个或两个以上国家民事诉讼法律规范的有关规定，如各有关国家民事诉讼法中有关案件管辖权的规定，或有关自然人、法人、国家及国际组织的民事诉讼地位的规定；（5）作为国际民事诉讼程序除了要保护受诉法院国国家和国民的利益以外，同时还得以保护其他有关国家及其国民的合法权益为目的。

2. **答案**：国家主权原则在国际民事诉讼法领域表现为一个国家有权通过立法的形式对该国境内的所有诉讼活动和行为进行规范；外国人（包括外国法人和自然人）在该国境内进行诉讼活动都必须遵守当地国家的诉讼法规

范；有关国家还可以根据自己的国家利益、社会利益规定对某些案件行使专属管辖权，从而排除其他国家审理有关案件的可能性。在司法方面，一个国家的法院有权依据其本国的诉讼法规范受理并审理有关的案件；除国际条约或有关国家的法律有相反的规定以外，外国人有义务接受所在国法院的这种司法管辖权。同时，国家主权原则还表现为一个国家及其财产在国外享有司法豁免权。即非经有关国家明确表示放弃该项权利，其他国家的法院无权受理以该有关国家作为被告的诉讼；有关国家的财产非经其所有国明确同意不得被其他国家的法院作为诉讼标的而施以扣押、执行等诉讼行为。

3. **答案**：平等互惠原则表现在国际民事诉讼法领域，就是各个国家在平等的基础上相互赋予对方国家和国民以民事诉讼权利；在同等的条件下相互适用对方的诉讼立法；相互给予司法上的协助，包括相互承认和执行对方法院的判决和仲裁裁决；在规范有关程序或处理国际民商事法律争议时应该给予互惠待遇。世界上多数国家的诉讼立法都规定，如果有关国家之间不存在互惠关系，如果有关外国赋予内国国民以不平等的民事诉讼权利，不在相同或类似的条件下适用内国的诉讼立法，不在相同或类似的条件下给予内国法院以司法协助，内国立法或司法机构就可以施以对等的限制。

4. **答案**：是指一个国家及其财产非经该有关国家明确同意不得在另一个国家的法院被诉，或其财产不得被另一个国家扣押或用于强制执行。根据各国学者的一般理解和国际社会的立法和司法实践，国家及其财产所享有的司法豁免权内容一般认为包括两方面，即管辖豁免与执行豁免。

四、简答题

1. **答案**：国民待遇，又称平等待遇，是指所在国应给予外国人以内国公民享有的同等的民事权利地位。主要有以下三个特点：(1) 虽仍以互惠为基础，但并不一定以条约和法律上的规定为条件，也就是说国民待遇已经被认为是一种不言而喻的制度。因此，为了防止内国公民在外国受到歧视待遇，多同时采取对等原则。(2) 根据国民待遇原则，在内国的外国人享有跟内国人同等的权利，而不是同样的权利。(3) 当今各国除公认应赋予外国人在必需的民事权利方面以国民待遇外，还常通过双边条约或多边条约，把国民待遇原则适用于船舶遇难施救、专利申请、商标注册和版权以及民事诉讼等方面。

   最惠国待遇是指给惠国承担条约义务，将它已经给予或将来给予第三国（最惠国）的自然人或法人的优惠同样给予缔约他方（受惠国）的自然人或法人。最惠国待遇制度的作用，在于保证在内国的各外国的公民和法人之间的民事权利地位的平等，从而排除或防止对某一国公民赋予的权利低于内国赋予第三国公民的权利。最惠国待遇与国民待遇最显著的不同点在于，前者是保证在内国的外国人之间的民事权利地位平等，而后者是保证在内国的外国人和内国人之间的民事权利地位平等。

   【参考资料】 李双元、欧福永主编：《国际私法》，北京大学出版社 2022 年版，第 155~156 页。

2. **答案**：国际民事诉讼法的基本原则有国家主权原则、国民待遇原则、平等互惠原则和尊重国际条约和国际惯例原则。

   (1) 国家主权原则

   国家主权原则在国际民事诉讼法领域表现为一个国家有权通过立法形式对该国境内的所有诉讼活动和行为进行规范；外国人（包括外国法人和自然人）在该国境内进行诉讼活动都必须遵守当地国家的诉讼法规范；有关国家还可以根据自己的国家利益、社会利益规定对某些案件行使专属管辖权，从而排除其他国家审理有关案件的可能性。在司法方面，一个国家的法院有权依据其本国的诉讼法规范受理并审理有关的案件；除国际条约或有关国家的法律有相反的规定以外，外国人有义务接受所在国法院的这种司法管辖权。同时，国家主权原则还表现为一个国家及其财产在国外享有司法豁免权。即非经有关国家明确表示放弃该项权利，其他国家的法院无权受理以该有关国家作为被告的诉讼；有关国家的财产非经其所有国明确同意不得被其他国家的法院作为诉讼标的而施以扣押、执行等诉讼行为。

（2）国民待遇原则

国民待遇原则是指一个国家对外国人在某些方面给予与本国国民同等的待遇。在国际民事诉讼法领域表现为一个国家把给予其本国国民的民事诉讼权利，也给予在本国境内的外国人；该国法院并不仅仅以有关当事人具有外国国籍或无国籍或在外国设有住所为理由而要求其提供诉讼费用担保或对其采取“诉讼保全”等限制其诉讼权利的措施。国民待遇原则包含两个方面的内容：其一是外国人在内国境内享受与内国国民同等的诉讼权利，承担同等的诉讼义务，其诉讼权利不因其为外国人而受限制；其二是外国人在内国境内享受的诉讼权利不能超出内国国民所能享受的权利范围，任何基于所谓“文明世界”的“国际标准”或“最低标准”而要求超出当地国民所享有的权利范围的主张都是不合理的，都是违反国际法的。

（3）平等互惠原则

平等互惠原则表现在国际民事诉讼法领域，就是各个国家在平等的基础上相互赋予对方国家和国民以民事诉讼权利；在同等的条件下相互适用对方的诉讼立法；相互给予司法上的协助，包括相互承认和执行对方法院的判决和仲裁裁决；在规范有关程序或处理国际民商事法争议时应该给予互惠待遇。世界上多数国家的诉讼立法都规定，如果有关国家之间不存在互惠关系，如果有关外国赋予内国国民以不平等的民事诉讼权利，不在相同或类似的条件下适用内国的诉讼立法，不在相同或类似的条件下给予内国法院以司法协助，内国立法或司法机构就可以施以对等的限制。

（4）尊重国际条约和国际惯例原则

尊重国际条约和国际惯例原则在国际民事诉讼法领域表现为：一方面，国家在制定国内的国际民事诉讼法规范时应考虑到本国所参加、缔结或加入的国际条约的有关规定，应考虑到国际社会在有关方面的习惯做法；另一方面，国家的司法机关在审理有关国际民商事法律争议时应该优先适用其所参加的国际条约的有关规定，或在没有明确的国际立法和国内立法规定的情况下，应该参照国际惯例对有关争议作出公正的处理。

3. 答案：外国个人的国际民事诉讼地位是指外国个人（包括外国自然人和法人）在某一国境内享有什么样的诉讼权利,，承担什么样的诉讼义务，并能在多大程度上通过自己的行为行使诉讼权利和承担诉讼义务，即具有什么样的诉讼权利能力和诉讼行为能力。综观各国的立法和有关的国际公约，外国个人的国际民事诉讼地位的内容主要包括以下几个方面：

（1）各国一般原则上给予外国个人以国民待遇，即规定外国人享有与本国国民同等的民事诉讼权利并承担同等的民事诉讼义务。而且，一般都在给予外国人以国民待遇的同时，要求以对等互惠为条件。

（2）原则上依属人法来确定外国人的民事诉讼行为能力的主张已经得到了国际社会的公认。为了求得民商事法律关系的稳定，保护善意的对方当事人，作为补充，各国还规定，外国人如果依法院地法具有民事诉讼行为能力，即视为有民事诉讼能力。

（3）诉讼代理制度已为国际社会所普遍接受，各国立法都允许国际民事诉讼程序中的外国当事人委托诉讼代理人代为进行诉讼活动。但是，各国一般都对外国人的诉讼代理问题作了特别规定，一般都规定应该由律师，而且是由内国律师担任诉讼代理人。

（4）除少数国家外，世界多数国家一般都为外国人规定了诉讼费用担保制度。诉讼费用担保制度是指审理国际民事案件的法院依据其内国诉讼立法的规定，要求作为原告的外国人在起诉时提供以后可能判决由他负担的诉讼费用的担保。此处的“诉讼费用”是指除案件受理费以外的，包括当事人、证人、鉴定人、翻译人员的差旅费、出庭费及其他的诉讼费用。

五、论述题

答案：国家是国际私法的特殊主体，外国国家及其财产原则上享有司法豁免权。司法豁免权是国家主权原则在国际民事诉讼领域的具体体现，它是指一个国家及其财产非经该有关国家明确同意不得在另一个国家的法院被诉，其财产不得被另一国家扣押或用于强制执行。

具体而言，它包括：(1) 管辖豁免。即非经某一外国国家明确同意，任何国家的法院都不能受理以该外国国家为被告或以该外国国家的财产为诉讼标的的案件。然而，依据国际社会的一般做法，一国法院可以受理外国国家作为原告所提出的诉讼；而且，该国法院也有权对该诉讼中的被告所提出的同本案直接有关的反诉进行审理。(2) 诉讼程序豁免。即使外国国家已明确同意放弃司法管辖豁免权而作为被告在一国法院被提起诉讼，也仍然不得强迫它出庭作证或提供证据以及实施其他诉讼行为，也不得对它的财产采取诉讼保全等诉讼程序上的强制措施。(3) 强制执行豁免。国家司法豁免权的放弃必须以明示的形式进行，而且具有严格的针对性。非经该外国国家明确同意，仍不得根据有关法院的判决对它的财产实行强制执行。除非存在相反的条约规定，国际社会的做法一般都是原则上给予或承认外国国家的司法豁免权。我国也主张国家及其财产豁免权是国际法上的一项基本原则。

第二十六章　国际民事案件的诉讼管辖权

基础知识图解

- 国际民事案件的诉讼管辖权
  - 概述
    - 国际民事案件诉讼管辖权的概念
    - 国际民事案件诉讼管辖权的种类
      - 对人诉讼管辖和对物诉讼管辖
      - 属地管辖权和属人管辖权
      - 专属管辖权和任意管辖权
      - 强制管辖和协议管辖
    - 国际民事案件诉讼管辖权的意义
  - 国际民事案件诉讼管辖权的确定
    - 确定的一般原则：属地管辖原则、属人管辖原则、专属管辖原则、协议管辖原则、平行管辖原则、不方便管辖原则
    - 有关国际民事案件诉讼管辖权的国际立法：
      - 1928 年《布斯塔曼特法典》
      - 1965 年《协议选择法院公约》
      - 1968 年《关于民商事案件管辖权及判决执行的公约》
      - 2005 年《选择法院协议公约》
    - 我国立法的相关规定：一般管辖、特殊管辖、专属管辖、协议管辖、推定管辖
  - 国际民事案件诉讼管辖权的冲突
    - 冲突产生原因
      - 直接原因：各国有关立法的差异
      - 间接原因：各国立法上有关管辖权依据的不同
    - 解决的有效途径：坚持国际协调原则

配套测试

一、单项选择题

1. 英国法人凯英公司与我国法人贝尔华公司签订合同，在我国共同投资建立中外合资经营企业。关于此合同如果凯英公司与贝尔华公司之间发生纠纷，提起诉讼，依照我国法律的规定，下列表述中正确的是哪一项？（　　）

A. 可以在英国诉讼

B. 必须在中国诉讼

C. 如果双方当事人在合同中选择英国管辖，我国法院就没有管辖权

D. 如果双方当事人在合同中选择第三国管辖，我国法院就没有管辖权

2. 根据《最高人民法院关于涉外民商事案件诉讼管辖若干问题的规定》（2020 修正），对国务院批准设立的经济技术开发区人民法院所作的第一审涉外民商事案件的判决、裁定不服的，其第二审由（　　）管辖。

A. 高级人民法院

B. 省会、自治区首府、直辖市所在地的中级人民法院

C. 该经济技术开发区人民法院所在地中级人民法院

D. 最高人民法院

3. 对不在我国领域内居住的人提起的有关身份关

系的诉讼，在我国境内的原告可到（　　）。

A. 原告住所地法院起诉

B. 被告住所地法院起诉

C. 联合国的国际法院起诉

D. 第三国法院起诉

4. 甲公司为一个中国公司，乙公司为一个日本公司，两公司在 2017 年签订了合作经营企业的合同，在湖北设立了双方合作经营的丙公司。其合作经营合同规定，与本合作经营企业合同履行有关的争议事项的解决应该在北京进行仲裁。2021 年，两公司由于在公司利润分配上产生争议，乙公司就将争议提交中国国际经济贸易仲裁委员会仲裁。而甲公司在第一次开庭前对仲裁庭的管辖权提出了抗辩，认为仲裁庭对该案件没有管辖权。那么，根据我国法律的规定，中国国际经济贸易仲裁委员会对该案是否具有管辖权？（　　）

A. 中国国际经济贸易仲裁委员会对该案有管辖权，因为双方当事人订立了合法有效的仲裁协议

B. 中国国际经济贸易仲裁委员会对该案没有管辖权，因为按照《民事诉讼法》的规定，中国法院对于由在中国境内履行的合作经营企业合同引起的争议有专属管辖权

C. 中国国际经济贸易仲裁委员会对该案有管辖权，尽管中国法院对于由在中国境内进行的合作经营企业合同引起的争议具有专属管辖权，这只是对于外国法院而言的，这并不排除当事人选择仲裁来解决争议

D. 中国国际经济贸易仲裁委员会对该案没有管辖权，尽管《民事诉讼法》中的专属管辖权条款并不排除当事人在有关事项上选择仲裁来解决争议，但按照《仲裁法》第 18 条的规定，该仲裁协议是无效的

5. A 公司是甲国的公司，B 公司是中国广州的一家公司，B 公司是生产烟花爆竹的企业，该公司在 2019 年向 A 公司出口了一批烟花爆竹。后来，甲国公民 C 在使用 B 公司生产的烟花时，由于烟花突然改变方向，致使 C 左眼被炸伤。C 在甲国法院以 B 公司为被告提出侵权之诉，要求 B 公司赔偿其损失若干元。甲国法院受理了该案件，最后判决 B 公司败诉，向 C 赔偿损失若干元。因为 B 公司在甲国既没有代理机构，也没有可供扣押的财产，所以 C 向广州市中级人民法院申请承认和执行该项判决，但由于甲国和中国没有缔结或者共同参加国际条约，也没有互惠关系的存在。那么，法院应该如何处理？（　　）

A. 对甲国法院作出的判决作程序上的审查，决定是否予以执行

B. 驳回当事人的申请，通知当事人通过外交途径解决

C. 驳回当事人的申请，通知当事人可向中国对该案件有管辖权的法院起诉，由该法院作出判决，并予以执行

D. 不驳回当事人的申请，但重新受理案件，作出判决，并予以执行

6. 在国际民事诉讼中，“原告就被告”原则，属于（　　）。

A. 专属管辖　　B. 协议管辖

C. 平行管辖　　D. 合并管辖

7. 中国 X 公司与美国 Y 公司订立一项出口电器合同，约定有关该合同争议的解决适用《美国统一商法典》。X 公司负责安排巴拿马籍货轮运输，并约定适用《海牙规则》。该批货物在中国港口装船时因操作失误使码头装卸设备与船舶发生了碰撞，导致船舶与部分货物的损失。依照我国有关法律，下列哪一选项是正确的？（　　）

A. 该案应由中国该港口辖区中级人民法院管辖

B. 该案应由中国该港口辖区海事法院管辖

C. 出口合同的双方选择适用《美国统一商法典》的约定是无效的

D. 运输合同应当适用中国法

8. 国际海上运输合同的当事人在合同中选定我国某法院作为解决可能发生的纠纷的法院。关于此，下列哪一选项是错误的？（　　）

A. 该协议不得违反我国有关级别管辖和专属管辖的规定

B. 当事人可以在纠纷发生前协议选择我国法院管辖

C. 如与该合同纠纷有实际联系的地点不在

我国领域内，我国法院无权依该协议对纠纷进行管辖

D. 涉外合同或涉外财产权益纠纷的当事人可以选择管辖法院

9. 朗文与戴某缔结了一个在甲国和中国履行的合同。履约过程中发生争议，朗文向甲国法院起诉戴某并获得胜诉判决。戴某败诉后就同一案件向我国法院提起诉讼。朗文以该案件已经甲国法院判决生效为由对中国法院提出管辖权异议。依据我国法律、司法解释以及我国缔结的相关条约，下列哪一选项是正确的？（　　）（司考 2008. 1. 36）

A. 朗文的主张构成对我国法院就同一案件实体问题行使管辖权的有效异议

B. 我国法院对戴某的起诉没有管辖权

C. 我国法院对涉外民事诉讼案件的管辖权不受任何限制

D. 我国法院可以受理戴某的起诉

10. 某外国公民阮某因合同纠纷在中国法院起诉中国公民张某。关于该民事诉讼，下列哪一选项是正确的？（　　）（司考 2012. 1. 38）

A. 阮某可以委托本国律师以非律师身份担任诉讼代理人

B. 受阮某委托，某该国驻华使馆官员可以以个人名义担任诉讼代理人，并在诉讼中享有外交特权和豁免权

C. 阮某和张某可用明示方式选择与争议有实际联系的地点的法院管辖

D. 中国法院和外国法院对该案都有管辖权的，如张某向外国法院起诉，阮某向中国法院起诉，中国法院不能受理

二、多项选择题

1. 下列关于国际民事诉讼管辖权的说法中正确的有（　　）。

A. 国际民事诉讼管辖权的确定即决定了国际民事诉讼适用的程序法

B. 国际民事诉讼管辖权的确定与其判决在国外的承认和执行有密切的关系

C. 一国法院对某一案件有管辖权是该国法院作出的判决能得到有关外国承认的基础

D. 在个别情况下，国际民事诉讼管辖权的确定也意味着准据法的确定

2. 根据我国《民事诉讼法》的有关规定，对于在中华人民共和国领域内没有住所的被告提起违约之诉，下列哪些人民法院可以行使管辖权？（　　）

A. 合同签订地人民法院

B. 合同履行地人民法院

C. 被告代表机构住所地人民法院

D. 诉讼标的物所在地人民法院

3.《最高人民法院关于涉外民商事案件诉讼管辖若干问题的规定》适用的案件有（　　）。

A. 涉外合同和侵权纠纷案件

B. 信用证纠纷案件

C. 审查有关涉外民商事仲裁条款效力的案件以及申请撤销，承认与强制执行国际仲裁裁决的案件

D. 申请承认和强制执行外国法院民商事判决、裁定的案件

4. 2018 年 7 月 2 日，某甲轮（悬挂巴拿马国旗）与某乙轮（在巴拿马登记）在日本海上发生碰撞造成乙船船体严重受损，在日本某打捞公司的帮助下泊于日本某港进行修理，甲轮继续航行至中国青岛港，乙轮随后也停靠在青岛港，并向青岛海事法院请求保全申请，申请扣押甲轮，青岛海事法院在依法予以审查后，将甲轮扣押，其后，乙轮向法院提起诉讼。对本案有管辖权的法院是（　　）。

A. 中国海事法院

B. 巴拿马海事法院

C. 日本海事法院

D. 当事人可约定由某国法院管辖

5.《最高人民法院关于涉外民商事案件诉讼管辖若干问题的规定》中，明确了涉外民商事案件的诉讼管辖权限和范围，也规定了例外的情况。不适用上述规定进行集中管辖的涉外案件是（　　）。

A. 涉外房地产案件

B. 边境贸易纠纷案件

C. 强制执行国际仲裁裁决案件

D. 信用证纠纷案件

三、名词解释

1. 国际民事案件管辖权

2. 强制管辖和协议管辖
3. 专属管辖原则

四、简答题

1. 简述确定国际民事案件管辖权的一般原则。
2. 试析国际民事诉讼中的协议管辖。(中国政法大学 2006 年考研真题)

五、论述题

1. 试述各主要法系国家确定国际民事案件管辖权的实践。
2. 试述我国关于国际民事管辖权的主要规定。
3. 论司法管辖权与法律适用的关系。
4. Please analyze the impacts of Internet on the traditional principles and practices of jurisdiction.
5. 论述国际私法上的“挑选法院”。(北京大学 2011 年考研真题)

六、案例分析题

1. 2019 年 2 月 8 日，墨西哥 Y 公司（营业所在墨西哥）的法定代表基某到中国北京与中国 X 公司（营业所在北京）进行商业谈判并签订了一份国际货物买卖合同，中方从外方购买砂糖，价款为 300 万美元，合同中规定因本合同发生的纠纷提交中国北京市第一中级人民法院管辖。中方于 2019 年 10 月 9 日向北京市第一中级人民法院以砂糖质量不合格为由提起诉讼，要求外方返还货款 300 万美元以及其他费用 839 美元。请问：

（1）我国法院是否具有管辖权？为什么？

（2）该案件的准据法如何确定？

2. 美国人甲骑着一辆自行车，在中国武汉市旅游区 B 区旅游时，由于下坡时车速太快，撞伤同伴美国人乙后，又撞伤埃及人丙。由于就赔偿额协商不成，乙和丙分别向我国武汉市 B 区人民法院起诉甲。

问题：（1）根据我国最高人民法院的有关司法解释，B 区人民法院对这两案是否有管辖权？为什么？

（2）人民法院应如何适用法律？

3. 经原告美国 A 公司申请，2019 年 1 月 10 日，中国国家知识产权局商标局向原告颁发了第××号商标注册证，注册商标为 SENDON，使用于第十四类商品：不间断交流电源。注册商标的有效期为 10 年。

2019 年 4 月 7 日，原告向 S 市知识产权局申诉，请求该局责令 S 市 B 公司停止侵权行为并赔偿原告的经济损失。经 S 市知识产权局查实，被告自 2019 年 1 月起生产并销售假冒 SENDON 商标的不间断电源机××台。该局作出决定，认定侵权事实，责令被告停止使用 SENDON 商标，作出书面检查，并处以被告非法销售额 18%的罚款。

2019 年 12 月 6 日，原告收到该决定书，认为该决定书未考虑其经济赔偿请求，便委托律师于该年 12 月 28 日向 S 市所在 G 省知识产权局提交了复议申请书，要求被告赔偿其经济损失。

问题：（1）假如 S 市中级人民法院是某省会城市的中级人民法院，其对于该案是否有管辖权？为什么？

（2）法院对于该案应该适用哪一国的法律？

4. 2018 年 1 月，大连某船运公司 A 与日本公司 B 通过电传签订一份租船合同，B 公司在大连设有分支机构，约定由 A 公司派船承运 B 公司的一批货物，装货港为日本 C 港，卸货港为中国天津港。合同签订后，A 公司于同年 2 月派船从厦门港驶往日本 C 港受载。船抵 C 港后，B 公司以船舶不适航为由拒绝装货。为此，与 A 公司发生争议。后经双方协商，由中国船级社与日本船级社对船舶进行检验，检验结果认为船舶适航。B 公司仍然拒绝装货，致使该船空载返回中国大连港。

A 公司认为，船舶从厦门驶往日本 C 港受载，厦门至 C 港是此租船合同的预备航次，预备航次的开始就是合同履行的开始，厦门是本次租船合同的履行地。因此，A 公司于 2019 年 3 月 17 日向厦门海事法院起诉，要求 B 公司赔偿其经济损失××元。而日本 B 公司则对厦门海事法院的管辖权提出异议，认为厦门海事法院对该案件没有合法的管辖权。

问题：（1）B 公司提出的管辖权异议是否合理？

（2）按照《民事诉讼法》的规定，对该案享有合法管辖权的法院是哪些地方的海事法院？根据是什么？

（3）厦门海事法院对该案应该如何处理？

参考答案

一、单项选择题

1. **答案**：B。根据《最高人民法院关于适用〈中华人民共和国民事诉讼法〉的解释》（2022 修正）第 529 条、《民事诉讼法》（2021 修正）第 273 条的规定，中外合资经营企业合同由中国法院专属管辖。

2. **答案**：C。根据该规定，国务院批准设立的经济技术开发区人民法院审理第一审涉外民商事案件，对国务院批准设立的经济技术开发区人民法院所作的第一审判决、裁定不服的，其第二审由所在地中级人民法院管辖。

3. **答案**：A。《民事诉讼法》（2021 修正）第 23 条规定：对于不在我国领域内居住的有关身份关系的诉讼，可以由原告住所地或经常居住地人民法院管辖。

4. **答案**：D。《民事诉讼法》（2021 修正）第 273 条规定，因在中华人民共和国履行中外合资经营企业合同、中外合作经营企业合同、中外合作勘探开发自然资源合同发生纠纷提起的诉讼，由中华人民共和国人民法院管辖。《仲裁法》（2017 修正）第 5 条规定，当事人达成仲裁协议，一方向人民法院起诉的，人民法院不予受理，但仲裁协议无效的除外。

5. **答案**：C。参见《民事诉讼法》（2021 修正）第 288、289 条。

6. **答案**：C。平行管辖是指一国法院可基于原告的合法选择而享有管辖权，同时也承认其他国家对这类案件享有管辖权的情况。通常情况下，这类案件与有关国家的公共利益联系不大，不属于有关国家专属管辖范围。

7. **答案**：B。本题考查涉外民事诉讼的专属管辖与合同的法律适用。《海事诉讼特别程序法》与《民事诉讼法》（2021 修正）是特别法与一般法的关系，一般认为优先适用前者。

8. **答案**：C。本题考查协议管辖的内容。

9. **答案**：D。根据《民事诉讼法》（2021 修正）第 272 条规定，因合同纠纷或者其他财产权益纠纷，对在中华人民共和国领域内没有住所的被告提起的诉讼，如果合同在中华人民共和国领域内签订或者履行，或者诉讼标的物在中华人民共和国领域内，或者被告在中华人民共和国领域内有可供扣押的财产，或者被告在中华人民共和国领域内设有代表机构，可以由合同签订地、合同履行地、诉讼标的物所在地、可供扣押财产所在地、侵权行为地或者代表机构住所地人民法院管辖。由于合同的履行地之一在中国，我国法院对戴某的起诉有管辖权，选项 B 错误。在一般情况下，当事人选择仲裁方式可以排除我国对涉外案件的管辖权，选项 C 中的观点过于绝对，故错误。一事再审是指由一国法院审判过的案件又被另一国法院受理加以审判。朗文的主张对我国法院就同一案件实体问题行使管辖权不能构成有效异议，我国法院可以受理戴某的起诉。因此，选项 A 错误，D 正确。

10. **答案**：A。根据《最高人民法院关于适用〈中华人民共和国民事诉讼法〉的解释》（2022 修正）第 526 条的规定，涉外民事诉讼中的外籍当事人，可以委托其本国人为诉讼代理人，也可以委托本国律师以非律师身份担任诉讼代理人。选项 A 正确。此外，该条还规定，外国驻华使、领馆官员，受本国公民的委托，可以以个人名义担任诉讼代理人，但在诉讼中不享有外交特权和豁免权。故选项 B 错误。根据《民事诉讼法》（2021 修正）第 272 条规定，因合同纠纷或者其他财产权益纠纷，对在中华人民共和国领域内没有住所的被告提起的诉讼，如果合同在中华人民共和国领域内签订或者履行，或者诉讼标的物在中华人民共和国领域内，或者被告在中华人民共和国领域内有可供扣押的财产，或者被告在中华人民共和国领域内设有代表机构，可以由合同签订地、合同履行地、诉讼标的物所在地、可供扣押财产所在地、侵权行为地或者代表机构住所地人民法院管辖。

选项C为错误选项。平行管辖原则是确定国际民事案件管辖权的原则之一。平行管辖原则又称为选择管辖原则，是指一个国家在主张自己对某些案件有管辖权的同时，并不否认其他国家法院对这些案件行使管辖权。因此，当中国法院和外国法院对一案件都有管辖权时，外国法院和中国法院都可以受理。选项D错误。

二、多项选择题

1. **答案**：ABCD。国际民事诉讼管辖权与涉外案件审理结果密切相关，国际民事诉讼管辖权的确定决定了程序规则的适用，一国法院只适用内国的程序规则已是国际上的通例；在某些涉外民事案件中（如离婚），管辖权的确定意味着实体法律适用的确定，即使在其他涉外民事案件中，管辖法院也会通过各种方法，尽可能地适用内国实体法；国际民事诉讼管辖权的确定极大地影响到其判决在国外的承认和执行，一国法院对某一案件具有管辖权，是该国法院作出的判决能够得到有关外国承认与执行的基础。
2. **答案**：ABCD。《民事诉讼法》（2021修正）第272条规定，因合同纠纷或者其他财产权益纠纷，对在我国领域内没有住所的被告提起的诉讼，如果合同在我国领域内签订或者履行，或者诉讼标的物在我国领域内，或者被告在我国国内有可供扣押的财产，或者被告在中国领域内设有代表机构，可以由合同签订地、合同履行地、诉讼标的所在地、可供扣押财产所在地、侵权行为地或者代表机构住所地人民法院管辖。
3. **答案**：ABCD。还包括申请撤销、承认与强制执行国际仲裁裁决案件。
4. **答案**：ABC。根据《民事诉讼法》（2021修正）第31条规定，碰撞发生地、碰撞船舶最先到达地、加害船舶被扣留地或被告住所地法院都有因船舶碰撞或其他海事损害引起的损害赔偿诉讼的管辖权。
5. **答案**：AB。《最高人民法院关于涉外民商事案件诉讼管辖若干问题的规定》（2020修正）第3条规定，本规定适用于下列案件：（一）涉外合同和侵权纠纷案件；（二）信用证纠纷案件；（三）申请撤销、承认与强制执行国际仲裁裁决的案件；（四）审查有关涉外民商事仲裁条款效力的案件；（五）申请承认和强制执行外国法院民商事判决、裁定的案件。第4条规定，发生在与外国接壤的边境省份的边境贸易纠纷案件，涉外房地产案件和涉外知识产权案件，不适用本规定。因此，正确答案为A、B。

三、名词解释

1. **答案**：是指一国法院或具有审判权的其他司法机关受理、审判具有国际因素的民商事案件的权限。国际民事案件管辖权问题是国际民事诉讼法领域所特有的现象，它所涉及和要解决的是就某一特定的国际民商事案件究竟哪一个国家的法院具有管辖权的问题。至于在确定了某一特定的国际民商事案件由哪一个国家的法院管辖以后，该案件应由该有关国家的哪一类法院，或哪个地方的法院来审理的问题，则是一个国内管辖权的问题，完全属于该有关国家内国民事诉讼法所涉及的内容，而不是国际民事案件管辖权问题中所要探讨的范畴。
2. **答案**：强制管辖是指国家立法机关基于某些诉讼案件的审理与国家社会、政治、经济的稳定与发展，与国家的重大利益密切相关这一考虑，规定由内国法院统一实行管辖，不允许有关诉讼案件的当事人相互协议或任何一方任意予以改变。根据各国诉讼立法的规定，凡属内国法院专属管辖的诉讼都是由内国法院强制管辖。与此相对应，各国立法中还普遍存在一种协议管辖，即法律允许当事人通过协议将一定范围内的国际民事案件交由某国法院受理。至于当事人能在多大范围内通过协议确定管辖法院的问题，各个国家的诉讼立法很不一致。
3. **答案**：专属管辖原则主张以有关国际民事案件与有关国家的联系程度作为确定法院国际管辖权的标准；强调一国法院对与其本国国家及其国民的根本利益具有密切联系的国际民事案件具有专属管辖权限。专属管辖权原则是国家主权原则在国际民事案件管辖权问题上的突出表现。它侧重于有关国际民事案件与有关国家及其国民的根本利益的联系程度，强调一国法院对于那些与国家及其国民的根本利益密切相关的，如涉及国家公共政策，或与有关国家重要的政治或经济问题联系密切的民事案件无条件地享有国际管辖权，从而排除其他国家法院对该有关国际民事案件的管辖。

四、简答题

1. 答案：各国的国际民事诉讼立法都对国际民事案件的管辖权问题作了非常严格而又各不相同的规定。综观目前国际社会的立法和司法实践，各国主要是根据如下原则来确定国际民事案件的管辖权问题的。

（1）属地管辖原则。也叫地域管辖原则，主张以有关国际民事案件中的案件事实和当事人双方与有关国家的地域联系作为确定法院国际管辖权的标准。强调一国法院基于国家领土主权原则，对其所属国领域内的一切人和物以及法律事件和行为具有管辖权。属地管辖原则是国家主权原则，特别是国家领土主权原则在国际民事案件管辖权问题上的具体体现。

（2）属人管辖原则。该原则主张以有关国际民事案件中的双方当事人与有关国家的法律联系作为确定法院管辖权的决定性标准；强调一国法院对其本国国民具有管辖权限。该原则同样是国家主权原则在国际民事案件管辖权问题上的具体体现。它侧重于有关诉讼当事人的国籍。强调一国法院对于涉及本国国民的国际民事案件都有受理和审判的权限，即强调在国际民事案件中，有关当事人的国籍所属国家的法院具有国际管辖权。

（3）专属管辖原则。该原则主张以有关国际民事案件与有关国家的联系程度作为确定法院国际管辖权的标准；强调一国法院对与其本国国家及其国民的根本利益具有密切联系的国际民事案件具有专属管辖权限。该原则是国家主权原则在国际民事案件管辖权问题上的突出表现。它强调一国法院对于那些与国家及其国民的根本利益联系密切的民事案件无条件地享有国际民事管辖权，从而排除其他国家法院对该有关民事案件的管辖。

（4）协议管辖原则。该原则与专属管辖原则一样，也是主张以有关国际民事案件与有关国家的联系程度作为确定法院国际管辖权的标准。不同的是，协议管辖原则则强调对于那些对有关国家及其国民的根本利益影响不大的国际民事案件，可以基于有关诉讼当事人双方的合意选择来确定管辖法院。该原则是意思自治原则在国际民事案件管辖权问题上的具体体现，是目前国际社会所普遍承认和采用的一项国际民事案件管辖权原则。

2. 答案：协议管辖又称合意管辖，是指当事人依法通过协议的方式约定对可能发生或业已发生的某一特定的涉外民事法律争端提交给某一个国家法院进行管辖或裁判的制度。当事人就其争议的涉外民商事案件之管辖法院作合意选择或分配是诉讼法赋予当事人的一种诉讼权利；而当事人对该权利的依法行使将产生相应的诉讼法律效果，即协议管辖具有改变地域管辖的效力，它使得对某一特定涉外民商事诉讼案件原本无管辖权的一国法院取得管辖权，或使原来有管辖权的法院丧失管辖权，或者进一步肯定某国依其内国法的规定所拥有的管辖权。

正因如此，各国一般都对协议管辖规定作了一定的限制，主要表现为：（1）协议管辖的范围限于有关合同或财产权益争议；（2）当事人的管辖协议必须有效，即符合有关国家的法律规定；（3）协议管辖仅限于选择一审法院；（4）当事人协议选择的管辖法院须与案件有实际联系；（5）一般情况下，当事人的管辖协议应当是书面的，口头协议须有书面凭证；（6）专属管辖案件，当事人不得以协议予以变更。

根据当事人协议选择的方式不同，协议管辖分为明示的协议管辖和默示的协议管辖。所谓明示的协议管辖是指当事人通过协议明确约定将其争议提交给某个国家的法院管辖；而默示的协议管辖是指虽然双方当事人没有订立选择管辖法院的书面协议也没有达成口头协议，但当一方当事人在一国法院起诉时，另一方当事人出庭应诉并进行实质性答辩或反诉，据此受案法院推定该当事人已承认或默示同意受该国法院的管辖。

五、论述题

1. 答案：国际社会目前还没有建立一套统一的国际民事案件管辖权制度，普遍的实践仍是由世界各国根据其确定和行使国际民事管辖权所追求的基本目的来确定内国法院对特定的国际民事案件是否具有国际管辖权。现今国际民事案件管辖权制度主要有：

（1）英美法系国家的实践。英美法系国家一般都区分对人诉讼和对物诉讼，再根据“有效控制原则”分别确定内国法院对这两类诉讼是否具有管辖权。在对人诉讼中，只要有关案件的被告人在送达传票时处于内国境内，只要有关传票能有效地送达给该被告人，内国法院就对该案件具有管辖权。至于被告人国籍如何，其住所或居所何在，有关案件事实发生在哪里都无关紧要。对法人提起的诉讼，只要该法人在内国注册或有商业活动，内国法院就对该法人具有管辖权。

（2）以法国为代表的拉丁法系国家的实践。以法国为代表的拉丁法系各国一般都是依据有关当事人的国籍来确定一国法院的管辖权，明确规定内国法院对有关内国国民的诉讼具有管辖权，而不管有关内国国民在诉讼中处于原告还是被告的地位，即使有关诉讼与内国毫无联系时也不例外。而且，对于至少当事人一方是内国国民的案件，一般都由内国法院管辖。

（3）德国、奥地利、日本等国的实践。德国、奥地利、日本等国以根据被告人的住所来确定内国法院对有关案件的管辖权为原则，而以依据国籍确定国际民事案件管辖权为例外。这些国家都规定在不与内国专属管辖权规范相抵触的前提下，当事人双方可以自由地选择内国法院管辖权或外国法院管辖权。

2. 答案：根据《民事诉讼法》（2021 修正）及《最高人民法院关于适用〈中华人民共和国民事诉讼法〉的解释》（2022 修正）中的有关规定，我国关于国际民事管辖权的制度的内容可归纳如下：

（1）在级别管辖上，基层人民法院、中级人民法院、高级人民法院以至最高人民法院都可以作为一审法院审理国际民事案件。

（2）普通地域管辖。首先适用被告住所地原则，即凡被告在我国境内有住所的案件，不论其是我国人还是外国人，我国法院均有管辖权。其次在某些特殊情况下，也可适用原告住所地原则。

（3）特别地域管辖。对于在我国境内没有住所的被告，因合同纠纷或者其他财产权益纠纷提起的诉讼，依我国民事诉讼法的有关规定，可由下列人民法院管辖：a. 如果合同在中华人民共和国领域内签订或履行，可以由合同签订地或履行地人民法院管辖；b. 如果诉讼标的物位于中华人民共和国境内，或者被告在中华人民共和国领域内有可供扣押的财产，则可由诉讼标的物所在地或可供扣押的财产所在地人民法院管辖；c. 被告在中华人民共和国领域内设有代表机构的可以由代表机构所在地人民法院管辖。

（4）在我国境内发生的侵权行为案件，可以由侵权行为地人民法院管辖；此外；《民事诉讼法》（2021 修正）第 29 条至第 31 条尽管是针对国内民事案件的管辖而作出的特别地域管辖，但依我国的立法规定和司法实践，也可以扩大适用于国际民事管辖。

（5）专属管辖。其内容有：a. 因不动产纠纷提起的诉讼，由不动产所在地人民法院管辖；因港口作业发生纠纷提起的诉讼，由港口所在地人民法院管辖；因继承遗产纠纷而提起的诉讼，由被继承人死亡时住所地或者主要遗产所在地人民法院管辖。b. 因在我国履行中外合资经营企业合同、中外合作经营合同、中外合作勘探开发自然资源合同发生纠纷提起的诉讼，中华人民共和国享有专属管辖权。

（6）协议管辖。《民事诉讼法》（2021 修正）第 35 条规定，合同或者其他财产权益纠纷的当事人可以书面协议选择被告住所地、合同履行地、合同签订地、原告住所地、标的物所在地等与争议有实际联系的地点的人民法院管辖，但不得违反本法对级别管辖和专属管辖的规定。

此外，我国参加的一些国际条约中，如《统一国际航空运输某些规则的公约》《国际铁路货物运输协定》《国际油污损害民事责任公约》等，也包含一些国际民事管辖权方面的规定，在遇有条约规定的情况下，应首先适用国际条约的规定。

3. 答案：管辖权是指一国法院根据法律或者国际条约对含有涉外因素的民事案件进行审理、判决的权力或资格。而准据法是指经冲突规范援用来具体确定涉外民事法律关系当事人的权利和义务的特定国家的实体法。两者的关系为：

管辖权和准据法的确定，是解决法律冲突中有前后顺序的两个重要环节。只有确定了管辖权，有管辖权的法院才能依据本国的冲突规范，指引出具体的准据法，所以管辖权的确定是适用准据法的前提。而确定管辖权的最终目的是找到应适用的实体法，明确当事人权利义务关系，解决法律冲突，所以找到应适用的准据法是确定管辖权的必然结果。

管辖权是国际民事诉讼中必须首先解决的事项。由哪个国家的法院行使管辖权对准据法的确认有重要意义：法院地国冲突规范的差别可能导致适用内容截然不同的准据法，进而影响当事人的实体权利；对某些涉外民事法律关系，适用的准据法为法院地法，这时候确定了管辖权也就确定了准据法。

4. 答案：国际私法中的管辖权是指一个具有涉外因素的民商事案件应该由哪一个国家法院来审理。

①传统司法管辖权的基础。各国法律对管辖基础规定的方式不尽相同，总结起来，可以归纳成三类：一是以地域为基础。具体表现为当事人住所、被告人住所、诉讼原因发生地、被告财产所在地。二是以当事人国籍为基础。三是以当事人的意志为基础。一种情况是双方当事人达成协议，把它们之间的争议提交某一国法院审理，该国法院便可行使管辖权。另一种情况是被告接受管辖。

②网络对主传统管辖基础的动摇。

网络空间的全球化使司法管辖领域的界限变得模糊。

就某一特定的法院而言，它的管辖区域是确定的，有着明确的地理边界，或称物理空间；而网络空间本身则无边界而言。要在一种性质完全不同的空间中划定界限是传统司法管辖权面临的困境。某一法院到底对网络空间的哪一部分享有管辖权，或者是否对网络空间的全部享有管辖权，这是必须解决的问题。

就网络空间的活动者而言，一旦上网，对自己所进入或访问的网址是明确的，但对该网址和路径所对应的司法管辖区域则难以查明和预见。

某一具体的网上活动可能是多方的，活动者分处于不同国家和管辖区域之内，这种随机性和全球性使几乎每次网上活动都可能是跨国的，由此会导致司法管辖权的冲突。

网络空间的不确定性使传统的管辖基础陷入困境。当事人的住所、国籍、财产、行为、意志等因素之所以能成为管辖的基础，是因为它们和某管辖区域存在物理空间上的关联，如住所和财产的坐落、行为的发生等，然而，一旦将这些因素适用到网络空间，它们与管辖区域的物理空间的关联性顿时丧失，无法在网络空间找到住所、有形财产，也难以确定活动者的国籍等。管辖总是以某种相对稳定的联系作为基础，网络空间的不确定性使网络活动本身几乎体现不出任何与网络活动者有稳定联系的传统因素。即使能够通过其他途径予以查明，使之适用于当事人的网络活动，也往往会丧失合理性。

尽管传统的司法管辖权和管辖制度已受到如上的挑战，但在新的司法实践中，旧的规则会得以发展，新的规则和理论也必将创设出来，以应对新的情况。

5. 答案：挑选法院“Forum shopping”是英美法上的一个术语，系指利用国际民事管辖权的积极冲突，从众多有管辖权的法院中选择一个最能满足自己诉讼请求的法院去起诉的行为。对于"Forum shopping"，我国学者中有"挑选法院""选购法院""择地行诉"和"竞择法院"等不同译法。对其具体含义，我国学者的普遍理解是"当事人选择于己有利的法院起诉，从而使对方蒙受不利"。"挑选法院"产生的原因主要有：1. 存在积极的国际司法管辖权冲突。在国际民事诉讼中，由于各国法律传统、社会观念、风俗习惯、经济条件等方面的差异，确定涉外民商事案件管辖权的依据也不尽相同。而且当前世界各国在有关国际民事诉讼的立法与司法实践中，存在扩大国际民事管辖权的趋势。这一方面给当事人进行国际民商事活动提供了方便，使国际民商事交往容易获得有效、及时的司法保障，但也不可避免地加剧了各国之间的管辖权冲突，以至出现对同一案件多国法院行使管辖权的现象，这便为当事人"挑选法院"提供了可乘之机。2. 各国（法域）冲突规范本身之间存在冲突。因冲突规范只指明涉外民商事法律关系应适用什么法律，而不具体规定当事人之间的权利和义务，因此，同一个民商事案件在不同法域的法院审理就可能得出不同的判决结果，当事人就会"挑选法院"。3. 当事人"挑选法院"的内在动机是获得最佳利益，主要表现在使更为有利的实体法和程序法得以适用；获得更有利于自己的法院判决，如获得更高的赔偿金额，在侵权法中，依照各法院地国的冲突法指引的法律，受害人可提起损害赔偿诉讼，但各国法院判决的损害赔偿额却有明显区别，当事人会挑选向可能会做出更高赔偿额判决的法院起诉；使法院判决更容易获得承认与执行。"挑选法院"是各国立法与国际公约赋予当事人的权利。现代各国立法通常都规定了若干个连结点，当事人从中选择最能实现自己愿望的法院起诉，是依法行使自己诉讼权利的行为，并没有违反法律规定，因而不能把它当作无效法律行为。但是从另一方面来说，由于"挑选法院"通常来说只对原告有利，给被告和法院可能带来不必要的负担，这对被告未免显失公平，有悖于法律的公平精神，也不利于国际民商事交往的发展，有损于国际民事法律秩序的稳定与安全，因而，各国应尽量通过各种方法，用以消除国（区）际民事司法管辖权冲突、限制"挑选法院"的发生。

六、案例分析题

1. 答案：（1）有管辖权，根据当事人之间的协议。

（2）《涉外民事关系法律适用法》第41条规定，当事人可以协议选择合同适用的法律。当事人没有选择的，适用履行义务最能体现该合同特征的一方当事人经常居所地法律或者其他与该合同有最密切联系的法律。

2. 答案：（1）B区人民法院对这两案没有管辖权。因为根据《最高人民法院关于涉外民商事案件诉讼管辖若干问题的规定》（2020修正）第1条的规定，涉外合同和侵权纠纷案件应由国务院批准设立的经济技术开发区人民法院，省会、自治区首府、直辖市所在地的中级人民法院，经济特区、计划单列市中级人民法院，最高人民法院指定的其他中级人民法院，高级人民法院审判。该案属于涉外侵权案件，而且由于B区是旅游区，不是国务院批准设立的经济技术开发区，因此，该案应由武汉市中级人民法院审判。

（2）丙诉甲案适用我国法律，因为损害赔偿一般应适用侵权行为地法。乙诉甲案适用美国法律。因为《涉外民事关系法律适用法》第44条规定，侵权责任，适用侵权行为地法律，但当事人有共同经常居所地的，适用共同经常居所地法律。侵权行为发生后，当事人协议选择适用法律的，按照其协议。

3. 答案：（1）S市中级人民法院对该案有管辖权，因为S市是案件中的侵权行为地和被告住所地，而且根据《最高人民法院关于涉外民商事案件诉讼管辖若干问题的规定》（2020修正）第1条的规定，省会城市所在地的中级人民法院对涉外合同和侵权案件具有管辖权。所以S市中级人民法院对案件有管辖权。

（2）法院对该案件的解决应该适用作为

侵权行为地法的中国法。

4. 答案：（1）B公司的管辖权异议是合理的，因为本案中，合同履行地是中国的天津、日本的C市，而B公司在中国的大连有其分支机构，上述地方的海事法院对案件有合法的管辖权，但厦门海事法院与本案没有密切的联系。

（2）天津、大连、日本C市的海事法院对案件有管辖权。首先，天津市和日本的C市分别是卸货港和装货港，是合同的履行地，这是其对该案有管辖权的根据所在。其次，大连是日本B公司在中国的分支机构所在地，这是大连海事法院对该案享有合法管辖权的根据。

（3）厦门海事法院应该将案件移送给大连海事法院，因为案件中并没有实际履行，而案件与大连有更紧密的联系，而且也有利于案件判决的执行。

第二十七章　国际民事诉讼中的送达、取证期间和保全

基础知识图解

- 国际民事诉讼中的送达、取证期间和保全
  - 域外送达
    - 概述：概念、性质和依据
    - 送达方式
      - 直接送达：外交代表或领事送达、邮寄送达、个人送达、公告送达、按当事人协商的方式送达
      - 间接送达：通过国际司法协助的方式进行的送达
  - 域外取证
    - 概述：概念、取证范围
    - 取证方式
      - 直接取证：外交和领事人员取证、当事人或诉讼代理人自行取证、特派员取证
      - 间接取证：通过国际司法委托和国际司法协助的途径进行的取证
  - 诉讼期间
    - 概念
    - 种类
      - 依进行诉讼活动期限的主体：法院期间和诉讼参与人期间
      - 依法律直接规定或法院指定：法定期间和指定期间
      - 依是否能变动：不变期间和可变期间
    - 计算
    - 中止、中断、耽误、恢复与延展
  - 诉讼保全

配套测试

一、单项选择题

1. 外国当事人从外国寄交或托交中国律师的授权委托书，须经所在国公证机关证明，并经我国驻该国使领馆（　　）才发生效力。

A. 公证　　B. 见证

C. 认证　　D. 签证

2. 甲和乙均是美国公民，甲长期在中国某公司工作，并且在中国有固定的居住地，而乙在法国工作和生活。在2018年的夏天，乙应其朋友甲之邀前来中国旅游，在中国旅游期间，二人因为骑自行车不慎，将一中国人丙撞伤，后来由于在赔偿金的数额方面不能达成一致意见，丙向中国某地法院起诉。此时甲仍然在中国工作，而乙已经回到法国工作。同时，甲和乙在本案中分别委托了两名中国律师作为他们的代理人进行诉讼，那么，根据中国法律的规定，该外国人应该出具授权委托书。对于该委托书的程序方面，还应该符合哪些方面的规定？（　　）

A. 由于甲和乙均是美国公民，根据中国法律的规定，他们所出具的授权委托书，除了有条约规定的以外，必须首先经美国公证机关的公证，然后再由中国驻美国使领馆认证

B. 尽管甲是美国公民，但甲长期在中国工作，并且在中国境内有其住所，所以他出具的授权委托书无须经美国公证机关的公证，而只有乙从外国递交的授权委托书必须经美国公证机关的公证，然后再由中国驻美国的使领馆认证

C. 甲在中国境内出具的授权委托书无须经其本国公证机关的公证，而只有乙从外国递交的授权委托书必须经法国公证机关的公证，然后再由中国驻法国的使领馆认证

D. 乙从外国递交的授权委托书只需经我国驻法国的使领馆的认证即可

3. 如果人民法院对在中国领域内没有住所的当事人送达诉讼文书，合法地采用了邮寄送达的方式，那么自邮寄之日起多长时间，送达回证没有退回，但根据各种情况足以认定已经送达的，期间届满之日视为送达？（　　）

A. 3 个月　　B. 4 个月

C. 5 个月　　D. 6 个月

4. 根据《民事诉讼法》的规定，人民法院对在中国领域内没有住所的当事人采用公告送达的方式送达诉讼文书的，自公告之日起多长时间，即视为送达？（　　）

A. 3 个月　　B. 4 个月

C. 5 个月　　D. 6 个月

5. 中国在加入 1965 年《关于向国外送达民事或商事司法文书和司法外文书公约》时，对外国向中国送达文书的方式所作的保留是（　　）。

A. 公告送达　　B. 外交途径送达

C. 领事送达　　D. 邮寄送达

6. 蒙古国公民高娃因民事纠纷在蒙古国某法院涉诉。因高娃在北京居住，该蒙古国法院欲通过蒙古国驻华使馆将传票送达高娃，并向其调查取证。依中国法律规定，下列哪一选项是正确的？（　　）（*司考* 2016. 1. 39）

A. 蒙古国驻华使馆可向高娃送达传票

B. 蒙古国驻华使馆不得向高娃调查取证

C. 只有经中国外交部同意后，蒙古国驻华使馆才能向高娃送达传票

D. 蒙古国驻华使馆可向高娃调查取证并在必要时采取强制措施

7. 中国某法院审理一起涉外民事纠纷，需要向作为被告的外国某公司进行送达。根据《关于向国外送达民事或商事司法文书和司法外文书公约》（海牙《送达公约》）、中国法律和司法解释，关于该案件的涉外送达，法院的下列哪一做法是正确的？（　　）（*司考* 2013. 1. 39）

A. 应首先按照海牙《送达公约》规定的方式进行送达

B. 不得对被告采用邮寄送达方式

C. 可通过中国驻被告所在国使领馆向被告进行送达

D. 可通过电子邮件方式向被告送达

8. 中国与甲国均为《关于从国外调取民事或商事证据的公约》的缔约国，现甲国法院因审理一民商事案件，需向中国请求调取证据。根据该公约及我国相关规定，下列哪一说法是正确的？（　　）（*司考* 2014. 1. 39）

A. 甲国法院可将请求书交中国司法部，请求代为取证

B. 中国不能以该请求书不属于司法机关职权范围为由拒绝执行

C. 甲国驻中国领事代表可在其执行职务范围内，向中国公民取证，必要时可采取强制措施

D. 甲国当事人可直接在中国向有关证人获取证人证言

二、多项选择题

1. 根据我国民事诉讼法规定，涉外民事诉讼中关于期间的特别规定适用于下列哪些当事人？（　　）

A. 居住在我国领域内的外籍当事人

B. 居住在我国领域外的外籍当事人

C. 居住在我国领域内的中国籍当事人

D. 居住在我国领域外的中国籍当事人

2. 按照我国法律规定，外国人在中国收养子女，应该提供其所在国有权机构出具的有关收养人的年龄、婚姻、职业、财产、健康，有无受过刑事处罚等状况的证明材料，这些证明材料应该经过哪些机关的认证？（　　）

A. 该外国人所在国的外交机关或者该外交

机关授权的机关的认证

B. 该外国人所在国的司法机关的认证

C. 中国驻该外国使馆的认证

D. 送养人所在地的司法机关的认证

3. 根据我国民事诉讼法和有关条约的规定，外国法院向位于我国领域内的当事人送达司法文书和司法外文书时，不能采用下列哪几种送达方式？（　　）

A. 外交途径送达

B. 通过外交人员或领事向非派遣国国民送达

C. 邮寄直接送达

D. 司法程序中的利害关系人直接送达

4. 在我国法院审理的一个涉外诉讼案件中，需要从甲国调取某些证据。甲国是《关于从国外调取民事或商事证据的公约》的缔约国。根据该公约，下列哪些选项是正确的？（　　）（司考 2008. 1. 82）

A. 赵律师作为中方当事人的诉讼代理人，可以依照上述公约请求甲国法院调取所需的证据

B. 调取证据的请求，应以请求书的方式提出

C. 请求书应通过我国外交部转交甲国的中央机关

D. 中国驻甲国的领事代表在其执行职务的区域内，可以在不采取强制措施的情况下向华侨取证

5. 甲国与中国均为 1965 年在海牙签订的《关于向国外送达民事或商事司法文书和司法外文书公约》的缔约国。现甲国法院依该公约向总部设在南京的东陵公司送达若干司法文件。根据该公约及我国的相关规定，下列判断何者为错误？（　　）

A. 这些司法文书应由甲国驻华使领馆直接送交我国司法部

B. 收到司法部转递的司法文书后，执行送达的人民法院如发现该司法文书所涉及的诉讼标的属于我国法院专属管辖，则应拒绝执行甲国的送达请求

C. 执行送达的人民法院如果发现其中确定的出庭日期已过，则应直接将该等司法文书退回，不再向东陵公司送达

D. 东陵公司收到人民法院送达的该等司法文书后，发现其只有英文文本的，可以拒收

6. 某中国企业因与在境外设立的斯坦利公司的争议向我国法院提起诉讼。根据我国现行司法解释，关于向斯坦利公司有效送达司法文书的问题，下列哪一选项是正确的？（　　）

A. 法院可向该公司设在中国的任何分支机构送达

B. 法院可向该公司设在中国的任何代表机构送达

C. 法院可通过外交途径送达

D. 法院可向该公司在中国的诉讼代理人送达

三、名词解释

1. 域外送达
2. 外交代表或领事送达
3. 公告送达
4. 域外取证
5. 诉讼期间

四、简答题

1. 简答国际民事诉讼中的域外直接送达的途径与方式。
2. 简答国际民事诉讼中的域处直接取证的途径和方式。

五、论述题

试述中国关于域外送达的立法与实践。

参考答案

一、单项选择题

1. 答案： C。公证是我国公证机关的一项业务，见证是律师的一项业务，只有认证是我国驻外国使领馆的事务，是一项官方证明。

2. 答案： C。《民事诉讼法》（2021 修正）第 271 条规定：“在中华人民共和国领域内没有住所的外国人、无国籍人、外国企业和组织委托中华人民共和国律师或者其他人代理诉讼，从中华人民共和国领域外寄交或者托交

的授权委托书，应当经所在国公证机关证明，并经中华人民共和国驻该国使领馆认证，或者履行中华人民共和国与该所在国订立的有关条约中规定的证明手续后，才具有效力。”

3. **答案**：A。《民事诉讼法》（2021 修正）第 273 条第 6 项。

4. **答案**：A。《民事诉讼法》（2021 修正）第 273 条第 8 项。

5. **答案**：C。我国在加入该公约时对第 8 条第 2 款声明保留，只有在文书送达给文书发出国国民时，才能采用领事送达方式在我国境内送达。

6. **答案**：A。《民事诉讼法》（2021 修正）第 284 条第 1 款规定：“请求和提供司法协助，应当依照中华人民共和国缔结或者参加的国际条约所规定的途径进行；没有条约关系的，通过外交途径进行。”外交途径包括：已建立外交关系国家的法院之间通过外交途径相互委托向对方公民或在对方境内的第三国或无国籍当事人（包括个人和法人）送达民、商事司法文书或调查取证，一般是通过本国外交部指示驻被委托国使馆将有关文书送给该国的外交部转交该国的管辖法院执行送达。通过外交途径转递司法文书或调查取证，一般根据互惠原则并按程序和要求办理。故 A 正确。

7. **答案**：D。根据《民事诉讼法》（2021 修正）第 274 条规定，人民法院对在中华人民共和国领域内没有住所的当事人送达诉讼文书，可以采用下列方式：（一）依照受送达人所在国与中华人民共和国缔结或者共同参加的国际条约中规定的方式送达；（二）通过外交途径送达；（三）对具有中华人民共和国国籍的受送达人，可以委托中华人民共和国驻受送达人所在国的使领馆代为送达；（四）向受送达人委托的有权代其接受送达的诉讼代理人送达；（五）向受送达人在中华人民共和国领域内设立的代表机构或者有权接受送达的分支机构、业务代办人送达；（六）受送达人所在国的法律允许邮寄送达的，可以邮寄送达，自邮寄之日起满三个月，送达回证没有退回，但根据各种情况足以认定已经送达的，期间届满之日视为送达；（七）采用传真、电子邮件等能够确认受送达人收悉的方式送达；（八）不能用上述方式送达的，公告送达，自公告之日起满三个月，即视为送达。A 选项错误，因为这些域外送达方式没有先后的次序之分。B 选项错误，可以采用邮寄送达的方式。C 选项错误，被告是外国某公司，不是具有中国国籍的受送达人，所以不能委托中国驻受送达人所在国的使领馆代为送达。D 选项正确。

8. **答案**：A。根据《关于从国外调取民事或商事证据的公约》和全国人民代表大会常务委员会关于我国加入《关于从国外调取民事或商事证据的公约》的决定，指定中华人民共和国司法部为负责接收来自另一缔约国司法机关的请求书，并将其转交给执行请求的主管机关的中央机关。所以，A 选项正确。

《关于从国外调取民事或商事证据的公约》第 12 条规定，执行国不能仅因其国内法已对该项诉讼标的规定专属管辖权或不承认对该事项提起诉讼的权利为理由，拒绝执行请求。所以，B 选项错误。

《关于从国外调取民事或商事证据的公约》第 15 条规定，在民事或商事案件中，每一缔约国的外交官员或领事代表在另一缔约国境内其执行职务的区域内，可以向他所代表的国家的国民在不采取强制措施的情况下调取证据，以协助在其代表的国家的法院中进行的诉讼。缔约国可以声明，外交官员或领事代表只有在自己或其代表向声明国指定的适当机关递交了申请并获得允许后才能调取证据。第 16 条规定，在符合下列条件的情况下，每一缔约国的外交官员或领事代表在另一缔约国境内其执行职务的区域内，亦可以向他执行职务地所在国或第三国国民在不采取强制措施的情况下调取证据，以协助在其代表的国家的法院中进行的诉讼：（1）他执行职务地所在国指定的主管机关已给予一般性或对特定案件的许可；（2）他遵守主管机关在许可中设定的条件。缔约国可以声明，无须取得事先许可即可依本条进行取证。此外，根据《民事诉讼法》（2021 修正）第284条规定：请求和提供司法协助，应当依照中华人民共和国缔结或者参加的国际条约所规定的途径进行；没有条约关系的，通过外交途径进行。外国驻中华人民共和国的使领馆可以向该国公民送达文书和调查取证，但不得违反中华人民共和国的法律，并不得采取强制措施。除前款规定的情况外，未经中华人民共和国主管机关准许，任何外国机关或者个人不得在中华人民共和国领域内送达文书、调查取证。也就是说通过本国驻他国领事或外交人员在驻在国直接调查取证，一般是向本国国民取证，不得违反当地的法律，不得采取强制措施。所以，C选项错误。

对于当事人自行取证，《民事诉讼法》第284条第3款规定：除前款规定的情况外，未经中华人民共和国主管机关准许，任何外国机关或者个人不得在中华人民共和国领域内送达文书、调查取证。可见，外国当事人或其诉讼代理人都不得在中国境内自行取证。我国在1997年7月3日决定加入《海牙取证公约》时作了以下保留声明：根据公约第23条，对于普通法国家旨在进行审判前文件调查的请求书，我国仅仅执行请求书列明的、与本案密切相关的文件调查请求，也即我国原则上不允许当事人自行取证。这是捍卫我国司法主权的正确做法。所以，D选项错误。

二、多项选择题

1. **答案**：BD。参见《民事诉讼法》（2021修正）第275、277条规定。
2. **答案**：AC。参见《民法典》第1109条。
3. **答案**：BCD。司法协助中的送达方式。外国法院可以外交方式向位于我国领域内的当事人送达司法文书和司法外文书。
4. **答案**：BD。根据《关于从国外调取民事或商事证据公约》的规定，从国外调取证据的途径包括：请求书方式、领事取证、特派员取证以及当事人或诉讼代理人自行取证等方式。当事人或诉讼代理人可以自行取证，但无权要求他国法院取证，选项A错误。请求书方式，请求另一缔约国主管机关调取证据或履行某些其他司法行为。调取证据可以通过请求书的方式提出，选项B正确。请求书应直接交执行国中央机关，无须通过任何其他机关转交。选项C中关于请求书通过我国外交部转交的观点与规定不符，错误。缔约国的外交官员或领事代表在另一缔约国境内在其执行职务的区域内，可以向他所代表的国家的国民在不采取强制措施的情况下调取证据，以协助在其代表的国家的法院中进行的诉讼，故D正确。
5. **答案**：BC。本题考查域外司法文书的送达。
6. **答案**：BCD。《民事诉讼法》（2021修正）第274条规定，人民法院对在中华人民共和国领域内没有住所的当事人送达诉讼文书，可以采用下列方式：依照受送达人所在国与中华人民共和国缔结或者共同参加的国际条约中规定的方式送达；通过外交途径送达；对具有中华人民共和国国籍的受送达人，可以委托中华人民共和国驻受送达人所在国的使领馆代为送达；向受送达人委托的有权代其接受送达的诉讼代理人送达；向受送达人在中华人民共和国领域内设立的代表机构或者有权接受送达的分支机构、业务代办人送达；受送达人所在国的法律允许邮寄送达的，可以邮寄送达，自邮寄之日起满三个月，送达回证没有退回，但根据各种情况足以认定已经送达的，期间届满之日视为送达；采用传真、电子邮件等能够确认受送达人收悉的方式送达；不能用上述方式送达的，公告送达，自公告之日起满三个月，即视为送达。识记型的知识应当牢固掌握。

三、名词解释

1. **答案**：是指一国司法机关依据有关国家的国内立法或国际条约的规定将诉讼和非诉讼文书送交给居住在国外的诉讼当事人或其他诉讼参与人的行为。
2. **答案**：外交代表或领事送达是指一国法院将需要在国外送达的诉讼和非诉讼文书委托给国内驻有关国家的外交代表或领事代为送达。这是国际社会所普遍承认和采用的一种方式。
3. **答案**：公告送达是指将需要送达的诉讼和非诉讼文书的内容用张贴公告、登报和广播的方法告知有关的当事人或其他诉讼参与人，自公告之日起经过一定的时间即视为送达。

4. 答案：是指受诉法院国的有关机构或人员为进行有关的国际民事诉讼程序而在法院国境外提取诉讼证据的行为。根据目前国际社会的普遍实践，进行证据调查作为行使国家司法主权的一种表现，如果没有有关国家明示或默示的同意是不能在该国领域内实施的，否则就侵犯了该国的领土主权。即使有关证人有义务出席受诉法院作证，但如果没有有关国家的同意也同样不能强制要求该证人作证，不能在有关国家境内实施取证行为，更不能采取强制措施。在国外提取有关证据是国际民事诉讼法的一种特殊制度，由各国民诉法及各国间订立的有关国际条约作了特别的规定，只有依据这些国内立法和国际立法的规定，有关国家才有可能顺利地获取有关案件所必需的处于国外的证据材料。

5. 答案：国际民事诉讼中的诉讼期间是指受诉法院、当事人和其他诉讼参与人单独进行诉讼活动时所必须遵守的时间期限。规定诉讼期间的目的，一方面是确保诉讼主体能及时行使诉讼权利，履行诉讼义务，节省时间、人力和物力，使诉讼毫不延迟地进行；另一方面则是给有关的诉讼主体提供充足的准备进行某项诉讼活动的时间，最终使当事人之间的民商事争议获得及时、公正地解决。

四、简答题

1. 答案：目前世界各国在国际民事诉讼中的域外直接送达的方式主要有：(1) 外交代表或领事送达，这是国际社会所普遍承认和采用的一种方式。这种送达方式一般都要求在不违反所在国法律规章规定的情况下以现有的国际条约为依据。而且，大多都规定外交代表和领事只能对所属国国民进行送达，而且都规定不能采取强制措施。(2) 邮寄送达是一国法院直接将诉讼和非诉讼文书邮寄给国外诉讼当事人或其他诉讼参与人。我国对外国法院向位于我国境内当事人的邮寄送达原则上持否定态度。(3) 个人送达是指将诉讼和非诉讼文书交给具有一定身份的个人，如有关当事人的诉讼代理人，当事人选定的人或与当事人关系密切的人代为送达。(4) 公告送达是指将所要送达的诉讼和非诉讼文书的内容用张贴公告、登报和广播的方法告知有关的当事人或其他的诉讼参加人，自公告之日起经过一定的时间即视为送达。(5) 按当事人协商的方式送达。这是英美法系国家所采用的一种送达方式。

2. 答案：概括各国立法和有关国际公约的规定，国际民事诉讼中域外直接取证的途径和方式主要包括以下内容：(1) 外交和领事人员取证，这是国际社会所普遍承认和采用的一种方式，只是各国对取证的条件规定有所不同，如须以现有的国际条约为依据，一般都要求不得违反所在国法律，外交代表和领事只能对所属国国民进行取证，通过这种方式取证不能采取强制措施等。(2) 当事人或诉讼代理人自行取证。这种方式主要存在于一些普通法系的国家。(3) 特派员取证是指有关法院在审理涉外民商事案件时委派专门的官员去有关外国境内提取证据的行为。该方式主要为英美法系的国家所采用，大陆法系的国家都认为该方式有损于一国的司法主权，所以在适用时采取了极谨慎的态度。

五、论述题

答案：(1) 域外送达是指一国的司法机关根据国际条约或国内立法的规定，或按互惠关系将诉讼文书或非诉讼文书交给在本国没有住所或经常居住地的当事人或其他诉讼参与人的行为。域外送达诉讼或非诉讼文书是一国司法机关代表国家行使司法主权的行为，因而，各国对送达行为都有严格的规定和法定的程序。

(2)《民事诉讼法》(2021 修正) 第 274 条规定：我国法院对在中华人民共和国领域内没有住所的当事人送达诉讼文书可以采用下列方式：①依照受送达人所在国与我国缔结或共同参加的国际条约中规定的方式送达。我国加入了《关于向国外送达民事或商事司法文书和司法外文书公约》，按条约规定，我国法院向缔约国当事人送达诉讼文书时，必须先将请求书送交受送达人所在国的中央机关，再由该中央机关转送达。②通过外交途径送达，法院将需要送达的诉讼文书交省、自治区、直辖市高级法院，再转交最高人民法院。经审查后，由我国外交部领事司负责转递。③委托我国驻外使领馆代为送达，这种送达方式的条件为：一是受送达人系我国公民；二是该公民在我国没有住所。④向诉讼代理人送达。这种送达的条件为：一是受送达人委托了诉讼代理人；二是该诉讼代理人有收受诉讼文书的授权。⑤向受送达人在我国领域内设立的代表机构或者有权接受送达的分支机构、业务代办人送达。此种送达主要指受送达人是外国的企业或组织的情形。⑥邮寄送达，受送达人所在国法律允许邮寄送达的，可以邮寄送达。⑦采用传真、电子邮件等能够确认受送达人收悉的方式送达。⑧不能用上述方式送达的，公告送达，自公告之日起满三个月，即视为送达。

第二十八章　国际民事诉讼中法院判决的承认与执行

基础知识图解

国际民事诉讼中法院判决的承认与执行
- 概述
- 依据
  - 理论依据
  - 法律依据
- 条件：原判决国法院具有合格的管辖权、有关的诉讼程序具有必要的公正性、有关外国法院是确定的判决、有关外国法院判决是合法的判决、有关外国法院判决不与其他有关的法院判决相抵触、原判决国法院适用了适当的准据法、有关国家之间存在互惠关系、外国法院判决的承认与执行不违反内国的公共秩序
- 程序

配套测试

一、单项选择题

1. 我国在加入《承认与执行外国仲裁裁决公约》时所作的保留之一是（　　）。

A. 反致保留　　B. 互惠保留

C. 侵权范围保留　　D. 公共秩序保留

2. 《民事诉讼法》（2021 修正）第 283 条第 2 款规定：外国法院请求协助的事项有损于中华人民共和国的主权、安全或社会公共利益的，人民法院不予执行。这一规定属于（　　）。

A. 反致　　B. 公共秩序保留

C. 法律规避　　D. 司法豁免

3. 张某和赵某夫妻二人均为中国公民，婚后旅居阿根廷。因发生婚姻纠纷，阿根廷法律又不准离婚，夫妻二人就按阿根廷法律规定的方式达成长期分居协议，并请求中国驻阿根廷大使馆领事部门予以承认和协助执行，我国应予承认和执行吗？（　　）

A. 该分居协议按照阿根廷法律允许的方式达成，故我国应予承认

B. 该分居协议不符合我国婚姻法的规定，按公共秩序保留不能承认和执行

C. 当事人的分居协议直接在我国具有效力

D. 当事人的分居协议不能申请在我国承认和执行

4. 2015 年 3 月，甲国公民杰夫欲向中国法院申请承认并执行一项在甲国境内作出的仲裁裁决。中国与甲国均为《承认与执行外国仲裁裁决公约》成员国。关于该裁决的承认和执行，下列哪一选项是正确的？（　　）（司考 2015. 1. 38）

A. 杰夫应通过甲国法院向被执行人住所地或其财产所在地的中级人民法院申请

B. 如该裁决系临时仲裁庭作出的裁决，人民法院不应承认与执行

C. 如承认和执行申请被裁定驳回，杰夫可向人民法院起诉

D. 如杰夫仅申请承认而未同时申请执行该裁决，人民法院可以对是否执行一并作出裁定

5. 我国对外国法院判决的承认与执行采取的办法是（　　）。

A. 要求当事人直接起诉

B. 发给执行令

C. 按我国法院判决和执行

D. 按我国法律规定先审查再视具体情况裁定承认其效力，需要执行的，发给执行令

6. 按照《民事诉讼法》（2021 修正）的规定，外国法院的判决需要在我国承认与执行时，有资格提出申请的（　　）。

A. 只有当事人

B. 只有外国法院

C. 当事人或外国法院均可以

D. 只有利害关系人

7. 外国公民张女士与旅居该国的华侨王先生结婚，后因感情疏离，张女士向该国法院起诉离婚并获得对其有利的判决，包括解除夫妻关系，以及夫妻财产分割和子女抚养等内容。该外国与中国之间没有司法协助协定。张女士向中国法院申请承认该离婚判决，王先生随后在同一中国法院起诉与张女士离婚。根据我国法律和司法解释，下列哪一选项是错误的？（　　）（司考 2008. 1. 40）

A. 中国法院应依《最高人民法院关于中国公民申请承认外国法院离婚判决程序问题的规定》决定是否承认该判决中解除夫妻身份关系的内容

B. 中国法院应依前项司法解释决定是否执行该判决中解除夫妻身份关系之外的内容

C. 若张女士的申请被驳回，她就无权再提出承认该判决的申请，但可另行向中国法院起诉离婚

D. 中国法院不应受理王先生的离婚起诉

8. 英国人施密特因合同纠纷在中国法院涉诉。关于该民事诉讼，下列哪一选项是正确的？（　　）（司考 2015. 1. 39）

A. 施密特可以向人民法院提交英文书面材料，无须提供中文翻译件

B. 施密特可以委托任意一位英国出庭律师以公民代理的形式代理诉讼

C. 如施密特不在中国境内，英国驻华大使馆可以授权本馆官员为施密特聘请中国律师代理诉讼

D. 如经调解双方当事人达成协议，人民法院已制发调解书，但施密特要求发给判决书，应予拒绝

9. 我国某法院接到一位中国公民提出的要求承认一项外国法院判决的申请。依我国法律规定，关于承认该外国判决，下列哪一选项是错误的？（　　）（司考 2007. 1. 41）

A. 如我国与该外国间存在司法协助协定，应依该协定办理

B. 如我国与该外国间既不存在司法协助协定，也不存在任何互惠关系，法院应驳回当事人申请

C. 只有作出判决的外国法院对案件具有管辖权时，该外国判决才有可能被我国法院承认

D. 只有已发生法律效力的外国法院判决才有可能被我国法院承认

10. 当事人欲将某外国法院作出的民事判决申请中国法院承认和执行。根据中国法律，下列哪一选项是错误的？（　　）（司考 2012. 1. 39）

A. 该判决应向中国有管辖权的法院申请承认和执行

B. 该判决应是外国法院作出的发生法律效力的判决

C. 承认和执行该判决的请求须由该外国法院向中国法院提出，不能由当事人向中国法院提出

D. 如该判决违反中国的公共利益，中国法院不予承认和执行

二、多项选择题

1. 我国法院对外国法院的判决和裁定的承认和执行的依据是（　　）。

A. 国际惯例

B. 我国缔结或参加的国际条约

C. 互惠原则

D. 国际礼让原则

2. 外国法院的判决，需要在中国承认与执行的，应如何提出申请？（　　）

A. 直接由当事人向我国有管辖权的中级人民法院提出申请

B. 由当事人向我国有管辖权的中级人民法院提出申请，但其必须委托中国律师代理申请

C. 由外国法院按照我国与外国之间的条约关系或互惠关系向我国法院提出申请

D. 由外国的外交机构向我国的外交部门提出申请

3. 中国人甲（男）与中国人乙（女）于1984年结婚。1990年甲、乙先后赴法国留学，后双方分居。2010年甲在法国法院提起离婚诉讼。2011年法国法院判决解除甲、乙之间的婚姻关系。甲回国后向我国法院申请，要求承认法国法院的判决。下列选项哪些可以作为承认法国法院判决效力的条件？（　　）

A. 法国与我国存在此方面的条约关系或有互惠关系

B. 承认法国判决不损害我国的主权、国家安全和社会公共利益

C. 判决已发生法律效力

D. 判决必须是关于民商事争议的判决

4. 现有一德国法院的判决在我国欲得到承认和执行，依照我国民事诉讼法的规定必须符合下列哪些条件，德国法院的判决才能得到我国的承认和执行？（　　）

A. 德国法院适用了我国冲突规范所规定的准据法

B. 德国法院判决的承认和执行不会损害我国的公共秩序

C. 德国法院判决已经发生法律效力

D. 德国与我国缔结或者参加了国际条约或有互惠关系

5. 甲国秋叶公司在该国法院获得一项胜诉的判决，并准备向中国法院申请执行。根据我国现行法律，下列哪些选项是正确的？（　　）（司考2008.1.80）

A. 该判决可以由当事人直接向我国有管辖权的法院申请执行

B. 该判决可以由甲国法院依照该国与我国缔结或共同参加的国际条约的规定向我国有管辖权的法院申请执行

C. 对外国法院判决效力的承认，我国采取裁定方式

D. 对与我国缔结司法协助条约的国家的法院判决，我国法院均应予以执行

三、简答题

1. 简述承认与执行外国法院判决的各种理论依据。

2. 阐述我国关于外国法院判决的承认和执行中的互惠原则。（清华大学2005年考研真题）

四、案例分析题

2008年，原告美国人麦肯吉在美国法院以被告西蒙借的150万美元到期未还为由提起诉讼。2009年，该美国法院作出了原告胜诉的判决。2010年2月，美国法院依据《关于向国外送达民事或商事司法文书和司法外文书公约》（以下简称《海牙送达公约》），通过其中央机关经司法部将上述债权转让命令送达给西蒙在中国的投资公司D市海产食品有限公司。现麦肯吉欲向我国法院提起承认美国法院的判决以及对D市海产食品有限公司中的被告的投资额给予执行的申请。请问：

（1）向哪个人民法院提起承认美国法院判决的请求？

（2）简述我国承认美国法院判决的条件有哪些？

参考答案

一、单项选择题

1. **答案**：B。互惠保留即我国只在互惠基础上对在另一缔约国领域内做成的裁决适用该公约；另一项是商事保留，即我国只对依我国法律认定为属于契约性和非契约性商事争议适用该公约。

2. **答案**：B。公共秩序保留在涉外民商事法律关系中起到“安全阀”的作用，可以排除外国法的适用。

3. **答案**：B。本题关于公共秩序保留，阿根廷的“分居协议”的效力不符合《民法典》婚姻家庭编的规定。

4. **答案**：C。《民事诉讼法》（2021修正）第

290 条规定："国外仲裁机构的裁决，需要中华人民共和国人民法院承认和执行的，应当由当事人直接向被执行人住所地或者其财产所在地的中级人民法院申请，人民法院应当依照中华人民共和国缔结或者参加的国际条约，或者按照互惠原则办理。"因此杰夫应直接向被执行人住所地或者其财产所在地的中级人民法院提出申请，A 项说法错误。《最高人民法院关于适用〈中华人民共和国民事诉讼法〉的解释》（2022 修正）第 543 条规定，对临时仲裁庭在中华人民共和国领域外作出的仲裁裁决，一方当事人向人民法院申请承认和执行的，人民法院应当依照《民事诉讼法》（2021 修正）第 290 条规定处理。由此可知 B 项说法错误。根据《最高人民法院关于适用〈中华人民共和国民事诉讼法〉的解释》（2022 修正）第 542 条的规定，当事人向中华人民共和国有管辖权的中级人民法院申请承认和执行外国法院作出的发生法律效力的判决、裁定的，承认和执行申请被裁定驳回的，当事人可以向人民法院起诉。故 C 项说法正确。《最高人民法院关于适用〈中华人民共和国民事诉讼法〉的解释》（2022 修正）第 544 条规定，对外国法院作出的发生法律效力的判决、裁定或者外国仲裁裁决，需要中华人民共和国法院执行的，当事人应当先向人民法院申请承认。人民法院经审查，裁定承认后，再根据《民事诉讼法》（2021 修正）第三编的规定予以执行。当事人仅申请承认而未同时申请执行的，人民法院仅对应否承认进行审查并作出裁定。故 D 项说法错误。

5. **答案**：D。根据我国有关法律规定，外国法院作出的发生法律效力的判决、裁定，需要我国法院承认与执行的，可以由当事人提出申请，也可以由外国法院提出申请，我国法院对其依照我国缔结或参加的国际条约，或者按照互惠原则进行审查，对符合条件的，裁定承认外国法院判决的效力；如果需要执行，则由人民法院发出执行令，依照我国法律规定的程序执行。

6. **答案**：C。根据《民事诉讼法》（2021 修正）第 288 条规定："外国法院作出的发生法律效力的判决、裁定，需要中华人民共和国人民法院承认和执行的，可以由当事人直接向中华人民共和国有管辖权的中级人民法院申请承认和执行，也可以由外国法院依照该国与中华人民共和国缔结或者参加的国际条约的规定，或者按照互惠原则，请求人民法院承认和执行。"

7. **答案**：B。《最高人民法院关于中国公民申请承认外国法院离婚判决程序问题的规定》（2020 修正）（以下简称《规定》）第 2 条规定，外国法院离婚判决中的夫妻财产分割、生活费负担、子女抚养方面判决的承认执行，不适用本规定。选项 A 中国法院依据《规定》对解除身份关系的内容予以承认的观点是正确的，选项 B 的内容则有误。根据《规定》第 22 条的规定，申请人的申请被驳回后，不得再提出申请，但可以另行向人民法院起诉离婚，选项 C 的内容正确。《规定》第 20 条规定，当事人之间的婚姻虽经外国法院判决，但未向人民法院申请承认的，不妨碍当事人一方另向人民法院提出离婚诉讼。即在一方已向法院提出申请后，另一方则不能提出离婚诉讼，选项 D 中的内容正确。由于本题选择错误观点，故应选 B。

8. **答案**：C。《最高人民法院关于适用〈中华人民共和国民事诉讼法〉的解释》（2022 修正）第 525 条规定："当事人向人民法院提交的书面材料是外文的，应当同时向人民法院提交中文翻译件。当事人对中文翻译件有异议的，应当共同委托翻译机构提供翻译文本；当事人对翻译机构的选择不能达成一致的，由人民法院确定。"因此 A 项说法错误。《最高人民法院关于适用〈中华人民共和国民事诉讼法〉的解释》（2022 修正）第 526 条规定："涉外民事诉讼中的外籍当事人，可以委托本国人为诉讼代理人，也可以委托本国律师以非律师身份担任诉讼代理人；外国驻华使领馆官员，受本国公民的委托，可以以个人名义担任诉讼代理人，但在诉讼中不享有外交或者领事特权和豁免。"英国出庭律师可以通过事务律师为委托人提供法律咨询和辩护。当事人不能直接委托出庭律师，而必须通过事务律师作为中介人。当事人的所有请求和意见均要通过事务律师向出庭律师转交。出庭律师既不会见委托人，也不直接调取证据，他所依据的是事务律师为其提供的诉讼文书和有关材料。因此B项说法错误。《最高人民法院关于适用〈中华人民共和国民事诉讼法〉的解释》（2022修正）第527条规定："涉外民事诉讼中，外国驻华使领馆授权其本馆官员，在作为当事人的本国国民不在中华人民共和国领域内的情况下，可以以外交代表身份为其本国国民在中华人民共和国聘请中华人民共和国律师或者中华人民共和国公民代理民事诉讼。"因此C项说法正确。《最高人民法院关于适用〈中华人民共和国民事诉讼法〉的解释》（2022修正）第528条规定："涉外民事诉讼中，经调解双方达成协议，应当制发调解书。当事人要求发给判决书的，可以依协议的内容制作判决书送达当事人。"因此D项说法错误。

9. **答案**：B。根据我国的法律规定，此时法院应当退回并说明理由。

10. **答案**：C。根据《民事诉讼法》（2021修正）第288条规定，外国法院作出的发生法律效力的判决、裁定，需要中华人民共和国人民法院承认和执行的，可以由当事人直接向中华人民共和国有管辖权的中级人民法院申请承认和执行，也可以由外国法院依照该国与中华人民共和国缔结或者参加的国际条约的规定，或者按照互惠原则，请求人民法院承认和执行。当事人和外国法院都可向中国法院提出执行申请，选项C错误。A、B符合该条规定，为正确选项。根据该法第289条的规定，人民法院对申请或者请求承认和执行的外国法院作出的生效的判决、裁定，认为不违反中华人民共和国法律的基本原则或者国家主权、安全、社会公共利益的，裁定承认其效力，需要执行的，发出执行令。因此，选项D内容正确。

二、多项选择题

1. **答案**：BC。《民事诉讼法》（2021修正）第287条第1款规定："人民法院作出的发生法律效力的判决、裁定，如果被执行人或者其财产不在中华人民共和国领域内，当事人请求执行的，可以由当事人直接向有管辖权的外国法院申请承认和执行，也可以由人民法院依照中华人民共和国缔结或者参加的国际条约的规定，或者按照互惠原则，请求外国法院承认和执行。"

2. **答案**：AC。参见《民事诉讼法》（2021修正）第288条规定。

3. **答案**：ABCD。本题是关于外国法院判决的承认和执行的问题。参见《民事诉讼法》（2021修正）第289条。

4. **答案**：BCD。A项是一些欧洲国家的做法，我国没有规定。参见《民事诉讼法》（2021修正）第289条。

5. **答案**：ABC。《民事诉讼法》（2021修正）第288条规定，外国法院作出的发生法律效力的判决、裁定，需要中华人民共和国人民法院承认和执行的，可以由当事人直接向中华人民共和国有管辖权的中级人民法院申请承认和执行，也可以由外国法院依照该国与中华人民共和国缔结或者参加的国际条约的规定，或者按照互惠原则，请求人民法院承认和执行。可见，对于外国法院作出的判决或裁定，当事人和外国法院都可以提出申请，故选项A、B正确。根据《民事诉讼法》（2021修正）第289条的规定，人民法院对申请或者请求承认和执行的外国法院作出的发生法律效力的判决、裁定，依照中华人民共和国缔结或者参加的国际条约，或者按照互惠原则进行审查后，认为不违反中华人民共和国法律的基本原则或者国家主权、安全、社会公共利益的，裁定承认其效力，需要执行的，发出执行令，依照本法的有关规定执行。违反中华人民共和国法律的基本原则或者国家主权、安全、社会公共利益的，不予承认和执行。可见，我国采用裁定方式承认外国法院判决，选项C正确。对与我国缔结司法协助条约的国家的法院判决，应对其进行审查，符合条件的，才予以执行，否则不执行，故选项D错误。

三、简答题

1. 答案：承认与执行外国法院判决的理论依据，在不同的国家，以及同一国家的不同时期存在不同的理论学说。主要有以下几种：(1) 国际礼让说。国际礼让说主张内国法院承认与执行外国法院判决，并不是因为该外国法院判决本身具有什么域外效力，而完全是内国基于对该外国的一种“礼让”而作出的行为。该学说最初由17世纪以胡伯为代表的荷兰法学派所创立，后来为英美国家的一些学者所接受。(2) 既得权说。英国学者戴赛在其1896年出版的《法律冲突法》一书中作了系统的论述。根据这一学说，诉讼当事人一方依据有关的外国法院判决对于诉讼另一方所取得的权利，应该属于一种既得权，内国法院既然应该尊重该项既得权，所以就应该承认创设或确定该项权利的外国法院判决，并予以执行。既得权学说的实质是内国法院应尊重胜诉方当事人基于外国法院判决所获得的权利，从而应在内国境内承认与执行该项外国法院判决。(3) 债务说。该说认为对被告有管辖权的外国法院所作出的由被告支付一笔款项的判决确定了被告的一项债务，该法院所属国的任何法院都有责任使这一判决得到执行，内国法院因此也得在内国境内承认和执行该有关外国法院判决。该学说取代债务说而成为英国承认和执行外国法院判决的理论。(4) 一事不再理说。一事不再理是指对于判决已经发生法律效力的案件，除法律另有规定外，法院不再重新审理，有关当事人也不得再行起诉。国际民事诉讼中的“一事不再理说”认为，有关案件经过对该案件具有管辖权的外国法院审理并作出确定性的判决后，内国法院应该根据该原则，不再另外审理而在内国领域内径直承认和执行该外国法院的判决。目前很少有国家基于这一学说承认和执行外国法院的判决，倒是有许多国家基于该理论来拒绝承认和执行外国法院的判决。(5) 特别法说。该说认为，外国法院判决就是有关外国法院所属国的特别法，因此，内国法院应该像承认外国成文法规范一样，基于相同的理由，用相同的方式来承认和执行外国法院的判决。(6) 互惠说。该说认为，基于本国利益的考虑，即希望使内国法院的判决能得到外国的承认和执行，从而保护内国及内国当事人的利益，所以，各国法律一般均规定内国法院应该承认与执行外国法院所作的判决。

2. 答案：(1) 互惠原则的意义。互惠原则亦是指相互原则，或称相互主义，一般理解为就拒绝承认和执行我国法院判决的国家的判决，我国也不给予承认和执行。所以，互惠原则的意义在于迫使外国法院亦应承认或执行我国的判决。互惠广义上包括条约的互惠、法律的互惠和事实的互惠。我国的《民事诉讼法》(2021 修正) 第289条规定了互惠原则。

(2) 互惠原则的标准。判断我国与某个外国之间有互惠关系，主要有三个标准：①我国与该国有条约关系；②外国在司法实践中已有承认我国判决的先例；③外国法律规定的条件与我国一致或相仿。

(3) 互惠原则的局限性及其对策。这方面主要有两点：①各国规定的条件并不一致，期待外国规定的条件和内国完全相同也是不现实的；②判断条件的宽严并不容易。由于这两点局限性，近年来出现了缓和适用该原则的倾向，各国的法律基本出现了两种动向：①对外国关于身份关系的判决不要求有互惠关系；②除了特殊民事法律关系以外，基本上取消互惠原则。

四、案例分析题

答案：(1) 向D市中级人民法院提起。

(2) 依据《民事诉讼法》(2021 修正) 第288、289条的规定，我国法院依照中国缔结或者参加的国际条约，或者按照互惠原则进行审查后，认为不违反我国法律的基本准则或者国家主权、安全、社会公共利益的，裁定承认其效力，需要执行的，发出执行令，依照民事诉讼法规定的程序执行。

第二十九章　国际司法协助

基础知识图解

- 国际司法协助
  - 概念
    - 狭义的司法协助：仅包括协助送达诉讼文书，传讯证人和收集证据
    - 广义的司法协助：除狭义之外，还包括外国法院和仲裁裁决的承认和执行
  - 国际司法协助的依据：各国法律的规定、国际条约的规定、互惠关系
  - 国际司法协助的实施
    - 请求途径
    - 使用的语言
    - 应适用的法律
    - 费用的问题
  - 国际司法协助的拒绝
    - 拒绝的一般理由
    - 公共秩序保留制度的适用

配套测试

一、单项选择题

中国和甲国均为《关于从国外调取民事或商事证据的公约》的缔约国。关于两国之间的域外证据调取，下列哪一选项是正确的？（　　）（司考 2010.1.36）

A. 委托方向另一缔约方请求调取的证据不限于用于司法程序的证据

B. 中国可以相关诉讼属于中国法院专属管辖为由拒绝甲国调取证据的请求

C. 甲国可以相关事项在甲国不能提起诉讼为由拒绝中国调取证据的请求

D. 甲国外交代表在其驻华执行职务的区域内，在不采取强制措施的情况下，可向甲国公民调取证据

二、不定项选择题

1. 下列哪些是我国在司法协助方面加入的国际公约？（　　）

A.《承认及执行外国仲裁裁决的公约》

B.《关于向国外送达民事或商事司法文书和司法外文书公约》

C.《关于从国外调取民事或商事证据的公约》

D.《民事诉讼程序公约》

2. 某外国法院依照该国与我国缔结或共同参加的国际条约的规定提出司法协助请求，我国法院应该依照什么程序提供司法协助？（　　）

A. 依照国际惯例进行

B. 依照我国法律规定的程序进行

C. 依照该外国法律规定的程序进行，但该程序不得违反我国的公共秩序

D. 在一定条件下，也可依照外国法院请求的特殊方式进行

3. 普拉克是外国公民，在一起由中国法院审理的涉外侵权案件中为原告。普拉克请求使用其本国语言进行诉讼。关于中国法院对该请求的处理，下列哪些选项是正确的？（　　）

A. 尊重普拉克的这一请求，使用其本国的语言进行案件的审理

B. 驳回普拉克的这一请求，使用中文进行案件的审理，告知由其自行解决翻译问题

C. 驳回普拉克的这一请求，以中文进行案件的审理，但在其要求并承担费用的情

况下，应为其提供翻译

D. 驳回普拉克的这一请求，使用中文进行案件的审理，但可为其提供免费翻译

4. 在我国法院审理的一个涉外诉讼案件中，需要从甲国调取某些证据。甲国是《关于从国外调取民事或商事证据公约》的缔约国。根据该公约，下列哪些选项是正确的？（　　）

A. 赵律师作为中方当事人的诉讼代理人，可以依照上述公约请求甲国法院调取所需的证据

B. 调取证据的请求，应以请求书的方式提出

C. 请求书应通过我国外交部转交甲国的中央机关

D. 中国驻甲国的领事代表在其执行职务的区域内，可以在不采取强制措施的情况下向华侨取证

三、简答题

1. 简述司法协助（狭义）的条件与程序。

2. 简述我国民商事司法协助的立法规定和条约实践。（西北政法学院 2005 年考研真题）

3. 简述域外调查取证的方式。（西南政法大学 2005 年考研真题）

参考答案

一、单项选择题

答案：D。《关于从国外调取民事或商事证据的公约》第 1 条规定，在民事或商事案件中，每一缔约国的司法机关可以根据该国的法律规定，通过请求书的方式，请求另一缔约国主管机关调取证据或履行某些其他司法行为。请求书不得用来调取不打算用于已经开始或即将开始的司法程序的证据。“其他司法行为”一词不包括司法文书的送达或颁发执行判决或裁定的任何决定，或采取临时措施或保全措施的命令。所以 A 项错误。第 11 条规定，在请求书的执行过程中，在下列情况下有拒绝作证的特权或义务的有关人员，可以拒绝提供证据：（一）根据执行国法律，或（二）根据请求国法律，并且该项特权或义务已在请求书中列明，或应被请求机关的要求，已经请求机关另行确认。此外，缔约国可以声明在声明指定的范围内，尊重请求国和执行国以外的其他国家法律规定的特权或义务。第 12 条规定，只有在下列情况下，才能拒绝执行请求书：（一）在执行国，该请求书的执行不属于司法机关的职权范围；或（二）被请求国认为，请求书的执行将会损害其主权和安全。执行国不能仅因其国内法已对该项诉讼标的规定专属管辖权或不承认对该事项提起诉讼的权利为理由，拒绝执行请求。所以 B、C 项错误。第 15 条规定：在民事或商事案件中，每一缔约国的外交官员或领事代表在另一缔约国境内其执行职务的区域内，可以向他所代表的国家的国民在不采取强制措施的情况下调取证据，以协助在其代表的国家的法院中进行的诉讼。所以 D 项正确。

二、不定项选择题

1. 答案：ABC。本题考查民事诉讼法的法源。前 3 个条约我国已经加入。

2. 答案：BD。《民事诉讼法》（2021 修正）第 286 条规定：“人民法院提供司法协助，依照中华人民共和国法律规定的程序进行。外国法院请求采用特殊方式的，也可以按照其请求的特殊方式进行，但请求采用的特殊方式不得违反中华人民共和国法律。”纯粹考查对法条的记忆。

3. 答案：C。本题考查涉外民事诉讼中的审判语言。

4. 答案：BD。本题考查域外取证。

三、简答题

1. 答案：司法协助是指根据国际条约或互惠原则，一国法院接受另一国法院的请求，代为履行某些诉讼的制度，狭义的司法协助包括送达诉讼文书、传唤证人、收集证据等。

条件：根据各国国内立法及有关国际条约的规定，如果履行地国家发现外国法院委托存在下述情况之一时，可以拒绝履行：对委托文件的真实性有怀疑；委托履行的行为，根据履行地国家的法律，不属于该国司法机关的职权范围；委托履行的行为与履行地国家的主权和安全不相容；委托履行的行为是履行地国家法律所禁止的诉讼行为；不

存在互惠关系。

程序：根据一般的国际实践及国内法的规定，履行外国法院委托的程序适用履行地国家的法律规定，不适用外国法中关于程序问题的规定。但是，一国法律请求按某种特殊方式履行委托的，被请求国法院也可以采用不与其法律或公共秩序相抵触的特殊程序来履行委托。

2. 答案：(1) 根据我国与有关国家缔结的民事司法协助协定和《民事诉讼法》(2021 修正) 第四编第二十七章的规定，我国民事司法协助的内容包括：送达司法文书和司法外文书；调查取证；承认与执行外国法院判决和外国仲裁裁决，相互提供民商事诉讼所需的立法或判例的情报等其他诉讼程序方面的合作。

(2) 司法协助只能在平等主权国家存在条约或互惠关系的前提下进行。我国已经加入 1958 年《承认与执行外国仲裁裁决公约》、1956 年海牙《关于向国外送达民事或商事司法文书和司法外文书公约》、1970 年海牙《民商事案件国外调取证据公约》，并从 1987 年起同多个国家签订了双边司法协助协定。此外《民事诉讼法》(2021 修正) 第 283 条和第 287 条也明确肯定了互惠原则可成为司法协助的依据。司法协助互惠的承诺，多是通过外交途径由国家或政府的名义作出。

(3) 我国与外国缔结的司法协助协定中都有专门的条款规定司法协助的联系途径为缔约双方的中央机关。我国同外国签订的司法协助协定中主要指定我国的司法部为中央机关，我国在加入海牙送达公约后，为执行公约所指定的中央机关也是司法部，但是有的情况也同时指定司法部和最高人民检察院或最高人民法院为我国的中央机关。我国在对外订立的司法协助条约中，对主管机关的规定主要采用两种方式：一种是在约文中分别列出缔约双方的主管机关，另一种是在约文中只做不完全列举。

(4) 《民事诉讼法》(2021 修正) 第 286 条规定了国际民事司法协助的法律适用原则，即我国人民法院提供司法协助，依照我国法律规定的程序进行，同时又规定，外国法院请求我国人民法院采用特殊方式进行司法协助，人民法院也可以按照其请求的特殊方式进行协助，但请求的特殊方式不得违反中国的法律。

3. 答案：(1) 域外直接取证，受诉法院依据其所属国家与有关国家之间所存在的条约关系或互惠关系以及该有关国家的国内诉讼立法直接派员提取诉讼证据的行为。

①外交和领事人员取证。该方式为国际社会普遍承认和适用，各国司法协助条约都有明确规定。②当事人或诉讼代理人自行取证。主要存在于普通法国家，许多国家反对这种方式。③特派员取证。是指有关法院在审理涉外民商事案件时委派专门的官员去有关的外国境内提取证据的行为。主要为英美法系国家采用，大陆法国家认为这有损于一国的司法主权，因此谨慎行使。

(2) 域外间接取证，受诉法院依据其所属国家与有关国家之间所存在的条约关系或互惠关系以及有关国家的立法，委托该有关国家的法院或其他有权机构代为提取地处于该有关国家境内的有关诉讼证据的行为。

①请求的提出。能提出请求的只能是一国法院或具有该权利的有关机构，请求应是书面形式。

②请求书的传递。有中心机构传递、法院间直接传递、外交途径传递、领事传递。

③取证行为的实施和证据的移交及执行情况的通知。一般是由被请求机构依据本国法律规定，按照内国法规定的取证方式和程序进行取证；或者依据请求国所要求的特殊方式和程序来协助请求机构实施取证行为，但这种特殊方式和程序的应用不与请求国的法律相冲突。被请求机关执行完调查取证的行为后应通过某种途径将执行情况通知给请求机关，并将已经提取的证据移交。此外还有协助取证费用承担的问题。

④请求的拒绝。被请求国可以拒绝执行有关请求，理由有“被请求国认为在其境内执行取证危害其主权或安全或执行取证请求显然违背其公共秩序”。

第三十章　国际商事仲裁法概述

基础知识图解

- 国际商事仲裁的概念和特点
  - 国际商事仲裁的概念
    - 仲裁的概念与种类
    - “国际商事”的含义
      - “国际”的含义
      - “商事”的含义
  - 国际商事仲裁的特点
    - 与其他制度的比较：仲裁与斡旋、调解、诉讼的异同
    - 仲裁的特点
      - 仲裁协议的强制执行力
      - 广泛的国际性
      - 高度的当事人意思自治
      - 保密性
      - 灵活性
      - 仲裁裁决的终局性和强制力
      - 权威性

配套测试

一、单项选择题

1. 下列关于中国国际经济贸易仲裁委员会的说法中错误的是（　　）。

A. 中国国际经济贸易仲裁委员会仲裁规则规定，合同中的仲裁条款或附属于合同的仲裁协议可被视为独立于主合同的辅助合同，不因主合同的无效而无效

B. 根据中国国际经济贸易仲裁委员会仲裁规则，争议金额超过 500 万元人民币的案件，如经一方当事人书面申请，可以适用简易程序

C. 中国国际经济贸易仲裁委员会是中国国际贸易促进委员会下属的一个民间性常设仲裁机构

D. 中国国际经济贸易仲裁委员会对涉港、澳、台的有关案件可以进行仲裁

2. 根据《中国国际经济贸易仲裁委员会仲裁规则》，下列关于独任仲裁员方式的说法中不符合规定的是（　　）。

A. 双方当事人共同委托仲裁委员会主任指定

B. 当事人不能就独任仲裁员达成一致意见时，由仲裁委员会主任或秘书长指定

C. 当事人不能就独任仲裁员达成一致意见时，由仲裁委员会主任指定

D. 双方当事人共同指定

3. 依《仲裁法》的规定，在仲裁委员会中，法律、经济贸易专家的人数应该不少于（　　）。

A. 1/5　　B. 1/2

C. 1/3　　D. 2/3

4. 仲裁法是指（　　）。

A. 调整仲裁程序的法律

B. 调整仲裁实体问题的法律

C. 调整仲裁实体问题和程序问题的法律

D. 以上三项都不是

5. 某国甲公司与中国乙公司订立买卖合同，概括性地约定有关争议由“中国贸仲”仲裁，也可以向法院起诉。后双方因违约责任产生

争议。关于该争议的解决，依我国相关法律规定，下列哪一选项是正确的？（　　）

A. 违约责任不属于可仲裁的范围

B. 应认定合同已确定了仲裁机构

C. 仲裁协议因约定不明而在任何情况下无效

D. 如某国甲公司不服仲裁机构对仲裁协议效力作出的决定，向我国法院申请确认协议效力，我国法院可以受理

二、多项选择题

1. 按照我国法律的规定，下列哪些案件是不能通过仲裁程序解决的？（　　）

A. 婚姻　　B. 收养、监护

C. 扶养　　D. 继承

2. 关于我国涉外仲裁法律规则，下列哪些表述不符合《仲裁法》的规定？（　　）（司考2006. 1. 80）

A. 只要是有关当事人可以自由处分的权利的纠纷，就可以通过仲裁解决

B. 如果当事人有协议约定，仲裁案件可以不开庭审理

C. 仲裁庭进行仲裁时，无权对当事人就仲裁协议有效性提出的异议作出决定

D. 由三人组成仲裁庭审理的案件，裁决有可能根据一个仲裁员的意见作出

3. 下列哪些机构是国际性的常设仲裁机构？（　　）

A. 美国仲裁协会

B. 香港国际仲裁中心

C. 国际商会仲裁院

D. 解决投资争端国际中心

三、名词解释

1. 仲裁
2. 临时仲裁
3. 国际性的常设仲裁机构

四、简答题

1. 简述仲裁的特点。
2. 应如何理解国际商事仲裁中“国际”的含义。

五、案例分析题

2017年11月2日，中国飞亚公司与比利时美特公司签订了一份购买120台传真机的合同。货物单价为CIF广州375美元。交货日期为2017年12月6日。同时，对产品的质量、性能等都作了详细的规定，并且约定：货物到达目的口岸两个月内，若其质量、型号、规格、性能、数量与合同不符，除保险公司或运输公司负责外，买方有权凭中国商品检验局出示的商品检验证书拒收货物或要求索赔。

同年12月16日，卖方按要求交货，并交付了全套清洁海运提单且提供了相关的产品制造的证明书。货物到达目的港经中国商检局检验后，发现其中的109台不符合合同要求。飞亚公司据此向美特公司提出索赔要求，美特公司拒绝承担责任。飞亚公司多次交涉无效，按约定的仲裁条款向中国国际经济贸易仲裁委员会申请仲裁。仲裁庭经审理后调解，双方达成一致协议。由美特公司赔偿飞亚公司4.5万美元，飞亚公司将部分不合格产品退还美特公司。仲裁庭作出调解书结案。

问题：(1) 什么是国际商事仲裁？一个具体的商事仲裁产生的基础是什么？

(2) 我国法律关于仲裁裁决的执行是如何规定的？

参考答案

一、单项选择题

1. **答案**：B。《中国国际经济贸易仲裁委员会仲裁规则》第56条规定：除非当事人另有约定，凡争议金额不超过人民币500万元，或争议金额超过人民币500万元但经一方当事人书面申请并征得另一方当事人书面同意的，或双方当事人约定适用简易程序的，适用简易程序。

2. **答案**：B。A、C、D参见《中国国际经济贸易仲裁委员会仲裁规则》第27、28条。

3. **答案**：D。参见《仲裁法》（2017修正）第12条。

4. **答案**：A。仲裁法是一方当事人提请仲裁直至仲裁裁决得到执行整个过程中有关仲裁机

构、仲裁员、申诉人、被诉人、证人、代理人、鉴定人参与仲裁活动所必须遵守的程序和规则。

5. **答案**：B。《最高人民法院关于适用〈中华人民共和国仲裁法〉若干问题的解释》第3条规定："仲裁协议约定的仲裁机构名称不准确，但能够确定具体的仲裁机构的，应当认定选定了仲裁机构。"

二、多项选择题

1. **答案**：ABCD。这四类案件均是与人身有密切关系的，因而不能通过仲裁程序解决。参见《中国国际经济贸易仲裁委员会仲裁规则》第3条。

2. ①**答案**：AC。《仲裁法》（2017修正）第2条规定："平等主体的公民、法人和其他组织之间发生的合同纠纷和其他财产权益纠纷，可以仲裁。"第3条规定："下列纠纷不能仲裁：（一）婚姻、收养、监护、扶养、继承纠纷；（二）依法应当由行政机关处理的行政争议。"故不是所有当事人的纠纷都能够通过仲裁解决，A错误。第39条规定："仲裁应当开庭进行。当事人协议不开庭的，仲裁庭可以根据仲裁申请书、答辩书以及其他材料作出裁决。"故B正确。第20条第1款规定："当事人对仲裁协议的效力有异议的，可以请求仲裁委员会作出决定或者请求人民法院作出裁定。一方请求仲裁委员会作出决定，另一方请求人民法院作出裁定的，由人民法院裁定。"因此，仲裁庭有权对当事人就仲裁协议的效力提出的异议作出决定，故C错误。第53条规定："裁决应当按照多数仲裁员的意见作出，少数仲裁员的不同意见可以记入笔录。仲裁庭不能形成多数意见时，裁决应当按照首席仲裁员的意见作出。"故D正确。由此可知，本题答案为A、C。

3. **答案**：CD。本题考查常设仲裁机构。国际性的常设仲裁机构是指该仲裁机构不属于任何特定的国家，而是依据有关的国际条约建立在一个国际组织或国际机构之下，用以处理国际商事争议的常设仲裁机构，主要有国际商会下设的"国际商会仲裁院"，世界银行下设的"解决投资争端国际中心"。

三、名词解释

1. **答案**：是解决争议的一种方式，即由双方当事人将他们之间发生的争议交付第三者居中评断是非，并作出裁决，该裁决对双方当事人均具有约束力。

2. **答案**：临时仲裁是指不要常设仲裁机构的协助，直接由双方当事人指定的仲裁员自行组成仲裁庭进行的仲裁。临时仲裁庭处理完争议案件即自动解散。

3. **答案**：国际性的常设仲裁机构是指依据某一国际组织作出的决议或某项国际条约，为处理国际商事争议而成立的常设仲裁机构。国际性常设仲裁机构不属于任何特定的国家，而是附设于某一国际组织或机构之下，其影响涉及世界各国或某一地区。目前，全球性的国际性常设仲裁机构主要有巴黎国际商会下设立的国际商会仲裁院（Arbitra-tion Court of International Chamber of Commerce）和世界银行下设立的解决投资争端国际中心（International Center for Settlement of Investment Disputes）。地区性的国际性常设仲裁机构主要有美洲国家间商业仲裁委员会、欧洲经济共同体设立的商事仲裁机构等。

四、简答题

1. **答案**：用仲裁方式解决国际商事争议具有以下特点：（1）广泛的国际性。这主要表现在两个方面：大多数的常设仲裁机构都聘用了许多不同国家的专业人员作仲裁员，许多国际商事仲裁案件是由不同国籍的仲裁员组成仲裁庭来进行审理。由于已有一百多个国家参加了1958年《纽约公约》，仲裁裁决的承认和执行便有了可靠基础，使仲裁裁决比较容易地在国外得到承认与执行。（2）高度的自治性。仲裁双方当事人可以选择仲裁机构、仲裁的组织形式、仲裁地点、审理案件的仲裁员、进行仲裁的程序以及仲裁所适用的法律。（3）强制性。虽然国际商事仲裁具

① 编者注：此考点复现率很高，学习时应高度关注。

有民间性，国际商事仲裁机构是一种民间性质的组织，但是各国立法都明确承认仲裁裁决的法律效力，并赋予仲裁裁决和法院判决同等的强制执行效力。如果一方当事人不按照事先约定自觉履行仲裁裁决，另一方当事人可以依照有关的国际条约、协议或执行地国家的法律申请强制执行仲裁裁决。(4) 很强的权威性。由于仲裁员是由各行各业的专家或具有丰富实践经验的人组成的，所以，许多仲裁案件都是由有关问题的专家来审理，因此仲裁庭作出的裁决也有很强的权威性。

2. 答案：关于国际商事仲裁中“国际”的确切含义，国际上尚无普遍接受的统一定义。各国认定商事仲裁是否属于“国际”商事仲裁的标准可以大体归纳为两种：

(1) 实质性连结因素标准。所谓实质性连结因素是指当事人的国籍、住所或居所、法人注册地、公司管理地等。如果仲裁双方当事人的国籍、住所或居所、法人注册地、公司管理地等在不同国家，所进行的仲裁属国际仲裁。英国、丹麦、瑞士和一些阿拉伯国家采用这一标准。

(2) 争议的国际性质标准。所谓争议的国际性质标准是指对争议的性质加以分析，如果争议“涉及国际商事利益”，为解决该争议所进行的仲裁便是国际仲裁。国际商会较早采用争议性质标准确定仲裁的国际性。

五、案例分析题

答案：(1) 国际商事仲裁是含有国际因素或涉外因素的仲裁，是解决国际、跨国或涉外的商事争议的仲裁，有时也称为国际经济贸易仲裁、涉外仲裁、国际仲裁或跨国仲裁。

在国际商事仲裁实践中，仲裁协议被认为是仲裁的基石，是国际商事仲裁的基础。因为它既是任何一方当事人将争议提交仲裁的依据，又是仲裁机构和仲裁员受理争议案件的依据。

(2) 我国关于执行仲裁裁决的规定。

我国仲裁机构涉外仲裁裁决在我国的执行。根据《民事诉讼法》(2021 修正) 第280、281 条，《仲裁法》(2017 修正) 第 62 条以及最高人民法院的有关司法解释的规定，凡败诉方不能自动履行裁决，胜诉方可以向败诉方住所地或财产所在地的中级人民法院申请强制执行。

外国仲裁裁决在我国的承认和执行。根据我国《民事诉讼法》(2021 修正) 第 290 条的规定，外国仲裁机构作出的仲裁裁决需要我国法院执行的，应当由当事人直接向被执行人住所地或者财产所在地的中级人民法院申请，人民法院应当依照中华人民共和国缔结或参加的国际条约，或者按照互惠原则办理。

本案是由中国国际经济贸易仲裁委员会进行仲裁的案件。中国国际经济贸易仲裁委员会是我国进行国际经济贸易仲裁的常设仲裁机构，它根据《中国国际经济贸易仲裁委员会仲裁规则》的规定审理案件。本案采用了调解方式，这是我国涉外仲裁的一个显著特点。《中国国际经济贸易仲裁委员会仲裁规则》第 47 条第 1 项规定，如果双方当事人有调解愿望，或一方当事人有调解愿望并经仲裁庭征得另一方当事人同意的，仲裁庭可以在仲裁程序进行过程中对其审理的案件进行调解。本条第 5 项规定，当事人经调解达成或自行达成和解协议的，可以撤回仲裁请求或反请求，也可以请求仲裁庭根据当事人和解协议的内容作出裁决书或制作调解书。可以看出，仲裁庭的调解是在双方自愿的基础上进行的，不是强迫的。调解不是仲裁的必经程序。调解也不是无原则地进行的，而是按照现行的法律、国际条约和国际惯例，在查明事实、分清是非的基础上进行的，它促使当事人互相谅解，达成和解协议。

第三十一章　国际商事仲裁的性质

基础知识图解

- 国际商事仲裁的性质
  - 仲裁的本质属性
    - 仲裁约束力的来源及其强制力
    - 仲裁裁断权的来源
    - 仲裁的本质属性：契约性
  - 仲裁的契约性与“司法权论”
  - 仲裁的契约性与自治性和民间性

配套测试

一、单项选择题

1. 仲裁约束力的来源是（　　）。

A. 当事人之间的仲裁协议

B. 国家强制力

C. 仲裁员的权威

D. 天然地具有

2. 仲裁的本质属性是（　　）。

A. 可强制执行性

B. 契约性

C. 自治性

D. 民间性

3. 仲裁员的裁断权来源于（　　）。

A. 当事人的仲裁协议

B. 法律的规定

C. 法院的支持

D. 大众的接受

二、多项选择题

1. 英国仲裁法专家朱利安·卢在20世纪70年代的著述中对商事仲裁性质的学说归纳为几种，包括（　　）。

A. 契约说

B. 司法权说

C. 契约与司法权的混合说

D. 自治说

2. 经仲裁一方当事人申请，法院在仲裁的不同阶段，可以提供法律上的支持，包括（　　）。

A. 依照法律的规定，强制执行仲裁协议

B. 仲裁裁决作出后，依法强制执行仲裁裁决

C. 仲裁过程中，法院可依法采取临时措施以弥补因当事人不履行义务形成的仲裁空缺

D. 仲裁过程中，法院可依法代为指定仲裁员组成仲裁庭

三、名词解释

仲裁的性质

四、简答题

简述仲裁的自治性和民间性。

五、论述题

论述法院对仲裁的支持作用。

参考答案

一、单项选择题

1. 答案：A。仲裁的约束力贯穿于仲裁的全过程，当事人以仲裁协议这样一种契约形式全然确认了以仲裁方式解决争议以及仲裁规则

和仲裁裁决所具有的约束力。因此，仲裁约束力的具体体现就是仲裁协议所具有的约束力。

2. **答案**：B。仲裁不是凭空而至的权力，它往往是取代本具有管辖权的法院来解决争议。所以，有一个仲裁协议是仲裁的先决条件。既然仲裁的约束力来自仲裁协议，来自“契约必信守”的原则，仲裁裁断权来源于当事人的授权，那么仲裁的本质属性当属契约性。

3. **答案**：A。只有当事人之间存在有效的仲裁协议，当事人才能将他们的争议通过仲裁方式解决，才能根据仲裁协议及其他约定组成仲裁庭，组成仲裁庭的仲裁员也才因此享有对所涉争议的裁断权，所以，仲裁员的裁断权来自仲裁协议，来自当事人的授权。

二、多项选择题

1. **答案**：ABCD。

2. **答案**：ABCD。如果当事人违反仲裁协议的约定，不将仲裁协议的争议事项提请仲裁解决，或者在仲裁程序中不依照所约定的仲裁规则履行参加仲裁的义务，或者在仲裁裁决作出后反悔，不自动履行自己承认具有终极性和约束力的仲裁裁决，经另一方当事人申请，法院可在仲裁的不同阶段，针对无视仲裁协议的不同行为提供法律上的支持和帮助。

三、名词解释

答案：仲裁的性质是指能够揭示或区分仲裁作为一种争议解决方式与其他争议解决方式具有实质性差别的基本属性。仲裁的本质属性是契约性。

四、简答题

答案：仲裁的过程是一个自始至终都体现了当事人意思自治的过程，而尊重当事人意思自治也是商事仲裁的一项基本原则。自治性是仲裁作为具有约束力的解决争议方式的内在属性，是仲裁契约性所反映或折射出的一个特点，但是仅把仲裁的性质归为意思自治性，则不足以解释或明确仲裁约束力和强制力的根基。

仲裁的另一特征是民间性。组成仲裁庭的仲裁员不是专职法官，不是代表国家和政府行使公权力，而是作为当事人的信赖者，运用自己的专业知识和能力处理争议。正因为仲裁机构/仲裁庭所从事的仲裁活动不是行使公权力，而是行使私权的活动，各国普遍认为，相对国家司法权力机关行使公权解决争议的程序而言，仲裁是一种解决争议的民间/私人程序，是国家以公权解决争议之外的另一种不同方式。

五、论述题

答案：从立法和司法实践看，各国国内法律对仲裁协议的效力、仲裁员的权限、仲裁程序的某些事项和仲裁裁决的撤销以及强制执行都有规定。有关仲裁的国内法律规定是由国内法院来施行，而关于仲裁的“契约论”和“司法权论”，其分歧在于如何看待法院施行法院地国有关仲裁法律规定时对仲裁所起的作用。法院在仲裁中的作用常被称为监督作用。法院所起的监督作用可分为两种：一是肯定性作用，通常称为协助或支持作用，如确认仲裁协议的效力和约束力，强制要求违反诚信原则的当事人通过仲裁方式解决争议；为仲裁庭的组成提供帮助；采取临时保全措施；在当事人不自动履行仲裁裁决时强制执行仲裁裁决等。二是否定性作用，通常称为干预或控制作用，如依据法律和事实否定仲裁协议的效力和约束力；认为特定的争议不应通过仲裁解决；否定仲裁程序的有效性，包括仲裁庭组成的有效性；撤销仲裁裁决或不执行仲裁裁决等。

各国法律赋予法院依法对仲裁进行监督的权力，其立法本意不是削弱仲裁的有效性和信誉，而是要约束当事人信守契约，约束当事人依照所约定的仲裁协议进行仲裁；为当事人弥补约定中的漏缺，排除仲裁程序中的某些障碍；同时为当事人在仲裁中享有平等正当的权利和仲裁庭依当事人约定之规则进行并作出公正合理的裁决提供法律上的保障。为了达到上述目的，一旦仲裁中发生不信守契约或不当损害当事人正当权利等情形，只要当事人依法就此提出异议且异议成立，法院将依法予以纠正或否定其有效性。从表面上看，法院的这种行为对仲裁是否定性的，但只要法院认定事实和适用法律是准确的，法院的此种行为实际上可以对仲裁程序和仲裁结果的公正性起到积极的督促作用，为仲裁的信誉提供进一步的保障。因此，法院对仲裁的监督作用即使是否定性的，其初衷依然是支持性的，也应当是支持性的。法院代表国家依法行使监督权还有另一目的，即根据国家的基本政策和利益需要对仲裁施加适度的限制，不允许仲裁活动违反国家的强制性规定。例如，仲裁裁决的事项不得为法律规定的不可仲裁事项，仲裁裁决不得违反公共政策、公序良俗或社会公共利益等。

在一个法治社会，各国基于公正正义和本国利益的考虑，通过国家的法律对各种社会关系和制度进行监督性和制约性的调整都是必要的。同样，除了现代法律禁止的原始自力救济外，任何救济方式都离不开法律的制约，但也不能因为救济方式受到法律的制约，就认为该救济方式都有司法性，也不能因为救济方式存在被法律承认的裁断权，就认为该救济方式是国家司法救济方式。国家法律有关仲裁监督的规定和法院根据法律对仲裁行使监督权，并不使仲裁的契约本质属性发生变化，如同国家法律上对合同的规制，并不改变合同的性质一样。法律承认仲裁协议约束力和对仲裁施行必要的监督的前提是必须存在仲裁协议，没有仲裁协议，法律上的此种承认和监督就无所依据了，法律上的这种规定将没有任何意义。法律上承认仲裁协议的约束力的目的不是别的，而是要求当事人信守合约，保证当事人仲裁意愿的实现。仲裁协议的约束力仍然来自“当事人的合约必须守信执行”这一原则，一般情况下，法院只是在当事人违反这一原则，有意规避和否定有效之仲裁协议约束力的情形下才行使法律赋予的监督权，有关仲裁监督的法律规定此时才发生作用。司法的监督不是仲裁的实质，而是使仲裁具有法律效力的必要辅助。

总之，法院对仲裁的监督并不使仲裁的本质属性——契约性发生变化，因为仲裁制度赖以建立的基础是当事人的自由意志，法律赋予仲裁协议和仲裁裁决以约束力及相应的强制效力，只不过是出于国家利益和秩序的考虑，对当事人这种自由意志的确认、支持和尊重，只要这种意志本身是合法的、有效的。

第三十二章　国际商事仲裁的类别和常设仲裁机构

基础知识图解

- 国际商事仲裁的类别和常设仲裁机构
  - 类别
    - 依国际商事仲裁的组织方式：临时仲裁、机构仲裁
    - 依仲裁庭是否必须依据法律规定作出裁决：友好仲裁、依法仲裁
  - 常设仲裁机构
    - 法律地位
      - 隶属于国际组织
      - 作为非营利组织下的一个独立仲裁机构但不具有独立法律人格
      - 具有独立法律人格的非营利组织
    - 种类：国际性的常设仲裁机构、国家常设仲裁机构、行业性的常设仲裁机构、专业性的常设仲裁机构
    - 主要的常设仲裁机构
      - 国际性的常设仲裁机构：国际商会仲裁院、世界知识产权组织仲裁中心、解决投资争端国际中心
      - 各国主要的常设仲裁机构：瑞典斯德哥尔摩商会仲裁院、英国伦敦国际仲裁院、美国仲裁协会、新加坡国际仲裁中心
      - 中国主要的仲裁机构：中国国际经济贸易仲裁委员会、中国海事仲裁委员会、北京仲裁委员会、香港国际仲裁中心

配套测试

一、不定项选择题

1. 按照国际商事仲裁的组织形式，国际商事仲裁基本上可以分为（　　）两类。

A. 临时仲裁和机构仲裁

B. 临时仲裁和特别仲裁

C. 特别仲裁和友好仲裁

D. 友好仲裁和依法仲裁

2. 关于国际商会仲裁院的说法正确的是（　　）。

A. 是隶属于全球性国际组织的仲裁机构

B. 隶属于法国

C. 我国当事人的商事争议不可以提交国际商会仲裁院

D. 会员分为团体会员和赞助会员两种

3. 依照常设仲裁机构本身的性质和影响的范围，可以将常设仲裁机构分为（　　）。

A. 国际性的常设仲裁机构

B. 国家常设仲裁机构

C. 行业性的常设仲裁机构

D. 专业性的常设仲裁机构

二、名词解释

1. 临时仲裁

2. 机构仲裁

3. 友好仲裁

4. 依法仲裁

5. 世界知识产权组织仲裁中心

6. 解决投资争端国际中心

三、简答题

列举并简要说明中国主要的仲裁机构。

参考答案

一、不定项选择题

1. **答案**：A。按照国际商事仲裁的组织形式，国际商事仲裁基本上可分为两类：临时仲裁和机构仲裁，临时仲裁又称特别仲裁。以仲裁庭是否必须依据法律规定作出裁决为标准，可将仲裁分为友好仲裁和依法仲裁。
2. **答案**：A。隶属于全球性国际组织的国际仲裁机构主要有国际商会仲裁院和解决投资争议国际中心，所以 A 正确，B 错误。我国于 1994 年 11 月加入国际商会，并于 1995 年 1 月 1 日正式成立了国际商会中国国家委员会。所以 C 错误。国际商会会员分为团体会员和赞助会员两种，国际商会仲裁院是隶属于国际商会的仲裁机构，不等于国际商会，所以 D 错误。
3. **答案**：ABCD。依常设仲裁机构本身的性质和影响的范围，可以将常设仲裁机构分为国际性的常设仲裁机构、国家常设仲裁机构、行业性的常设仲裁机构和专业性的常设仲裁机构四种。

二、名词解释

1. **答案**：临时仲裁的英文是 ad hoc arbitration，原意是指对特别事项的仲裁，因此，中文也将其翻译为“特别仲裁”。临时仲裁是指由仲裁庭或仲裁员自己管理的仲裁。在临时仲裁中，仲裁员自己既是仲裁管理人又是秘书，开庭时间和地点都由自己确定，并由自己同当事人保持联系。仲裁庭的仲裁员来自各行业的专业人士，待处理完争议后，仲裁庭即告解散。由此，我国一般称之为“临时仲裁”。

   临时仲裁的一个显著特点是它的运作方式相当灵活，符合当事人的意愿和特定争议的实际情况，但临时仲裁也有不足，主要是它的有效进行在很大程度上取决于双方当事人的合作，如果双方当事人在程序问题上不能达成一致意见或在程序规则的约定上存在严重瑕疵，不能合作处理好这些问题，而临时仲裁又缺少仲裁机构对仲裁的管理，那么，很容易造成临时仲裁拖延误时，甚至难以进行仲裁程序。
2. **答案**：机构仲裁是指由常设仲裁机构管理的仲裁。常设仲裁机构是指固定性的、专门从事以仲裁方式解决争议的组织，它有自己的组织章程和仲裁规则，建立有仲裁管理制度，并设立有管理仲裁程序的办事机构，配备有秘书人员。常设仲裁机构一般都有仲裁员名册供当事人选定仲裁员，但许多常设仲裁机构并不将仲裁员人选硬性限制在仲裁员名册内，允许当事人在仲裁员名册外选定仲裁员，提供仲裁员名册只是为了方便当事人选定仲裁员。

   常设仲裁机构的作用主要是从事仲裁的管理和组织工作，为双方当事人和仲裁庭提供可适用的仲裁规则和便于仲裁的条件。
3. **答案**：友好仲裁的英文是 amiable composition，原意是友好和解。这里的友好和解指的是仲裁员无须严格适用法律规则，而是从友好和解人（amiable compositeur）的角度或立场，根据其认为公平、公道的标准考虑如何公平合理地处理争议。在友好仲裁中，仲裁员的职能不因“友好和解”的考虑而受影响，仲裁员仍须作为裁断人就争议作出裁决，只是该裁决是基于友好和解人的公平标准和合理考虑作出的，裁决对双方当事人都具有约束力。

   是否可以进行友好仲裁取决于当事人的意愿，如果未经当事人双方授权，仲裁庭不得进行友好仲裁。另外，友好仲裁要受仲裁地国法的强制性规定的制约，如果仲裁地国法不允许进行友好仲裁，仲裁庭就不得进行友好仲裁，否则，作出的仲裁裁决可能被撤销。
4. **答案**：依法仲裁是指仲裁庭必须依照可适用的法律规定作出裁决，不能像友好仲裁员那样，不依据法律规定而依据友好仲裁员认为公平合理的标准作出裁决。不过，依法仲裁并非完全排除了仲裁庭在依照法律规定裁断争议时，辅之以某些折中或变通的方式作出决定。

照此作出的裁决是以法律规定为主要依据，适用公平合理原则只是为了弥补法律规定的不足，是一种辅助性的方式，这种仲裁依然属于依法仲裁，而不是友好仲裁。

5. 答案：世界知识产权组织仲裁中心（WIPO Arbitration Center）成立于1993年9月，于1994年10月正式开始运作，总部设在瑞士日内瓦。中心是世界知识产权组织国标局的一个机构，设有仲裁协会和仲裁咨询委员会，其职能是向中心提出建议和意见，特别是就调解规则和仲裁规则提出建议和意见。中心可适用四种争议解决程序：依《世界知识产权组织仲裁规则》的仲裁程序、依《世界知识产权组织调解规则》的调解程序、依《世界知识产权组织紧急仲裁规则》的紧急仲裁程序以及先依《世界知识产权组织调解规则》调解，若无法解决争议，再根据《世界知识产权组织仲裁规则》仲裁的联合程序。中心备有调解员名册和仲裁员名册，供中心向当事人推荐使用和在当事人自己不指定，或在规则规定时间内没有指定调解员和仲裁员，由中心代为指定时使用。

6. 答案：解决投资争端国际中心（International Center for Settlement of Investment Disputes, ICSID）是根据1965年《解决国家与他国国民间投资争端公约》而成立的。中心是世界银行下设的独立性机构，总部设在美国华盛顿。中心的任务是根据当事人之间的仲裁协议，通过调解或仲裁的方式，解决成员国国家（政府）与他国国民之间因国际投资而产生的争议。中心由行政理事会和秘书处组成。行政理事会委员由各成员国派代表担任，主席由世界银行行长担任，秘书长和秘书处负责中心的事务工作。行政理事会下设一个调停小组和一个仲裁小组，其成员由各缔约国及行政理事会主席指派。中心有自己的仲裁规则，并备有仲裁员名册。当事人可以指定仲裁员名册中的人作仲裁员，也可以指定仲裁员名册以外的人作仲裁员。

中心具有完全的国际法人格，具有缔结契约、取得和处理动产和不动产及起诉的能力。中心在履行其任务时，在各缔约国领土内享有公约所规定的豁免权和特权。而且，依据公约，作为当事人、代理人、法律顾问、律师、证人或专家在仲裁中出席的人，也适用公约第21条关于豁免权的规定。

三、简答题

答案：（1）中国国际经济贸易仲裁委员会

中国国际经济贸易仲裁委员会（China International Economic and Trade Arbitration Commission, CIETAC）是中国国际贸易促进委员会/中国国际商会设立的民间性的全国常设仲裁机构。中国国际经济贸易仲裁委员会最初的名称为对外贸易仲裁委员会，是根据中央人民政府政务院1954年5月6日通过的《关于在中国国际贸易促进委员会内设立对外贸易仲裁委员会的决定》于1956年成立的，总部设在北京。该决定确立了对外贸易仲裁委员会的性质、任务和组织原则。根据这一决定，中国国际贸易促进委员会制定了《对外贸易仲裁委员会仲裁程序暂行规则》。按照仲裁程序暂行规则的规定，对外贸易仲裁委员会主要受理对外贸易合同争议和交易中发生的争议，特别是外商商号、公司或者其他经济组织同中国商号、公司或其他经济组织间的争议，也可以受理外国商号、公司或者其他经济组织间，以及中国商号、公司或者其他经济组织间有关对外贸易契约和交易中所发生的争议。

中国国际经济贸易仲裁委员会华南分会和上海分会设立秘书处，在分会秘书长的领导下负责处理分会的日常事务。总会和分会是同一仲裁机构，即中国国际经济贸易仲裁委员会，其区别只是受理案件的地点不同。总会和分会适用同一仲裁规则和同一仲裁员名册。中国国际经济贸易仲裁委员会及其华南分会和上海分会作出的仲裁裁决在许多国家和地区得到承认和执行，在国际上有较大影响并享有较高声誉。

（2）中国海事仲裁委员会

中国海事仲裁委员会（China Maritime Arbitration Commission, CMAC）是我国受理国际或涉外海事争议仲裁案件的常设仲裁机构。其前身是中国国际贸易促进委员会海事仲裁委员会。根据国务院 1958 年 11 月作出的决定，1959 年 3 月在中国国际贸易促进委员会内成立了“海事仲裁委员会”，中国国际贸易促进委员会制定并通过了《中国国际贸易促进委员会海事仲裁委员会仲裁程序暂行规则》。根据该暂行规则，海事仲裁委员会受理船舶救助、船舶碰撞、船舶租赁、海上船舶代理业务、海上运输和保险等方面所发生的海事争议。为了适应改革开放和海事仲裁业发展的需要，海事仲裁委员会经国务院批准于 1988 年 6 月改名为中国海事仲裁委员会。中国国际贸易促进委员会于同年 9 月 12 日制定通过了新的仲裁规则《中国海事仲裁委员会仲裁规则》。根据新的仲裁规则，中国海事仲裁委员会的管辖范围在原有的基础上增加了关于海洋环境污染损害的争议和双方当事人协议要求仲裁的其他海事争议等方面的内容。2021 年 10 月 9 日，中国海事仲裁委员会发布《中国海事仲裁委员会仲裁规则（2021 年版）》，该规则于 2021 年 10 月 1 日起施行。

（3）北京仲裁委员会和中国内地其他的主要仲裁机构

1994 年《仲裁法》颁布和施行后，中国内地重新组建了各地的仲裁机构。其中受案量较多的仲裁机构有：北京仲裁委员会、上海仲裁委员会、深圳仲裁委员会、武汉仲裁委员会和广州仲裁委员会等。

（4）香港国际仲裁中心

香港国际仲裁中心（Hong Kong International Arbitration Center，HKIAC）成立于 1985 年，它是按香港公司法注册的非营利性公司，下设中心理事会。中心理事会由不同国籍并具有多方面专长和资历的商界、律师界和其他各界的专业人士组成。中心的仲裁事务由董事会领导下的管理委员会和秘书长进行管理。秘书长同时还是中心的行政和登记负责人。

第三十三章　仲裁协议

基础知识图解

- 仲裁协议
  - 概述
    - 仲裁协议的概念：指双方当事人同意把他们之间将来可能发生或者业已发生的争议提交仲裁的协议
    - 种类：仲裁条款、仲裁协议书
  - 仲裁协议的法律效力
    - 对当事人的法律效力
    - 对仲裁庭或仲裁机构的法律效力
    - 对法院的法律效力
    - 使仲裁裁决具有强制执行力
  - 仲裁协议的内容
    - 提交机构仲裁的仲裁协议的内容：仲裁意愿、仲裁地、仲裁机构、所要适用的仲裁规则和提交仲裁的事项等内容
    - 提交临时仲裁的仲裁协议的内容
  - 有效仲裁协议的确定
    - 形式方面：一般要求书面形式，但也有少数国家允许口头约定
    - 当事人的民事行为能力
    - 争议事项的可仲裁性
  - 仲裁条款的独立性
    - 仲裁条款的效力独立于合同
    - 主合同自始无效或不存在与仲裁协议的独立性
  - 仲裁庭的管辖权自裁原则

配套测试

一、单项选择题

1. 关于仲裁协议的法律效力，不正确的说法是（　　）。

A. 排除法院管辖权的依据

B. 决定仲裁实体法适用的依据

C. 仲裁机构得以行使管辖权的依据

D. 仲裁裁决得以强制执行的依据

2. 中国A公司与德国B公司因双方合同中仲裁条款的效力问题在我国涉诉。双方在合同中约定仲裁机构为位于巴黎的国际商会仲裁院，仲裁地为斯德哥尔摩，但对该仲裁条款应适用的法律未作约定。依我国现行司法解释，我国法院审查该仲裁条款效力时，应适用下列哪国的法律？（　　）（司考 2007.1.39）

A. 瑞典的法律　　B. 法国的法律

C. 中国的法律　　D. 德国的法律

二、多项选择题

1. 依照《仲裁法》（2017 修正）的规定，一项有效的仲裁协议应该具有以下哪些内容？（　　）

A. 当事人请求仲裁的意思表示

B. 符合法律规定的可仲裁事项

C. 当事人所选定的仲裁地点

D. 当事人所选定的仲裁委员会

2. 如果当事人对于仲裁协议的效力有异议，可以向哪些机构提出异议请求？（　　）

A. 可以请求法院作出裁定

B. 可以请求仲裁委员会作出决定
C. 只能够请求人民法院作出裁定
D. 如果当事人同时向法院和仲裁委员会提出请求的，则由仲裁委员会作出决定

3. 我国甲公司与瑞士乙公司订立仲裁协议，约定由某地仲裁机构仲裁，但约定的仲裁机构名称不准确。根据《最高人民法院关于适用〈中华人民共和国仲裁法〉若干问题的解释》，下列哪些选项是正确的？（　　）（司考 2007. 1. 82）
A. 仲裁机构名称不准确，但能确定具体的仲裁机构的，应认定选定了仲裁机构
B. 如仲裁协议约定的仲裁地仅有一个仲裁机构，该仲裁机构应视为约定的仲裁机构
C. 如仲裁协议约定的仲裁地有两个仲裁机构，成立较早的仲裁机构应视为约定的仲裁机构
D. 仲裁协议仅约定纠纷适用的仲裁规则的，不得视为约定了仲裁机构

4. 中国 A 公司与甲国 B 公司签订货物买卖合同，约定合同争议提交中国 C 仲裁委员会仲裁，仲裁地在中国，但对仲裁条款应适用的法律未作约定。后因货物质量问题双方发生纠纷，中国 A 公司依仲裁条款向 C 仲裁委提起仲裁，但 B 公司主张仲裁条款无效。根据我国相关法律规定，关于本案仲裁条款的效力审查问题，下列哪些判断是正确的？（　　）（司考 2012. 1. 78）
A. 对本案仲裁条款的效力，C 仲裁委无权认定，只有中国法院有权审查
B. 对本案仲裁条款的效力，如 A 公司请求 C 仲裁委作出决定，B 公司请求中国法院作出裁定的，由中国法院裁定
C. 对本案仲裁条款效力的审查，应适用中国法
D. 对本案仲裁条款效力的审查，应适用甲国法

5. 中国甲公司与外国乙公司在合同中约定，合同争议提交中国国际经济贸易仲裁委员会仲裁，仲裁地在北京。双方未约定仲裁规则及仲裁协议适用的法律。对此，下列哪些选项是正确的？（　　）（司考 2014. 1. 79）
A. 如当事人对仲裁协议效力有争议，提请所选仲裁机构解决的，应在首次开庭前书面提出
B. 如当事人将仲裁协议效力的争议诉至中国法院，应适用中国法
C. 如仲裁协议有效，应适用中国国际经济贸易仲裁委员会的仲裁规则仲裁
D. 如仲裁协议有效，仲裁中申请人可申请更改仲裁请求，仲裁庭不能拒绝

三、名词解释

1. 仲裁协议
2. 现有争议和将来争议
3. 仲裁条款的独立性
4. 适用非国内实体规则

四、简答题

1. 仲裁协议一般应该具备哪些内容？
2. 简述仲裁协议的法律效力。

五、案例分析题

2014 年，中国丁公司原与美国 X 公司签订一项购货合同，后因美方无力履行，征得丁公司的同意后，将合同卖方的权利、义务转移由瑞士 G 公司承担。G 公司于 2015 年先后数次电传称："货物已在装船港备妥待运"，"装船日期为 2015 年 3 月 31 日"等，要求以该公司为受益人开出信用证，并最终提取了货款。丁公司久不见货到，乃于 2016 年向中国 S 市中级人民法院起诉，要求返还货款及赔偿银行利息、经营损失及其他费用。S 市中级人民法院受理了该案，经审理后，所作出的判决基本上满足了原告丁公司的请求。瑞士 G 公司不服一审判决，上诉至 S 市高级人民法院。其理由主要为双方签订的购货合同中订有仲裁条款而中国已加入 1958 年的《纽约公约》；因而原审法院无管辖权。

问题：（1）若你作为中国丁公司委托的律师，你将如何辩护？

（2）若你作为瑞士 G 公司委托的律师，你将如何辩护？

参考答案

一、单项选择题

1. **答案**：B。仲裁协议并不能作为决定仲裁实体法适用的依据。排除法院管辖权、仲裁机构行使管辖权和仲裁裁决得以执行的依据，不具有实体法上的效力。

2. **答案**：A。《最高人民法院关于适用〈中华人民共和国仲裁法〉若干问题的解释》第16条规定："对涉外仲裁协议的效力审查，适用当事人约定的法律；当事人没有约定适用的法律但约定了仲裁地的，适用仲裁地法律；没有约定适用的法律也没有约定仲裁地或者仲裁地约定不明的，适用法院地法律。"本题中双方当事人没有约定适用的法律但约定了仲裁地的，应适用仲裁地法律，故我国法院审查该仲裁条款效力时，应适用瑞典的法律。因此A项正确。

二、多项选择题

1. **答案**：ABD。参见《仲裁法》(2017修正)第16条。

2. **答案**：AB。参见《仲裁法》(2017修正)第20条。

3. **答案**：AB。关于A，根据《最高人民法院关于适用〈中华人民共和国仲裁法〉若干问题的解释》第3条的规定："仲裁协议约定的仲裁机构名称不准确，但能够确定具体的仲裁机构的，应当认定选定了仲裁机构"，因此A是正确的。关于B，该解释第6条规定："仲裁协议约定由某地的仲裁机构仲裁且该地仅有一个仲裁机构的，该仲裁机构视为约定的仲裁机构。该地有两个以上仲裁机构的，当事人可以协议选择其中的一个仲裁机构申请仲裁；当事人不能就仲裁机构选择达成一致的，仲裁协议无效。"因此B正确。而C错误。关于D，该解释第4条规定："仲裁协议仅约定纠纷适用的仲裁规则的，视为未约定仲裁机构，但当事人达成补充协议或者按照约定的仲裁规则能够确定仲裁机构的除外。"由于D遗漏了例外事项，故D是错误的。

4. **答案**：BC。根据我国《仲裁法》(2017修正)第20条规定，当事人对仲裁协议的效力有异议的，可以请求仲裁委员会作出决定或者请求人民法院作出裁定。一方请求仲裁委员会作出决定，另一方请求人民法院作出裁定的，由人民法院裁定。故选项A错误，B正确。根据《涉外民事关系法律适用法》第18条规定，当事人可以协议选择仲裁协议适用的法律。当事人没有选择的，适用仲裁机构所在地法律或者仲裁地法律。本题中仲裁机构、仲裁地均为中国，故对本案仲裁条款效力的审查，应适用中国法。故选项C正确，D错误。

5. **答案**：ABC。根据《仲裁法》(2017修正)第20条规定：当事人对仲裁协议的效力有异议的，可以请求仲裁委员会作出决定或者请求人民法院作出裁定。一方请求仲裁委员会作出决定，另一方请求人民法院作出裁定的，由人民法院裁定。当事人对仲裁协议的效力有异议，应当在仲裁庭首次开庭前提出。所以，A选项正确。

根据《最高人民法院关于适用〈中华人民共和国仲裁法〉若干问题的解释》第16条规定：对涉外仲裁协议的效力审查，适用当事人约定的法律；当事人没有约定适用的法律但约定了仲裁地的，适用仲裁地法律；没有约定适用的法律也没有约定仲裁地或者仲裁地约定不明的，适用法院地法律。甲、乙公司，未约定仲裁协议效力的法律，但约定了仲裁地，所以适用仲裁地法，即中国法。所以，B选项正确。

根据《中国国际经济贸易仲裁委员会仲裁规则（2015版）》第4条规定：规则的适用：(1) 本规则统一适用于仲裁委员会及其分会/中心。(2) 当事人约定将争议提交仲裁委员会仲裁的，视为同意按照本规则进行仲裁。(3) 当事人约定将争议提交仲裁委员会仲裁但对本规则有关内容进行变更或约定适用其他仲裁规则的，从其约定，但其约定无法实施或与仲裁程序适用法强制性规定相抵触者除外。当事人约定适用其他仲裁规则的，由仲裁委员会履行相应的管理职责。

(4) 当事人约定按照本规则进行仲裁但未约定仲裁机构的，视为同意将争议提交仲裁委员会仲裁。(5) 当事人约定适用仲裁委员会制定的专业仲裁规则的，从其约定，但其争议不属于该专业仲裁规则适用范围的，适用本规则。所以，C选项正确。

根据《中国国际经济贸易仲裁委员会仲裁规则（2015版）》第17条规定：变更仲裁请求或反请求：申请人可以申请对其仲裁请求进行更改，被申请人也可以申请对其反请求进行更改；但是仲裁庭认为其提出更改的时间过迟而影响仲裁程序正常进行的，可以拒绝其更改请求。所以，D选项错误。

三、名词解释

1. **答案**：仲裁协议是指双方当事人愿意把他们之间将来可能发生或者业已发生的争议提交仲裁的协议。
2. **答案**：从发生争议时间和约定仲裁时间的先后来看，可将仲裁协议划分为关于现有争议（existing dispute）的仲裁协议和关于将来争议（future dispute）的仲裁协议。现有争议，是指约定以仲裁方式解决争议时，该争议已经发生。将来争议，是指约定以仲裁方式解决争议时，该争议尚未发生。
3. **答案**：合同的终止、无效或失效，构成合同一部分的仲裁条款是否也随之终止、无效或失效，所发生的有关争议是否还应该根据仲裁条款提交仲裁解决，该问题被称作仲裁条款的独立性或可分性问题。
4. **答案**：所谓适用非国内实体规则是指，仲裁员不仅不考虑任何冲突法规则，也不直接适用国内法，而是适用一套非源于任何国内法的规则解决争议。非国内规则主要是指国际法、一般法律原则和国际商法（lex mercatoria）。

四、简答题

1. **答案**：一般说来，机构仲裁协议一般应规定：(1) 愿意提交仲裁的意思表示；(2) 明确的仲裁机构；(3) 仲裁规则；等等。临时仲裁协议应该约定：(1) 以仲裁方式解决争议事项；(2) 仲裁所适用的法律；(3) 仲裁所适用的程序规则与仲裁地点；等等。
2. **答案**：对双方当事人具有严格的约束力，仲裁协议约定的争议发生以后，只能通过仲裁方式求得最后解决，任何一方也只能就仲裁协议所规定的事项提交仲裁。

   仲裁协议具有排除有关国家法院管辖权的效力，它是有关仲裁机构行使仲裁管辖权的依据和强制执行仲裁裁决的依据。

五、案例分析题

答案：(1) 中方委托的律师应指出：瑞士G公司利用合同形式进行欺诈，已超过合同的范围，不仅破坏了合同，而且构成了侵权，双方当事人的纠纷已非合同权利义务的争议，而是侵权损害赔偿纠纷。因此，此案不受仲裁条款的约束，一审判决是正确的。

(2) 瑞士G公司委托的律师应指出：双方签订的购货合同中有仲裁条款，而中国在加入1958年承认和执行外国仲裁裁决的《纽约公约》时，已同意把契约性和“非契约性”商事争议均适用于该公约，因此，即使认定其为侵权，仲裁条款亦应有效。

第三十四章　国际商事仲裁中的法律适用

基础知识图解

- 国际商事仲裁中的法律适用
  - 适用于仲裁协议的法律
    - 确定的一般方法：依当事人选择的法律，若无明示选择时适用裁决作出地法，若未约定仲裁地时，可以依一般冲突规则确定的法律、主合同适用的法律或法院地法确定
    - 当事人民事行为能力法律适用的独立性
    - 国家及其机构缔结仲裁协议的能力
  - 适用于仲裁程序的法律
    - 仲裁程序法的范围和独立性
    - 仲裁程序法的确定：当事人选择仲裁程序法、未明示选择时，可适用仲裁地法或推定当事人的默示选择
    - 仲裁地法的强制性规则及其影响
  - 适用于争议实质问题的法律
    - 当事人选择仲裁实体法
      - 意思自治原则
      - 当事人选择法律的时间
      - 当事人选择法律的限制
    - 当事人未作选择时实体法的确定方法
      - 依冲突规则确定
      - 依最密切联系原则确定
      - 不依冲突规则确定
  - 非国内法规则的适用：国际法和一般法律原则、并存法、商法

配套测试

一、不定项选择题

1. 仲裁协议准据法的确定（　　）。

A. 依当事人选择的法律

B. 在当事人无明示选择时，适用裁决作出地法

C. 当事人无明确选择时，适用法院地法

D. 当事人未明示选择法律和仲裁地未确定时，适用一般的冲突规则确定仲裁协议的准据法

2. 关于国家缔结仲裁协议的能力，各国的实践是（　　）。

A. 予以禁止

B. 一般不加限制

C. 需要特别授权或批准

D. 区分不同情况，区别对待

3. 在国际商事仲裁中，对于仲裁程序，虽允许当事人自主选择，但最终起制约作用或支配作用的还是（　　）。

A. 仲裁地法

B. 法院地法

C. 合同缔约地法或履行地法

D. 当事人本国法或住所地法

4. 中国A公司与德国B公司因双方合同中仲裁条款的效力问题在我国涉诉。双方在合同中约定仲裁机构为位于巴黎的国际商会仲裁院，仲裁地为斯德哥尔摩，但对该仲裁条款

应适用的法律未作约定。依我国现行司法解释，我国法院审查该仲裁条款效力时，应适用下列哪国的法律？（　　）

A. 瑞典的法律
B. 法国的法律
C. 中国的法律
D. 德国的法律

二、名词解释

1. 非地方化
2. 非国内规则
3. 仲裁程序法

三、简答题

简述确定仲裁协议效力的准据法制度。

四、论述题

1. 论国际商事仲裁实体问题的法律适用。（武汉大学2005年考研真题）
2. 试述国际商事仲裁准据法的理论与实践。

参考答案

一、不定项选择题

1. **答案**：ABD。本题考查仲裁协议准据法的确定。国际商事仲裁适用的实体法一般由当事人选择确定，如果当事人未作选择，则适用仲裁人认为合适的冲突规范所确定的实体法，或者仲裁地的冲突规范所确定的实体法，或者与案件有最密切联系的实体法。
2. **答案**：D。对国家或其机构缔约仲裁协议能力的问题，各国的实践颇有差异，如沙特阿拉伯是禁止国家缔约仲裁协议的，但如英国、法国等国却不加禁止，还有的国家需要特别授权或批准后方可缔约仲裁协议。
3. **答案**：A。在国际商事仲裁中，对于仲裁程序问题，由于仲裁本身固有的性质，各国立法和实践普遍允许国际商事仲裁的双方当事人合意选择仲裁程序，而在无此合意选择时，则往往适用仲裁机构自身的仲裁规则或仲裁地的仲裁规则，或者由仲裁人或仲裁机构来决定适用的仲裁程序规则。
4. **答案**：A。《最高人民法院关于适用〈中华人民共和国仲裁法〉若干问题的解释》第16条规定，对涉外仲裁协议的效力审查，适用当事人约定的法律；当事人没有约定适用的法律但约定了仲裁地的，适用仲裁地法律；没有约定适用的法律也没有约定仲裁地或者仲裁地约定不明的，适用法院地法律。双方约定斯德哥尔摩为仲裁地，故应适用仲裁地的法律。

二、名词解释

1. **答案**：亦称非国内化，是指主张仲裁应该摆脱仲裁地法的控制，甚至主张应该摆脱任何特定国家的法律控制，实现仲裁完全自治的主张。
2. **答案**：主要指国际法、一般法律规则和国际商法。
3. **答案**：是指有关国家制定的可用以控制仲裁和当事人无约定时可对仲裁起到协助和支持作用的法律，是调整仲裁内部程序的规则。

三、简答题

答案：确定仲裁协议效力的准据法主要有以下几种：

（1）当事人选择适用的法律。这种做法已得到世界各国的普遍认可，即当事人在仲裁协议中选择的解决争议所适用的程序法和实体法对仲裁协议本身也适用，有关机构可以据此对仲裁协议有效作出判定。

（2）当事人的属人法。一个有效的仲裁协议必须是具有完全民事行为能力的当事人所缔结的。确定缔约当事人是否具有完全民事行为能力应根据他们的属人法，这是国际上通行的做法。因此，当事人属人法毫无疑问可以适用于仲裁协议的效力本身。

（3）仲裁订立地国家的法律。尽管在很多情况下，仲裁协议的效力适用当事人属人法，但如果根据当事人属人法，他不具有签订仲裁协议的民事行为能力，而根据协议签订地国家的法律，他具有这种民事行为能力，在这种情况下，根据许多国家的法律规定，应视为当事人有签约的民事行为能力。

（4）仲裁地法。仲裁地法是确认仲裁所

适用的主要法律之一，特别是当事人没有选择应适用的法律的情况下。仲裁地法对仲裁协议的约束主要体现以下几个方面：①仲裁协议的形式；②仲裁协议的内容；③仲裁协议的可仲裁事项。

四、论述题

1. 答案：(1) 当事人选择仲裁实体法。承认当事人有权决定可适用于合同的法律，是当今各国立法所承认或接受的一项原则，该原则也被广泛地用于指导国际商事仲裁员确定可适用于国际商事合同的法律。

①关于当事人选择法律的时间。当事人在订立合同之时具有选择可适用法律的自由。至于当事人订立了合同，在执行合同中发生争议后是否仍允许当事人选择合同的准据法，则有不同看法。有观点主张，如果当事人已协议选择某一国法律支配合同，则不能在合同订立若干年后又选择另一合同准据法。另外，当事人最初约定受某一法律体系约束，那么，不能出于方便又选择另一法律体系。另一种观点则主张当事人可以在争议发生后另外选择合同的准据法。在实践中，当事人在争议发生后，对原已作出的法律选择作出更改的情况很少见。即使出现这种情况，仲裁庭也都尊重当事人更改原有选择的意愿。

②关于当事人选择法律的限制。当事人意思自治原则虽然是一项为各国普遍接受的原则，但当事人选择法律的意思自治主要受到两个方面的限制：第一，公共政策或善良风俗的限制，即合同当事人在选择合同准据法时，不能排除特定国家的公共政策和善良风俗的强制性法律规范。当事人的选择只能在特定国家的任意法范围内进行。可以说，这是各国法律的共同原则。第二，与合同有实际联系的限制。有些国家要求合同当事人不得选择与合同毫无实际关系的法律，如英国要求法律选择必须是“善意和合法”的。当事人选择合同准据法与合同有实际联系的要求，多见于将合同争议提交法院解决的司法诉讼案中。从当今国际商事仲裁的现状看，允许当事人自由选择实体法而不受合理联系规则的限制已经比较普遍。一般而言，只要当事人表示的意思是善意和合法的，又无法以公共秩序为由撤销选择，则很难以其他理由限制当事人的意思自治。国际商会作为国际上享有盛名的典型的国际仲裁机构，在许多裁决中都确认当事人选择的与合同无联系的法律。

(2) 当事人未作选择时实体法的确定。当事人间缺乏明示的法律选择时，仲裁员可依据冲突规则，如仲裁地的冲突规则、仲裁员本国的冲突规则、被申请承认和执行裁决地国家的冲突规则以及与争议有最密切联系的冲突规则等选择实体法，也可直接选择实体法，如直接适用国内法的实体规则和适用非国内规则，如国际法、一般法律原则和商法等。

2. 答案：国际商事仲裁的准据法包括两个方面内容：

国际商事仲裁程序的准据法。在国际商事仲裁中，对于仲裁程序问题，由于仲裁本身固有的性质，各国立法和实践普遍允许国际商事仲裁中的双方当事人合意选择仲裁程序，而在无此合意选择时，则往往适用仲裁机构自身的仲裁规则或仲裁地的仲裁规则(即仲裁法)，或者由仲裁人或仲裁机构来决定适用的仲裁程序规则。

仲裁实体问题的准据法。尽管在国际商事仲裁中，仲裁人往往只是偶尔提及解决实质问题的法律适用问题（不管有关合同中是否已约定应适用的法律），而更多的是注意调查有关的事实情况，如双方当事人说了些什么或没有说什么，允诺了什么或没有允诺什么，履行了什么或没有履行什么，标的物到底质量如何，等等；并在把这些问题弄清楚之后，便按照有关合同的约定，依据公正、合理的观念，作出裁决。但是这绝不意味着在仲裁中，对实体问题应适用的法律可以不予重视。实体问题应适用的法律，本属国际私法研究的对象，但国际商事仲裁中关于实体法的适用却有许多不同于民事关系法律适用的地方。

在国际商事关系中，解决实体问题的准

据法选择，一个最基本的原则，是当事人意思自治。这是为所有有关这类仲裁的国际公约所肯定的。在实践中，当事人的选择，大多是指向某一国家的国内法。但是，在选择国内法作实体问题的准据法时，往往会遇到某一国家的国内法不完善、不宜适用于国际商事关系等情况。所以，在国际商事仲裁中，也允许当事人适用国际法规则。如世界银行在与有关国家出面担保的私人贷款者之间的协议中，便有这种选择。对实体问题适用国际法规则，还可能因当事人未就应适用法律达成一致意见时而发生。如《华盛顿公约》第41条规定，在当事人之间没有这种协议时，“法庭应适用争端一方的缔约国的法律（包括它的冲突法规则以及可运用的国际法规则）”。但是，现在的实际情况是，国际法在这方面的法律规则还没有充分发展起来，于是，在一些法律文件中，常认为适用于国际商事仲裁的国际法，应理解为国际法院规约第38条所包含的全部内容，即包括国际条约、国际惯例、一般法律原则、司法判例及学说。

此外，在国际商事仲裁中，还有适用一种被称为“共存法”或“混合法”的实践。所谓“共存法”，就是把国际法或一般法律原则与特定的国内法结合起来加以运用的一种制度。在国际商事仲裁中，更常见的是，在缺乏当事人协议时，适用以各种贸易术语为主要内容的国际贸易法或国际商事惯例。最后，在国际商事仲裁中，还允许仲裁人依公平和善意原则，或公平交易和诚实信用原则，对实质问题作出裁决，从而不适用任何法律。

第三十五章　国际商事仲裁裁决的种类和对裁决的异议

基础知识图解

- 仲裁裁决的种类：最后裁决、临时裁决、部分裁决、缺席裁决、合意裁决
- 国际商事仲裁裁决的撤销
  - 申请撤销的目的
  - 申请撤销裁决的管辖法院：一般是仲裁地国法院或裁决作出地国法院
  - 提出申请的时限：《仲裁法》（2017 修正）规定，应当自收到裁决书之日起 6 个月内提出
- 国际商事仲裁裁决的撤销
  - 撤销仲裁裁决的理由
    - 统一制和双轨制
    - 撤销的主要理由
      - 裁决本身问题
      - 管辖权问题
      - 适当通知问题
      - 其他程序问题
  - 重新仲裁制度
    - 发回重新仲裁的条件
    - 重新仲裁的仲裁庭
    - 重新仲裁的审理范围

配套测试

一、不定项选择题

1. 在仲裁程序中，对于所达成的调解书的效力应该如何确定？（　　）

A. 在仲裁程序中所达成的调解协议，一经仲裁庭制作调解书后，即发生法律效力

B. 在仲裁程序中所达成的调解协议，调解书必须经当事人双方签收后方能生效

C. 在仲裁程序中所达成的调解协议，一经仲裁庭制作调解书后，即不能反悔

D. 在仲裁程序中所达成的调解协议，在签收前反悔的，仲裁庭应该及时作出裁决

2. 某联营企业由两方投资，A 方未按联营合同缴足出资，B 方根据仲裁协议申请仲裁。仲裁过程中仲裁庭主持调解，A 方同意补缴出资，B 方放弃仲裁请求。本案可选择的结案方式有哪几种？（　　）

A. 仲裁庭制作调解书

B. 根据调解协议的结果制作裁决书

C. 撤回仲裁申请

D. 驳回仲裁申请

3. 在仲裁程序中，仲裁庭作出的仲裁裁决书发生法律效力的时间是（　　）。

A. 裁决书一经作出就发生法律效力

B. 裁决书一经送达双方当事人时才发生法律效力

C. 裁决书一旦发生法律效力，则不得有任何理由对裁决书进行补正

D. 对裁决书中的文字、计算错误或者仲裁

庭已经裁决但在裁决书中遗漏的事项，仲裁庭应当补正；当事人自收到裁决书之日起 30 日内，可以请求仲裁庭补正

4. 在中国国际经济贸易仲裁委员会受理的仲裁案件中，在仲裁庭作出仲裁裁决后，对于裁决书中的计算错误、书写错误等情况，应该如何处理？（　　）

A. 当事人在收到仲裁裁决书之日起 30 日内可请求仲裁庭作出更正

B. 仲裁庭也可以在仲裁裁决书作出之日起合理时间内自行作出更正

C. 更正既可以用书面形式作出，也可以用口头形式作出

D. 书面更正构成仲裁裁决书的一部分

5. 在中国国际经济贸易仲裁委员会受理的仲裁案件中，仲裁裁决的作出应该遵循的规定有（　　）。

A. 由三人组成的仲裁庭审理的案件中，裁决书的作出应该依照全体或多数人的意见决定，少数仲裁员的书面意见应附卷

B. 在仲裁庭不能形成多数意见时，应该将案件提交仲裁委员会由仲裁委员会主任决定

C. 由仲裁庭形成多数意见的裁决书，应该由多数仲裁员署名

D. 由仲裁庭形成多数意见的裁决书，持有不同意见的仲裁员也应该在裁决书上署名

6.《民事诉讼法》(2021 修正）规定，以下哪些情形可以裁定撤销涉外仲裁裁决？（　　）

A. 当事人在合同中没有订立仲裁条款或者事后没有达成书面仲裁协议的

B. 被申请人没有得到指定仲裁员或者进行仲裁程序的通知，或者由于其他不属于被申请人负责的原因未能陈述意见的

C. 仲裁庭的组成或者仲裁的程序与仲裁规则不符的

D. 裁决的事项不属于仲裁协议的范围或者仲裁机构无仲裁的

7. 关于仲裁裁决的撤销，根据我国现行法律，下列哪些选项是正确的？（　　）

A. 我国法院可根据我国法律撤销一项外国仲裁裁决

B. 我国法院撤销涉外仲裁裁决的法定理由之一是裁决事项超出仲裁协议范围

C. 撤销涉外仲裁裁决的法定理由和撤销国内仲裁裁决的法定理由相同

D. 当事人申请撤销裁决的，应当自收到裁决书之日起六个月内提出

二、名词解释

1. 临时裁决

2. 缺席裁决

3. 合意裁决

三、简答题

简述我国仲裁法关于当事人对涉外仲裁裁决提出异议的理由。

参考答案

一、不定项选择题

1. 答案： BD。《仲裁法》（2017 修正）第 51 条规定，在仲裁中，当事人达成调解协议时，仲裁庭应当制作调解书或者根据协议的结果制作裁决书；调解书与裁决书具有同等的法律效力。第 52 条规定，调解书应当写明仲裁请求和当事人协议的结果。调解书由仲裁员签名，加盖仲裁委员会印章，送达双方当事人。调解书经双方当事人签收后，即发生法律效力。在调解书签收前当事人反悔的，仲裁庭应当及时作出裁决。签收才具有法律效力。

2. 答案： ABC。参见《仲裁法》（2017 修正）第 49、51 条。

3. 答案： AD。参见《仲裁法》（2017 修正）第 56、57 条。

4. 答案： ABD。参见《中国国际经济贸易仲裁委员会仲裁规则》第 53 条。

5. 答案： AC。参见《中国国际经济贸易仲裁委员会仲裁规则》第 49 条。

6. 答案： ABCD。《仲裁法》（2017 修正）第 70 条规定：“当事人提出证据证明涉外仲裁裁决有民事诉讼法第二百五十八条第一款规定的情形之一的，经人民法院组成合议庭审查核实，裁定撤销。”根据《民事诉讼

法》（2021 修正）第 281 条第 1 款规定，对中华人民共和国涉外仲裁机构作出的裁决，被申请人提出证据证明仲裁裁决有下列情形之一的，经人民法院组成合议庭审查核实，裁定不予执行：（1）当事人在合同中没有订有仲裁条款或者事后没有达成书面仲裁协议的；（2）被申请人没有得到指定仲裁员或者进行仲裁程序的通知，或者由于其他不属于被申请人负责的原因未能陈述意见的；（3）仲裁庭的组成或者仲裁的程序与仲裁规则不符的；（4）裁决的事项不属于仲裁协议的范围或者仲裁机构无权仲裁的。故 A、B、C、D 四项均选。

7. **答案：**BD。中国法院只能撤销本国的仲裁裁决，不能撤销外国的仲裁裁决，对于外国的仲裁裁决只能作出不予执行的决定。故选项 A 错误。根据《民事诉讼法》（2021 修正）第 282 条的规定，仲裁裁决被人民法院裁定不予执行的，当事人可以根据双方达成的书面仲裁协议重新申请仲裁，也可以向人民法院起诉。《仲裁法》（2017 修正）第 58 条规定了法院撤销国内仲裁裁决的法定理由。《民事诉讼法》（2021 修正）第 281 条第 1 款规定，对中华人民共和国涉外仲裁机构作出的裁决，被申请人提出证据证明仲裁裁决有下列情形之一的，经人民法院组成合议庭审查核实，裁定不予执行：当事人在合同中没有订有仲裁条款或者事后没有达成书面仲裁协议的；被申请人没有得到指定仲裁员或者进行仲裁程序的通知，或者由于其他不属于被申请人负责的原因未能陈述意见的；仲裁庭的组成或者仲裁的程序与仲裁规则不符的；裁决的事项不属于仲裁协议的范围或者仲裁机构无权仲裁的。通过对比可以看出，撤销涉外仲裁裁决的法定理由和撤销国内仲裁裁决的法定理由是存在差异的。故 C 错误。可见，选项 B 正确。《仲裁法》（2017 修正）第 59 条规定，当事人申请撤销裁决的，应当自收到裁决书之日起六个月内提出。因此选项 D 正确。

二、名词解释

1. **答案：**在仲裁过程中，通过临时裁决确定某些程序问题或先决问题，是使仲裁能够顺利进行的有效方式。仲裁庭能否作出临时裁决的权力源于双方当事人的仲裁协议或可适用的法律。如双方当事人在仲裁协议中约定适用某国际仲裁规则或某机构仲裁规则，这些规则一般都规定有仲裁庭可作出临时裁决的条款。

2. **答案：**国际商事仲裁有时是在一方当事人没有参与或拒绝参加的情况下进行的。一方当事人可能从一开始就不参加仲裁，也有可能是在仲裁的中途不参加仲裁。对于这种情况，各国仲裁法和各国际仲裁机构的仲裁规则都规定，仲裁应该继续进行，仲裁庭作出的仲裁裁决的效力不受影响。

3. **答案：**国际商事仲裁的当事人可以在仲裁过程中就其争议达成和解协议。如果双方当事人以和解方式达成一致意见，当事人可以直接执行和解协议。如果当事人需要，可以要求仲裁庭以裁决形式确认和解协议，也就是说根据和解协议作出裁决。

三、简答题

答案：《仲裁法》规定，当事人提出证据证明涉外仲裁裁决有《民事诉讼法》第 281 条第 1 款规定的情形之一的，经人民法院组成合议庭审查核实，裁定撤销。具体是指：（1）当事人在合同中没有订有仲裁条款或者事后没有达成书面仲裁协议的；（2）被申请人没有得到指定仲裁员或者进行仲裁程序的通知，或者由于其他不属于被申请人负责的原因未能陈述意见的；（3）仲裁庭的组成或者仲裁的程序与仲裁规则不符的；（4）裁决的事项不属于仲裁协议的范围或者仲裁机构无权仲裁的。

第三十六章　国际商事仲裁裁决的执行

基础知识图解

国际商事仲裁裁决的执行
- 本国涉外仲裁裁决的执行
- 外国仲裁裁决的承认与执行
  - 国际法制度
  - 国内法制度

配套测试

一、单项选择题

1. 我国G公司与荷兰H公司正就签订一项商务合同进行谈判。针对该合同可能产生的争议，H公司提出，如发生争议应尽量协商调解解决，不成再提请仲裁或进行诉讼。在决定如何回应此方案之前，G公司向其律师请教。该律师关于涉外民商事纠纷调解的下列哪一表述是错误的？（　　）（司考2006.1.38）

A. 调解是有第三人介入的争议解决方式

B. 当事人双方在调解人的斡旋下达成的和解协议不具有强制执行的效力

C. 在涉外仲裁程序中进行的调解，仲裁庭无须先行确定双方当事人对调解的一致同意即可直接主持调解

D. 在涉外诉讼中，法官也可以对有关纠纷进行调解

2. 如果当事人在仲裁裁决作出后，向人民法院提出申请，要求撤销仲裁裁决的，人民法院应该如何处理？（　　）

A. 人民法院应该在受理申请撤销仲裁裁决之日起三个月内作出撤销裁决或者驳回申请的裁定

B. 人民法院在受理撤销仲裁裁决的申请后，应该径直作出裁定，不应该让仲裁庭重新仲裁

C. 人民法院在受理撤销仲裁裁决的申请后，认为可以重新仲裁的，可以通知仲裁庭在一定期限内重新仲裁，并裁定终止撤销程序

D. 如果仲裁庭拒绝重新仲裁的，人民法院应该裁定恢复撤销程序

3. 在仲裁程序中，当事人有权向法院提出撤销仲裁裁决申请的期限是（　　）。

A. 当事人应该在收到仲裁裁决书的三个月内提出

B. 当事人应该在仲裁裁决书发生法律效力时起三个月内，提出撤销裁决书的申请

C. 当事人应该在收到仲裁裁决书的六个月内提出撤销裁决书的申请

D. 当事人应该在仲裁裁决书发生法律效力时起的六个月内提出撤销裁决书的申请

4. 对于中国涉外仲裁机构作出的仲裁裁决书，由于被执行人或者被执行的财产不在中国境内，需要到外国申请执行该仲裁裁决的，应当遵循下述程序（　　）。

A. 应当由当事人直接到该外国，向有关部门申请执行该仲裁裁决书

B. 应当由仲裁委员会向外国的有关机构申请执行该仲裁裁决书

C. 应当由仲裁庭所在地的中级人民法院向外国的有关机构申请执行该仲裁裁决书

D. 应当由当事人先向我国外交部门提出申请，再由我国外交部门向有关的外国机构申请执行该仲裁裁决书

5. 我国在加入《承认与执行外国仲裁裁决公约》时所作的保留之一是（　　）。
   A. 反致保留　　B. 互惠保留
   C. 侵权范围保留　　D. 公共秩序保留
6. 中国和甲国均为《承认及执行外国仲裁裁决公约》缔约国。现甲国某申请人向中国法院申请承认和执行在甲国作出的一项仲裁裁决。对此，下列哪一选项是正确的？（　　）（司考 2010. 1. 39）
   A. 我国应对该裁决的承认与执行适用公约，因为该申请人具有公约缔约国国籍
   B. 有关中国投资者与甲国政府间投资争端的仲裁裁决不适用公约
   C. 中国有义务承认公约缔约国所有仲裁裁决的效力
   D. 被执行人为中国法人的，应由该法人营业所所在地法院管辖
7. 法国某公司依 1958 年联合国《承认及执行外国仲裁裁决公约》，请求中国法院承认与执行一项国际商会国际仲裁院的裁决。依据该公约及中国相关司法解释，下列哪一表述是正确的？（　　）（司考 2013. 1. 38）
   A. 法院应依职权主动审查该仲裁过程中是否存在仲裁程序与仲裁协议不符的情况
   B. 该公约第 5 条规定的拒绝承认与执行外国仲裁裁决的理由是穷尽性的
   C. 如该裁决内含有对仲裁协议范围以外事项的决定，法院应拒绝承认执行该裁决
   D. 如该裁决所解决的争议属于侵权性质，法院应拒绝承认执行该裁决

二、多项选择题

1. 国际上已经订立过的三项关于承认和执行外国仲裁裁决的国际公约是（　　）。
   A.《布斯塔曼特法典》
   B.《关于执行外国仲裁裁决的公约》
   C.《纽约公约》
   D.《日内瓦仲裁条款协议书》
2. 如果中国国际经济贸易仲裁委员会作出的仲裁裁决被中国某法院裁定不予执行，那么，对于该争议的解决，应该如何处理？（　　）
   A. 当事人可以根据他们之间的重新达成的仲裁协议，将争议重新申请仲裁
   B. 当事人可以向人民法院起诉，从而解决该争议
   C. 当事人仍然只能根据他们之间的仲裁协议，将争议重新申请仲裁
   D. 当事人只能向人民法院起诉，从而解决该争议
3. 甲公司根据其与乙公司之间达成的仲裁协议，将其与乙公司之间的某争议提交仲裁，但在提交仲裁申请后，两公司自行达成了和解协议，那么，下述情况中哪些是由此可能产生的法律后果？（　　）
   A. 当事人双方在提交仲裁申请后，达成的和解协议是有效的，则可以撤回仲裁申请
   B. 当事人在提交仲裁申请后，达成了和解协议的，可以请求仲裁庭根据和解协议制作仲裁裁决书
   C. 当事人在提交仲裁申请后，达成了和解协议，撤回仲裁申请后又反悔的，则不能根据原来的仲裁协议再行申请仲裁
   D. 当事人在提交仲裁申请后，达成了和解协议，撤回仲裁申请后又反悔的，还可以根据原来的仲裁协议再行申请仲裁

三、名词解释

1. 仲裁员超越权限
2. 仲裁庭的组成或仲裁程序不当

四、简答题

简述裁决国籍的确定标准。

五、论述题

1. 试论拒绝承认和执行外国仲裁裁决的理由。
2. 1958 年《关于承认及执行外国仲裁裁决的公约》（《纽约公约》）的主要内容及其在我国的运用。

参考答案

一、单项选择题

1. **答案**：C。国际民商事争议的解决方式包括调解、仲裁、诉讼。调解是当事人自愿将争

议提交给第三者，并在第三者的主持和促使下达成和解协议，解决争议的方法。故A正确。但是当事人间的调解协议仅具有合同的效力，不能够强制执行。故B正确。仲裁是指根据当事人事先或者事后达成的仲裁协议，将争议提交给他们选定的仲裁机构，由仲裁机构依法作出裁决，解决争议的一种方式。仲裁过程中，仲裁庭可以征得当事人同意后进行调解，调解成功即结案。故C错误。诉讼是指由有管辖权的法院依法对当事人之间的争议进行裁判以解决争议的一种方式。诉讼过程中，合议庭可以征得当事人同意后进行调解，调解成功即结案。故D正确。所以本题答案为C。

2. **答案**：D。《仲裁法》（2017修正）第61条规定，人民法院受理撤销裁决的申请后，认为可以由仲裁庭重新仲裁的，通知仲裁庭在一定期限内重新仲裁，并裁定中止撤销程序。仲裁庭拒绝重新仲裁的，人民法院应当裁定恢复撤销程序。

3. **答案**：D。撤销是向仲裁委员会所在地的中级人民法院申请撤销裁决，并且应当在收到裁决书之日起6个月内提出，参见《仲裁法》（2017修正）第58、59条。

4. **答案**：A。《仲裁法》（2017修正）第72条规定，涉外仲裁委员会作出的发生法律效力的仲裁裁决，当事人请求执行的，如果被执行人或者其财产不在中华人民共和国领域内，应当由当事人直接向有管辖权的外国法院申请承认与执行。

5. **答案**：B。加入该公约时有两项保留，包括互惠保留和商事保留。

6. **答案**：B。本题主要考查涉外仲裁裁决的执行。

7. **答案**：B。《承认及执行外国仲裁裁决公约》第5条规定："一、裁决唯有于受裁决援用之一造向申请承认及执行地之主管机关提具证据证明有下列情形之一时，始得依该造之请求，拒予承认及执行：（甲）第二条所称协定之当事人依对其适用之法律有某种无行为能力情形者，或该项协定依当事人作为协定准据之法律系属无效，或未指明以何法律为准时，依裁决地所在国法律系属无效者；（乙）受裁决援用之一造未接获关于指派仲裁员或仲裁程序之适当通知，或因他故，致未能申辩者；（丙）裁决所处理之争议非为交付仲裁之标的或不在其条款之列，或裁决载有关于交付仲裁范围以外事项之决定者，但交付仲裁事项之决定可与未交付仲裁之事项划分时，裁决中关于交付仲裁事项之决定部分得予承认及执行；（丁）仲裁机关之组成或仲裁程序与各造间之协议不符，或无协议而与仲裁地所在国法律不符者；（戊）裁决对各造尚无拘束力，或业经裁决地所在国或裁决所依据法律之国家之主管机关撤销或停止执行者。二、倘申请承认及执行地所在国之主管机关认定有下列情形之一，亦得拒不承认及执行仲裁裁决：（甲）依该国法律，争议事项系不能以仲裁解决者；（乙）承认或执行裁决有违该国公共政策者。"第6条规定："倘裁决业经向第五条第一项（戊）款所称之主管机关申请撤销或停止执行，受理援引裁决案件之机关得于其认为适当时延缓关于执行裁决之决定，并得依请求执行一造之申请，命他造提供妥适之担保。"所以，法院是依照当事人的要求审查该仲裁过程中是否存在仲裁程序与仲裁协议不符的情况，A选项错误。公约第5条规定的拒绝承认与执行外国仲裁裁决的理由是穷尽性的。所以B选项正确。如该裁决涉及仲裁协议所没有提到的，或者不包括仲裁协议规定之内的争执；或者裁决内含有对仲裁协议范围以外事项的决定；但是，对于仲裁协议范围以内的事项的决定，如果可以和对于仲裁协议范围以外的事项的决定分开，那么，这一部分的决定仍然可予以承认和执行，所以不是所有裁决内含有对仲裁协议范围以外事项的决定，法院都要拒绝承认执行该裁决，C选项错误。依照《仲裁法》（2017修正）第3条规定，下列纠纷不能仲裁：婚姻、收养、监护、扶养、继承纠纷；依法应当由行政机关处理的行政争议。侵权性质的争议，依照我国法律规定，也可以以仲裁方式解决，所以我国法院不能拒绝承认执行该裁决。所以D项错误。

二、多项选择题

1. 答案：BCD。国际上订立了三项关于承认和执行外国仲裁裁决的国际公约：1923年《日内瓦仲裁条款协议书》、1927年《关于执行外国仲裁裁决的公约》和1958年《纽约公约》。

2. 答案：AB。参见《仲裁法》（2017修正）第9条。

3. 答案：ABD。参见《仲裁法》（2017修正）第49、50条。

三、名词解释

1. 答案：所谓仲裁员超越权限是指，仲裁员所作的裁决涉及仲裁协议所未曾提到或者不包括在仲裁协议规定之内的争议或者裁决内容含有在仲裁协议范围以外事项的决定。因仲裁协议无效而导致的仲裁员不具管辖权的问题不属仲裁员超越权限范畴。

2. 答案：仲裁庭的组成或仲裁程序不当是指，一仲裁庭的组成或仲裁程序同当事人间的协议不符，或者当事人之间未约定此种协议时，仲裁庭的组成或仲裁程序不符合仲裁地国的法律。

四、简答题

答案：国际商事仲裁的有效进行不可能完全脱离特定国家的法律体系。各国一般都将当事人申请执行的裁决分为内国裁决和外国裁决，对内国裁决和外国裁决的承认和执行规定了不同的要求。内国裁决和外国裁决的认定标准有：

（1）内国裁决。如果某一裁决的作出地和被申请承认和执行裁决地国是同一国家，被申请承认和执行地国通常认为该裁决属于内国裁决，除非被申请承认和执行地国依据有关法律和解释，不认为该裁决属于内国裁决。

（2）外国裁决。第一，领域标准。以裁决作出地为标准，如果裁决是在被申请承认和执行该裁决所在国领域外的国家作出的，该裁决通常被认为属于外国裁决。这种划分内国裁决和外国裁决的方法被称为领域标准，大多数国家和有关的国际公约都接受和采纳了这一标准。第二，非内国裁决标准。有些国家除了采用领域标准认定外国裁决以外，还可能出于特定的原因，将在本国领域内作出的又在本国申请承认和执行的裁决认定为非内国裁决，在承认和执行该裁决时适用有关承认和执行外国仲裁裁决的法律规定。这种认定方式被称为非内国裁决标准。如何对非内国裁决作出认定，完全是被申请承认和执行裁决地国的权限。

五、论述题

1. 答案：（1）按照1958年《纽约公约》的规定，应由被申请执行人证明的拒绝承认和执行外国仲裁裁决的理由有：

第一，仲裁协议无效。仲裁协议的双方当事人，根据对他们适用的法律，在签订仲裁协议时是处于某种无民事行为能力的情况下，或者根据双方当事人选择适用的法律，或在没有这种选择时，根据作出裁决的国家的法律，仲裁协议无效。

第二，违反正当程序。违反正当程序的理由主要是指，对作为裁决执行对象的当事人未曾给予有关指定仲裁员或者进行仲裁程序的适当通知，或者作为裁决执行对象的当事人由于其他情况未能申辩。

第三，仲裁员超越权限。即仲裁员所作的裁决涉及仲裁协议所未曾提到或者不包括在仲裁协议规定之内的争议或者裁决内容含有在仲裁协议范围以外事项的决定。

第四，仲裁庭的组成或仲裁程序不当。仲裁庭的组成不当是指，仲裁庭的组成或仲裁程序同当事人间的协议不符，或者当事人之间未约定此种协议时，仲裁庭的组成或仲裁程序不符合仲裁地国的法律。

第五，裁决对当事人尚未发生约束力或已被撤销或停止执行。

（2）可由法院自行依职权裁定拒绝承认和执行的理由有：

第一，争议事项不可用仲裁方式解决。争议事项不可以用仲裁方式解决，是裁决执行地国法律据以自行拒绝承认和执行裁决的一条理由。

第二，违反公共政策或公共秩序。公共政策条款主要用来保护“法院地的基本道德信念或政策”。公共政策既是用以拒绝适用外国法的一种传统理由，也是用以拒绝承认和执行外国法院判决和外国仲裁裁决的一种传统理由。

2. 答案：(1)《纽约公约》的主要内容是：

①规定了承认与执行外国仲裁裁决的范围。包括由于自然人和法人之间的争议而引起的仲裁裁决，在非执行地国家领土上做出的或者执行地国家不认为是本国裁决的裁决，由临时仲裁庭或者常设仲裁庭做出的裁决，并且允许各国进行“互惠保留”和“商事保留”。

②《纽约公约》第5条规定了拒绝承认和执行外国仲裁裁决的条件。当事人没有民事行为能力和仲裁协议无效；未给予适当通知或者未能提出申辩；仲裁庭超越权限；仲裁庭的组成和仲裁程序不当；仲裁不具有法律约束力或者已经被撤销或者停止执行。

③承认和执行外国仲裁裁决的标准。《纽约公约》第3条规定，各缔约国应当承认仲裁裁决的法律拘束力，并在承认和执行上不应当在实质上比承认和执行本国仲裁裁决提出更为麻烦的条件或者征收更高的费用。

(2) 承认以及执行外国仲裁的程序在我国的运用。

①根据我国《民事诉讼法》(2021修正)第290条的规定，国外仲裁机构的裁决需要在我国法院承认和执行的，应当由当事人直接向被执行人住所地或者财产所在地的中级人民法院申请，法院应当根据《纽约公约》和我国相关的法律规定办理。

②《纽约公约》在我国的适用范围。我国在参加《纽约公约》的时候做了商事保留和互惠保留。

③公约裁决在我国承认和执行的条件。按照公约的规定。

④为了更好地履行公约规定的义务，最高人民法院建立了人民法院处理外国仲裁裁决的报告制度。即如果人民法院认为申请承认和执行的外国仲裁裁决不符合我国参加的国际公约的规定或者不符合互惠原则，在裁定不予执行或者拒绝承认和执行之前，必须报请本辖区所属高级人民法院审查，如果高级人民法院同意不执行或者拒绝承认和执行，应当将其审查意见报请最高人民法院，待最高人民法院答复之后，方可以裁定不予执行或者拒绝承认和执行。

期末测试题一

一、单项选择题

1. 经常居所在广州的西班牙公民贝克，在服务器位于西班牙的某网络论坛上发帖诽谤经常居所在新加坡的中国公民王某。现王某将贝克诉至广州某法院，要求其承担侵害名誉权的责任。关于该纠纷的法律适用，下列哪一选项是正确的？（　　）

A. 侵权人是西班牙公民，应适用西班牙法

B. 被侵权人的经常居所在新加坡，应适用新加坡法

C. 被侵权人是中国公民，应适用中国法

D. 论坛服务器在西班牙，应适用西班牙法

2. 中国公民李某在柏林签发一张转账支票给德国甲公司用于支付货款，付款人为中国乙银行北京分行；甲公司在柏林将支票背书转让给中国丙公司，丙公司在北京向乙银行请求付款时被拒。关于该支票的法律适用，依中国法律规定，下列哪一选项是正确的？（　　）

A. 如李某依中国法为限制民事行为能力人，依德国法为完全民事行为能力人，应适用德国法

B. 甲公司对该支票的背书行为，应适用中国法

C. 丙公司向甲公司行使票据追索权的期限，应适用中国法

D. 如丙公司不慎将该支票丢失，其请求保全票据权利的程序，应适用德国法

3. 根据我国相关法律规定，关于涉外民事关系适用的外国法律的表述，下列哪一选项是错误的？（　　）

A. 涉外民事关系适用的外国法律，包括该国的法律适用法

B. 涉外民事关系适用的外国法律，由人民法院、仲裁机构或者行政机关查明

C. 当事人选择适用外国法律的，应当提供该国法律

D. 不能查明外国法律或者该国法律没有规定的，适用中华人民共和国法律

4. 基尔伯是纽约人，在纽约有住所。被告东北航空公司是在马萨诸塞州注册的公司，从事纽约至马萨诸塞州之间的空中运输。基尔伯在纽约买了该公司的机票，乘坐飞机前往马萨诸塞州，中途因飞机在马萨诸塞州坠毁而死亡，死者的遗产管理人在纽约州法院提起诉讼，要求被告赔偿。马萨诸塞州法律规定，受害人向从事公共运输者索赔的数额为2000美元以上15000美元以下，且索赔的具体数额要根据被告人的过错程度来确定。而纽约州宪法则禁止索赔的最高限额。依据国际私法理论，法院应该（　　）。

A. 依侵权行为地法即马萨诸塞州的法律，判决被告应向原告赔偿15000美元

B. 法院应依住所地法适用纽约州法关于禁止索赔限额的规定

C. 法院应依法院地法适用纽约州法律关于禁止索赔限额的规定

D. 法院应认定马萨诸塞州的法律与纽约州的根本法相抵触，不予适用马萨诸塞州的法律

5. 中国某公司进口了一批皮制品，信用证方式支付，以海运方式运输并投保了一切险。中国收货人持正本提单提货时发现货物已被他人提走。依相关司法解释和国际惯例，下列哪一选项是正确的？（　　）

A. 承运人应赔偿收货人因其无单放货造成的货物成本和利润损失

B. 因该批货物已投保一切险，故保险人应对货主赔偿无单放货造成的损失

C. 因货物已放予他人，收货人不再需要向卖方支付信用证项下的货款

D. 如交单人提交的单证符合信用证的要求，银行即应付款

6. 甲公司（卖方）与乙公司于2007年10月签订了两份同一种农产品的国际贸易合同，约定交货期分别为2008年1月底和3月中旬，采用付款交单方式。甲公司依约将第一份合同项下的货物发运后，乙公司以资金周转困难为由，要求变更付款方式为货到后30天付款。甲公司无奈同意该变更。乙公司未依约付款，并以资金紧张为由再次要求延期付款。甲公司未再发运第二个合同项下的货物并提起仲裁。根据《联合国国际货物销售合同公约》，下列哪一选项是正确的？（　　）
   A. 乙公司应以付款交单的方式支付货款
   B. 甲公司不发运第二份合同项下货物的行为构成违约
   C. 甲公司可以停止发运第二份合同项下的货物，但应及时通知乙公司
   D. 如乙公司提供了付款的充分保证，甲公司仍可拒绝发货
7. 甲国人迈克在甲国出版著作《希望之路》后25天内，又在乙国出版了该作品，乙国是《保护文学和艺术作品伯尔尼公约》缔约国，甲国不是。依该公约，下列哪一选项是正确的？（　　）
   A. 因《希望之路》首先在非缔约国出版，不能在缔约国享受国民待遇
   B. 迈克在甲国出版《希望之路》后25天内在乙国出版，仍然具有缔约国的作品国籍
   C. 乙国依国民待遇为该作品提供的保护需要迈克履行相应的手续
   D. 乙国对该作品的保护有赖于其在甲国是否受保护
8. 中国伟业公司与甲国利德公司签订了采取铁路运输方式由中国出口一批货物的合同。后甲国法律发生变化，利德公司在收货后又自行将该批货物转卖到乙国，现乙国一公司声称该批货物侵犯了其知识产权。中国和甲国均为《联合国国际货物销售合同公约》和《国际铁路货物联运协定》缔约国。依相关规则，下列哪一选项是正确的？（　　）
   A. 伟业公司不承担该批货物在乙国的知识产权担保义务
   B. 该批货物的风险应于订立合同时由伟业公司转移给利德公司
   C. 铁路运输承运人的责任期间是从货物装上火车时起至卸下时止
   D. 不同铁路运输区段的承运人应分别对在该区段发生的货损承担责任
9. 中国某公司进口了一批仪器，采取海运方式并投保了水渍险，提单上的收货人一栏写明“凭指示”的字样。途中因船方过失致货轮与他船相撞，部分仪器受损。依《海牙规则》及相关保险条款，下列哪一选项是正确的？（　　）
   A. 该提单交付即可转让
   B. 因船舶碰撞是由船方过失导致，故承运人应对仪器受损承担赔偿责任
   C. 保险人应向货主赔偿部分仪器受损的损失
   D. 承运人的责任期间是从其接收货物时起至交付货物时止
10. 中国籍人李某2008年随父母定居甲国，甲国法律规定自然人具有完全民事行为能力的年龄为21周岁。2009年7月李某19周岁，在其回国期间与国内某电脑软件公司签订了购买电脑软件的合同，合同分批履行。李某在部分履行合同后，以不符合甲国有关完全民事行为能力年龄法律规定为由，主张合同无效，某电脑软件公司即向我国法院起诉。依我国相关法律规定，下列哪一说法是正确的？（　　）
    A. 应适用甲国法律认定李某不具有完全民事行为能力
    B. 应适用中国法律认定李某在中国的行为具有完全民事行为能力
    C. 李某已在甲国定居，在中国所为行为应适用定居国法律
    D. 李某在甲国履行该合同的行为应适用甲国法律
11. 李某（具有中国国籍）长期居住在甲国，一年前移居乙国并取得当地住所。现李某去世而未立遗嘱。李某生前在中国有投资股权和银行存款。乙国关于法定继承的冲突规范规定：法定继承适用被继承人本国法律。现李某的丙国籍的儿子和女儿为继

承李某在华的股权和存款发生争议，并诉诸中国法院。依照我国相关法律及司法解释，下列关于本案的法律适用哪项是正确的？（　　）

A. 应适用乙国法律，因为李某去世时居住在乙国

B. 应适用甲国法律，因为李某长期居住在甲国

C. 应适用丙国法律，因为李某的儿子和女儿均具有丙国国籍

D. 应适用中国法律，因为李某具有中国国籍，且争议的遗产位于中国

二、多项选择题

1. 新加坡公民王颖与顺捷国际信托公司在北京签订协议，将其在中国的财产交由该公司管理，并指定受益人为其幼子李力。在管理信托财产的过程中，王颖与顺捷公司发生纠纷，并诉至某人民法院。关于该信托纠纷的法律适用，下列哪些选项是正确的？（　　）

A. 双方可协议选择适用瑞士法

B. 双方可协议选择适用新加坡法

C. 如双方未选择法律，法院应适用中国法

D. 如双方未选择法律，法院应在中国法与新加坡法中选择适用有利于保护李力利益的法律

2. 下列关于法律规避的说法中哪些是正确的？（　　）

A. 当事人有规避法律的故意

B. 当事人是通过变更静态连结点而实现规避法律的

C. 当事人规避我国强行法的行为无效

D. 国际私法上的法律规避是当事人滥用冲突规范的结果

3. 中国公民王某将甲国公民米勒诉至某人民法院，请求判决两人离婚、分割夫妻财产并将幼子的监护权判决给她。王某与米勒的经常居所及主要财产均在上海，其幼子为甲国籍。关于本案的法律适用，下列哪些选项是正确的？（　　）

A. 离婚事项，应适用中国法

B. 夫妻财产的分割，王某与米勒可选择适用中国法或甲国法

C. 监护权事项，在甲国法与中国法中选择适用有利于保护幼子利益的法律

D. 夫妻财产的分割与监护权事项均应适用中国法

三、不定项选择题

1. 中国甲公司在承担中东某建筑工程时涉及一系列分包合同和买卖合同，并使用了载明适用《见索即付保函统一规则》的保函。后涉及保函的争议诉至中国某法院。依相关司法解释，下列哪些选项是正确的？（　　）

A. 保函内容中与《见索即付保函统一规则》不符的部分无效

B. 因该保函记载了某些对应的基础交易，故该保函争议应适用我国《担保法》有关保证的规定

C. 只要受益人提交的单据与独立保函条款、单据与单据之间表面相符，开立人就须独立承担付款义务

D. 单据与独立保函条款之间表面上不完全一致，但并不导致相互之间产生歧义的，仍应认定构成表面相符

2. 在我国法院审理的一个涉外诉讼案件中，需要从甲国调取某些证据。甲国是《关于从国外调取民事或商事证据公约》的缔约国。根据该公约，下列哪些选项是正确的？（　　）

A. 赵律师作为中方当事人的诉讼代理人，可以依照上述公约请求甲国法院调取所需的证据

B. 调取证据的请求，应以请求书的方式提出

C. 请求书应通过我国外交部转交甲国的中央机关

D. 中国驻甲国的领事代表在其执行职务的区域内，可以在不采取强制措施的情况下向华侨取证

四、名词解释

1. 国际私法

2. 法律关系本座说

3. 侵权行为自体法理论

五、论述题

依据《最高人民法院关于适用〈中华人民共和国涉外民事关系法律适用法〉若干问题的解释（一）》（2020 修正），如何认定某一民事关系为涉外民事关系？

参考答案

一、单项选择题

1. B；**2.** A；**3.** A；**4.** D；**5.** D；**6.** C；**7.** B；**8.** A；**9.** C；**10.** B；**11.** A。

二、多项选择题

1. ABC；**2.** ACD；**3.** ABC。

三、不定项选择题

1. CD；**2.** BD。

四、名词解释

1. 国际私法是以直接规范和间接规范相结合来调整平等主体之间的涉外民商事法律关系并解决涉外民商事法律冲突的法律部门。

2. 萨维尼创立了法律关系本座说。它从一种普遍主义的观点出发，认为应适用的法律，只应是各该涉外民事关系依其本身性质有“本座”所在地的法律。它不讨论法律的域内域外效力的问题，而主张平等地看待内外国法律，这样就能达到以下的目的，即不管该案件在什么地方提起，均能适用同一个法律，得到一致的判决。它认为应承认存在一个“相互交往的国家的国际法律共同体”，并且存在普遍适用的各种冲突规则。他把涉外关系分为“人”“物”“债”“行为”“程序”等几大类，并认为住所是人的归属之处，所以人的身份应以住所为本座；而债为无体物，并且不占有空间，因而常常需要借助某种可见的外观来表现其形态，故应借助形态而确定本座。

3. 侵权行为自体法，是英国当代著名国际私法学家莫里斯于 1951 年在美国《哈佛法律评论》上发表的《论侵权行为的自体法》一文中，根据“合同自体法”的概念提出的。即侵权行为应适用与侵权案件有最密切联系的法律。从本质上讲，侵权行为自体法可以说是最密切联系原则的延伸，是对侵权行为地法、法院地法、当事人本国法的一种糅合。它顾及侵权行为地法之外的其他法律的可适用性，是对传统国际私法上侵权行为法律适用的改进。

五、论述题

依据《最高人民法院关于适用〈中华人民共和国涉外民事关系法律适用法〉若干问题的解释（一）》（2020 修正），民事关系具有下列情形之一的，人民法院可以认定为涉外民事关系：

（1）当事人一方或双方是外国公民、外国法人或者其他组织、无国籍人；

（2）当事人一方或双方的经常居所地在中华人民共和国领域外；

（3）标的物在中华人民共和国领域外；

（4）产生、变更或者消灭民事关系的法律事实发生在中华人民共和国领域外；

（5）可以认定为涉外民事关系的其他情形。

期末测试题二

一、单项选择题

1. 中国甲公司与日本乙公司的商事纠纷在日本境内通过仲裁解决。因甲公司未履行裁决，乙公司向某人民法院申请承认与执行该裁决。中日均为《纽约公约》缔约国，关于该裁决在中国的承认与执行，下列哪一选项是正确的？（　　）

A. 该人民法院应组成合议庭审查

B. 如该裁决是由临时仲裁庭作出的，该人民法院应拒绝承认与执行

C. 如该人民法院认为该裁决不符合《纽约公约》的规定，即可直接裁定拒绝承认和执行

D. 乙公司申请执行该裁决的期间应适用日本法的规定

2. 在一个涉外民事案件中，我国某法院根据我国的冲突规则确定应适用外方当事人的本国法处理该争议，但该外国的不同地区实施着不同的法律。在此情况下，下列哪一选项是正确的？（　　）

A. 应以该国首都所在地的法律为外方当事人的本国法

B. 应以外方当事人的住所地法代替其本国法

C. 应直接以与该民事关系有最密切联系的法律为外国当事人的本国法

D. 应先依据该国的区际冲突规则加以确定；如该国法律未作规定，再以与该民事关系有最密切联系的法律为外国当事人的本国法

3. 下列关于法律规避的说法中正确的是（　　）。

A. 法律规避是一种排斥或限制外国法适用的手段，因此它可能由于当事人的行为而产生，也可能由于法院对内国冲突规范的识别行为而产生

B. 被当事人规避的法律可能是内国法，也可能是外国法，包括实体规范、程序规范和冲突规范

C. 根据我国的法律规定和司法实践，规避我国法律的行为无效，规避外国法律的行为，其效力根据具体情况确定

D. 根据我国的法律规定和司法实践，规避法律的行为本质上是一种欺诈行为，因此是无效的，无论当事人规避的是内国法还是外国法

4. 2014 年 1 月，北京居民李某的一件珍贵首饰在家中失窃后被窃贼带至甲国。同年 2 月，甲国居民陈某在当地珠宝市场购得该首饰。2015 年 1 月，在获悉陈某将该首饰带回北京拍卖的消息后，李某在北京某法院提起原物返还之诉。关于该首饰所有权的法律适用，下列哪一选项是正确的？（　　）

A. 应适用中国法

B. 应适用甲国法

C. 如李某与陈某选择适用甲国法，不应支持

D. 如李某与陈某无法就法律选择达成一致，应适用甲国法

5. 甲国 A 公司（卖方）与中国 B 公司采用 FOB 价格条件订立了一份货物买卖合同，约定货物保质期为交货后一年。B 公司投保了平安险。货物在海运途中因天气恶劣部分损毁，另一部分完好交货，但在交货后半年左右出现质量问题。根据《联合国国际货物销售合同公约》和有关贸易惯例，下列哪一选项是正确的？（　　）

A. 公司在陆地上将货物交给第一承运人时完成交货

B. 货物风险在装运港装上船时转移

C. 对交货后半年出现的货物质量问题，因风险已转移，A 公司不承担责任

D. 对海运途中损毁的部分货物，应由保险公司负责赔偿

6. 巴拿马籍货轮“安达号”承运一批运往中国的货物，中途停靠韩国。“安达号”在韩国停靠卸载同船装运的其他货物时与利比里亚籍“百利号”相碰。“安达号”受损但能继续航行，并得知“百利号”最后的目的港也是中国港口。“安达号”继续航行至中国港口卸货并在中国某海事法院起诉“百利号”，要求其赔偿碰撞损失。依照我国法律，该法院处理该争议应适用下列哪一国法律？（　　）

A. 中国法律，因为本案两船国籍不同，应适用法院地法处理争议

B. 巴拿马法律，因为它是本案原告船舶的国籍国

C. 利比里亚法律，因为它是本案被告船舶的国籍国

D. 韩国法律，因为韩国是侵权行为地

7. 中国甲公司与德国乙公司进行一项商事交易，约定适用英国法律。后双方发生争议，甲公司在中国法院提起诉讼。关于该案的法律适用问题，下列哪一选项是错误的？（　　）

A. 如案件涉及食品安全问题，该问题应适用中国法

B. 如案件涉及外汇管制问题，该问题应适用中国法

C. 应直接适用的法律限于民事性质的实体法

D. 法院在确定应当直接适用的中国法律时，无须再通过冲突规范的指引

8. 经常居住于中国的英国公民迈克，乘坐甲国某航空公司航班从甲国出发，前往中国，途经乙国领空时，飞机失去联系。若干年后，迈克的亲属向中国法院申请宣告其死亡。关于该案件应适用的法律，下列哪一选项是正确的？（　　）

A. 中国法　　B. 英国法

C. 甲国法　　D. 乙国法

9. 关于海上货物运输中的迟延交货责任，下列哪一表述是正确的？（　　）

A.《海牙规则》明确规定承运人对迟延交付可以免责

B.《维斯比规则》明确规定了承运人迟延交付的责任

C.《汉堡规则》只规定了未在约定时间内交付为迟延交付

D.《汉堡规则》规定迟延交付的赔偿为迟交货物运费的25倍，但不应超过应付运费的总额

10. 中国某法院受理一涉外民事案件后，依案情确定应当适用甲国法。但在查找甲国法时发现甲国不同州实施不同的法律。关于本案，法院应当采取下列哪一做法？（　　）

A. 根据意思自治原则，由当事人协议决定适用甲国哪个州的法律

B. 直接适用甲国与该涉外民事关系有最密切联系的州法律

C. 首先适用甲国区际冲突法确定准据法，如甲国没有区际冲突法，适用中国法律

D. 首先适用甲国区际冲突法确定准据法，如甲国没有区际冲突法，适用与案件有最密切联系的州法律

二、多项选择题

1. 甲国贸易公司航次承租乙国籍货轮“锦绣”号将一批货物从甲国运往中国，运输合同载有适用甲国法律的条款。“锦绣”号停靠丙国某港时与丁国籍轮“金象”号相撞，有关货损和碰撞案在中国法院审理。关于该案的法律适用，下列哪些选项是正确的？（　　）

A. 有关航次租船运输合同的争议应适用与合同有最密切联系的法律

B. 有关航次租船运输合同的争议应适用甲国法律

C. 因为“锦绣”号与“金象”号的国籍不同，两轮的碰撞纠纷应适用法院地法解决

D. “锦绣”号与“金象”号的碰撞应适用丙国法律

2. 外国人、无国籍人、外国企业或者组织在中国法院起诉或者应诉，要委托代理人进行诉讼的，应该符合下列哪些规定？（　　）

A. 外国人、无国籍人、外国企业或者组织在中国法院起诉或者应诉，应该委托中国公民作为代理人进行诉讼

B. 外国人、无国籍人、外国企业或者组织

在中国法院起诉或者应诉，既可以委托中国公民作为代理人，也可以委托外国公民作为代理人进行诉讼

C. 外国驻我国使领馆的官员，可以受其本国公民的委托担任其诉讼代理人，并可以在案件审理中享有外交特权和豁免

D. 外国驻我国使领馆的官员，可以受其本国公民的委托担任其诉讼代理人，但在案件审理中不享有外交特权和豁免

3. 韩国公民金某在新加坡注册成立一家公司，主营业地设在上海。依中国法律规定，下列哪些选项是正确的？(　　)

A. 该公司为新加坡籍

B. 该公司拥有韩国与新加坡双重国籍

C. 该公司的股东权利义务适用中国法

D. 该公司的民事权利能力与行为能力可适用中国法或新加坡法

三、不定项选择题

1. 甲国某航空公司在中国设有代表处，其一架飞机从中国境内出发，经停甲国后前往乙国，在乙国发生空难。关于乘客向航空公司索赔的诉讼管辖和法律适用，根据中国相关法律，下列哪些表述是正确的？(　　)

A. 中国法院对该纠纷具有管辖权

B. 中国法律并不限制乙国法院对该纠纷行使管辖权

C. 即使甲国法院受理了该纠纷，中国法院仍有权就同一诉讼行使管辖权

D. 如中国法院受理该纠纷，应适用受害人本国法确定损害赔偿数额

2. 根据1980年《联合国国际货物销售合同公约》的规定，在合同一方不履行合同义务构成根本违约的情况下，关于守约方请求损害赔偿的权利，下列表述错误的是（　　）。

A. 守约方可以根据实际情况请求赔偿原合同价与转卖合同价之间的价差

B. 守约方可以根据实际情况请求赔偿合同价与市价之间的价差以及其他因对方违约造成的损失

C. 守约方可获得的损害赔偿不得超过违约方在订立合同时，依照他当时已知道或理应知道的事实和情况，对违反合同预料到或理应预料到的可能损失

D. 守约方有权对其实际遭受的、违约方缔约时理应预料到的所有损失获得赔偿

四、名词解释

1. Incoterms

2. 海牙规则

3. 空间上的法律冲突、时际法律冲突和人际法律冲突

五、论述题

举例说明国际合同法律适用的主观论与客观论及分割论与单一论。

参考答案

一、单项选择题

1. A；**2.** C；**3.** D；**4.** D；**5.** B；**6.** D；**7.** C；**8.** A；**9.** D；**10.** B。

二、多项选择题

1. BD；**2.** BD；**3.** AD。

三、不定项选择题

1. ABC；**2.** D。

四、名词解释

1. Incoterms是指适用于国际贸易中，以不同的交货地点为标准，用简短的概念或英文缩写字母表示商品的价格构成以及买卖双方在交易中的费用、责任与风险的划分的专门术语。它源于International Commercial Terms，英文全称为International Rules for the Interpretation of Trade Terms。是国际商会制定的为国际贸易中普遍使用的贸易术语提供一套解释的国际规则，以避免或减少各国不同解释而出现的不确定性。

2. 海牙规则，全称为《统一提单的若干法律规定的国际公约》，是关于提单法律规定的第一部国际公约。1924年8月25日在比利时首都布鲁塞尔签订，1931年6月2日起生效，为统一世界各国关于提单的不同法律规定，并确定承运人与托运人在海上货物运输

中的权利和义务而制定的国际协议。海牙规则规定了承运人最低限度义务、免责事项、索赔和诉讼、责任限制和适用范围以及程序性等几个方面。

3. 空间上的法律冲突（interspatial conflict of laws）就是不同地区之间的法律冲突，它包括国际法律冲突和区际法律冲突。所谓国际法律冲突（international conflict of laws），是指不同国家之间的法律冲突；而区际法律冲突（interregional conflict of laws）是一个国家内部不同法域之间的法律冲突。

时际法律冲突（intertemporal conflict of laws）：是指可能影响同一社会关系的新法与旧法，前法与后法之间的冲突。

人际法律冲突（interpersonal conflict of laws）：是指适用于不同种族、民族、宗教、部落以及不同阶级的人的法律之间的冲突。

五、论述题

答案：所谓分割论，就是指将合同分割成若干不同的方面，分别适用不同地方的法律。例如将合同分割为合同的形式、合同的履行、当事人的缔约能力及合同的解释、撤销等。

单一论，就是指将合同看作一个整体，统一适用一个地方的法律。例如 1980 年欧共体签订的《罗马国际合同义务法律适用公约》和 1985 年海牙《国际货物买卖合同法律适用公约》都采用单一论。

所谓主观论，就是指合同的准据法应当由当事人自主选择合同适用的法律。例如 1980 年欧共体签订的《罗马国际合同义务法律适用公约》和 1985 年海牙《国际货物买卖合同法律适用公约》都采用主观论。

所谓客观论，就是指应当根据合同与某个场所（地域）之间的客观联系来确定准据法。

附录一：全国部分高校国际私法学研究生入学考试真题

中国人民大学

2018 年

论述题

比较外交保护和国家责任。

2017 年

一、材料分析题

问题：

1. 国际刑事案件的司法管辖权。（发生在临海）

2. 国际投资的保护。

3. 外交人员的豁免管辖权由谁剥夺。

4. 某国法院法官能否剥夺另一国外交人员的豁免权？

5. 国际争端的法律解决途径；最佳途径。

二、论述题

试比较条约的终止和解除国际行为不法性。

2016 年

一、比较下列概念

1. 承兑交单和付款交单

2. 反垄断和反倾销

二、法条分析题

试分析《涉外民事关系法律适用法》第39条："有价证券，适用有价证券权利实现地法律或者其他与该有价证券有最密切联系的法律。"

2015 年

简答题

试述外商投资企业法和公司法的关系。

2014 年

一、名词解释

1. 国际法上的个人责任

2. 领事特权与豁免

3. 保理

二、简答题

简述外空物品损害赔偿责任。

2013 年

名词解释

1. 国旗国法

2. 特许协议

2012 年

一、名词解释

1. 海牙规则

2. 法律关系本座说

3. 关税联盟

二、简答题

简述不得援引豁免。

2011 年（综合）

一、名词解释

1. 国际经贸惯例

2. 海牙国际私法会议

3. 排他许可

4. 外国法的错误适用

二、简答题

简述外空法的责任制度。

2010 年

一、名词解释

1. 国际法院管辖权

2. 外交保护

3. 一般法律原则

4. 法则区别说

5. 公共秩序保留

二、简答题

1. 简评萨维尼的法律关系本座说。

2. 比较反倾销与反补贴的异同点。

3. 简述外国投资者的待遇标准。

三、论述题

比较条约的终止以及解除国际不法行为的情况。

面试的专业题目有：

过境通行和无害通过的区别，反倾销与保障措施的区别，中国利用外资的形式及特点，国际投资法的概念，特征及作用，反倾销与反补贴的区别，国际商事仲裁的概念以及其与诉讼的区别，简述 ADR 的特征，外国法的查明，简述物之所在地。

2009 年

一、名词解释

1. 侵权行为自体法理论

2. 单边冲突规范

3. 普遍定期审查制

4. 提单

二、简答题

1. 中外合资经营企业和中外合作经营企业的比较。

2. 领海管辖权。

三、论述题

1. 条约无效和条约终止的比较。

2. 国际立法中属人法的发展趋势和在中国立法中的具体体现。

北京大学

2019 年

1. 国家责任的种类。

2. 国家的管辖权种类。

2012 年

1. 《联合国国际货物买卖合同公约》的适用范围以及解决的主要问题是什么？我国和公约的关系如何？

2. 结合最密切联系原则、公共秩序保留制度和法律选择的方法，谈谈国际私法上自由裁量权的运用。

3. 试述海上货物运输保险中被保险人的如实告知义务。

4. 什么是海事赔偿责任限制？它与承运人单位赔偿责任限制关系如何？

5. 举例最近国际经济法领域的热点问题（至少说出 3 个热点），并择其中一个热点谈谈你的认识。

2011 年

1. 我国《海商法》颁布后，又相继颁布了许多重要的法律，与《海商法》的内容有许多不同规定，急需对《海商法》加以修改。

（1）我国《海商法》颁布后，又颁布了哪些重要的法律？

（2）论述海商法与民法的关系。

（3）我国《海商法》应做出哪些修改？

2. 论述“住所”在国际私法上的意义，我国新颁布的《涉外民事关系法律适用法》中对此规定有什么新特点？

3. 论述国际私法上的“挑选法院”。

4. 谈谈对自由贸易协定的认识。

5. A 国甲公司与 B 国乙公司订立货物买卖合同，A 为《联合国国际货物销售合同公约》缔约国，B 为非缔约国。现在甲公司与乙公司发生纠纷，在 A 国法院起诉。

（1）公约在什么情况下会被适用？

（2）公约中买卖双方的义务是什么？

（3）公约对买方的救济？

中国政法大学

2023 年

一、名词解释

1. 反致
2. 属人法
3. 公共秩序保留
4. 临时仲裁

二、简答题

1. 简述无法查明外国法的认定。
2. 简述我国承认与执行外国法院判决的条件。
3. 简述我国对涉外婚姻家庭关系法律适用的规定。

三、论述题

结合我国立法，试述涉外合同法律关系和涉外侵权法律关系在法律适用上的异同。

2022 年

一、名词解释

1. 准据法
2. 重叠性冲突规范
3. 识别
4. 侵权行为自体法

二、简答题

1. 简述公共秩序保留制度在国际私法中的运用。
2. 简述弱者利益保护原则在《涉外民事关系法律适用法》中的运用。
3. 简述 1958 年《纽约公约》确立的关于拒绝承认与执行外国仲裁裁决的规定。

三、论述题

结合国内外立法实践谈谈国际民商事争议的多元化解决。

2021 年

一、名词解释

1. 结果选择说
2. 法律规避
3. 最密切联系原则
4. 司法协助

二、简答题

1. 产品责任法律适用和一般侵权责任法律适用的区别
2. 仲裁协议的法律适用
3. 国际民商事争议解决中国际条约的适用

三、论述题

联系立法与实践论述排除外国法适用的情形

2020 年

一、名词解释

1. 单边冲突规范
2. 国家私法统一化
3. 侵权行为自体法
4. 意思自治原则

二、简答题

1. 公共秩序保留与直接适用一国强制性规范的区别
2. 外国法内容的确定
3. 简述我国涉外民事法律关系的涉外性规定

三、论述题

我国域外送达的规定

2019 年

一、材料分析

材料：A、B、C 三国签了自贸协定（三国协定）且规定任意一国不能和非市场经济国家签自贸协定，否则其余国家可退出协定。

C 国和 D 国签了自贸协定。由于三国协定里同意的争端解决方式是提请仲裁，A 国以 D 国是非市场经济国为由，对 C 国提请仲裁。仲裁结果是认定 D 国不具有市场经济地位。D 国不满，状告作出 D 国不具有市场经济地位的仲裁员甲在其本国 E 煽动实施反人类罪。

D 国政府派了个使团去 C 国沟通，因为其国民乙在 C 国投资受到影响而遭受了损失。

A 国取消了和 C 国的自由贸易，禁止 C 国船只进入 A 国领海。C 国认为 A 国违反了《联合国海洋法公约》，向国际海洋法法庭提起诉讼。

A 国以 D 国公民在 D 国驻 A 国总领事馆里失踪为由，进入 D 国总领事馆开展刑事调查，并请求联合国人权理事会公开 D 国人权记录。

问题：

(1) 三国协定和仲裁结果对 D 国有无约束力？为什么？

(2) D 国能否因反人类罪行而对仲裁员甲提起诉讼？为什么？

(3) D 国政府派使团去 C 国沟通，这在法律上属于什么行为？D 国有权这样做吗？为什么？

(4) A 国领海禁入合法吗？为什么？

(5) 国际海洋法法庭能否受理此案？若能受理，管辖权基础是什么？

(6) A 国能进入 D 国总领事馆对失踪案进行调查吗？为什么？

(7) 联合国人权理事会应该同意 A 国的申请吗？为什么？

二、论述题

试分析比较联合国集体安全体制与反措施的异同。

2018 年

一、名词解释

1. 法律适用法
2. 系属
3. 不方便法院原则

二、简答题

1. 反致产生的原因及我国的态度。

2. 我国涉外婚姻家庭领域有利于对当事人保护的规定。

3. 最密切联系原则与特征性履行的异同。

三、论述题

试析“中华人民共和国法律对涉外民事法律关系有强制性规定的，直接适用该强制性规定”与“外国法律的适用将损害中华人民共和国社会公共利益的，将适用中华人民共和国法律”。

2017 年

一、名词解释

1. 国际私法统一化
2. 公共秩序保留
3. 侵权行为自体法

二、简答题

1. 简述国际民商事法律冲突的成因与国际私法的调整途径。

2. 简述保护性冲突规范的应用以及在我国立法中的表现。

3. 论述我国不方便法院原则的规定。

三、论述题

论述法院地法在国际私法中的地位和作用。

2015 年

一、简答题

简要回答国际强行法的概念和特征。

二、论述题

《涉外民事关系法律适用法》第 3 条规定：“当事人依照法律规定可以明示选择涉外民事关系适用的法律。”请结合我国的司法实践，说明你对这一条规定的理解。

2014 年

一、单项选择题

1. “结婚手续符合婚姻缔结地法律、一方当事人经常居所地法律或者国籍国法律的，均为有效”是一条（　　）。

A. 有条件选择适用准据法的冲突规范

B. 实体规范

C. 重叠适用的冲突规范

D. 无条件选择适用准据法的冲突规范

2. 根据《涉外民事关系法律适用法》，（　　）是用于确定属人法的主要连结点。

A. 经常居所地　　B. 住所

C. 居所　　D. 国籍

3. 关于物权关系的法律适用，根据我国现行法律中的冲突法规则，下列哪一项是错误的？（　　）

A. 船舶优先权，适用受理案件的法院所在地法律

B. 船舶所有权的取得，适用船旗国法律

C. 当事人可以协议选择动产适用的法律

D. 当事人不可以协议选择运输中动产物

权发生变更适用的法律

4. 我国法院就一家中国公司和一家日本公司之间的技术转让纠纷作出判决。判决发生效力后，日本公司拒不执行我国法院的判决，而且该公司在中国既无办事机构、分支机构和代理机构，也无财产。关于该判决的承认和执行，下列选项中正确的是（　　）。

A. 中国公司不能直接向有管辖权的日本法院申请承认和执行

B. 中国公司应当向国际法院申请承认和执行

C. 可以由人民法院依照我国缔结或参加的国际条约请求日本法院承认和执行

D. 人民法院直接采取强制措施执行

5. 国外仲裁机构的裁决需要中华人民共和国人民法院承认和执行的，根据《民事诉讼法》的规定，下列表述正确的是（　　）。

A. 人民法院不应予以承认和执行

B. 由当事人直接向被执行人住所地或其财产所在地中级人民法院申请

C. 由做出裁决的外国仲裁机构向被执行人所在地或其财产所在地中级人民法院申请

D. 由当事人直接向被执行人所在地或其财产所在地基层人民法院申请

二、简答题

依据《最高人民法院关于适用〈中华人民共和国涉外民事关系法律适用法〉若干问题的解释（一）》，如何认定某一民事关系为涉外民事关系？

2013 年

一、单项选择题

1. 下列哪一个属于国际私法的普遍主义学说？（　　）

A. 国际礼让说　　B. 法律关系本座说

C. 既得权说　　D. 本地法说

2. 按照我国《涉外民事关系法律适用法》的规定，法人的经常居所地为其下列哪一项所在地？（　　）

A. 主营业地

B. 登记地

C. 主要办事机构所在地

D. 管理中心所在地

3.《涉外民事关系法律适用法》规定，无人继承遗产的归属适用被继承人死亡时的哪一个法律？（　　）

A. 国籍国　　B. 住所地

C. 经常居所地　　D. 遗产所在地

4.《民事诉讼法》所规定的承认和执行外国法院判决的条件，未包括下列哪一项？（　　）

A. 判决作出国与我国存在条约关系

B. 判决作出国与我国存在互惠关系

C. 判决已经发生法律效力

D. 判决非当事人通过欺诈所取得

二、简答题

举例说明国际合同法律适用的主观论与客观论及分割论与单一论。

2012 年

一、单项选择题

1. 在国际法的效力来源理论上，规范法学派属于（　　）。

A. 自然法学派　　B. 实在法学派

C. 格劳秀斯学派　　D. 社会连带学派

2. 近代国际法出现的标志是（　　）。

A. 格劳秀斯《战争与和平法》的出版

B. 威斯特伐利亚公会

C. 边沁提倡的国际法编纂

D. 惠顿《国际法原理》的出版

3. 下列领土取得方式中，不符合国际法的是（　　）。

A. 先占　　B. 征服

C. 添附　　D. 全民公决

4. 2011 年 4 月，中国浙江商祺公司与法国欧菲公司签订 DAT（巴黎）的合同出口一批蚕丝制品，根据《2010 年国际贸易术语解释通则》，下列哪一选项属于双方在合同中约定的内容？（　　）

A. 卖方只需将货物运到巴黎交由买方处置即可，无须承担将货物从交通工具上卸下的义务

B. 卖方需要将货物运到巴黎，将货物从运输工具上卸下并交由买方处置

C. 卖方需要将货物运到巴黎，将货物从

交通工具上卸下并完成进口清关后将货物交给买方

D. 买方需要承担货物在巴黎货交第一承运人之前的所有风险和费用

5. 2010年11月，中国美丰公司与西班牙墨菲公司签订了出口2000吨农产品的合同，约定的付款方式为付款交单的托收。2011年2月20日，美丰公司按合同约定货交承运人，船长装船后签发了清洁提单。25日，美丰公司开立了以西班牙墨菲公司为付款人的即期汇票，并附随单据，交由中国银行辽宁分行通过西班牙阿灵顿银行向墨菲公司收款。而西班牙墨菲听说美丰公司的农产品有较高的农药残留拒绝收单付款。根据国际商会的《托收统一规则》，下列哪一选项是正确的？（　　）

A. 中国美丰公司与西班牙阿灵顿银行之间是委托代理的法律关系

B. 对中国美丰公司而言，本案使用的付款交单的托收比承兑交单的托收风险大

C. 西班牙阿灵顿银行应无延误地向中国银行辽宁分行通知墨菲公司拒绝付款的情况

D. 当墨菲公司拒绝收单付款时，西班牙阿灵顿银行应主动提货以减少美丰公司的损失

6. 甲为发达国家，乙丙为发展中国家并且相邻，甲国国民在乙丙两国有许多投资项目。2010年中，乙国境内发生大规模的战争内乱，导致甲国国民在乙国的多数投资受到巨大损失。因战火也常常波及邻国丙国，甲国国民在丙国的投资也有部分损失。2011年6月，乙国政府终于平息了战争内乱，11月，甲国部分投资者就乙国战争内乱对其造成的损失向乙国政府索赔。本案甲乙丙三国都是《多边投资担保机构公约》和《解决国家和他国国民投资争端公约》的缔约国，三方之间就投资担保和投资争端解决没有其他的双边或多边协议，根据上述两个公约以及国际经济法的相关规则和实践，请判断下列哪项表述是错误的？（　　）

A. 若甲国国民同乙国的投资已向多边投资担保机构投保，其有权就乙国战争内乱对其造成的损失向多边投资担保机构索赔

B. 若甲国国民向丙国的投资已向多边投资担保机构投保，其有权就乙国战争内乱对其造成的损失向多边投资担保机构索赔

C. 对甲国投资者与乙国政府之间的投资争端，若乙国政府未明确表示反对，解决国际投资争端中心对该争议可行使管辖权

D. 对甲国投资者与乙国政府之间的投资争端，即使解决国际投资争端中心有权管辖，乙国政府仍然可以要求甲国投资者用尽乙国的各种行政和司法救济

7. 2009年11月，德国人施密特被中国北京某大学聘为客座教授。为了避免成为中国纳税公民，施密特特别要求聘用合同明确聘期为10个月。2010年2月10日，施密特来到中国工作，到12月10日完成工作回国。其间，北京某大学向其支付共约40万元人民币的课酬和其他劳务费用。根据中国和德国的所得税法，对施密特的这40万元的所得两国都有权征税。根据国际税法的规则和实践，下列哪项表述是正确的？（　　）

A. 施密特要求聘用合同明确聘期为10个月的做法属于逃税行为

B. 因施密特不是中国纳税公民，中国对其40万元所得无权征税

C. 若中国和德国都对施密特40万元所得征税，此现象在国际税法中被称为国际重叠征税

D. 若依中德之间的双边税收协定，德国税务主管部门将施密特已在中国实际缴纳的所得税税款在应向德国缴纳的所得税税额内扣除，则可以减轻施密特的税负

二、简答题

1. 简述国际强行法。

2. 与已有的知识产权国际公约相比，《与贸易相关的知识产权协定》有哪些特点？

三、论述与分析题

根据我国立法与实践，论涉外侵权的法律适用。

2011年

一、单项选择题

1. 旨在逐步实现国际私法冲突规范统一的政府间国际组织是（　　）。

A. 联合国国际法委员会

B. 海牙国际私法会议

C. 联合国国际贸易法委员会

D. 国际私法协会

2. 国际私法中识别的目的是（　　）。

A. 对国际私法中的相关定义进行统一

B. 正确适用冲突规范

C. 法官认识问题的方法

D. 对准据法进行定性，决定能否适用

3. 侵权自体法是指（　　）。

A. 以当事人意思自治原则为基本原则

B. 首先适用当事人合意选择的法律，其次适用最密切联系原则

C. 依据最密切联系原则确定的法律

D. 首先是明示选择的法律，其次是默示选择的法律，最后才能依据最密切联系原则确定法律

4. 下列公约中，中国已加入（　　）。

A. 1986 年《国际货物销售合同法律适用公约》

B. 1980 年《联合国国际货物销售合同公约》

C. 1988 年《死者遗产继承法律适用公约》

D. 1972 年《产品责任法律适用公约》

5. 巴塞尔文件包括（　　）。

A. "神圣公约"

B.《华盛顿公约》

C.《纽约公约》

D.《关于金融服务承诺的谅解》

6. 海外投资保证制度是建立在（　　）基础之上。

A. 国际条约

B. 国内法

C. 国际条约和国内法

D. 国际惯例

7. 国际海底区域目前的开发制度是（　　）。

A. 单一开发制　　B. 联合开发制

C. 平行开发制　　D. 注册开发制

8. 下列机构中不属于联合国主要机关的是（　　）。

A. 联合国大会

B. 联合国安全理事会

C. 联合国国际法委员会

D. 国际法院

9. 条约解释的一般规则中不包括（　　）。

A. 善意解释

B. 按用语的通常含义解释

C. 补充资料解释

D. 按上下文解释

10. 下列外交人员在派遣之前，其人选需要事先获得接受国同意的是（　　）。

A. 参赞　　B. 秘书

C. 随员　　D. 武官

二、多项选择题

1. 属人法是以当事人的国籍或住所为连结点的系属公式，一般用于解决（　　）。

A. 物权方面的法律冲突

B. 人的能力、身份、家庭财产方面的法律冲突

C. 继承领域的法律冲突

D. 婚姻形式要件方面的法律冲突

2. 我国加入《关于向国外送达民事或商事司法文书和司法外文书公约》时提出声明，反对采用哪些方式在我国境内送达法律文书（　　）。

A. 中央机关送达

B. 邮寄送达

C. 司法官员直接送达

D. 案件关系人直接送达

3. 跟单托收一般包括的文件有（　　）。

A. 运输单证　　B. 保险单证

C. 买卖合同　　D. 原产地证明

4. 传统国际法上的领土取得方式包括（　　）。

A. 有效占领　　B. 时效

C. 割让　　D. 添附

5. 根据《维也纳条约法公约》，条约无效的原因包括（　　）。

A. 条约执行不可能

B. 条约是强迫缔结的

C. 情势变更

D. 条约缔结时违反既存的强行法规则

三、简答题：

1. 法院地法在国际私法中的应用。

2. 国际法院的诉讼管辖权。

四、分析题

联合国 2008 年通过的《鹿特丹规则》对运输单证的定义如下：

"运输单证"是指承运人在运输合同下签发的单证，该单证：

（a）证明承运人或者履约方收到了运输合同下的货物；

（b）证明或者包含一项运输合同。

比较该定义与中国《海商法》和《海牙规则》提单定义的差别，并说明你认为导致差别的原因。

清华大学

2018 年

论述题

1. 试论我国涉外知识产权的冲突法制度。

2. 试论我国对外国法院判决承认和执行的制度。

2015 年

一、名词解释

1. 反致

2. 属人法

二、简答题

1. 阐述国际私法的范围和性质。

2. 阐述我国有关物权的涉外准据法的确定。

武汉大学

2008 年

论述题

1. 论国际法的作用。

2. 论条约的保留。

2007 年

一、简答题

1. 简述国际私法上法律规避的概念及其构成要件。

2. 简评中国有关涉外协议管辖的规定。

二、论述题

论我国外国法查明制度的完善。

2006 年

一、问答题

1. 论冲突规范的概念和种类。

2. 论仲裁协议的准据法。

二、论述题

论我国国际私法的渊源形式及它们之间的相互关系。

三、案例分析

吴某系上海某大学教师，1988 年辞去工作到日本留学。1990 年在回国前夕，吴某在日本大阪市骑自行车上班途中被疾驶而来的小轿车撞倒，经抢救无效，不幸身亡。消息传到上海，其在上海工作的妻子周某以全权代理人身份由吴某大哥陪同，东渡日本，料理后事。吴某之妻周某委托日本律师与肇事方洽谈赔偿事宜。经过双方努力，达成赔偿协议。按照协议，周某获得以下赔偿：（1）“逸失利益”，即假定吴某健在，从死亡时起至退休时止可以获得的经济收入。（2）“精神损害赔偿费”，即对受害人的父母、子女、配偶在精神上的损失所进行的赔偿。（3）对自行车的损害进行的赔偿。此外，吴某在日本曾投保了人身保险，为此日本保险公司支付了 500 万日元的保险金。周某与吴某的大哥带着保险金和赔偿金 70 余万人民币回到上海。对于周某从日本带回的赔偿金和保险金如何分配，吴某的父母及兄弟姐妹与吴某妻子周某发生争执，无法解决。为避免引起冲突，吴某的父母及兄弟姐妹（以下简称吴方）以吴某之妻周某及女儿（6 岁）为被告，起诉于法院。

问：（1）“逸失利益”是否属于遗产？

（2）“精神损害赔偿费”是否属于遗产？

（3）保险金是否属于遗产？

（4）自行车的赔偿金是否属于遗产？

（5）本案适用什么法律？

中南财经政法大学

2017 年

一、解释下列各组名词，并说明之间的关系

1. 间接调整方法与直接调整方法
2. 时际法律冲突与人际法律冲突
3. “法律关系本座说”与“最密切联系地说”
4. 平行管辖与专属管辖

二、简答题

外国人民事诉讼地位及其确定的基本法律原则。

2010 年

一、名词解释

1. 法律确信（opinio juris）
2. 二元论
3. 构成说（constitutIve theory）
4. 保护性管辖权
5. 积极国籍冲突
6. 国民待遇
7. 条约的加入
8. 国际罪行

二、简答题

1. 条约在国内适用的途径？
2. 列举有关引渡的三项国际法原则。
3. 国际法院的诉讼管辖权主要保护哪几种？
4. 安理会在维持国际和平与安全方面的主要权力包括哪些？
5. 国际法的基本原则有哪些？
6. 国际组织的基本特征有哪些？
7. 和平解决国际争端的方法有哪些？
8. 使馆不可侵犯主要包括哪些基本内容？

三、论述题

1. 论外交保护与领土庇护之不同点。
2. 论国家承认与政府承认之间的差别。
3. 论国际条约与国际习惯的关系。

2009 年

一、名词解释

1. 外交保护
2. 法律关系本座说
3. 共同海损
4. 国际罪行
5. 国际税收协定
6. 内水
7. 区际法律冲突
8. 海外投资保险制度
9. 仲裁协议书

二、简答题

1. 国际法上引渡制度的主要内容是什么？
2. 国际法与国内法关系的主要理论有哪些？
3. 《南极条约》的主要内容是什么？
4. 区际私法与国际私法有哪些区别和联系？
5. 如何理解仲裁协议的概念与法律效力？
6. 我国对协议管辖权有哪些限制？
7. 跨国公司的主要特征是什么？
8. 根据《联合国国际货物销售合同公约》的规定，卖方违约时买方的救济方法主要有哪些？
9. 何谓信用证交易的“独立抽象性原则”？

三、论述题

1. 论述国际法是不是法律？
2. 试论国际私法的范围。
3. 试述国际货物买卖合同买卖双方的义务。

2007 年

一、名词解释

1. 国际礼让说
2. 既得权说
3. 海牙国际私法会议
4. 北美国际私法会议
5. 系属公式
6. 法律规避
7. 外国法人的认可
8. 普及破产主义
9. 限制豁免理论
10. 《保护文学和艺术作品伯尔尼公约》

11. 领事婚姻

12. 协议管辖

13. 仲裁条款自治论

14. 临时仲裁

15. 法域

二、简答题

1. 国际民商事法律冲突的产生原因有哪些?

2. 准据法的基本特征有哪些?

3. 我国关于物权的冲突法规则与不足?

4. 我国区际法律冲突的特点主要有哪些?

5. 我国关于涉外离婚案件的管辖权及法律适用的规定如何?

6. 承认和执行外国民商事司法判决的条件一般有哪些?

三、论述题

1. 自20世纪60年代以来,美国兴起一场“国际私法革命”。许多学者对传统的国际私法理论和方法进行了猛烈的抨击,提出了各种不同的理论主张,请在阐述其中两位美国学者主要理论的基础上,谈谈其对当代国际私法的影响与贡献。

2. 试论我国国际私法的渊源,并就健全与完善我国国际私法立法问题谈谈你的认识。

西北政法大学

2009 年

一、概念与分析

1. 国际条约/谅解备忘录

2. 无害通过权和过境通行权

二、简答题

1. 根据《国际法院规约》第38条,简述国际法的渊源。

2. 试述条约的基本特征。

2008 年

一、名词解释

1. 国内法优先说

2. 日内瓦人道主义法规体系

3. 领海

4. 条约的加入

5. 国际河流

二、简答题

1. 简答难民的身份条件。

2. 简述中华人民共和国在继承方面的基本实践。

三、论述题

试述使馆的特权和豁免。

2007 年

一、名词解释

1. 域外送达

2. 识别

3. 既得权说

4. 涉外继承法律适用的区别制

5. 属人管辖原则

二、简答题

1. 简述拒绝承认和执行外国仲裁裁决的理由。

2. 试列举几种常见的系属公式并简要说明其含义。

3. 简述国际民事法律冲突产生的原因及其解决方法。

4. 简述反致的种类。

三、论述题

试述一般侵权行为法律适用的传统做法及其新发展,并简要评析我国的有关规定。

2006 年

一、概念解释题

1. 法律冲突

2. 法律规避

3. 识别

4. 国际私法协助

5. 仲裁条款自治说

二、简答题

1. 什么是狭义的反致?广义的反致包括哪些类型?

2. 我国关于侵权行为法律适用的实践。

3. 我国关于机关适用的我国冲突规范指定了多法域国家的法律时，应如何确定准据法？

4. 什么是物之所在地法？其适用范围如何？

三、论述题

特征性履行方法是在什么背景下产生的，该方法在我国的地位如何？

西南政法大学

2007 年

一、判断分析

1. 国际法的直接调整方法可用于调整任何国际民事关系。

2. 反致、转致、间接反致都能导致法院地法的适用。

3. 根据场所支配行为原则，（外国人）在我国境内实施的民事行为，应该适用我国的法律。

二、概念比较

1. 共同海损和单独海损

2. 既得权说和国际礼让说

3. 合同自体法与合同准据法

三、简答题

1. 合同准据法的适用范围。

2. 国际民事司法协助的途径。

3. 外国法查明的途径。

四、论述题

论属人法。

2006 年

一、不定项选择题

1. 假设 A 国法在遗产继承问题上立法为“长子继承死者财产”，B 国法在遗产继承问题上立法为“不动产由诸子均分”。现一 A 国人有两子，并在 A、B 两国留下均等的不动产后去世。假若次子聘请你为代理律师，根据巴托鲁萨法则区别说理论，你将建议他（　　）。

A. 在 A 国法院起诉

B. 在 B 国法院起诉

C. 可得 1/2 不动产

D. 可得 1/4 不动产

E. 采用相同的反致方法

2. 在满足下列条件下，萨维尼法律关系本座说可能达到法律适用的一致性（　　）。

A. 识别一致

B. 不采用反致

C. 不采用公共秩序保留

D. 采用反致

E. 采用相同的反致方法

3. 法院地法主要解决下列哪些法律问题？（　　）

A. 诉讼程序

B. 船舶优先权

C. 海事赔偿责任限制

D. 识别

E. 结婚

4. 在重庆市仲裁委员会受理一起涉外仲裁案件中，下列说法中哪些是错误的？（　　）

A. 只有中国律师才可以在该案件中作为代理人

B. 中国律师和外国律师都可以在该案件中作为代理人

C. 中方当事人可以聘请外国律师作为代理人

D. 中方代理人的授权委托书无须公证机关公证

E. 外方代理人的授权委托书须经外国有权机关认证和公证

二、判断分析

1. 只有私法才可能产生现实的法律冲突，因此，迄今为止的一切立法调整的法律冲突均为私法冲突。

2. 国籍是与国家密切相连的法律概念，国际公法上解决国籍冲突适用的是“国籍唯一原则”，经过国际公法的规范后，国际私法不必再调整国籍的积极冲突。

三、简答题

1. 简述间接调整方法在国际私法中的地位。

2. 简述仲裁协议独立性。

华东政法大学

2023 年

一、简答题

1. 简述先决问题以及我国现行法的有关规定。

2. 简述合同自体法理论以及我国现行法的有关规定。

二、案例分析题

2020 年 6 月 2 日，A 国 a 州居民甲和乙在住处燃放烟花，烟花本来朝向空旷地方，点燃后烟花突然改变方向，击伤了甲弟弟的右眼。该烟花由中国湖南省某烟花厂生产，该公司从未出口 A 国，也从未将 A 国作为其销售目标市场，并且其主要出口地为 B 国、C 国。甲所燃放的烟花是乙在 B 国游玩时购买并带回 A 国的。甲的父母委托甲国律师，于 2021 年 5 月在湖南法院起诉某烟花厂，同年 6 月，又于 A 国 a 州法院起诉。问：

（1）湖南法院能否行使司法管辖权，为什么？甲国律师在中国代理是否可行？

（2）如果湖南法院可以行使司法管辖权，本案应如何适用法律？

（3）如果湖南法院行使了司法管辖权，在 A 国 a 州进行的诉讼是否会影响本案审理？

2021 年

一、名词解释

1. 区际法律冲突

2. 公共秩序保留

二、简答题

简述法律规避的构成要件。

三、案例题

1. 于上海注册且主要营业地在上海的 A 公司（买方）与意大利米兰的 B 公司（卖方）签订一批皮衣买卖合同，AB 两公司约定先支付 50%货款，剩余 50%待验货后再支付。双方在合同中约定以新加坡法为准据法，以中国香港法院作为非排他性的管辖法院。A 公司在收到货物后认为质量不合格拒付尾款，B 公司遂向上海法院起诉 A 公司。意大利和中国均为 CISG 的缔约国。问：

（1）上海 A 公司提出管辖权异议，认为上海法院没有管辖权；即使有，也可以依照不方便法院原则驳回 B 公司的诉讼请求。那么，A 公司的主张是否成立？上海法院能否对该案行使管辖权？该案是否可以适用不方便法院原则？

（2）如果上海法院受理该案，应该适用哪国法律作为案件的准据法？

（3）如果上海法院适用外国法时发现无法查明，该如何处理。

2. 中国公民王某与范某在上海登记结婚，2013 年王某因工作被外派到加拿大多伦多常驻，其以常年分居为由在加拿大起诉离婚，范某也因此在上海起诉离婚。上海法院作缺席审判，判处离婚。问：

（1）上海法院有无管辖权？

（2）若上海法院有管辖权，应适用何国法律？

（3）上海法院作出判决前，王某已将加拿大法院判决交给上海法院请求承认与执行，请问上海法院该如何处理。

2010 年

一、简答题

1. 简述识别制度的标准和对国际私法的作用。

2. 简述仲裁程序法“非国内化理论”。

二、论述题

最密切联系点的确定方法，以及我国的规定和司法实践。

2009 年

一、简答题

何为间接调整方法，怎样评价其作为法律冲突解决方法的作用。

二、论述题

最密切联系原则在确定准据法上的优势与劣势。

2008 年（综合卷）

一、概念题

特征性履行

二、简答题

简述《海牙规则》中有关承运人的适航责任。

2007 年

一、简答题

1. 简评合同法律适用中“分割论”的优劣。

2. 简要说明确定先决问题准据法的两种不同主张。

3. 简述我国涉外民商事诉讼管辖权制度有哪些特点。

二、论述题

试论“不方便法院原则”的正当性与合法性以及我国司法实践中所采取的态度。

附录二：国际私法涉及的主要法律文件

《中华人民共和国民用航空法》

《中华人民共和国民法典》

《中华人民共和国民事诉讼法》

《中华人民共和国涉外民事关系法律适用法》

《中华人民共和国票据法》

《中华人民共和国海商法》

《最高人民法院关于适用〈中华人民共和国民事诉讼法〉的解释》

《最高人民法院关于适用〈中华人民共和国涉外民事关系法律适用法〉若干问题的解释（一）》

《最高人民法院关于涉外民商事案件诉讼管辖若干问题的规定》

《最高人民法院关于涉外民事或商事案件司法文书送达问题若干规定》

《最高人民法院关于人民法院受理涉及特权与豁免的民事案件有关问题的通知》

《死者遗产继承法律适用公约》

《保护文学和艺术作品伯尔尼公约》

《国际货物买卖合同法律适用公约》

《保护工业产权巴黎公约》

《联合国国际货物销售合同公约》

《国际海上货物运输公约》

《关于从国外调取民事或商事证据的公约》

《1965 年关于向国外送达民事或商事司法文书和司法外文书公约》

《承认及执行外国仲裁裁决的公约》

《国际贸易术语解释通则》2020

《国际贸易术语解释通则》2010

《国际贸易术语解释通则》2000

附录三：国际私法学习参考及推荐书目

《国际私法学》编写组编：《国际私法学》，高等教育出版社 2023 年版。

李双元、欧福永主编：《国际私法》，北京大学出版社 2022 年版。

教学法规中心编：《国际法、国际私法、国际经济法：学生常用法规掌中宝 2021—2022》，中国法制出版社 2021 年版。

方杰：《国际私法学说史》，中国法制出版社 2017 年版。

林燕萍主编：《新编国际私法学》，北京大学出版社 2021 年版。

刘仁山主编：《国际私法》，中国法制出版社 2019 年版。

章尚锦、杜焕芳主编：《国际私法》（第六版），中国人民大学出版社 2019 年版。

杜新丽、宣增益主编：《国际私法》（第五版），中国政法大学出版社 2017 年版。

王祥修、裴予封主编：《国际私法学》（第二版），中国政法大学出版社 2016 年版。

鲁世平：《国际私法》，知识产权出版社 2016 年版。

刘想树：《国际私法》（第二版），法律出版社 2015 年版。

赵相林主编：《国际私法》，中国政法大学出版社 2014 年版。

陈卫佐：《比较国际私法》，清华大学出版社 2012 年版。

万鄂湘主编：《〈中华人民共和国涉外民事关系法律适用法〉条文理解与适用》，中国法制出版社 2011 年版。

杜涛：《涉外民事关系法律适用法释评》，中国法制出版社 2011 年版。

齐湘泉：《涉外民事关系法律适用法原理与精要》，法律出版社 2011 年版。

韩德培主编：《国际私法新论》（两卷本），武汉大学出版社 2010 年版。

徐青森、杜焕芳主编：《国际私法专题研究》，中国人民大学出版社 2010 年版。

马志强：《国际私法中的最密切联系原则研究》，人民出版社 2010 年版。

张庆元：《国际私法中的国籍问题研究》，法律出版社 2010 年版。

肖芳：《论外国法的查明》，北京大学出版社 2010 年版。

肖永平：《国际私法原理》（第二版），法律出版社 2007 年版。

图书在版编目（CIP）数据

国际私法配套测试 / 教学辅导中心组编 .—11 版
.—北京：中国法制出版社，2023. 7
高校法学专业核心课程配套测试
ISBN 978-7-5216-3606-2

Ⅰ. ①国… Ⅱ. ①教… Ⅲ. ①国际私法-高等学校-习题集 Ⅳ. ①D997-44

中国国家版本馆 CIP 数据核字（2023）第 098770 号

责任编辑　谢雯　　　　封面设计　杨泽江　周黎明

国际私法配套测试
GUOJI SIFA PEITAO CESHI

组编/教学辅导中心
经销/新华书店
印刷/三河市国英印务有限公司
开本/787 毫米×1092 毫米　16 开　　　　印张/ 16. 5　字数/ 372 千
版次/2023 年 7 月第 11 版　　　　2023 年 7 月第 1 次印刷

中国法制出版社出版
书号 ISBN 978-7-5216-3606-2　　　　定价：46. 00 元

北京市西城区西便门西里甲 16 号西便门办公区
邮政编码 100031　　　　传真：010-63141600
网址：http：//www. zgfzs. com　　　　**编辑部电话：010-63141979**
市场营销部电话：010-63141612　　　　**印务部电话：010-63141606**

（如有印装质量问题，请与本社印务部联系。）

网址：http://www.zgfzs.com

附赠

高校法学专业核心课程配套测试

中华人民共和国
涉外民事关系法律适用法

中国法制出版社

中华人民共和国
涉外民事关系法律适用法

（2010年10月28日第十一届全国人民代表大会常务委员会第十七次会议通过　2010年10月28日中华人民共和国主席令第36号公布　自2011年4月1日起施行）

目　　录

第一章　一般规定

第一条　为了明确涉外民事关系的法律适用，合理解决涉外民事争议，维护当事人的合法权益，制定本法。

第二条　涉外民事关系适用的法律，依照本法确定。其他法律对涉外民事关系法律适用另有特别规定的，依照其规定。

本法和其他法律对涉外民事关系法律适用没有规定的，适用与该涉外民事关系有最密切联系的法律。

第三条　当事人依照法律规定可以明示选择涉外民事关系适用的法律。

第四条　中华人民共和国法律对涉外民事关系有强制性规定的，直接适用该强制性规定。

第五条　外国法律的适用将损害中华人民共和国社会公共利益的，适用中华人民共和国法律。

第六条　涉外民事关系适用外国法律，该国不同区域实施不同法律的，适用与该涉外民事关系有最密切联系区域的法律。

第七条　诉讼时效，适用相关涉外民事关系应当适用的法律。

第八条　涉外民事关系的定性，适用法院地法律。

第九条　涉外民事关系适用的外国法律，不包括该国的法律适用法。

第十条 涉外民事关系适用的外国法律，由人民法院、仲裁机构或者行政机关查明。当事人选择适用外国法律的，应当提供该国法律。

不能查明外国法律或者该国法律没有规定的，适用中华人民共和国法律。

第二章 民事主体

第十一条 自然人的民事权利能力，适用经常居所地法律。

第十二条 自然人的民事行为能力，适用经常居所地法律。

自然人从事民事活动，依照经常居所地法律为无民事行为能力，依照行为地法律为有民事行为能力的，适用行为地法律，但涉及婚姻家庭、继承的除外。

第十三条 宣告失踪或者宣告死亡，适用自然人经常居所地法律。

第十四条 法人及其分支机构的民事权利能力、民事行为能力、组织机构、股东权利义务等事项，适用登记地法律。

法人的主营业地与登记地不一致的，可以适用主营业地法律。法人的经常居所地，为其主营业地。

第十五条 人格权的内容，适用权利人经常居所地法律。

第十六条 代理适用代理行为地法律，但被代理人与代理人的民事关系，适用代理关系发生地法律。

当事人可以协议选择委托代理适用的法律。

第十七条 当事人可以协议选择信托适用的法律。当事人没有选择的，适用信托财产所在地法律或者信托关系发生地法律。

第十八条 当事人可以协议选择仲裁协议适用的法律。当事人没有选择的，适用仲裁机构所在地法律或者仲裁地法律。

第十九条 依照本法适用国籍国法律，自然人具有两个以上国籍的，适用有经常居所的国籍国法律；在所有国籍国均无经常居所的，适用与其有最密切联系的国籍国法律。自然人无国籍或者国籍不明的，适用其经常居所地法律。

第二十条 依照本法适用经常居所地法律，自然人经常居所地不明的，适用其现在居所地法律。

第三章 婚姻家庭

第二十一条 结婚条件，适用当事人共同经常居所地法律；没有共同经常居所地的，适用共同国籍国法律；没有共同国籍，在一方当事人经常居所地或者国籍国缔结婚姻的，适用婚姻缔结地法律。

第二十二条 结婚手续，符合婚姻缔结地法律、一方当事人经常居所地法律或者国籍国法律的，均为有效。

第二十三条 夫妻人身关系，适用共同经常居所地法律；没有共同经常居所地的，适用共同国籍国法律。

第二十四条 夫妻财产关系，当事人可以协议选择适用一方当事人经常居所地法律、国籍国法律或者主要财产所在地法律。当事人没有选择的，适用共同经常居所地法律；没有共同经常居所地的，适用共同国籍国法律。

第二十五条 父母子女人身、财产关系，适用共同经常居所地法律；没有共同经常居所地的，适用一方当事人经常居所地法律或者国籍国法律中有利于保护弱者权益的法律。

第二十六条 协议离婚，当事人可以协议选择适用一方当事人经常居所地法律或者国籍国法律。当事人没有选择的，适用共同经常居所地法律；没有共同经常居所地的，适用共同国籍国法律；没有共同国籍的，适用办理离婚手续机构所在地法律。

第二十七条 诉讼离婚，适用法院地法律。

第二十八条 收养的条件和手续，适用收养人和被收养人经常居所地法律。收养的效力，适用收养时收养人经常居所地法律。收养关系的解除，适用收养时被收养人经常居所地法律或者法院地法律。

第二十九条 扶养，适用一方当事人经常居所地法律、国籍国法律或者主要财产所在地法律中有利于保护被扶养人权益的法律。

第三十条 监护，适用一方当事人经常居所地法律或者国籍国法律中有利于保护被监护人权益的法律。

第四章 继 承

第三十一条 法定继承，适用被继承人死亡时经常居所地法律，但不动产法定继承，适用不动产所在地法律。

第三十二条 遗嘱方式，符合遗嘱人立遗嘱时或者死亡时经常居所地法律、国籍国法律或者遗嘱行为地法律的，遗嘱均为成立。

第三十三条 遗嘱效力，适用遗嘱人立遗嘱时或者死亡时经常居所地法律或者国籍国法律。

第三十四条 遗产管理等事项，适用遗产所在地法律。

第三十五条 无人继承遗产的归属，适用被继承人死亡时遗产所在地法律。

第五章　物　　权

第三十六条　不动产物权，适用不动产所在地法律。

第三十七条　当事人可以协议选择动产物权适用的法律。当事人没有选择的，适用法律事实发生时动产所在地法律。

第三十八条　当事人可以协议选择运输中动产物权发生变更适用的法律。当事人没有选择的，适用运输目的地法律。

第三十九条　有价证券，适用有价证券权利实现地法律或者其他与该有价证券有最密切联系的法律。

第四十条　权利质权，适用质权设立地法律。

第六章　债　　权

第四十一条　当事人可以协议选择合同适用的法律。当事人没有选择的，适用履行义务最能体现该合同特征的一方当事人经常居所地法律或者其他与该合同有最密切联系的法律。

第四十二条　消费者合同，适用消费者经常居所地法律；消费者选择适用商品、服务提供地法律或者经营者在消费者经常居所地没有从事相关经营活动的，适用商品、服务提供地法律。

第四十三条 劳动合同，适用劳动者工作地法律；难以确定劳动者工作地的，适用用人单位主营业地法律。劳务派遣，可以适用劳务派出地法律。

第四十四条 侵权责任，适用侵权行为地法律，但当事人有共同经常居所地的，适用共同经常居所地法律。侵权行为发生后，当事人协议选择适用法律的，按照其协议。

第四十五条 产品责任，适用被侵权人经常居所地法律；被侵权人选择适用侵权人主营业地法律、损害发生地法律的，或者侵权人在被侵权人经常居所地没有从事相关经营活动的，适用侵权人主营业地法律或者损害发生地法律。

第四十六条 通过网络或者采用其他方式侵害姓名权、肖像权、名誉权、隐私权等人格权的，适用被侵权人经常居所地法律。

第四十七条 不当得利、无因管理，适用当事人协议选择适用的法律。当事人没有选择的，适用当事人共同经常居所地法律；没有共同经常居所地的，适用不当得利、无因管理发生地法律。

第七章 知识产权

第四十八条 知识产权的归属和内容，适用被请求保护地法律。

第四十九条 当事人可以协议选择知识产权转让和许可使用适用的法律。当事人没有选择的，适用本法对合同的有关规定。

第五十条 知识产权的侵权责任，适用被请求保护地法律，当事人也可以在侵权行为发生后协议选择适用法院地法律。

第八章 附 则

第五十一条 《中华人民共和国民法通则》第一百四十六条、第一百四十七条，《中华人民共和国继承法》第三十六条，与本法的规定不一致的，适用本法。

第五十二条 本法自2011年4月1日起施行。